L'AIDE CANADIENNE
AU DÉVELOPPEMENT

Sous la direction de
François Audet,
Marie-Eve Desrosiers
et Stéphane Roussel

L'AIDE CANADIENNE
AU DÉVELOPPEMENT

Les Presses de l'Université de Montréal

Catalogage avant publication de Bibliothèque et Archives nationales du Québec et Bibliothèque et Archives Canada

Vedette principale au titre :
   L'aide canadienne au développement
   (Paramètres)
   Comprend des réf. bibliogr.

ISBN 978-2-7606-2105-3

1. Aide économique canadienne – Pays en voie de développement. 2. Développement économique. I. Audet, François. II. Desrosiers, Marie-Eve. III. Roussel, Stéphane, 1964-   . IV. Collection.

HC60.A42 2008   338.91'7101724   C2008-941485-3

Dépôt légal : 3e trimestre 2008
Bibliothèque et Archives nationales du Québec
© Les Presses de l'Université de Montréal, 2008

Les Presses de l'Université de Montréal reconnaissent l'aide financière du gouvernement du Canada par l'entremise du Programme d'aide au développement de l'industrie de l'édition (PADIÉ) pour leurs activités d'édition.

Les Presses de l'Université de Montréal remercient de leur soutien financier le Conseil des Arts du Canada et la Société de développement des entreprises culturelles du Québec (SODEC).

Imprimé au Canada en septembre 2008

AVANT-PROPOS

François Audet, Marie-Eve Desrosiers et Stéphane Roussel

La publication de ce livre arrive à point nommé. Alors que l'aide canadienne au développement se chiffre aujourd'hui à près de 4 milliards de dollars, bien peu a été écrit sur le sujet. Il n'existait, jusqu'à tout récemment, aucun ouvrage de langue française faisant, de manière exhaustive, le bilan de la question ; même du côté de la littérature anglophone, encore trop peu d'ouvrages ont pour objet l'aide canadienne au développement[1].

Or, le monde ne cesse de se transformer, et à sa suite, les besoins d'aide des différents pays ou régions se déplacent et fluctuent. Le génocide au Rwanda, la crise humanitaire qu'a déchaînée dans son souffle l'ouragan Mitch en Amérique centrale, les opérations de paix bâclées au cours des années 1990, entraînant une évolution du principe de responsabilité internationale envers les populations vulnérables ou affectées par une crise humanitaire, les attaques du 11 septembre 2001 et la guerre contre le terrorisme en Irak et en Afghanistan qu'elles ont provoquée, la surenchère de l'aide à la suite du tsunami en Asie du Sud-Est en 2004, les doutes et l'inaction face à la guerre civile au Darfour, sans oublier la crise alimentaire qui s'étend actuellement à toute la planète, tous ces événements et bien d'autres ont été marquants pour les relations internationales et, conséquemment, pour les rapports entre donateurs et pays récipiendaires.

---

1. Certaines exceptions méritent d'êtres notées : les livres de Jennifer Welsh et Ngaire Woods, *Exporting Good Governance : Temptations and Challenges in Canada's Aid Program* (2007) et de Jean Daudelin et Daniel Schwanen (dir.), *Canada Among Nations 2007 : What Room to Manœuvre ?* (2007), ainsi que le numéro spécial de la *Revue canadienne d'études du développement* portant sur les programmes d'aide canadiens dans le nouveau millénaire (vol. 28, n° 2, 2007).

La politique canadienne d'aide au développement n'a pas échappé à ces transformations et déplacements. Deux tendances auront tout particulièrement marqué l'évolution de l'aide canadienne au développement au cours de la dernière décennie. Dans un premier temps, résultat des profondes remises en question quant à l'impact de l'aide, l'enjeu de l'efficacité s'est affirmé comme l'un des principaux défis de la communauté des pays donateurs et du Canada par le même coup. La quête de l'efficacité est venue changer le paysage de l'aide canadienne, faisant de l'obtention de résultats mesurables la priorité de l'ensemble des projets de développement canadiens, quoique au risque parfois de faire passer ces considérations d'efficacité avant le bien-être des récipiendaires d'aide. L'autre grande tendance de l'aide au développement au cours des dernières années tient aux conséquences des événements du 11 septembre 2001. Les attentats à New York et Washington auront ouvert une nouvelle ère de sécurité, menant à l'agencement des politiques, incluant les politiques de développement, aux nouveaux intérêts de sécurité de bon nombre de pays donateurs. La «sécurisation de l'aide» s'est donc opérée tant sur le plan des instances multilatérales que sur le plan local, au sein de projets de développement. Elle n'aura certes pas été sans complexifier l'architecture de l'aide internationale et canadienne, décuplant les enjeux et acteurs impliqués dans l'attribution et l'acheminement de l'aide, dont des militaires se joignant maintenant de manière plus régulière aux opérations d'octroi d'aide, parfois au grand dam d'acteurs plus traditionnels.

Cette turbulente décennie dans l'histoire de l'aide canadienne se sera par ailleurs conclue sur une vague de critiques et remises en question. Le rapport du Comité permanent du Sénat sur les Affaires étrangères et sur le Commerce international (2007) aura en effet soulevé d'importants doutes relativement à l'efficacité de l'aide canadienne en Afrique et quant à celle de son principal agent, l'Agence canadienne de développement international (ACDI). Quoique ayant suscité de vives réactions de la part de la communauté d'acteurs du développement canadiens, le débat, mais également les réformes, qu'annonçait cette controverse n'ont toutefois pas encore eu lieu. Ouvriront-ils une nouvelle ère en matière d'aide canadienne au développement?

À la lumière des dernières décennies et des grands changements et tendances ayant marqué l'aide canadienne au développement, cet ouvrage propose de faire le point sur la question. Le champ de l'aide s'est profondément transformé sur le plan international. Le Canada a lui aussi cherché à s'adapter à la complexification des enjeux et relations liés à l'aide au développement. A-t-il su être à la hauteur de ce défi? Quelles sont les grandes tendances de l'aide canadienne, de ses débuts à aujourd'hui? Qui en sont les principaux acteurs? Quels sont certains des enjeux les plus importants auxquels doit faire face l'aide canadienne aujourd'hui? Quel est son impact dans le monde? Ce sont ces interrogations auxquelles tentent de répondre les auteurs de ce livre.

L'introduction générale, préparée par François Audet et Marie-Eve Desrosiers, dresse un bilan de l'aide canadienne au développement au cours des dernières décennies. Elle esquisse ensuite un portrait actuel de l'aide canadienne, sa structure et des intérêts qui la façonnent, et introduit également certaines des problématiques de l'aide canadienne au développement qui seront traitées en détail subséquemment.

La première partie de l'ouvrage porte sur les principaux acteurs de l'aide canadienne, leurs missions et intérêts, ainsi que leurs structures et mécanismes de livraison de l'aide. Le premier chapitre écrit par Brian Tomlinson, présente la mission de l'ACDI et analyse l'action de l'agence au cours de la dernière décennie. Également un acteur gouvernemental, le Centre de recherches pour le développement international (CRDI) fait l'objet du deuxième chapitre. Étant donné l'importance de la recherche dans le cadre canadien et l'originalité du CRDI, Megan Bradley, Jean-Michel Labatut et Gisèle Morin-Labatut discutent des méthodes et des approches canadiennes en matière de recherche sur le développement et de partenariats de recherche Nord-Sud. Le troisième chapitre, signé par Dominique Caouette, se penche sur le rôle des ONG et de la société civile au sein de l'architecture de l'aide canadienne. Enfin, le quatrième chapitre, écrit par Alain Noël, Jean-Philippe Thérien et Sébastien Dallaire, traite de la relation entre le public canadien et l'aide internationale canadienne.

La deuxième partie aborde certains grands défis et enjeux de l'aide canadienne. Le cinquième chapitre, que présente Myriam Gervais, met en lumière les notions d'égalité entre femmes et hommes, de droits des femmes, et démontre leur intégration dans la politique d'aide du gouvernement canadien. La contribution d'Yvan Conoir, qui constitue le sixième chapitre, se concentre sur les catastrophes qui ont frappé certains peuples et sur la réponse canadienne à ce type de crise. Enfin, le septième chapitre d'Eric Marclay porte sur les conséquences du récent virage vers la sécurité entrepris sur la scène internationale et son effet sur l'aide publique au développement.

La troisième partie présente l'impact de l'aide canadienne dans les diverses régions du monde. Elle se penche plus particulièrement sur la mise en œuvre de l'aide canadienne sur trois continents. Le huitième chapitre, écrit par Stephen Brown, étudie les programmes canadiens visant l'Afrique ; il est suivi du neuvième chapitre, de Phil Tanner, qui traite des efforts canadiens au sein de l'Asie et dans les îles du Pacifique, laissant à François Audet et Judy Meltzer le soin d'analyser dans le dixième chapitre les politiques canadiennes de développement en Amérique latine et dans les Caraïbes.

À l'exception du chapitre d'Alain Noël, Jean-Philippe Thérien et Sébastien Dallaire, publié sous une autre forme dans *Analyse de politiques/ Canadian Public Policy* (mars 2004), tous les chapitres de cet ouvrage sont inédits. Trois textes ont été rédigés initialement en anglais, soit ceux de Brian Tomlinson, d'Alain Noël, Jean-Philippe Thérien et Sébastien Dallaire et celui de Phil Tanner ; ces textes ont été traduits par Catherine Girard-Audet, que nous remercions. Il est entendu que les propos des auteurs sont écrits de façon personnelle et ne reflètent pas les points de vue des institutions qui les emploient à divers titres. Enfin, nous souhaitons souligner la généreuse contribution financière du CRDI ayant permis de financer la préparation du présent livre.

INTRODUCTION GÉNÉRALE

AIDE CANADIENNE AU DÉVELOPPEMENT : ÉTAT PRÉSENT ET TENDANCES RÉCENTES

François Audet et Marie-Eve Desrosiers

Dans un ouvrage bien connu, Cranford Pratt décrivait l'évolution de l'aide canadienne en ces termes :

> Durant la période 1951-1968, les actions du Canada en matière d'aide interna-
> tionale étaient intimement liées aux intérêts commerciaux [du Canada]. De la
> création de l'Agence canadienne de développement international (ACDI) en
> 1968 jusqu'à 1978, l'aide canadienne revint à ses motivations d'origine, soit les
> besoins humanitaires et en termes de développement des pays bénéficiaires.
> Enfin, la période suivante [de 1978 à la publication de son ouvrage en 1995], les
> actions de l'ACDI furent à nouveau influencées par les intérêts commerciaux
> et économiques canadiens. (Pratt, 1996 : 5 ; trad. des auteurs)

Si ce portrait de l'aide laisse sous-entendre une certaine continuité,
de grands changements s'annonçaient toutefois vers la fin de la période
étudiée par Pratt. En effet, les grandes transformations sur le plan de
l'aide au cours des années 1990 allaient constituer, pour de nombreux
analystes, « la fin d'une ère » (Pratt, 1996 : 6). Les questions soulevées
quant aux intérêts sous-jacents et quant à l'efficacité de l'aide, ainsi que les
réformes qui allaient être mises sur pied, auront, jusqu'à un certain point,
remis en question les fondements et la structure de l'aide canadienne au
développement[1]. Les impacts de ce processus ont été importants tant sur le

---

1. Pour un historique de l'aide canadienne depuis 1985, voir AQOCI 2006 : <http://
   www.aqoci.qc.ca/ressources/pdf/HistoireCoopCanandienne.pdf>, page
   consultée le 31 mai 2008.

plan des politiques d'aide proprement dites pour les différents ministères impliqués, que sur celui de la structure et du mode de fonctionnement des organisations et entreprises mettant en œuvre les programmes d'aide au développement (Boulanger, 2003)[2].

Alors qu'une ère prenait fin, une autre débutait donc à l'aube du XXIe siècle. Amorcé sous le signe de l'efficacité, ce nouveau cycle a donné naissance, au Canada, à une politique internationale plus bureaucratisée et à une gestion axée sur les résultats, transformant complètement les opérations d'aide internationale canadienne. Du même coup, les mécanismes d'attribution de l'aide, le choix des pays partenaires et les orientations sectorielles ont également été complètement revus. Le récent scandale des commandites, mis à jour en 2003, n'est pas non plus étranger à la gestion plus serrée de l'administration de l'aide canadienne.

Ces tendances sur la scène canadienne s'inscrivaient toutefois dans un cadre plus large. Le règne de l'efficacité de l'aide est également né de tendances internationales, et tout particulièrement d'une prise de conscience quant aux lacunes des précédents modèles d'aide et à l'ampleur de la tâche à accomplir. Encore aujourd'hui, plus de la moitié de la population mondiale gagne moins de 2 $US par jour et plus d'un milliard d'individus vivent dans une pauvreté extrême (moins d'un dollar par jour)[3]; 815 000 000 de personnes sont sous-alimentées, et ce nombre continue de croître dans les régions les plus vulnérables comme l'Afrique subsaharienne et l'Asie du Sud[4]. Devant des besoins si pressants, une nouvelle vision était nécessaire à l'échelle de la planète, une vision s'articulant autour du nouveau principe d'efficacité de l'aide. Si toutefois la tendance est acclamée par de nombreux analystes, le virage vers l'efficacité de l'aide continue d'en effrayer également un bon nombre d'autres. Ce nouveau modèle d'aide alimente les discussions entre ses tenants et ses opposants.

---

2. L'un des changements importants de la période a été d'intégrer, pour la première fois, l'aide internationale à l'énoncé de politique étrangère de 1995, *Le Canada dans le monde*.

3. Banque mondiale, World Development Indicators 2005, <http://devdata. worldbank.org/wdi2005/Section2.htm >, page consultée le 31 mai 2008.

4. Tiré des statistiques sur la sécurité alimentaire de l'Organisation des Nations Unies pour l'alimentation et l'agriculture, <http://www.fao.org/faostat/foodsecurity/MDG/MDG-Goal1_en.pdf>, page consultée le 31 mai 2008.

Ce chapitre vise à introduire la thématique de l'aide canadienne en présentant les plus récents débats et tendances. Nous discuterons tout d'abord du débat international actuellement en cours sur l'efficacité de l'aide. Nous traiterons ensuite des principales conséquences du virage vers l'efficacité pour l'aide canadienne, en particulier de la révision de l'approche multilatérale canadienne et de ses effets sur l'architecture de l'aide canadienne. Avant de conclure, ce chapitre analysera les composantes budgétaires, sectorielles et régionales de l'aide canadienne, tout en tenant compte des intérêts et motivations du Canada quant à son action à l'international.

À L'ÈRE DES REMISES EN QUESTION : EFFICACE, L'AIDE AU DÉVELOPPEMENT ?

Il ne suffit pas d'allouer des fonds pour réussir à enrayer la pauvreté ou augmenter le niveau de vie des plus pauvres de la planète. Ainsi, au cours des 50 dernières années, les transferts de fonds d'aide internationale effectués par le gouvernement du Canada et les pays membres du Comité d'aide au développement (CAD) de l'Organisation de coopération et de développement économique (OCDE) ne semblent pas avoir eu les résultats escomptés. Dans certains cas, l'acharnement humanitaire et l'aide au développement ont même généré des relations déséquilibrées entre les États riches et pauvres, allant jusqu'à créer une dépendance des pays récipiendaires envers leurs créanciers[5]. Cette réalité a suscité une vaste réflexion sur l'efficacité de l'aide. Étant donné l'ampleur du débat actuel quant aux effets de l'aide et son impact sur la politique étrangère canadienne, il est fondamental d'en décrire les principaux enjeux.

Ce sont les travaux de Boone (1996) qui ont amorcé le débat sur l'efficacité de l'aide. Utilisant des théories d'économie moderne et des modèles de calculs de régressions économétriques, Boone conclut que l'aide n'a pas d'effet sur la croissance des pays bénéficiaires (Boone, 1996). Ces résultats remettaient donc en question des décennies d'importants transferts d'aide, en plus de confirmer l'échec d'approches jusque-là employées, dont

---

5. Certains auteurs poussent l'idée des « dangers de l'aide » plus loin et soulèvent l'existence d'un lien entre l'octroi d'aide et l'émergence ou du moins la poursuite de conflits armés. Voir par exemple Lischer (2003).

les programmes d'ajustement structurel[6]. La thèse de Boone allait donc à contre-courant du point de vue de multiples acteurs concernés. Il n'en fallait pas plus pour qu'une multitude de chercheurs, principalement des économistes, se lancent dans de nouvelles recherches pour confirmer ou infirmer les conclusions de Boone. La réponse la plus remarquée fut sans contredit celle de Craig Burnside et David Dollar. À l'inverse de Boone, ces auteurs maintenaient que l'aide a un effet bénéfique : dans des conditions favorables, incluant une bonne gouvernance, l'aide contribue à la croissance des pays en développement (Burnside et Dollar, 1997). Cette publication a influencé la grande majorité des bailleurs de fonds internationaux et donné une seconde vie au principe de conditionnalité, une approche invitant fortement les pays bénéficiaires à souscrire à certaines politiques administratives et fiscales afin d'obtenir un financement.

Se rapportant aux travaux de Burnside et de Dollar, William Easterly estima pourtant simpliste et naïf d'appliquer catégoriquement les conclusions d'une étude économique sans chercher à les approfondir (Easterly, 2003). Ainsi, selon lui, les conclusions des travaux de Burnside et Dollar ont été employées sans nuances par l'Organisation des Nations Unies (ONU), la Banque mondiale, la Maison-Blanche, le Department for International Development (DFID) britannique, l'Agence canadienne de développement international et *The Economist*. Toujours selon Easterly, l'ACDI ainsi que bien d'autres bailleurs de fonds ont construit leurs politiques d'aide internationale en se basant sur des conclusions économétriques qui, à ce jour, n'ont toujours pas été vérifiées et continuent d'être défendues parce qu'aucune solution de rechange crédible n'a encore été proposée.

Plus de 10 ans après la parution des travaux de Boone, le débat sur l'efficacité de l'aide est loin d'être résolu. En fait, les résultats de plus d'une centaine de publications portant sur l'efficacité de l'aide ont été compilés. Les conclusions de ces analyses s'avérant souvent contradictoires, aucun consensus n'a été atteint. La relation entre l'octroi d'aide et son impact

---

6. Initiés par le Fonds monétaire international et la Banque mondiale, les programmes d'ajustements structurels ont été lancés dans les années 1980 et largement implantés au cours des années 1990. Ils avaient comme objectifs de contribuer au développement des pays les plus pauvres et à la réduction des inégalités internationales par la libéralisation du commerce et la réduction de la taille de l'État. Pour plus d'informations, voir le site du FMI : <http://www.imf.org/external/np/exr/facts/fre/esaff.htm >.

n'est en effet pas simple. Entre les positions plus tranchées sur l'efficacité et l'inefficacité de l'aide, il existe une multitude de points de vue. Certains considèrent que l'aide est efficace lorsqu'on l'analyse sur le plan des rapports entre l'aide et la croissance, mais qu'elle est inefficace si on l'évalue sur le plan de l'investissement (Doucouliagos et Paldam, 2006a). En d'autres termes, l'aide a un impact sur la croissance des pays bénéficiaires, mais n'en a pas sur leur capacité d'investir. Selon d'autres analystes, l'aide peut même être dommageable pour la situation économique d'un pays, tel que l'indiquent certaines études qui traitent de l'impact de l'aide sur l'épargne des pays bénéficiaires (Doucouliagos et Paldam, 2006a ; 2006b ; 2006c). Qui plus est, ces études sur l'efficacité oublient souvent que l'aide extérieure peut, dans le meilleur des cas, servir de catalyseur pour le développement, mais ne peut se substituer aux efforts et à la responsabilité des communautés et des gouvernements locaux. En fait, l'aide internationale n'est pas une fin en soi, mais un des multiples moyens mis en place pour tenter de rééquilibrer la richesse globale.

Une trop grande dispersion de l'aide

Plus qu'un débat théorique, l'importance attribuée à l'efficacité de l'aide aura fait évoluer les politiques et les mécanismes de financement de nombreux pays du CAD, dont le Canada. Le premier effet observé au Canada a été la révision de son approche multilatérale en termes d'octroi d'aide. Selon certains auteurs, depuis la Deuxième Guerre mondiale, le Canada a généralement choisi d'être un membre actif de réseaux et d'institutions multilatérales, ainsi qu'encouragé de manière enthousiaste le respect des canaux et des normes multilatérales sur la scène internationale (Bátora, 2005 ; Keating, 2001)[7]. Si pour d'autres auteurs le soutien actif

---

7. En relations internationales, un État pratique le multilatéralisme lorsqu'il agit sur la scène internationale – que ce soit pour réaliser ses intérêts et ses objectifs ou encore pour résoudre des problèmes mondiaux – par l'entremise d'une coopération institutionnalisée avec d'autres États. Le contraire du multilatéralisme est l'unilatéralisme. L'unilatéralisme est la politique selon laquelle un État agit seul, sans consulter d'autres États (Kegley, 2007). Selon bon nombre d'auteurs, une participation active de la part du Canada aux forums multilatéraux est bénéfique pour le pays. Selon Curtis, par exemple, le Canada est l'un des pays les plus ouverts parmi les pays industrialisés sur le plan économique. Un système multilatéral fonctionnel et des institutions financières efficaces sont donc tout à son avantage

promulgué par le Canada envers les institutions et réseaux multilatéraux a été moins manifeste, et même a été plus ponctuel que constant (Holloway, 2006; Keenes 1995), il n'en demeure pas moins que le Canada est devenu au fil des années membre d'un très grand nombre d'organisations et de réseaux internationaux, allant de petits regroupements régionaux ou thématiques, par exemple, aux plus grandes institutions internationales telles que l'ONU[8]. Ce membership canadien au sein d'une multitude de forums internationaux a influé sur l'agenda de l'aide canadienne au développement. En effet, une bonne part de l'aide canadienne s'est vu canalisée vers des organisations multilatérales, afin qu'elles se chargent de la redistribution des fonds canadiens.

Cette multilatéralisation de l'aide, combinée à la multiplicité d'enjeux et d'intérêts auxquels le Canada souhaite répondre par l'entremise de son aide, a longtemps été la cause de la dispersion de l'aide canadienne, tant sur le plan géographique que sectoriel. En fait, cette tendance a servi à canaliser l'aide vers de multiples acteurs, secteurs et pays[9]. Les agences nationales d'aide, telles que l'ACDI, sont selon le CAD présentes dans un trop grand nombre de pays, œuvrent dans trop de secteurs et entretiennent des liens avec trop de partenaires. Le CAD indiquait également que ces agences étatiques ont un nombre d'objectifs démesurément élevé[10]. Pour remédier à cette situation, des recommandations ont été élaborées en vue d'améliorer

---

(Curtis, 2005 : 236). Les avantages d'une approche multilatérale pour les puissances moyennes, comme le Canada, ont d'ailleurs été l'objet de plusieurs ouvrages au cours des années 1990. Voir, par exemple, Cooper, 1997, et Cooper, Higgott et Nossal, 1993.

8. Bien que le Canada ait établi beaucoup de liens multilatéraux, une bonne part de sa politique internationale s'articule autour de relations bilatérales avec des partenaires privilégiés. Il arrive même que le Canada agisse de manière unilatérale sur la scène internationale. Ses démarches récentes quant à la défense de sa souveraineté dans l'Arctique en sont un exemple.

9. Cette dispersion transparaît encore fortement dans le nombre de maîtres d'œuvre de l'aide canadienne : on compte plus de 750 organisations canadiennes (ONG et institutions universitaires), des centaines d'entreprises privées et plusieurs dizaines d'agences onusiennes dans 161 pays se chargeant de l'octroi de l'aide au développement du Canada (ACDI, 2006b).

10. Voir l'évaluation par les pairs du Canada fait par le CAD en 2002. CAD, OCDE, en ligne : <http://www.oecd.org/document/61/0,3343,en_2649_33721_2409533_1_1_1_1,00.html>, page consultée le 30 novembre 2007.

l'efficacité de l'aide. Les plus récentes se trouvent dans la Déclaration de Paris de 2005, laquelle a été endossée par plus d'une centaine d'États à travers le monde[11]. L'une des principales recommandations consiste à encourager les agences bilatérales et les organisations multilatérales à se limiter davantage quant au choix de leurs partenaires et à se concentrer de façon sectorielle (concentration géographique et sectorielle). La Déclaration de Paris encourage également les donateurs à mieux coordonner leurs activités afin de limiter le dédoublement des efforts et permettre une approche concertée avec les pays bénéficiaires. Les approches de coordination proposées devraient donc se fonder sur les capacités spécifiques des pays donateurs et leurs champs de spécialisation, ainsi que sur l'orientation de leurs programmes respectifs (Nestmann *et al.*, 2002).

Parmi tous les pays donateurs membres du CAD, le Canada a longtemps été un de ceux dont l'aide était la moins concentrée. À titre d'exemple, en 1999-2000, les 15 pays bénéficiaires en tête de liste du programme canadien d'aide ne recevaient que 15,8 % de l'aide publique au développement (APD)[12] totale du Canada, le reste allant à une multitude d'autres pays récipiendaires. La moyenne des autres pays donateurs s'élevait à 25 % pour leurs 15 principaux bénéficiaires. En fait, à l'époque, aucun autre donateur ne donnait moins de 20 % de son aide à ses 15 pays bénéficiaires de base, à part le Canada (ACDI, 2002).

Mise en place de la politique de concentration géographique et sectorielle

Afin de répondre aux critiques du CAD quant à l'efficacité de l'aide et, plus récemment, aux recommandations de la Déclaration de Paris quant à une plus grande concentration de l'octroi de l'aide, le Canada a choisi de recentrer géographiquement l'allocation de son aide. Ainsi, au début

---

11. Voir la Déclaration de Paris : <http://www.oecd.org/document/18/0,2340,en_2649_3236398_35401554_1_1_1_1,00.html>, page consultée le 18 juin 2008.
12. Le CAD définit l'APD comme étant les sommes qui sont transférées « aux pays en développement et aux regroupements multilatéraux par des organismes publics (gouvernementaux) qui répondent aux critères suivants : a) elles sont administrées dans le but principal de promouvoir le développement économique et le bien-être des pays en développement ; b) elles sont consenties à des conditionsde faveur et conservent un caractère de subvention d'au moins 25 % » (OCDE, *Rapport sur la coopération pour le développement de 2005* : 2).

de l'année 2003, il a établi une liste de pays prioritaires avec lesquels il espère renforcer ses liens. Comprenant d'abord 9 «partenaires du développement», la liste s'est rapidement allongée à 25, dont 14 pays d'Afrique, 6 d'Asie, 4 d'Amérique latine et 1 d'Europe de l'Est (Pistor, 2005)[13]. Officiellement, le choix des pays prioritaires s'est fait sur la base des critères de pauvreté et du revenu par habitant. L'ACDI justifiait également son choix de partenaires selon leur aptitude à répondre aux critères suivants:

> la détermination à assurer l'efficacité du développement, concrétisée par les efforts pour améliorer la gouvernance, garantir la prise en charge locale des stratégies de réduction de la pauvreté, mettre fin à la corruption et utiliser les fonds d'aide de manière efficace [...] exercer un leadership au niveau régional et [la possibilité de renforcer] les partenariats. (ACDI 2002)

Le choix de ces partenaires signifie également qu'avec le temps, l'aide bilatérale devrait se concentrer de manière croissante en Afrique subsaharienne, conformément à l'engagement pris par le gouvernement dans son budget de 2005. Le gouvernement canadien prétend vouloir doubler, d'ici 2009, l'aide destinée à l'Afrique (ACDI, 2005a).

Il est toutefois à prévoir qu'à moyen terme, le climat national et international ait un impact sur la politique canadienne de concentration géographique. L'expérience démontre que le gouvernement canadien s'efforce de répondre de manière ponctuelle aux pressions et aux demandes de la population canadienne et de ses partenaires internationaux, qu'il s'agisse de pays ou d'organisations. Les partenaires prioritaires et les régions privilégiées déterminées par le Canada risquent donc de changer au fil de l'évolution de la démographie canadienne, mais également au fil des réalignements politiques et diplomatiques entre le Canada et ses partenaires. Une récente annonce faite par le gouvernement conservateur de se recentrer vers les Amériques en est un exemple. Lors du Sommet du G-8 en juin 2007, le gouvernement canadien annonçait en effet un intérêt renouvelé pour l'Amérique latine devant s'accompagner d'une réorientation d'une part de l'aide canadienne vers cette région.

Par ailleurs, dans les faits, il semble que cette concentration géographique au bénéfice d'une vingtaine de pays ne soit pas encore opérante. On constate que, malgré cette nouvelle politique, le nombre de pays partenaires et bénéficiaires de l'aide canadienne est toujours important. Bien

---

13. Voir le document de l'ACDI en ligne: <http://www.acdi-cida.gc.ca/CIDAWEB/ acdicida.nsf/Fr/JER-324115437-MU7>, page consultée le 18 juin 2008.

que l'ACDI indiquait que, pour l'année 2005-2006, 76 % des fonds de son programme géographique ont été octroyés à 20 pays partenaires, dans l'ensemble plus de 70 pays ont bénéficié de fonds bilatéraux provenant de ce programme et plus de 140 pays bénéficiaient de fonds bilatéraux canadiens d'une forme ou d'une autre au cours de 2005-2006 (ACDI, 2008). Plus intrigante encore est la tendance à faire de quelques pays privilégiés les principaux récipiendaires d'aide. En 2003-2004, l'Irak et l'Afghanistan étaient les deux premiers récipiendaires de l'aide canadienne. Bien que ne faisant pas partie de la liste des pays prioritaires, ils ont pourtant bénéficié à eux seuls de 28 % du total des nouvelles ressources d'aide canadienne de 2001 à 2004. L'année suivante, soit en 2004-2005, l'Afghanistan et Haïti devenaient les deux pays bénéficiaires les plus importants de l'aide canadienne, tout en n'étant toujours pas inscrits sur la liste des pays prioritaires[14]. L'Afghanistan et Haïti continuaient d'ailleurs d'arriver en tête du palmarès des récipiendaires d'aide canadienne en 2005-2006 (ACDI, 2008)[15].

Toujours dans une perspective d'efficacité, le Canada a également choisi d'orienter l'allocation de son aide en fonction de secteurs d'intervention clés. Officiellement, les objectifs stratégiques du Canada 2005-2006 s'articulaient autour de quatre thématiques générales, 1) la santé, 2) l'éducation de base, 3) la gouvernance et 4) le développement du secteur privé, ainsi qu'autour de deux thèmes transversaux, soit l'égalité des sexes (genre) et le développement durable (ACDI, 2005a). Ces vastes thématiques devaient donc permettre de s'attaquer à des enjeux aussi variés que l'eau et l'assainissement, la lutte contre la désertification, la gestion des ressources naturelles, l'appui à la production et la commercialisation agricoles, le respect des droits de la personne, la réforme du secteur public et la bonne gouvernance, la prévention des conflits et la réconciliation, ou encore le renforcement des organisations et institutions locales (ACDI, 2005a).

---

14. En 2004-2005, parmi les 30 principaux bénéficiaires de l'aide canadienne, on retrouvait cinq pays, dont la Pologne et la Chine, qui recevaient 9,4 % de l'ADP totale et qui ne sont pas sur la liste des pays prioritaires.

15. Il est à noter que pour 2005-2006, en tenant compte du pardon de la dette irakienne, l'Irak arrivait en tête des récipiendaires de l'aide canadienne, avec plus de 465 millions de dollars. Voir le Rapport statistique sur l'aide publique au développement – Année financière 2005-2006 de l'ACDI disponible en ligne à : <http://www.acdi-cida.gc.ca/INET/IMAGES.NSF/vLUImages/Publications/ $file/Rapport-Statistique-Fran%C3%A7ais_%202008-04-29_SM.pdf>, page consultée le 30 mai 2008.

TABLEAU 0.1

Ventilation des investissement d'aide canadienne, 2004-2005

25 pays prioritaires	IDH du PNUD	Rang ACDI - bilatéral	Investissement ACDI (total)	% Fonds géographique / 30 principaux pays	% ADP totale	Rang IDCE (2005)
Total 25 pays prioritaires			**1 161 050 000 $**	**74,8%**	**28,02%**	
AMÉRIQUE			**82 010 000 $**	**5,3%**	**1,98%**	
Honduras	116	23	30 150 000 $	1,9%	0,73%	62
Bolivie	113	19	21 880 000 $	1,4%	0,53%	59
Nicaragua	112		17 460 000 $	1,1%	0,42%	
Guyane	107		12 520 000 $	0,8%	0,30%	60
AFRIQUE			**680 430 000 $**	**43,8%**	**16,42%**	
Éthiopie	170	3	108 390 000 $	7,0%	2,62%	
Mozambique	168	9	74 440 000 $	4,8%	1,80%	
Tanzanie	164	8	69 700 000 $	4,5%	1,68%	
Mali	174	7	68 680 000 $	4,4%	1,66%	
Ghana	138	6	67 390 000 $	4,3%	1,63%	43
Sénégal	157	15	49 120 000 $	3,2%	1,19%	
Cameron	148		47 600 000 $	3,1%	1,15%	
Zambie	166		45 190 000 $	2,9%	1,09%	
Kenya	154	17	33 370 000 $	2,1%	0,81%	
Bukina Faso	175	18	28 560 000 $	1,8%	0,69%	
Malawi	165	16	28 220 000 $	1,8%	0,68%	
Rwanda	159		21 110 000 $	1,4%	0,51%	
Niger	170		20 960 000 $	1,3%	0,51%	
Bénin	162		17 700 000 $	1,1%	0,43%	
ASIE			**373 890 000 $**	**24,1%**	**9,02%**	
Indonésie	110	11	99 590 000 $	6,4%	2,40%	19
Bengladesh	139	4	95 630 000 $	6,2%	2,31%	
Sri Lanka	93		56 290 000 $	3,6%	1,36%	
Viêt-Nam	108	10	55 920 000 $	3,6%	1,35%	58
Pakistan	135	22	49 780 000 $	3,2%	1,20%	
Cambodge	130		16 680 000 $	1,1%	0,40%	

EUROPE			**24 720 000 $**	**1,6%**	**0,60%**	
Ukraine	78		24 720 000 $	1,6%	0,60%	
Principaux bénéficiaires 2004-2005			**391 780 000 $**	**25,2%**	**9,45%**	
Afghanistan		2	115 220 000 $	7,4%	2,78%	
Haïti	153	11	109 260 000 $	7,0%	2,64%	
Pologne	36	4	61 410 000 $	4,0%	1,48%	45
Chine	85	5	57 140 000 $	3,7%	1,38%	28
Irak		1	48 750 000 $	3,1%	1,18%	
TOTAL 30 principaux partenaires			**1 552 830 000 $**	**100,0%**	**37,47%**	

Source : ACDI, 2006a ; 2006b.

Si les concepts de concentration géographique et sectorielle sont théoriquement valables et logiques, ils comportent néanmoins chacun leur lot de risques. Le premier risque est celui d'un désengagement trop rapide de la part du Canada envers les pays bénéficiaires n'étant pas retenus comme partenaires prioritaires. Ce désengagement ne doit pas précipiter inutilement la fin des projets et freiner les initiatives en cours. Néanmoins, une redirection de l'aide vers certains pays cibles comporte le risque de voir certains pays et projets être délaissés, annonçant le non-renouvellement de certains projets, mettant en péril certaines initiatives en cours, et signifiant une pression accrue sur les partenaires locaux et canadiens travaillant à ces initiatives et projets pour trouver des sources alternatives de financement.

Le deuxième risque potentiel est l'incapacité (ou la capacité limitée) des nouveaux pays bénéficiaires et des organismes et institutions chargés de la livraison de l'aide de gérer l'arrivée de fonds substantiels supplémentaires. De manière générale, une opération de type *dumping* de l'aide canadienne risque de survenir afin de pouvoir respecter les exigences de décaissement et les promesses politiques. Or, la capacité de gestion et d'absorption d'un pays bénéficiaire est limitée. Un afflux important d'aide peut s'avérer difficile à gérer – du moins à court et moyen termes – pour des pays dont les infrastructures, la logistique et les ressources humaines et de gestion d'aide sont limitées. Le problème se pose également pour l'ACDI. En fait, la structure administrative actuelle de l'ACDI, avec ses nombreux bureaux décentralisés, ne permet pas une gestion efficace de l'aide dans un nombre réduit de pays. Pour réussir à gérer l'influx fort important de nouveaux fonds au sein de certains partenaires privilégiés, l'ACDI devra mettre en place des équipes locales spécialisées afin d'assurer l'absorption des fonds supplémentaires[16].

Il ne faudrait pas non plus que la stratégie de concentration géographique nuise à la capacité du gouvernement canadien de réagir aux crises humanitaires, qu'il s'agisse de catastrophes naturelles ou de conflits dans des pays non ciblés, nécessitant un appui rapide. Ceci représente le troisième risque. Il faudrait éviter que les fonds dirigés pour l'aide humanitaire soient restrictifs et s'assurer que, peu importe le pays, la région ou la population, les victimes d'une crise puissent bénéficier d'une aide canadienne[17].

Le quatrième risque, une perte de contrôle accrue des fonds de l'aide canadienne de la part des organisations de la société civile (OSC) canadienne, est à prévoir. L'augmentation de l'aide canadienne dans les pays de concentration s'effectue, en effet, essentiellement au travers d'institutions multilatérales ou par l'entremise de fonds d'aide décentralisée[18]. Le Conseil canadien de la coopération internationale (CCCI) a déjà constaté un net recul de la participation des organisations de la société civile dans la mise en œuvre des programmes de l'ACDI. À titre d'exemple, de 1999-2000 à 2002-2003, la part de gestion des projets de l'ACDI par les OSC est passée de 28,7 à 16,6 % de l'APD (CCCI, 2004). Les conséquences à prévoir de ce retrait des OSC dans la livraison de l'aide sont que celles-ci n'auront que difficilement accès au financement canadien.

---

16. Un rapport récent du Comité permanent du Sénat sur les Affaires étrangères et le Commerce international qui traite de l'inefficacité de l'aide canadienne évoque lui aussi ce risque de la canalisation de fonds en trop grande quantité, sans toutefois présenter de solutions de rechange valables (Comité permanent du Sénat sur les Affaires étrangères et le Commerce international, 2007).

17. Un autre problème de l'aide humanitaire est la possibilité de voir son octroi (ou non-octroi) être lié à des questions économiques, politiques ou de sécurité, et cela, malgré la norme d'impartialité qui guide généralement l'action humanitaire.

18. L'aide est dite décentralisée lorsque l'ACDI permet à ses bureaux sur le terrain de choisir avec une certaine autonomie ses partenaires et ses canaux de décaissement, à savoir le bilatéral ou le multilatéral.

Enfin, un dernier risque est lié à l'influence croissante des priorités d'aide établies par le gouvernement canadien sur les partenaires canadiens du développement, particulièrement les organisations non gouvernementales (ONG). Ainsi, la plupart des organisations non gouvernementales (ONG) et les entreprises d'aide internationale ont l'obligation d'adopter les priorités de l'ACDI, si elles souhaitent obtenir un financement. De fait, on constate une perte d'identité chez ces organisations dans une perspective de survie institutionnelle. Autrement dit, la survie institutionnelle, qui passe par l'adoption de priorités déterminées par les grandes agences de développement, dépend de cela au détriment d'évaluations individuelles des besoins sur le terrain effectuées de manière participative par les communautés, les organisations de base ou les ONG.

Changement dans les mécanismes d'allocation de l'aide

La quête d'efficacité s'est aussi accompagnée d'une révision des mécanismes d'attribution de l'aide. Dans le cadre de cette révision, les gouvernements partenaires sont encouragés à fonctionner par l'intermédiaire de ce qui est appelé approches sectorielles, ou de *Sector-Wide Approach* (SWAp). Afin de favoriser l'*ownership* du processus d'aide de la part du pays partenaire et de permettre d'éviter les contradictions et dédoublements associés aux approches fonctionnant par projets individuels, un SWAp permet de canaliser tous les fonds attribués à un secteur (l'éducation ou la santé, par exemple) au développement et au soutien d'une politique cohérente s'appliquant à l'ensemble du secteur et d'un programme de dépenses agencé aux spécificités du secteur. Ainsi, les pays récipiendaires sont invités à établir une liste de besoins clairs pour chacun de leurs ministères devant bénéficier d'aide. Les différents donateurs coordonnent alors leurs réponses et allouent des fonds en tenant compte de cette liste de besoins déterminée de manière spécifique par chaque secteur[19].

---

19. L'Organisation des Nations Unies pour l'éducation, la science et la culture (UNESCO) indique qu'un SWAp se caractérise par une coopération « (i) dont la majeure partie des fonds publics alloués au secteur vont au soutien d'une politique sectorielle unique ; (ii) qui est pilotée par le gouvernement ; (iii) dans le cadre de laquelle des approches communes sont adoptées dans l'ensemble du secteur par tous les donateurs ; (iv) qui favorise une progression vers le contrôle gouvernemental de l'octroi et de la gestion de l'ensemble des fonds publics » (traduction

Si les SWAp se veulent une nouvelle approche ciblée d'allocation de l'aide, la communauté des donateurs emploie également un nouveau type de cadre national d'allocation de l'aide. Il s'agit d'un document de stratégie pour la réduction de la pauvreté (DSRP), mieux connu sous son nom anglophone, *Poverty Reduction Strategy Paper* (PRSP). Mis en place par la Banque mondiale et le Fonds monétaire international,

> [l]es documents de stratégie pour la réduction de la pauvreté (DSRP) sont établis par les gouvernements des pays à faible revenu selon un processus participatif dans lequel s'impliquent à la fois les parties prenantes au niveau national et les partenaires extérieurs du développement, dont le FMI et la Banque mondiale. Le DSRP décrit les politiques et les programmes macro-économiques, structurels et sociaux qu'un pays mettra en œuvre pendant plusieurs années pour promouvoir la croissance et réduire la pauvreté; il expose aussi les besoins de financement extérieur et les sources de financement connexes[20].

Cinq grands principes guident les DSRP. Les DSRP sont d'abord et avant tout pilotés par le pays récipiendaire; ce sont, par ailleurs, des outils mettant l'accent sur l'obtention de résultats; ce sont des approches globales qui conçoivent la pauvreté sous ses différentes facettes; ils favorisent l'élaboration de partenariats; et, finalement, ils adoptent une perspective à long terme de réduction de la pauvreté[21]. Annoncés comme étant une panacée devant permettre de favoriser l'appropriation du processus d'aide par les acteurs nationaux ainsi qu'une plus grande participation de la société civile locale, plus de 60 pays ont emboîté le pas et mis de l'avant un DSRP[22]. Plusieurs pays d'Afrique, tels que le Mozambique, la Tanzanie et le Zimbabwe, de même que des pays d'Amérique latine, comme la Bolivie et le Honduras, sont parvenus à réunir la quasi-totalité de leurs donateurs sous le chapeau d'un seul canal d'allocation de ce type (White, 2001).

---

libre), <http://portal.unesco.org/education/fr/ev.php-URL_ID=10319&URL_DO=DO_TOPIC&URL_SECTION=201.html>, page consultée le 31 mai 2008.

20. Voir le site du FMI, <http://www.imf.org/external/np/exr/facts/fre/prspf.htm>, page consultée le 31 mai 2008. À ce sujet, voir également le site de la Banque mondiale, <http://web.worldbank.org/WBSITE/EXTERNAL/TOPICS/EXTPOVERTY/EXTPRS/0,,menuPK:384207~pagePK:149018~piPK:149093~theSitePK:384201,00.html>, page consultée le 31 mai 2008.

21. <http://www.imf.org/external/np/exr/facts/fre/prspf.htm>.

22. Pour une liste récente des pays ayant développé un DSRP, voir le site de la Banque mondiale : <http://siteresources.worldbank.org/INTPRS1/Resources/boardlist.pdf>, page consultée le 31 mai 2008.

Un fonctionnement par SWAp et DSRP laisse entrevoir bien des avantages pour des agences telles que l'ACDI. En effet, selon l'ACDI, « [l]a prolifération des programmes de faible envergure, visant des secteurs ou des pays, réalisés par les donateurs suppose une coordination plus poussée et des frais plus importants pour les pays bénéficiaires » (ACDI, 2002). Ce mode de fonctionnement par projets et programmes ne permet donc pas, selon l'ACDI, de faire des économies d'échelle en termes de frais de gestion et de frais généraux (*ibid.*)[23]. Pour l'agence canadienne, en permettant une plus grande concertation entre donateurs, ainsi qu'une concentration de l'aide, les SWAp et DSRP pourraient favoriser une gestion plus efficace de l'aide[24]. Ces nouvelles approches permettraient la réduction des frais de gestion par l'entremise de transferts de sommes plus élevées aux agences multilatérales et directement aux pays bénéficiaires (aide budgétaire directe).

Si la popularité de ce cadre d'allocation de l'aide croît – tel que le confirme, entre autres, son adoption par l'ACDI –, de plus en plus d'auteurs commencent néanmoins à soulever de sérieuses critiques quant aux DSRP. Un nombre croissant d'analystes doutent de leur capacité réelle à faire du pays récipiendaire le principal agent du processus de développement, ainsi qu'un partenaire réel–et non pas un client–des pays donateurs (White, 2001 ; Mouelhi et Rückert, 2007). À titre d'exemple, Ian Smillie juge cette approche paternaliste et peu apte à favoriser la prise en charge locale du processus d'aide (Smillie, 2004). Ainsi, selon Smillie, les bailleurs de fonds comme le Canada opèrent sous la direction de la Banque mondiale, une organisation au sein de laquelle les pays bénéficiaires n'ont qu'un pouvoir bien relatif de faire valoir leur point de vue. Il illustre cette stratégie à l'aide d'une métaphore : dans le cadre des DSRP, le « pays bénéficiaire occupe effectivement le siège du chauffeur […] et les bailleurs de fonds les

---

23. La gestion de multiples contrats avec des partenaires canadiens augmente le nombre de fonctionnaires-gestionnaires par contrat.

24. Dans le cadre de son *Énoncé de politique en faveur d'une aide internationale efficace*, l'ACDI soutenait les DSRP en ces termes : « Le plan de l'ACDI en faveur d'une aide internationale plus efficace est fermement ancré dans la nouvelle vision de la coopération au développement qui s'est instaurée au cours de la dernière décennie. L'ACDI gère des programmes dans un grand nombre de pays qui participent maintenant au processus des DSRP, et elle axe de plus en plus sa programmation sur les priorités établies par les gouvernements dans leurs DSRP » (ACDI, 2002).

sièges arrière, avec la carte routière et la carte de crédit» (Smillie, 2004). Dans ce modèle d'aide, le processus d'attribution des fonds continue donc de s'appuyer sur une approche *top-down* de financement extérieur. Le financement et la prise de décision sont principalement effectués par des organisations internationales en dehors des structures gouvernementales des pays bénéficiaires. Les décisions sont souvent imposées à partir « d'en haut », sans considérer les organisations de base et la population « en bas ». En d'autres termes, les pays bénéficiaires ne sont pas encouragés à être autosuffisants et à développer des mécanismes internes de financement, mais plutôt à poursuivre leur dépendance financière envers les pays donateurs.

Fait également à noter, en raison du processus DSRP, les fonds publics, normalement attribués à l'aide bilatérale et accessibles aux organisations et entreprises canadiennes, sont de plus en plus transférés vers les organisations des Nations Unies ou vers des programmes multilatéraux décentralisés[25]. Bien que les coûts et dédoublements liés à l'administration de programmes bilatéraux soient alors réduits, il n'en reste pas moins que les agences multilatérales impliquent elles-mêmes des coûts de gestion importants et fonctionnent par l'entremise de lourdes bureaucraties. Les économies d'échelle pouvant être obtenues par un tel mode de fonctionnement, ainsi que l'efficacité de canaliser l'aide par l'intermédiaire des bureaucraties multilatérales demeurent encore à démontrer.

LE BUDGET ET LA STRUCTURE DE L'AIDE CANADIENNE

Depuis le budget de 1991, les dépenses de l'ACDI proviennent de l'enveloppe de l'aide internationale (EAI) du gouvernement canadien qui constitue une large part de l'APD du pays. L'administration de l'EAI est majoritairement assurée par l'ACDI (82 %, soit plus de 2 862 millions de dollars sur une enveloppe totale de plus de 3 498 millions). D'autres ministères et organes gouvernementaux canadiens, dont le ministère des Affaires étrangères et du Commerce international (MAECI) et le Centre de recherches pour le développement international (CRDI), se partagent l'essentiel de la part résiduelle, soit environ 18 % (636 millions de dollars)

---

25. Le cas du programme Promesas au Honduras est un bon exemple. Voir, entre autres, le chapitre portant sur l'Amérique latine pour plus de détails.

(ACDI, 2008)[26]. En plus de l'EAI, d'autres ressources financières sont disponibles et gérées par d'autres ministères. Ainsi, certains fonds tels que les bourses octroyées aux étudiants étrangers venant étudier au Canada (82 920 000 $) et les coûts des réfugiés au Canada pour la première année (211 650 000 $) sont également pris en compte dans le calcul de l'aide canadienne (ACDI, 2008). L'APD canadienne pour une année donnée tient donc compte tant des montants de l'EAI que des fonds d'aide provenant de sources autres que l'EAI (CCCI, 2005a).

Après avoir atteint un sommet vers la fin des années 1970 et au début des années 1980, l'aide canadienne a chuté dramatiquement au cours des années 1990, et ce, malgré les déclarations de l'ACDI à l'effet qu'elle souhaitait augmenter le ratio d'APD par rapport au PIB à 0,7 % pour l'an 2000[27]. Au contraire, de 1991 à 2001, le budget de l'APD du Canada a été réduit de 34 %. La tendance s'est néanmoins renversée au cours des dernières années. Depuis le budget de 2001, les engagements du Canada ont augmenté considérablement au chapitre de l'APD. Cette hausse est survenue à la suite d'engagements financiers pour la reconstruction de l'Afghanistan, de la création du fonds du Nouveau partenariat pour le développement de l'Afrique (NEPAD), de la réponse au tsunami de 2004 et des engagements pour la reconstruction de l'Irak et d'Haïti[28]. Ainsi, au cours des dernières années, l'enveloppe de l'aide internationale canadienne a connu une croissance de 12,4 %, passant de 3 237 000 $ en 2004-2005 à 3 637 000 $ en 2005-2006 (CCCI, 2005b)[29]. Il est toutefois à noter que l'annulation de certaines dettes bilatérales – environ 300 000 000 $ pour l'Irak et 350 000 000 $ pour le Cameroun en 2004 – explique une large part de ce changement[30].

---

26. Ce chiffre inclut les fonds du Centre de recherches pour le développement international (CRDI), soit 107 000 000 $ en 2005-2006.

27. Voir, entre autres, Parlement du Canada, 2007, <http://www.parl.gc.ca/information/library/PRBpubs/prb0710-f.htm>, page consultée le 18 juin 2008.

28. Dans le cadre du Plan d'action du G8 pour l'Afrique et lors du Sommet du G8 à Kananaskis, le Canada a participé à l'instauration du NEPAD, qui permettra de soutenir le développement de l'Afrique, notamment par l'entremise du secteur privé. Pour plus de détails, voir le chapitre de Stephen Brown dans ce volume.

29. Les chiffres du CCCI diffèrent de ceux fournis par l'ACDI même, en raison de l'emploi d'une méthode de comptabilisation différente.

30. En utilisant les méthodes actuelles de calcul de l'aide publique, le montant total pardonné de la dette compte comme APD pour l'année de son annulation, sans tenir compte de l'échéancier de remboursement. Ce modèle de calcul implique que les montants finaux de l'aide font un bond pour l'année de l'annonce, malgré

Le remboursement de la dette de l'Inde estimée à 430 000 000 $ (2005) a également eu son rôle à jouer. Sans ces facteurs, l'aide canadienne se serait plutôt chiffrée à 0,29 % du PIB, au lieu du 0,34 % pour l'année 2004-2005, pourcentage obtenu en comptabilisant l'annulation et le paiement de ces dettes (CCCI, 2005b).

TABLEAU 0.2
Ventilation de l'aide canadienne par région pour l'année 2004-2005
(en millions de dollars)

	Nb de pays	Bilatérale	%	Multilatérale	%	Total
Afrique	53	865 $	56,2%	675 $	43,8%	1 540 $
Asie	36	646 $	57,9%	469 $	42,1%	1 115 $
Amérique latine	34	339 $	66,6%	170 $	33,4%	509 $
Europe	7	22 $	33,3%	44 $	66,7%	66 $
Océanie	11	6 $	12,2%	43 $	87,8%	49 $
PDPA/PECO	20	118 $	100,0%	0 $	0,0%	118 $
Total	161	1 996 $	58,8%	1 401 $	41,2%	3 397 $

Source : ACDI, 2006b

Les nouveaux fonds d'aide canadiens sont répartis à travers les cadres d'aide canadienne. La coopération multilatérale a bénéficié d'augmentations substantielles au cours des dernières années. Elle s'est accrue de 29 % de 2003 à 2006. Toujours pour cette même période, les engagements envers les grandes banques internationales ont également augmenté de 18 %[31]. Les programmes régionaux (aide bilatérale) ont quant à eux aussi connu une augmentation (16 %), bien que l'Afrique et le Moyen-Orient aient obtenu plus de 52 % des décaissements prévus et que l'Amérique

---

le fait que la grande majorité de la dette ne sera remboursée que plus tard (Tomlinson, 2005).

31. Les principales institutions financières sont la Banque mondiale, le FMI, et les banques régionales, telles que la Banque interaméricaine pour le développement.

latine et l'Asie aient vu leurs budgets diminués d'environ 3 % au cours de la période (2004-2005)[32].

FIGURE 0.1

Pourcentage de l'investissement de l'aide canadienne totale par région (2004-2005)

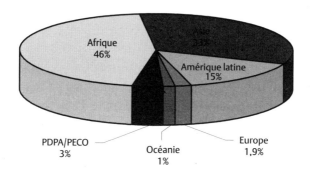

Source : ACDI, 2006b.

Il est intéressant de noter que le ministère des Affaires étrangères et du Commerce international se voit octroyer de nouveaux fonds de plus de 260 000 000 $, totalisant 11 % de l'APD, afin de mettre en œuvre une série de projets liés à la sécurité, dont 15 000 000 $ pour le renforcement de la capacité de lutte contre le terrorisme, 20 000 000 $ en appui aux opérations de paix dans le monde et 40 000 000 $ pour un fonds de prévention des conflits[33]. Alors que l'ACDI avait jusqu'ici tenu les cordons de la bourse, voilà que l'on assiste maintenant à un important transfert des fonds de l'APD vers le MAECI. Celui-ci devient donc un joueur-clé dans la mise en place des programmes d'aide, un rôle qui n'est pas étranger aux nouvelles

---

32. Si bon nombre d'augmentations sont à noter, certaines réductions importantes ont également été effectuées. À titre d'exemple, le budget de l'ACDI pour le Programme du partenariat canadien qui vise à appuyer les organisations non gouvernementales canadiennes est réduit de 2 2 000 000 $ par rapport au budget de 2004-2005 (CCCI, 2005b). Par ailleurs, il est à noter que le nouvel intérêt du Canada envers l'Amérique latine ne transparaissait pas encore dans ces chiffres, puisque annoncé en 2007.

33. Voir, entre autres, le site du MAECI : <http://geo.international.gc.ca/cip-pic/ips/ips-diplomacy6-fr.aspx m>, page consultée le 18 juin 2008.

approches coopératives de gestion des crises internationales, tel le 3D : « développement, défense et diplomatie » et plus récemment l'approche pangouvernementale (*whole-of-government*)[34]. L'approche pangouvernementale est une stratégie de coordination de l'action à l'étranger d'un État amenant ses ministères aux fonctions internationales, par exemple les Affaires étrangères, l'agence chargée de la coopération internationale, l'organe chargé du commerce international, et même le ministère de la Défense, à harmoniser leurs politiques et activités. Il s'agit d'une approche de plus en plus populaire. Le CAD de l'OCDE en fait la promotion pour l'action internationale envers les États fragiles[35]. Suivant les recommandations du CAD, le Canada a décidé d'implanter une approche pangouvernementale pour son action à l'étranger. Il a d'ailleurs créé le Groupe de travail pour la stabilisation et la reconstruction (GTSR) au sein du MAECI[36]. Le GTSR a été créé pour élaborer la politique d'intervention interministérielle nationale. Il travaille de pair avec ses partenaires-clés, soit l'ACDI, le ministère de la Défense nationale (MDN), la Gendarmerie royale du Canada (GRC) et le Bureau du Conseil privé. Le gouvernement canadien a doté le MAECI du Fonds pour la paix et la sécurité mondiales (FPSM) se chiffrant à plus de 500 000 000 $ sur cinq ans pour, entre autres, appuyer le GTSR. Il est toutefois à noter que les montants alloués au FPSM ne sont généralement pas comptabilisés dans l'APD canadienne.

---

34. L'approche 3D a été développée pour permettre une intervention gouvernementale intégrée. Voir le chapitre d'Eric Marclay pour plus de détails.
35. À ce sujet, voir le site de l'OCDE : <http://www.oecd.org/dataoecd/52/40/38120688. pdf>.
36. Pour en savoir plus sur le GTSR, voir le site du groupe : <http://www.inter national.gc.ca/fac/START-GTSR/start-structure-gtsr.aspx?lang=fr&menu_ id=48&menu=>.

FIGURE 0.2
Évolution du ratio APD/PNB (%)
de l'investissmeent de l'aide canadienne

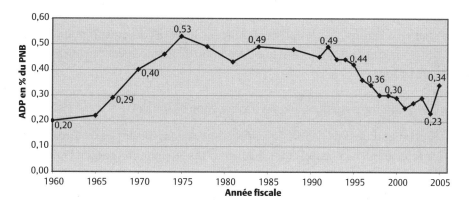

Source : ACDI, 2006a.

FIGURE 0.3
IMPORTANCE RELATIVE DES PRINCIPAUX PROGRAMMES DE L'ACDI,
BUDGET 2004-2005

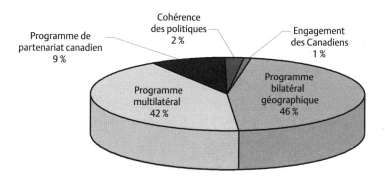

Source : ACDI, 2005b.

L'architecture actuelle de l'aide canadienne au sein de l'ACDI

L'architecture des structures administratives de l'aide canadienne a évolué au fil des décennies. Aujourd'hui, trois divisions administratives (programmes) de l'ACDI se partagent l'essentiel de l'aide canadienne, soit :

1) les programmes géographiques, 2) les programmes du partenariat et 3) les programmes multilatéraux (ACDI, 2006b). On retrouve également un certain nombre de programmes de petite envergure, tels que le programme de cohérence des politiques et celui de l'engagement des Canadiens. La Figure 0.3 et le Tableau 0.3 détaillent les décaissements pour ces différents programmes, ainsi que l'évolution du financement canadien de 2003 à 2006.

Les programmes géographiques (ou direction bilatérale)

Ces programmes de l'ACDI s'occupent des relations bilatérales du Canada avec les récipiendaires de l'aide canadienne. Les programmes géographiques jouent un rôle crucial comme vecteur des relations entre le Canada et ses pays partenaires du Sud. À ce titre, ces programmes jouissaient, jusqu'à un récent scandale gouvernemental, d'une certaine souplesse administrative et donc pouvaient répondre à certaines initiatives des partenaires. En partie en raison de cette souplesse, l'aide canadienne a pu être versée à plus de 161 pays (ACDI, 2006b). Bien que la gestion de ces programmes ait été resserrée depuis, les fonds alloués à la direction bilatérale ont néanmoins été augmentés en 2005-2006. Ils représentaient alors 1 399 000 $ du budget d'aide canadienne, soit 46 % du budget de l'ACDI.

TABLEAU 0.3
Évolution des dépenses des principaux programmes de l'ACDI de 2003 à 2006

	2003-2004	2004-2005	2005-2006
Programme géographique bilatéral	1 201 000 000	1 248 000 000	1 399 000 000
Programme de partenariat	296 000 000	276 000 000	273 000 000
Programme multilatéral	992 000 000	1 652 000 000	1 280 000 000
Cohérence des politiques	56 400 000	55 700 000	67 970 000
Engagement des Canadiens			24 600 000
Total de l'ACDI	2 573 100 000	3 255 200 000	3 073 430 000

Source : ACDI, 2005b ; 2006b.

L'aide bilatérale est généralement gérée à partir du siège social de l'ACDI et peut être acheminée directement à un pays bénéficiaire, faire l'objet d'appels d'offres, ou être canalisée à travers des partenaires privés canadiens chargés de faire la mise en œuvre de projets. Aujourd'hui, l'aide bilatérale est toutefois attribuée essentiellement par l'intermédiaire d'appels d'offres permettant aux entreprises privées, aux organisations sans but lucratif et aux institutions universitaires de se faire compétition pour l'octroi de contrats[37]. Il est à noter qu'antérieurement, ONG et partenaires privés disposaient d'un espace pour créer des initiatives non sollicitées en fonction des besoins des communautés locales. Ces initiatives sont maintenant rarissimes.

Les programmes du partenariat canadien
(Direction de générale du partenariat canadien)

Les programmes du partenariat canadien de l'ACDI appuient les initiatives d'organisations de la société civile canadienne en collaboration avec les pays bénéficiaires sur une base de coûts partagés nécessitant une contribution en fonds propres des ONGs. Ce type de programme, créé pour laisser l'initiative aux ONG, vise surtout à appuyer l'action des ONG canadiennes en fournissant un financement gouvernemental additionnel à leurs projets ou en encourageant l'envoi de volontaires. Selon l'ACDI, les programmes de partenariat canadiens se veulent donc un moyen de favoriser l'engagement de la population canadienne dans le développement international, tout en « souten[ant] les partenariats Nord-Sud et promouv[ant au sein

---

37. On considère que l'aide bilatérale canadienne est encore très liée, c'est-à-dire qu'elle est octroyée presque essentiellement à des organisations et entreprises canadiennes. Avant que la nouvelle politique sur l'aide liée et déliée ne soit approuvée en 2002, la majorité de l'APD fournie par l'ACDI était conditionnelle à l'achat au Canada de biens et services dont le contenu devait être majoritairement canadien. L'ancienne politique de 1987 prévoyait un taux de déliement de l'APD de seulement 33 %. Le déliement de l'aide visait essentiellement à permettre l'approvisionnement en biens et services dans les pays bénéficiaires pour encourager l'économie locale. Même si l'approvisionnement dans d'autres pays industrialisés était permis, le déliement ne devait pas excéder 10 % et n'était utilisé que s'il était impossible de se procurer les biens ou services sur le marché local ou canadien. Cependant, malgré la tendance observée du déliement de l'aide, un ralentissement de cette tendance a été observé depuis 2003. Pour en savoir plus sur le sujet du déliement de l'aide canadienne, voir Goyette, 2008.

du pays partenaire] le renforcement des capacités de la société civile et des groupes du secteur privé qui peuvent alors travailler à la réduction de la pauvreté et au développement durable à l'échelle locale[38]. » En 2005-2006, ce programme a subi des compressions budgétaires importantes. Malgré ces coupes, il représentait tout de même 273 000 000 $, soit 9 % du budget de l'ACDI (ACDI, 2006b).

Par l'entremise de ce type de programme ont pu être créés des liens entre les sociétés civiles, les organisations de base et les mouvements sociaux du Canada et de l'étranger. Ces partenariats sont souvent à l'origine de nouvelles relations entre le Canada et les pays bénéficiant de l'aide canadienne. Entre autres, des milliers de Canadiens ont profité des programmes de coopération volontaire d'organismes tels que CUSO, CECI, EUMC, SUCO et OXFAM Québec[39]. Ce type de programme a également permis le développement d'initiatives originales, certaines même révolutionnaires, en termes d'aide internationale. Entre autres, par le programme de partenariat canadien, l'ACDI soutient des organismes tels qu'Équiterre, qui font la promotion du commerce équitable[40]. À travers différentes organisations, l'ACDI finance également d'autres microprojets qui visent à créer des relations commerciales plus justes entre les nations, telles que le projet Mettre les marchés au service des pauvres[41]. En contrepartie, cette direction est certainement responsable d'une partie de l'éparpillement géographique et sectoriel dont souffre l'aide canadienne. Ce fait est sans doute à la source des restrictions budgétaires subies par les programmes de partenariat canadien.

---

38. Tiré du site de l'ACDI : <http://www.acdi-cida.gc.ca/CIDAWEB/acdicida.nsf/Fr/JUD-11291243-N24>, page consultée le 2 juin 2008.
39. Voir le chapitre de Dominique Caouette. Notons que plusieurs professionnels, fonctionnaires et spécialistes de l'aide canadienne sont issus de ces programmes volontaires. Parmi les autres bénéfices de ce programme, notons également que cet appui aux ONG leur permet d'avoir un poids plus important dans l'orientation de la politique internationale canadienne.
40. <http://www.equiterre.org/>, page consultée le 11 juin 2007.
41. En anglais *Making market works for the poor*. Voir, entre autres, le document en ligne de CARE Canada à ce sujet : <http://care.ca/userfiles/SoumissionalaCommissionUNDPDec2003.pdfm>, page consultée le 18 juin 2008.

Les programmes multilatéraux

Ces programmes sont responsables des relations qu'entretient le Canada avec les agences des Nations Unies et les institutions financières internationales. Ils recoupent également le financement des programmes humanitaires et des urgences. En 2005-2006, les fonds octroyés à ce type de programme étaient en hausse. Ils représentaient 1 280 000 $ des fonds d'aide canadiens, soit 42 % du budget de l'ACDI.

L'une des composantes importantes des programmes multilatéraux est l'appui aux différents programmes des Nations Unies. En 2004-2005, le Canada a appuyé plus d'une soixantaine d'agences et d'organismes de l'ONU, par l'entremise, entre autres, de l'octroi de 147 000 000 $ en contributions générales. Les principaux programmes et agences bénéficiant de l'aide canadienne sont présentés au Tableau 0.4.

TABLEAU 0.4
Principaux décaissements du Canada à travers les Nations Unies, 2004-2005

	Détails du programme	Montant estimé de la contribution canadienne
UNICEF	Le Programme des Nations Unies pour l'aide à l'enfance appuie principalement les activités visant à améliorer le sort des enfants, particulièrement en termes de besoins humains fondamentaux tels que l'accès à l'eau, l'assainissement et le respect des droits de la personne.	226 000 000 $
Fonds mondial de lutte contre le sida, la tuberculose et le paludisme	Ce fonds regroupe des activités de prévention, de recherche, de traitement et d'aide aux victimes atteintes du VIH/sida, de tuberculose et du paludisme.	173 000 000 $
PNUD	Le Programme des Nations Unies pour le développement joue plusieurs rôles, incluant le financement de projets d'aide humanitaire et de développement, ainsi que la coordination et la préparation d'analyses politiques.	115 000 000 $

Ces estimations budgétaires sont tirées du budget de l'ACDI 2004-2005 (ACDI, 2006b) et ne tiennent compte que des contributions volontaires canadiennes. Elles excluent les contributions directement octroyées par les bureaux de la coopération canadienne sur le terrain ou les bureaux des agences onusiennes dans les pays bénéficiaires.

L'aide humanitaire d'urgence est également gérée par le programme multilatéral. Le Programme d'aide humanitaire internationale (PAHI) de l'ACDI est en forte croissance, quoiqu'il ne représente encore que 7 % du budget de l'APD. Il se chiffre à 207 000 000 $ et implique une présence dans 54 pays bénéficiaires (2004-2005)[42].

Autres ministères jouant un rôle dans l'aide canadienne

Le ministère des Finances

D'autres ministères et agences gouvernementales ont un rôle à jouer en lien avec l'APD canadienne. De son côté, le ministère des Finances canadien administre les dettes de pays étrangers encourues au fil des ans envers le Canada. En 2005-2006, il a pardonné un total de 272 000 000 $ de dettes. Il demeurait toutefois le créancier de 27 pays, dont les plus importants sont le Pakistan (447 000 000 $), l'Indonésie (205 000 000 $) et le Sri Lanka (97 000 000 $), totalisant plus de 957 000 000 $ de dettes dues au Canada (ACDI, 2006b).

Depuis le milieu des années 1990, les pays membres du G-7 ont mis l'accent sur la réduction de la dette des pays du Sud comme activité importante de l'aide internationale. Ceux-ci ont lancé en 1997 une initiative pour éradiquer la dette des pays pauvres très endettés. Cette initiative a été reconduite en 1999. Le Canada, à titre de membre du G-7 a emboîté le pas. En 2000, le Canada, par l'entremise de son ministère des Finances, s'est démarqué en demandant l'élimination des dettes bilatérales de sept pays pauvres très endettés (PPTE)[43], soit l'Éthiopie, le Bénin, la Bolivie,

---

42. Pour plus de détails, voir le chapitre d'Yvan Conoir dans ce volume.
43. Le FMI et la Banque mondiale ont engagé avec une quarantaine de pays l'initiative PPTE en 1996 afin de s'assurer qu'aucun pays ne doive faire face à un endettement excessif. Voir, entre autres : <http://www.fin.gc.ca/news00/data/00-095_1f.html>, page consultée le 18 mai 2007.

le Ghana, la Guyane, le Sénégal et la Tanzanie[44]. De plus, le Canada a mis fin aux remboursements de la dette du Cameroun, de la République démocratique du Congo (RDC), de Madagascar, du Rwanda et de la Zambie. D'autres initiatives ont été moins bien acceptées, telle que l'exonération de la dette de l'Irak. Le montant de ce pardon se chiffrait à près de 600 000 000 $ et équivalait, selon les critiques, à la valeur totale des allègements bilatéraux qui auraient pu être concédés à 14 PPTE (CCCI, 2005b).

Le ministère de la Défense

Récemment, certaines activités liées à la sécurité ont été intégrées au budget de l'APD canadienne en fonction de critères développés par le CAD de l'OCDE[45]. Les activités de nature sécuritaire tombant sous la bannière de l'APD se rapportent à des situations telles que les opérations de maintien de la paix, la prévention et le règlement des conflits, ou encore la réhabilitation des enfants soldats. Dans de telles situations, il devient alors difficile de séparer l'action humanitaire de l'action sécuritaire[46]. Les missions comme celle qui est menée en Afghanistan, où les forces armées sont appelées à mettre en œuvre des activités humanitaires en plus de leur action militaire, constituent une autre zone grise de l'aide internationale. Ce type de situation semble d'ailleurs devenir de plus en plus commun. Le Canada envisage d'ailleurs d'autres initiatives de ce type, en Haïti ou au Soudan, par exemple (Simpson et Tomlinson, 2006).

---

44. Le ministère des Finances canadien procède au pardon d'une dette à travers les grandes banques et le FMI.

45. Pour plus de détails, voir le chapitre d'Eric Marclay.

46. Par exemple, dans les activités de construction de la paix, l'aide est comptabilisée à condition que les destinataires des fonds ne soient ni membres du personnel militaire ni fonctionnaires d'un ministère de la Défense. Toutefois, l'aide consentie peut être utilisée indirectement par des organisations de la société civile pour financer la participation du personnel du ministère de la Défense (OCDE, 2005). Cette dernière situation se complique davantage pour les opérations d'unité militaire à caractère humanitaire du genre DART, une unité militaire canadienne conçue pour être déployée rapidement à travers le monde, dans le cadre de crises allant de catastrophes naturelles aux urgences humanitaires complexes. Voir les détails en ligne : <http://www.forces.gc.ca/site/Newsroom/view_news_f.asp?id=301>, ou le chapitre d'Yvan Conoir dans cet ouvrage.

Quand les intérêts dépassent les promesses

La crédibilité d'un pays dans ses relations d'aide internationale dépend essentiellement du respect de ses engagements envers ses partenaires. Toutefois, les promesses canadiennes ne semblent pas toujours se concrétiser. À plusieurs reprises, le Canada a fait des promesses d'aide qui n'ont pas été tenues. L'un des meilleurs exemples est celui de l'aide à l'Amérique centrale après le passage de l'ouragan Mitch en 1999. Le Canada avait alors annoncé plus de 250 000 000 $ pour la reconstruction des pays dévastés. L'annonce ministérielle faite à l'époque se lisait ainsi : « Le Canada a pris l'engagement de consacrer 260 000 000 $ dans les quatre prochaines années à aider les populations d'Amérique centrale à reconstruire leurs pays »[47]. L'ACDI avait même incité les organisations canadiennes à se rendre sur place afin d'aider la livraison de l'aide. Six ans plus tard, le budget 2004-2005 de l'ACDI indiquait toutefois que, de cette somme, seulement 111 000 000 $ avaient été versés à l'Amérique centrale. De plus, peu de temps après, les investissements au Honduras, faits quelques mois après l'annonce de fonds de reconstruction pour l'Amérique centrale, ont été réduits pour apporter de l'aide aux victimes du conflit au Kosovo. Tant l'intérêt des médias que celui des politiciens s'était, en effet, porté vers l'Europe de l'Est, l'objet d'annonces de transferts de fonds tout aussi alléchants que ne l'avaient été ceux promis aux victimes de Mitch.

Le cas d'Haïti peut servir d'exemple plus récent : après les nombreuses crises et catastrophes qui ont frappé ce pays en 2005, le gouvernement canadien lui a promis un généreux programme d'aide. Le Canada devait allouer plus de 180 000 000 $ sur deux ans pour soutenir les efforts de reconstruction et de développement en Haïti. Si le Canada a bel et bien mis de l'avant des fonds pour Haïti, c'est toutefois en allant les récupérer auprès des programmes d'aide pour la Bolivie et le Honduras.

Dans certains cas, des programmes d'aide bilatérale et multilatérale déjà en cours au sein du pays touché sont récupérés et reconduits vers une urgence. Le Canada, tout comme plusieurs autres pays donateurs, a d'ailleurs déjà annoncé de nouvelles sommes lors d'urgences en incluant dans les sommes annoncées les fonds déjà alloués au pays dans le cadre

---

47. L'annonce de l'ACDI de 1999 concernant le Honduras n'est plus disponible en ligne.

de programmes réguliers. Les nouvelles sommes réellement canalisées sur le terrain ne constituaient donc par conséquent qu'une maigre part de la somme totale annoncée.

Il n'existe malheureusement aucun mécanisme de contrôle et de suivi pour mesurer la réalisation des « promesses » d'aide, particulièrement dans le cadre de crises humanitaires. Les annonces sont alors souvent faites « à vif » et se traduisent alors par une récupération et recanalisation de fonds existants. Cette pratique de la part du gouvernement canadien s'explique certainement par le phénomène de surenchère pour répondre aux engagements des autres pays donateurs et préserver certains acquis sur l'échiquier de l'aide internationale. Cette surenchère de l'aide internationale force le gouvernement canadien à exagérer ses promesses, voire à promettre au-delà de ses capacités, ce qui engendre inévitablement de faux espoirs. Ainsi, ces promesses démesurées ne peuvent avoir que des effets néfastes sur l'image que le Canada veut donner de lui-même sur le plan international.

L'analyse de l'aide canadienne au développement des dernières décennies présente un tableau extrêmement diversifié, où l'on constate quelques échecs, mais également, quelques succès. Le défi à venir pour le Canada est qu'il puisse préserver des acquis, tout en tentant de moderniser ses approches, et ce, malgré qu'il soit prisonnier de ses propres intérêts. Chose certaine, l'aide canadienne n'est pas statique et démontre une forme de dynamisme qui s'active au fil des nouvelles dimensions et enjeux de l'agenda de l'aide internationale, des intérêts changeants du Canada lui-même, mais aussi au gré des catastrophes humanitaires qui frappent des millions de personnes annuellement. Ce sont ces défis et enjeux qui seront analysés dans les chapitres à venir.

RÉFÉRENCES BIBLIOGRAPHIQUES

Agence canadienne de développement international, ACDI (2002), *Énoncé de politique en faveur d'une aide internationale plus efficace*, <http://www.acdi-cida.gc.ca/aide-efficace>.

Agence canadienne de développement international, ACDI (2005a), *Énoncé de politique internationale du Canada en matière de développement*, <http://www.acdi-cida.gc.ca/INET/IMAGES.NSF/vLUImages/IPS_PDF_FR/$file/IPS-FR.pdf>.

Agence canadienne de développement international, ACDI (2005b), *Rapport statistique sur l'aide publique au développement, Année financière 2003-2004*, <http://

www.acdi-cida.gc.ca/INET/IMAGES.NSF/vLUImages/stats/$file/RappStat_03-04.pdf>.

AGENCE canadienne de développement international, ACDI (2006a), *Rapport statistique sur l'aide publique au développement, Année financière 2004-2005,* <http://www.acdi-cida.gc.ca/INET/IMAGES.NSF/vLUImages/stats/$file/RappStat 04-05.pdf>.

AGENCE canadienne de développement international, ACDI (2006b), *Rapport ministériel sur le rendement pour la période se terminant le 31 mars 2006,* <http://www.acdi-cida.gc.ca/INET/IMAGES.NSF/vLUImages/Publications3/$file/web-cida-acdi_f.pdf>.

AGENCE canadienne de développement international, ACDI (2008), *Rapport statistique sur l'aide publique au développement, Année financière 2005-2006,* < http://www.acdi-cida.gc.ca/INET/IMAGES.NSF/vLUImages/Publications/$file/Rapport-Statistique-Fran%C3%A7ais_%202008-04-29_SM.pdf>.

ASSOCIATION québécoise des organismes de coopération internationale, AQOCI (2006), *La coopération internationale depuis 1985: tendances et perspectives,* Montréal, février 2006.

BÁTORA, Jozef (2005), *Public Diplomacy in Small and Medium-Sized States: Norway and Canada,* Discussion Papers in Diplomacy, Netherland Institute of International Relations.

BOONE, Peter (1996), « Politics and the Effectiveness of Foreign Aid », *European Economic Review,* n° 40: 289-329.

BOULANGER, Suzie (2003), *La réforme de la politique d'aide canadienne de 1995: implications pour les organisations de coopération internationale,* mémoire présenté comme exigence partielle de la maîtrise en science politique, Université du Québec à Montréal.

BURNSIDE, Craig et David Dollar (1997), *Aid Policy and Growth,* Policy Research Working Paper 1977, juin 1997, World Bank, Development Research Group; également publié dans *American Economic Review,* vol, 90, n° 4: 847-867.

COMITÉ permanent du Sénat sur les Affaires étrangères et le Commerce international (2007), *Overcoming 40 Years of Failure: A New Road Map for Sub-Saharan Africa,* <www.senate-senat.ca/foraffetrang.asp>.

CONSEIL canadien de la coopération internationale, CCCI (2004), *Réflexions sur la mise en œuvre des stratégies pour une aide efficace de l'ACDI dans les neuf pays de concentration,* <http://www.ccic.ca/f/docs/002_aid_cida_nine_countries_sum mary.pdf>.

CONSEIL canadien de la coopération internationale, CCCI (2005a), *Le Groupe de travail sur la stabilisation et la reconstruction (GTSR) et le Fonds pour la paix et la sécurité dans le monde (FPSM),* note d'information du CCCI, novembre 2005, <http://www.ccic.ca/f/docs/002_human_2005-11_gpsf_start_briefing_note.pdf>.

CONSEIL canadien de la coopération internationale, CCCI (2005b*), Budget des dépenses de l'ACDI 2005-2006, Partie III: Rapport sur les plans et les priorités,* <http://www.ccic.ca/f/docs/002_aid_2005-06_cida_estimates.pdf>.

COOPER, Andrew F. (dir.) (1996), *Niche Diplomacy: Middle Powers After the Cold War,* Londres, MacMillan.

COOPER, Andrew F., Richard A. Higgott et Kim Richard Nossal (dirs.) (1993), *Relocating Middle Powers: Australia and Canada in a Changing World Order*, Vancouver, University of British Columbia Press.

CURTIS, John M. (2005), *Le multilatéralisme: communauté de clubs ou activisme entrepreneurial? Les choix possibles dans une période de changements*, Ottawa, Ministère des Affaires étrangères et du Commerce international Canada, <http://www.international.gc.ca/eet/research/TPR-2005/TPR-2005-FR_Chapitre_11_-_Curtis_-_club_scene.pdf>.

DOUCOULIAGOS, Hristos et Martin Paldam (2006a), *Conditional Aid Effectiveness: A Meta Study*, Working paper, Aarhus University.

DOUCOULIAGOS, Hristos et Martin Paldam (2006b), *Aid Effectiveness on Growth: A Meta Study*, Working paper, Aarhus University.

DOUCOULIAGOS, Hristos et Martin Paldam (2006c), « Aid Effectiveness on Accumulation: A Meta Study », *Kyklos*, vol. 59, n° 2: 227-254.

EASTERLY, William (2003), « Can Foreign Aid Buy Growth? », *Journal of Economic Perspectives*, vol. 17, n° 3: 23-48.

GOYETTE, Gabriel C. (2008), *Le déliement de l'aide au développement canadienne*. Les Cahiers de la Chaire C. A. Poissant, coll. « Recherche » n° 2008-01.

HOLLOWAY, Steven Kendall (2006), *Canadian Foreign Policy: Defining the National Interest*, Peterborough, Broadview.

KEATING, Tom (2001), *Canada and World Order: The Multilateralist Tradition in Canadian Foreign Policy*, Londres, Oxford University Press.

KEENES, Ernie (1995), « The Myth of Multilateralism: Exception, Exemption, and Bilateralism in Canadian International Economic Relations », *International Journal*, vol. 50, automne: 755-778.

KEGLEY, Charles W. Jr. (2007), *World Politics: Trends and Transformation*, 11e édition, Belmont, Thomson Wadsworth.

LISCHER, Sarah Kenyon (2003), « Collateral Damage: Humanitarian Assistance as a Cause of Conflict », *International Security*, vol. 28, n° 1: 79-109.

MABILAIS, Régis (2004), Reality of Aid *2004, APD et sécurité*, <http://www.coordinationsud.org/IMG/_article_PDF/article_650.pdf>.

MINISTÈRE des Affaires étrangères et du Commerce international, MAECI (2005), *Énoncé de politique internationale du Canada, Diplomatie*, <http://dsp-psd.pwgsc.gc.ca/Collection/FR4-4-2005F.pdf>.

MOUELHI, Mia et Arne Rückert (2007), « Ownership and Participation: The Limitations of Poverty Reduction Strategy Paper Approach, » *Revue canadienne d'études du développement*, vol. 28, n° 2: 71-284.

NESTMANN, Thorsten et Beatrice Weder (2002), *The Effectiveness of International Aid and Debt Relief: A Selective Review of Literature*, Allemagne.

ORGANISATION de coopération et de développement économiques, OCDE (2005), *Directives pour l'établissement des rapports statistiques au CAR*, Direction de la coopération pour le développement, Comité d'aide au développement, DCD/DAC(2000)10/ADD1/REV1, 3 mai 2005, <http://www.oecd.org/dataoecd/14/26/31742493.pdf>.

PISTOR, Marcus (2005), *Les 25 partenaires de l'Agence canadienne de développement international pour le développement*, Ottawa, Bibliothèque du Parlement, Division des affaires politiques et sociales, PRB 05-04F, <http://dsp-psd.pwgsc.gc.ca/Collection-R/LoPBdP/PRB-f/PRB0504-f.pdf>.

PRATT, Cranford (dir.) (1996), *Canadian International Development Assistance Policies: An Appraisal*, Montréal/Kingston, McGill-Queen's University Press.

SMILLIE, Ian (2004), *ODA: Options and Challenges for Canada*, Conseil canadien de la coopération internationale, CCCI, <http://www.ccic.ca/f/docs/002_policy_2004-03_oda_options_smillie_report.pdf>.

SIMPSON, Erin et Brian Tomlinson (2006), *Canada: quelqu'un est à l'écoute?*, Conseil canadien pour la coopération internationale, CCCI, <http://www.ccic.ca/f/docs/002_aid_2006_roa_canada_chapter.pdf>.

TOMLINSON, Brian (2005), « Aid Flows, MDGs and Poverty Eradication: More and Better Canadian Aid », *Canadian Development Report 2005*, Ottawa, Institut Nord-Sud.

WHITE, Howard (2001), « Will the New Aid Agenda Help Promote Poverty Reduction? », *Journal of International Development*, vol. 13, n° 7, octobre: 1057-1070.

PREMIÈRE PARTIE

LES ACTEURS DE L'AIDE CANADIENNE AU DÉVELOPPEMENT

1

L'AGENCE CANADIENNE DE DÉVELOPPEMENT INTERNATIONAL : BILAN ET PERSPECTIVES

Brian Tomlinson

Depuis sa création par le premier ministre Trudeau en 1968, l'Agence canadienne de développement international (ACDI)[1] a été le principal mécanisme institutionnel par lequel le Canada a su fournir son aide au développement. Au cours des dernières années, l'ACDI a déboursé environ 80 % de toute l'aide publique au développement (APD)[2] canadienne

---

1. L'auteur travaille actuellement comme analyste des politiques au sein du Conseil canadien pour la coopération internationale (CCCI). Cet article est écrit en sa qualité personnelle et ne reflète pas les points de vue du Conseil ou de ses membres. L'analyse et les idées de cet article sont appuyées par ses recherches, qui sont le résultat de plus de 10 ans d'observation attentive et de rédaction sur la politique d'aide canadienne pour le Conseil. Des références plus détaillées peuvent être trouvées dans des articles cités dans ce chapitre et inscris à la section sur l'aide du site Web du CCCI au : <www.ccic.ca>.

2. L'aide publique au développement est une série de concessions et de prêts à des conditions libérales des pays développés pour les pays en voie de développement qui ont un revenu par habitant inférieur à 9 000 $US. Les critères de ce qui est inclus dans l'APD ont été établis par consensus parmi les 22 donateurs se réunissant au sein du Comité d'aide au développement (CAD) de l'Organisation de coopération et de développement économiques (OCDE). Ces critères dépassent les attributions budgétées annuellement pour des agences telles que l'ACDI. Ils permettent l'inclusion d'un certain nombre de provisions non budgétaires telles

budgétée. Par conséquent, les tendances des politiques de l'ACDI et l'octroi de son aide jouent un rôle fondamental pour définir la collaboration internationale du Canada avec plusieurs pays en voie de développement.

Pour analyser l'ACDI, cet article utilise la notion d'« internationalisme humanitaire » comme cadre normatif (Pratt, 1994). Selon cette approche, la politique étrangère du Canada appliquée aux pays en voie de développement devrait être guidée par des obligations éthiques, basées sur le respect des droits de la personne, afin de réduire la pauvreté mondiale en exprimant concrètement une véritable solidarité avec les millions d'individus vivant dans ces pays marginalisés par la pauvreté, l'inégalité et l'injustice. Pour reprendre les mots de Cranford Pratt, l'internationalisme humanitaire implique que l'ACDI

> mette l'accent principal sur la réduction de la pauvreté [et] exclue de son agenda l'intrusion des politiques commerciales, internationales et autres objectifs d'ordre public qui reviennent légitimement à d'autres ministères et qui dispersent le centre d'intérêt de l'agence d'aide tout en faisant considérablement diminuer sa nature humanitaire. (Pratt, 2003)

Ce chapitre tentera d'examiner si les réformes des 10 dernières années au sein de l'ACDI ont été influencées par des politiques de développement d'internationalisme humanitaire, ou si elles confirment les perspectives analytiques plus pessimistes selon lesquelles l'ACDI, en tant qu'expression potentielle de ces valeurs, demeure submergée par l'influence des intérêts canadiens et de ceux des donateurs en ce qui a trait au développement de leurs marchés, à la protection des ressources et à la diminution des menaces que peuvent constituer la pauvreté, le terrorisme international, la propagation des maladies contagieuses et l'intensification de la dégradation environnementale.

---

que l'élimination de la dette, le soutien des réfugiés au cours de leur première année dans les pays donateurs, et des fonds imputés pour appuyer les étudiants des pays en développement qui étudient dans les pays donateurs. Au Canada, ces récentes provisions non budgétaires ont représenté de 13 à 20 % de l'APD au cours des dernières années. La mesure comparative du rendement du donateur, établie par le CAD, est basée sur le ratio entre l'APD du donateur (incluant les provisions non budgétaires) et le produit national brut (PNB) du donateur.

ÉTABLIR LE CONTEXTE : LES PRESSIONS MONDIALES EXERCÉES POUR RÉFORMER L'AIDE CANADIENNE

Les politiques de l'aide canadienne sont passées par des initiatives périodiques de réforme, qui portaient particulièrement sur la coopération technique, l'atteinte des besoins humanitaires de base et l'appui pour un ajustement structurel des économies des pays les plus pauvres[3]. Mais dans les années 1990, en dépit de plus de 30 années de coopération d'aide et de développement, les conditions des populations pauvres et marginales dans la plupart des pays en voie de développement se sont nettement détériorées. De 1992 à 1995, les Nations Unies ont organisé une série de conférences mondiales qui accordaient une attention sans précédent aux problèmes liés au développement durable, à la sécurité alimentaire, aux droits de la personne, incluant le droit au développement, à l'égalité des femmes et au développement social pour les populations pauvres et marginalisées. Dans les plans d'action proposés par ces conférences, tous les gouvernements se sont apparemment mis d'accord pour dire que le progrès dépendait de leur appui aux politiques qui pourraient engendrer un ordre mondial plus équitable et qui aborderaient des obstacles majeurs tels que la croissance non réglementée, l'endettement insoutenable, l'aide inefficace, les pratiques commerciales injustes et les institutions financières internationales antidémocratiques. Plutôt que d'adopter toute cette gamme d'engagements proposés par le plan d'action de l'ONU, au printemps 1996, les ministres de l'Aide internationale des 22 pays donateurs se sont rencontrés au sein du Comité d'aide au développement (CAD) de l'OCDE. Agissant sans avoir consulté leurs partenaires des pays en voie de développement, ils se sont entendus sur un plan d'action plus limité décrit dans un important document qui s'intitule *Le rôle de la coopération pour le développement à l'aube du XXIe siècle* (CAD, 1996).

Ce document établit un consensus exceptionnel parmi les pays du CAD qui les engage à améliorer l'efficacité de leur aide en atteignant les objectifs des conférences de l'ONU. Il propose sept objectifs de développement social et des objectifs connexes dérivés des résultats des conférences de l'ONU, et qui, selon les donateurs, contribueraient sensiblement à

---

3. Pour l'historique détaillé de l'ACDI jusqu'à la fin des années 1990, consulter Morrison, 1998.

réduire la pauvreté dans les pays en voie de développement. Ces buts ont subséquemment été adoptés par le soutien de l'ONU au Sommet du millénaire de septembre 2000 et forment la base des objectifs du Millénaire pour le développement (OMD) et leurs objectifs essentiels à atteindre d'ici 2015[4].

En mars 2002, les OMD sont devenus le centre d'intérêt pour le partenariat entre les donateurs et les pays en voie de développement lors du Sommet mondial de l'ONU sur le financement du développement qui s'est tenu à Monterrey, au Mexique. Ce partenariat pour le développement, aussi connu sous le nom du consensus de Monterrey, implique l'engagement des donateurs pour appuyer les politiques permettant d'atteindre les OMD, ainsi que l'engagement des pays en voie de développement de poursuivre les principes de bonne gouvernance et d'établir un contexte de politique économique et sociale permettant l'implantation des OMD. La plupart des engagements des donateurs étaient reliés à une aide accrue et efficace. Que ce soit lors du consensus de Monterrey ou dans l'établissement des OMD, on a toutefois noté l'absence d'objectifs assortis de délais précis et d'engagements stratégiques de la part des pays donateurs en ce qui a trait à l'annulation de la dette, à l'implantation du commerce équitable, à la mise en place d'échéances pour atteindre l'objectif de l'ONU de verser 0,7 % du produit national brut (PNB) pour l'aide, ou à la création de réformes démocratiques dans les établissements multilatéraux – tous des engagements économiques et globaux pris lors des conférences de l'ONU à partir des années 1990[5].

Fait étonnant à remarquer, en dépit des discours répétés des donateurs sur «l'amélioration des partenariats avec les pays en voie de développement», cette amélioration n'a aucunement influé lors de l'établissement des objectifs des donateurs dans *Le rôle de la coopération pour le développement à l'aube du XXIᵉ siècle*. Les pays en développement n'ont jamais été invités à négocier des objectifs mesurables, convenus d'un commun

---

4. Pour une analyse détaillée des politiques des engagements des donateurs et des stratégies liées à l'accomplissement des OMD, consulter Tomlinson, 2005 et Trocaire, 2005.

5. Pour voir la réaction d'une ONG à la suite des résultats de la conférence de Monterrey, consulter Actionaid, 2002.

accord et basés sur ce qu'ils considèrent comme des domaines essentiels au progrès. Ces processus politiques multilatéraux et asymétriques, dans lesquels les lignes d'action politiques et économiques du donateur sont mises en priorité, ont continué de miner la crédibilité des promesses faites par les donateurs depuis l'élaboration du *Rôle de la coopération pour le développement à l'aube du XXIe siècle* en 1996, et le Sommet du millénaire en l'an 2000 pour faire progresser la réduction sensible de la pauvreté mondiale (Tomlinson, 2005a ; Trocaire, 2005).

Le rôle de la coopération pour le développement à l'aube du XXIe siècle a été élaboré par des donateurs comme une déclaration de principes sur la coopération au développement ; ils prévoyaient ainsi renverser l'appui à la baisse de l'aide en se concentrant sur l'amélioration de ses insuffisances perceptibles pour réduire efficacement la pauvreté. Les donateurs du CAD ont convenu qu'il existait quatre grands secteurs dans lesquels ils pourraient parvenir à un consensus basé sur leur propre expérience. Ils ont donc reconnu que la qualité et l'efficacité de l'aide se sont considérablement améliorées :

- là où il y avait une coordination étroite entre les donateurs ;
- lorsque les pays partenaires en développement établissaient des priorités basées sur le développement, et par conséquent proposaient et dirigeaient des programmes auxquels l'aide pouvait contribuer ;
- lorsque les donateurs se concentraient sur un nombre limité de secteurs-clés dans les pays affichant une bonne performance ;
- lorsque les gouvernements bénéficiaires avaient adopté des politiques socioéconomiques efficaces et exerçaient des pratiques démocratiques (CAD, 1996).

Depuis 1996, de plus en plus de donateurs ont adopté ce programme en matière d'efficacité de l'aide, particulièrement depuis que les améliorations de l'efficacité de l'aide sont liées à l'accroissement des budgets, tel qu'il a été établi lors de la conférence de Monterrey en 2002. En mars 2005, après une décennie de discussions et de révisions de leurs politiques, les donateurs (et un certain nombre de pays bénéficiaires) ont adopté par acclamation la Déclaration de Paris *sur l'efficacité de l'aide* lors d'une réunion ministérielle de haut niveau du CAD. La Déclaration de Paris est un consensus de grande envergure pour réformer la livraison et la gestion de l'aide. Elle propose que d'ici 2010, les donateurs alignent leurs programmes d'aide sur des stratégies opérationnelles de développement produites par des pays partenaires, comptent sur les systèmes de gestion de l'approvisionnement et de gestion financière des pays bénéficiaires (déliant sensiblement leur aide), harmonisent leurs propres pratiques et demandes en matière d'aide face à leurs partenaires bénéficiaires (incluant une augmentation très significative des approches-programmes[6] – appui au budget et approches sectorielles impliquant des fonds communs des donateurs), évaluent le progrès en termes de résultats convenus mutuellement, et entreprennent une évaluation mutuelle des engagements des donateurs pour l'efficacité de l'aide (CAD, 2005).

Ces réformes visent à « augmenter l'impact de l'aide [...] en réduisant la pauvreté et l'inégalité, en augmentant la croissance, en créant des capacités et en accélérant l'accomplissement des OMD » (CAD, 2005 : 1). Tous les donateurs, incluant l'ACDI, ont accepté d'être évalués selon les engagements établis dans la Déclaration et les indicateurs de progrès qui ont été présentés par le CAD et la Banque mondiale. Parmi les donateurs, l'ACDI a tardé à implanter les réformes dans le contenu et les modalités de son programme d'aide. De telles réformes dans les pratiques de l'aide canadienne sont devenues indispensables vers la fin des années 1990. Les pressions pour la réforme exercées sur les plans international (au début, avec *Le rôle de la coopération pour le développement à l'aube du xxi*ᵉ *siècle*) et local, provenaient aussi d'un vaste éventail de médias, d'ONG, de centres de recherches, d'églises et d'universités. Les compressions budgétaires

---

6. Les approches-programmes ont été introduites par plusieurs donateurs européens à la fin des années 1990. Elles impliquent la mise en commun du soutien individuel d'un donateur au profit des plans et du budget d'un ministère du gouvernement (« l'approche sectorielle ») ou du soutien plus général pour le budget central du gouvernement au profit de sa stratégie adoptée pour réduire la pauvreté (« l'appui au budget »). Ces programmes sont le résultat de négociations détaillées avec les fonctionnaires, durant lesquelles un accord est conclu sur le plan du financement, des résultats qui doivent être atteints et les politiques et résultats qui déclencheront le dégagement des fonds. Les approches-programmes sont prévues pour réduire les coûts de transaction très élevés pour diriger des projets individuels et pour les centaines de missions des donateurs que les gouvernements des pays les plus pauvres organisent tous les ans. À l'époque de la Déclaration de Paris, la plupart des donateurs principaux (excepté les États-Unis) participaient à diverses formes d'approches-programmes qui étaient souvent contrôlées par des comptes à la Banque mondiale ou par un important donateur. Pour un examen initial des approches-programmes, voir ACDI, 2000b.

initiées par le gouvernement Mulroney, et considérablement précipitées par le ministre libéral des Finances Paul Martin de 1995 à 1997, ont réduit l'aide canadienne de plus de 30 % de 1992 à 1999. Ces compressions sont parmi les plus importantes qui ont été décidées par les donateurs au cours des années 1990. L'évaluation du Canada prévue par le CAD en 1998 par ses donateurs homologues a été étonnamment franche dans son appréciation :

> En cette fin des années 1990, on note donc un paradoxe dans l'attitude du Canada face aux affaires internationales, lequel tout en restant déterminé à intervenir dans un très large éventail de domaines et à entretenir des relations avec des partenaires et des organismes multilatéraux aussi nombreux que possible a réduit le budget de l'aide de 29 pour cent en six ans. Ce paradoxe amène à s'interroger, au plan intérieur aussi bien qu'extérieur, sur l'aptitude du Canada à remplir le rôle qu'il souhaiterait jouer dans le monde. (CAD, 1998 : 9)

La plupart des compressions budgétaires effectuées dans les années 1990 n'ont pas été basées sur des priorités politiques, mais ont plutôt été appliquées en parts égales à toutes les branches et programmes de l'ACDI (à l'exception notable des compressions de 100 % imposées aux organismes canadiens impliqués dans l'éducation publique portant sur des problématiques globales au Canada, et des attributions fixes aux établissements multilatéraux qui étaient régis par les engagements de partage des charges du donateur [Morrison, 1998 : 412-420]). Ainsi, vers la fin de la décennie, l'ACDI a été évaluée par des analystes en matière d'aide et par des stratèges, et tous en sont venus à la conclusion qu'elle réalisait des centaines de projets individuels de façon inefficace, impliquant un nombre équivalent de partenaires canadiens et de pays en développement dans un vaste éventail de pays et de priorités de secteurs, tout en se laissant guider par un mandat si large qu'il permettait une telle diversité de réflexion à propos de l'ACDI et son impact sur la réduction de la pauvreté (Morrison, 1998 : chap. 10 ; CCCI, 1999).

Plus de 30 personnalités canadiennes se sont jointes au CCCI en réponse à cette crise dans une lettre ouverte au premier ministre en mars 1999, dans laquelle ils réclamaient un fort leadership du gouvernement pour renouveler les efforts canadiens en matière d'aide et s'assurer que la réduction de la pauvreté soit l'objectif central de l'aide canadienne. L'énoncé de politique étrangère de 1995, *Le Canada dans le monde*, déclarait que l'aide canadienne atteindrait trois objectifs établis : accroître la prospérité canadienne, contribuer à un monde plus sécuritaire et diffuser les valeurs canadiennes dans le monde. Tandis que l'ACDI développait une variété de politiques relatives à la réduction de la pauvreté et six priorités de programme exposées dans l'énoncé, les ONG ont conclu que les politiques étaient largement distinctes des pratiques et des tendances en matière d'aide : « Ensemble, elles n'offrent aucun cadre stratégique global pour des interventions de l'ACDI, et individuellement, elles ne visent que les plans plus généraux pour la mise en œuvre » (CCCI, 1999).

Cette absence d'objectifs et de direction stratégique a été définie par le CCCI dans un texte où il critique fortement les dépenses de l'ACDI en matière d'aide vers la fin des années 1990 (CCCI, 1999) :

- Seulement 55 % des dépenses de l'ACDI en matière d'aide dans les années 1990 ont été attribuées aux pays à faible revenu, le reste ayant été assigné aux pays à revenu intermédiaire (contrairement au Royaume-Uni [74 %], à la Norvège [75 %] et au Danemark [78 %]).

- L'aide accordée aux 40 pays les moins avancés a brusquement chuté de 33 % au milieu des années 1990 (comparativement à une baisse de 21 % pour l'aide canadienne en général).

- L'aide de l'ACDI versée à l'Afrique subsaharienne a été réduite de près de 35 % de 1990 à 2000 (en dollars de 1999), et ce, malgré le fait que le nombre de personnes vivant dans la pauvreté ait augmenté au cours des années 1990 dans cette région.

- En dépit de l'importance reconnue aux services de base en éducation et en soins de santé primaires pour la réduction de la pauvreté, les attributions de l'ACDI aux besoins humains fondamentaux et durables n'ont augmenté que très légèrement au cours des années 1990, passant de 13 % au début des années 1990 à 17 % de l'APD canadienne totale en 1996-1997.

- Malgré le fait que les deux tiers de la population pauvre vivent dans les secteurs ruraux, l'aide au renforcement de ses moyens de subsistance par le développement agricole à petite échelle et à la promotion de la sécurité alimentaire a nettement chuté au cours des années 1990 (non seulement pour le Canada, mais pour tous les donateurs). Une étude par l'ACDI à cette époque affichait une situation alarmante :

de 1991-1992 à 1996-1997, les dépenses générales liées à l'appui des projets pour la sécurité alimentaire ont diminué de 58 %, tandis que celles consacrées exclusivement à cet objectif ont chuté de 87 % (Strachan, 1998 : 9).

- Les efforts visant à renforcer les capacités des pays en voie de développement en ce qui a trait aux droits de propriétés locales pour développer des priorités liées à l'aide canadienne ont été contredits par les modalités pour fournir cette aide. Les projets d'aide canadienne sont demeurés très liés à l'utilisation de marchandises et de services canadiens pendant cette période. Par exemple, en 1996, 68,5 % de l'aide bilatérale canadienne était liée, situant le Canada au 15e rang parmi 17 donateurs sur le plan de l'aide liée[7]. De plus, la dépendance qu'a connue l'ACDI en 1996-1997 vis-à-vis des 7 000 experts (dont seulement 800 provenaient de pays en voie de développement) dans la livraison de son programme d'aide a été un indicateur de la structure de l'exécution de l'aide canadienne au cours de la décennie.

- Finalement, l'ACDI a apparemment abandonné toute prétention à appuyer systématiquement la participation des Canadiens qui cherchent à comprendre les enjeux internationaux et à agir en tant que citoyens du monde. Au printemps 1995, le gouvernement a réduit tous les fonds pour le développement communautaire des programmes éducatifs. L'année suivante, seulement 0,5 % du budget de l'ACDI a été consacré au petit Programme d'information sur le développement (PID) et aux efforts en matière de relations publiques.

Vers la fin de la décennie, peu de preuves démontraient que l'ACDI avait su relever les défis pour la réforme de l'aide établis par les donateurs du CAD dans *Le rôle de la coopération pour le développement à l'aube du xxi*e *siècle*. L'ACDI n'a pas envisagé d'ajuster ses pratiques en matière d'aide lorsqu'elle a imposé des compressions majeures dans ses programmes

---

7. La politique sur l'aide liée est demeurée inchangée tout au long des années 1990 : l'aide bilatérale vers les pays les moins avancés et l'Afrique subsaharienne était liée à 50 %, alors que le pourcentage s'élevait à 66 % pour tous les autres pays en voie de développement. L'aide alimentaire était liée à 90 % aux sources canadiennes. L'aide fournie par le biais de l'assistance technique, qui est également extrêmement liée aux donateurs experts et aux priorités, n'est pas incluse dans les statistiques du CAD sur l'aide liée.

dans la seconde moitié des années 1990. Elle a également choisi de ne pas accorder la priorité aux régions et aux secteurs qui auraient pu lui permettre de renforcer son objectif d'améliorer les conditions de vie et les droits des peuples démunis et marginalisés.

Par ailleurs, il semblerait que le gouvernement n'ait pas utilisé l'aide comme ressource stratégique pour établir les priorités de la politique étrangère canadienne. La plupart des initiatives de politique étrangère, telles que le processus d'élimination des mines antipersonnel et le programme d'action en matière de sécurité humaine du ministre des Affaires étrangères, Lloyd Axworthy, ne reposaient pas sur l'aide. Le ministère des Affaires étrangères et du Commerce international (MAECI) n'a su intégrer les ressources de l'ACDI dans le dispositif de ses priorités en matière de politique étrangère. Selon l'analyse d'Axworthy portant sur ses propres tentatives, en tant que ministre, de favoriser une approche pangouvernementale en matière de sécurité humaine,

> [i]l y avait trop de ministères à impliquer, trop d'intérêts locaux à considérer, et trop peu de ressources disponibles. À cet égard, nous avons payé le prix de la fragmentation de l'appareil gouvernemental, et particulièrement de la division entre l'ACDI et le MAECI. Si les deux avaient fait partie de la même boîte politique, il aurait pu être possible de tisser des liens plus étroits entre la politique de développement et notre cadre de sécurité humaine. (Axworthy, 2003 : 327)

L'ACDI DANS LE NOUVEAU MILLÉNAIRE : MISE EN ŒUVRE DE LA RÉFORME

La nomination de Maria Minna comme ministre de la Coopération internationale, et celle de Len Good comme président de l'ACDI à l'automne 1999 ont marqué un point tournant pour l'Agence. La ministre a procédé à une évaluation majeure des priorités de l'ACDI et a entrepris des consultations importantes sur les plans national et international concernant les nouvelles priorités, les centres d'intérêt et les stratégies pour améliorer l'efficacité de l'acheminement de l'aide. Le gouvernement a ainsi donné suite à une attention internationale accrue concernant l'importance de la réduction de la pauvreté dans la politique étrangère canadienne vis-à-vis des pays en voie de développement, ainsi qu'au programme de réformes du CAD pour améliorer l'efficacité de l'aide[8].

Donner la priorité à la réduction de la pauvreté et au développement social

En septembre 2000, à la veille du Sommet du millénaire des Nations Unies, la ministre Minna a lancé le document *Priorités de développement social : un cadre d'action*, qui a mis en œuvre un plan d'action pour orienter d'importantes ressources de l'ACDI vers les besoins prioritaires des peuples démunis. La première phrase de ce texte reconnaît que « l'objectif principal de l'Agence canadienne de développement international (ACDI) est de réduire la pauvreté », et qu'en dépit des progrès effectués, « la pauvreté demeure un défi majeur » (ACDI, 2000a : 1). Le *Cadre d'action* présente un plan pour accorder la priorité à quatre domaines importants du développement social qui peuvent participer à la réduction de la pauvreté : la santé et la nutrition, l'éducation de base, la lutte contre le VIH/sida et la protection de l'enfance. Le *Cadre d'action* a réitéré le rôle central de l'égalité entre les sexes dans le développement social, soulignant l'importance incessante des droits, non seulement pour la protection de l'enfance, mais également pour la stratégie de l'ACDI en matière d'éducation de base[9].

Se distinguant des rapports annuels de l'ACDI des années précédentes, le *Cadre d'action* a fixé des objectifs financiers précis pour accroître les investissements sur une période de cinq ans (jusqu'en 2005) dans chacune des quatre priorités mentionnées, pour un total de près de 380 000 000 $ consacrés aux nouvelles ressources pour ces priorités. À cette époque, le CCCI a calculé que ce plan d'investissement représentait une possibilité de transférer 40 % aux priorités de développement social dans les ressources bilatérales des priorités de 2000 (CCCI, 2000 : 12)[10]. Le ministre a tenu

---

8. Voir par exemple le *Rapport sur le développement dans le monde 2000-2001 : combattre la pauvreté* de la Banque mondiale, et le rapport de 2000 du PNUD sur les droits de la personne et le développement humain.

9. Pour une analyse détaillée des *Priorités de développement social de l'ACDI : un cadre d'action*, voir CCCI, 2000.

10. Ce changement ne tenait compte d'aucune nouvelle augmentation du budget de l'ACDI annoncée en février 2000. L'année suivante, le gouvernement a toutefois décidé d'augmenter l'enveloppe de l'aide internationale de 8 % par année jusqu'en

sa promesse en organisant des consultations exhaustives et éloquentes avec les acteurs du développement de la société civile canadienne pour la mise en œuvre de stratégies individuelles d'implantation de l'ACDI pour chaque priorité.

Le *Cadre d'action* et la mise en œuvre des stratégies se sont révélés efficaces pour faciliter le changement dans le secteur d'intervention des programmes bilatéraux de l'ACDI. En 2002, les dépenses de l'ACDI consacrées aux quatre priorités de développement social représentaient plus de 25 % de ses dépenses totales annuelles, la plupart d'entre elles provenant des programmes bilatéraux. Par exemple, les fonds pour l'éducation de base dégagés par les programmes bilatéraux de l'ACDI et les directions générales du partenariat canadien ont plus que doublé de 1996 à 2002, et les ressources pour les soins de santé primaires ont augmenté de 40 % au cours de cette même période. En avril 2005, un cadre supérieur de l'ACDI a mentionné dans un discours non publié sur l'éducation de base que l'ACDI avait consacré plus de un milliard de dollars à ces programmes au cours des cinq années précédentes. Le rapport au Parlement sur le rendement 2004-2005 de l'ACDI déclarait que l'Agence avait effectivement surpassé ses objectifs de nouveaux investissements de l'an 2000 dans les quatre priorités de développement social (investissant un total de 3,2 milliards de dollars sur un objectif de 2,8 milliards) (ACDI, 2005).

L'une des critiques émises au sujet de l'attention portée aux priorités du développement social reposait sur le fait que le progrès effectué dans ces secteurs ne pouvait se maintenir pour les populations pauvres si on ne portait pas plus d'attention à leurs moyens de subsistance, et ce, particulièrement pour la majorité d'entre elles qui vivaient toujours dans des secteurs ruraux. En 2002, un remaniement ministériel a entraîné la nomination de Susan Whelan comme ministre de la Coopération internationale. Cette dernière accorda un intérêt particulier au déclin dramatique de l'appui des donateurs au développement agricole et rural constaté dans les études antérieures effectuées par l'ACDI au sujet de la sécurité alimentaire. Après des consultations quelque peu précipitées et limitées, l'ACDI a publié en avril 2003 sa politique sous le titre de *L'agriculture au service du développement rural durable* (ACDI, 2003a).

2010, un choix qui a permis une transition plus facile pour atteindre les objectifs d'investissement pour les priorités du développement social.

Bien qu'elles aient critiqué certains points de vue sur la modernisation agricole soulevés dans la politique, les organisations de la société civile (OSC) canadiennes ont généralement appuyé la stratégie menée par l'ACDI en vue d'améliorer les moyens de subsistance des personnes pauvres par l'embauche et le soutien de petits et moyens agriculteurs. Comme pour les priorités de développement social, la ministre a établi des objectifs financiers précis : les investissements de l'ACDI dans le secteur agricole devaient passer d'environ 95 000 000 $ en 2002-2003 à 150 000 000 $ en 2003-2004, et à 225 000 000 $ en 2004-2005, visant ainsi un objectif de 500 000 000 $ en 2007-2008 (ACDI, 2003a : 18). L'arrivée de la nouvelle ministre Aileen Carroll en 2004-2005 a toutefois semblé ébranler l'intérêt de l'ACDI pour ce secteur. Les dépenses de l'ACDI pour le développement agricole ont été inférieures de 46 000 000 $ par rapport aux prévisions effectuées pour cette même année, et on s'attendait à ce qu'elles soient inférieures de 62 000 000 $ l'année suivante, soit en 2005-2006 (CCCI, 2006a).

En 2005, le gouvernement libéral publiait son *Énoncé de politique internationale du Canada*, longuement attendu. La section de ce rapport portant sur la coopération internationale mettait encore l'accent sur la santé, incluant le VIH/sida et l'éducation de base. Bien qu'une moindre importance ait été accordée à la protection de l'enfance, les thèmes de la gouvernance, de l'environnement et du développement du secteur privé ont toutefois été ajoutés à la liste des priorités (Gouvernement du Canada, 2005). Malheureusement, l'intérêt renouvelé pour l'agriculture et le développement rural qui avait été mis de l'avant deux ans plus tôt par l'ancienne ministre s'est s'affaibli. Le nouveau gouvernement conservateur, arrivé au pouvoir au début de 2006, n'a toujours pas annoncé ses propres priorités sectorielles en ce qui a trait à l'aide, bien qu'il ait jusqu'ici poursuivi les priorités libérales établies dans l'*Énoncé de politique internationale du Canada*.

Réformer les modalités de prestation de l'aide de l'ACDI

Le cadre d'action de septembre 2000 a soulevé des inquiétudes sur l'approche de l'ACDI pour distribuer ses ressources d'aide. Bien qu'il ne se soit pas engagé explicitement à mettre en œuvre le programme de réformes du CAD, le cadre a suggéré que l'ACDI « adopte une approche plus stratégique et centrée sur la programmation – qui se concentre moins sur des projets séparés et davantage sur des approches générales et coordonnées» (ACDI, 2000a : 43). Il a reconnu l'importance du principe de «la prise en charge locale» pour accroître l'efficacité de l'aide canadienne, qui exige «d'accorder la priorité au pays en voie de développement» grâce à la coordination avec des programmes de développement à l'échelle de chaque pays dans un nombre limité de pays (ACDI, 2000a : 44-45).

En réponse aux inquiétudes concernant l'efficacité de l'aide canadienne fournie, la ministre Minna a lancé en 2001 une série de consultations publiques détaillées et accompagnées de recherches internes effectuées par l'ACDI sur des stratégies visant à améliorer l'efficacité de l'aide canadienne[11]. Les ébauches des documents de consultation ont fait allusion au besoin pour l'ACDI de chercher l'atteinte de résultats pour réduire la pauvreté, d'améliorer la prise en charge locale des stratégies de développement et de se concentrer sur la portée sectorielle et géographique de l'Agence pour atteindre ces objectifs. Les OSC (organisations de la société civile) ont bien accueilli l'adoption par l'ACDI de ces principes importants. Tandis que l'ACDI préparait ses stratégies finales, de nombreuses OSC invitées aux consultations ont toutefois souligné que l'ACDI faisait une analyse critique du programme du CAD. Elles ont proposé que l'ACDI adopte une approche canadienne complémentaire face à la réduction de la pauvreté qui soit basée sur sa propre compréhension des déterminants de la pauvreté et des acteurs impliqués dans la réduction de la pauvreté dans le Sud, qu'elle développe, d'une part, une compréhension des limites des stratégies de lutte contre la pauvreté de chaque pays qui évolue au gré de la réduction de la dette, et d'autre part, une appréciation des divers rôles

---

11. Le procédé de 2001 pour développer un document stratégique sur l'efficacité de l'aide en collaboration avec la ministre Minna et Len Good, président de l'ACDI, n'était ouvert qu'à la société civile canadienne (en particulier le CCCI) pour commenter des versions antérieures de cette stratégie. Cette volonté de partager des idées et des enjeux a collaboré aux contributions des sociétés civiles riches et informées des consultations qui étaient organisées à cette époque. Malheureusement, en raison du changement de ministre qui s'est effectué juste avant la finalisation de la stratégie sur l'efficacité de l'aide, la plupart de ces facteurs ont été ignorés dans la version définitive publiée en septembre 2002. Les consultations subséquentes, effectuées en collaboration avec les ministres Whelan et Carroll, pour renouveler la politique agricole de l'ACDI et le rôle du secteur privé dans le développement sont revenues à une pratique plus courante de consultations contrôlées limitant la société civile et basées sur les projets stratégiques déjà bien développés et approuvés par les hauts fonctionnaires de l'ACDI.

et contributions des OSC dans l'appui des droits des peuples démunis et marginalisés, tant au Nord qu'au Sud[12].

En septembre 2002, Susan Whelan, nouvelle ministre de la Coopération internationale, publie *Le Canada contribue à un monde meilleur : énoncé de politique en faveur d'une aide internationale plus efficace* (ACDI, 2002). Cette stratégie, qui adopte sans discernement la position du CAD à l'égard de la réforme et de l'efficacité de l'aide, a fortement influencé l'évolution ultérieure de la pratique de l'aide canadienne :

- Les programmes de l'ACDI doivent répondre aux initiatives de développement définies et dirigées par des contreparties du Sud. En agissant de la sorte, on a établi les cadres stratégiques de la lutte contre la pauvreté (CSLP) qui serviront à définir toutes les priorités des programmes bilatéraux de l'ACDI (à condition que «l'ACDI considère que ce processus implique une approche participative légitime» [ACDI, 2002 : 8]). Les cadres subséquents de programmation-pays ont ainsi adopté à l'unanimité les CSLP du pays concerné comme point de repère pour les priorités nationales de l'ACDI.

- La politique a établi que les ressources d'aide devaient se concentrer sur un nombre plus limité de pays et sur des secteurs stratégiques pour la réduction de la pauvreté, incluant les priorités de développement social, en s'attachant toutefois davantage au développement rural et agricole (ce qui a, plus tard, mené à la politique décrite ci-dessus). En décembre 2002, le gouvernement a annoncé qu'il acheminerait de nouvelles ressources bilatérales d'aide dans neuf pays prioritaires pour améliorer l'impact de ses ressources d'aide. L'*Énoncé de politique internationale* d'avril 2005 a augmenté le nombre de pays prioritaires à 25 et annoncé que les deux tiers de l'aide bilatérale seraient consacrés à ces pays d'ici 2010 (elle représentait 42 % en 2005)[13].

---

12. La plupart des donateurs ont adopté les cadres stratégiques de lutte contre la pauvreté (CSLP) comme base pour revendiquer la prise en charge locale des pays, et ce, en dépit des fortes critiques suscitées par le fait que les CSLP sont majoritairement dirigés par la Banque mondiale et le FMI (dont l'approbation était exigée pour l'acceptabilité à l'allègement de la dette), avec une participation très limitée des pays en voie de développement les plus affectés par la pauvreté.

13. Les pays prioritaires incluaient le Bangladesh, le Honduras, la Bolivie, l'Éthiopie, la Tanzanie, le Mozambique, le Sénégal, le Mali et le Ghana. Dans l'*Énoncé de politique* de 2005, 16 autres pays ont été ajoutés à la liste : l'Indonésie, le Vietnam, le

- L'intervention stratégique dans un nombre limité de pays, la plupart d'entre eux comptant parmi les plus pauvres, a été accompagnée d'une critique des dernières approches programmes. Dorénavant, l'ACDI devrait insister sur des approches programmatiques (approches sectorielles ou appui budgétaire plus général) où elle coordonnerait et combinerait ses ressources avec d'autres donateurs en dialogue avec les ministères des pays en voie de développement et fonctionnaires des Finances (ACDI, 2002 : 9-14)[14]. La Direction générale de l'Afrique s'est fixé comme objectif qu'en 2006-2007, 60 % de son programme bilatéral serait réalisé par des approches-programmes. Ainsi, en 2006-2007, environ 23 % des dépenses bilatérales devraient être transférées aux approches-programmes (principalement dans les secteurs sociaux de la santé et de l'éducation), avec une plus grande concentration en Afrique subsaharienne où elle excédait les 40 % (environ 325 000 000 $) (Lavergne, 2006). *L'Énoncé* a souligné la nécessité de vérifier de quelle façon d'autres directions générales de l'ACDI, en particulier la Direction générale du partenariat canadien pour les programmes spontanés avec les OSC canadiennes, pourraient être intégrées dans cette approche plus ciblée[15].

Cambodge, le Pakistan, le Sri Lanka, le Nicaragua, la Guyane, le Bénin, le Burkina Faso, le Cameroun, le Kenya, le Malawi, le Niger, le Rwanda, la Zambie et l'Ukraine. Ces 25 pays n'incluent pas les priorités des efforts de l'aide canadienne auprès des « États en déroute ou défaillants », qui doivent être financés avec le tiers restant de l'aide bilatérale.

14. Pour une explication détaillée des approches-programmes, voir ACDI, 2003b. Le guide provisoire de l'ACDI définit les approches-programmes comme suit : « Une approche-programme est un mode d'intervention qui repose sur le principe de l'appui coordonné à un programme de développement pris en charge localement. L'approche inclut quatre éléments principaux : La prise en charge par le pays d'accueil ou l'organisation concernée ; Un cadre budgétaire et de programmation unique ; La coordination entre donateurs et l'harmonisation des méthodes ; L'adoption progressive de méthodes locales de conception, de mise en œuvre, de gestion financière, de suivi et d'évaluation des programmes. »

15. Les discussions au sujet du rôle joué par la société civile dans un programme plus concentré de l'ACDI sont survenues de façon sporadique au cours des années suivantes, aboutissant à la consultation d'un groupe d'experts intergouvernemental en novembre 2005 qui a donné son opinion sur un cadre pour renouveler les partenariats dans les programmes de l'ACDI. Ces enjeux n'ont toujours pas été résolus à l'heure actuelle, et aucun cadre n'a été publié. Pour plus d'informations

- *Le Canada contribue à un monde meilleur* a également passé en revue les politiques du Canada concernant le déliement de l'aide. Ce texte a indiqué que le Canada adopterait la définition de l'aide non liée proposée par le CAD, «qui repose sur la capacité d'autres pays en développement de rivaliser pour des projets financés par des pays donateurs» (ACDI, 2002 : 21), indépendamment du pays en voie de développement. Ainsi, la politique du CAD sur le déliement de l'aide appuie la libéralisation des contrats d'aide parmi les pays donateurs, plutôt qu'un choix plus efficace pour des partenaires des pays en voie de développement. Le Canada avait déjà mis en œuvre un accord limité du CAD visant à délier complètement l'aide pour les pays les moins avancés, accord qui excluait l'aide alimentaire et une grande partie de l'assistance technique. Avec l'*Énoncé* de 2002, le gouvernement a abandonné les règles du pourcentage pour le déliement de l'aide, laissant le degré de déliement à l'entière discrétion du ministre, à l'exception de l'aide alimentaire, qui est demeurée liée à 90 % aux achats canadiens, jusqu'à l'annonce en septembre 2005 d'une politique réduisant ce pourcentage à 50 %, à condition que l'approvisionnement provienne des ressources régionales dans les pays en voie de développement. Bien que le taux d'aide liée demeure élevé, les mesures prises par le Canada concernant l'aide non liée ont amélioré la situation : le CAD a signalé que l'aide bilatérale canadienne était liée à 43 % en 2004 (à l'exception de l'aide alimentaire et de l'assistance technique), comparativement à 68 % en 1996. Ce taux de déliement a probablement baissé davantage avec l'intervention de l'ACDI visant à appuyer les fonds communs des donateurs pour les approches-programmes.
- Enfin, il est important de mentionner les secteurs de l'aide canadienne qui n'ont pas été pris en compte dans l'établissement des politiques pour améliorer l'efficacité de l'aide canadienne. En dépit des multiples discussions tenues lors des consultations de 2001 sur les rôles de la société civile dans la réduction de pauvreté, l'*Énoncé* a largement ignoré ces acteurs du développement. Les stratégies pour l'efficacité de l'aide

---

concernant ces enjeux, voir le site Web du CCCI et consulter la série de quatre documents portant sur le renouvellement des partenariats avec les organismes de la société civile au <www.ccic.ca>.

canadienne se sont concentrées exclusivement sur la coordination de l'engagement des donateurs dans les relations gouvernementales bilatérales. Dans la mesure où on faisait mention des acteurs de la société civile, on laissait entendre que ces programmes devaient s'harmoniser avec les stratégies gouvernementales pour réduire la pauvreté. En réponse à l'*Énoncé*, les OSC canadiennes sont intervenues pour aider à renforcer les gouvernements des pays en développement afin de répondre aux besoins de leurs citoyens. Les OSC ont toutefois été profondément déçues que l'ACDI n'ait pas envisagé des façons de renforcer son appui et son efficacité face aux procédés de développement démocratiques, aux visions alternatives, à l'initiative et l'innovation communautaires et aux rôles indépendants joués par les OSC pour développer les capacités des populations pauvres afin qu'elles puissent se prévaloir de leurs droits. (CCCI, 2002a ; CCCI, 2002b).

Réinvestir dans l'aide canadienne

Au début de l'exercice financier 1997-1998, les compressions budgétaires majeures dans l'aide canadienne ont commencé à se stabiliser, tandis que les budgets fédéraux annuels commençaient à accumuler des excédents croissants. Le rendement de l'aide canadienne, mesuré comme pourcentage de son produit national brut, a toutefois atteint son taux le plus bas en 2000 avec 0,25 % du PNB, alors qu'il était à 0,45 % en 1990, et atteignait un sommet à 0,49 % en 1991-1992. Ce n'est que lors du budget fédéral de décembre 2001, et après la promesse faite par le premier ministre Chrétien lors de la Conférence de l'ONU sur le financement du développement en mars 2002 de doubler l'aide canadienne d'ici 2010, que les niveaux d'aide ont nettement commencé à se rétablir de façon régulière. Le budget de décembre 2001 établi quelques mois plus tôt s'était engagé à augmenter les nouvelles ressources d'aide de un milliard de dollars au cours des trois années suivantes, incluant une attribution de 500 000 000 $ à un fonds d'affectation spéciale pour l'Afrique (qui a ensuite été nommé le Fonds canadien pour l'Afrique). Puis, en marge de la conférence de Monterrey de mars 2002, le premier ministre s'est engagé à suivre un échéancier pour augmenter l'aide canadienne d'au moins 8 % annuellement, de 2001-2002 à 2010-2011. Plus tard cette année-là, lors du Sommet du G-8 de Kananaskis, le premier ministre a alloué au moins la moitié de ces augmentations de l'aide canadienne à l'Afrique subsaharienne (en plus du Fonds canadien pour l'Afrique de 500 000 000 $).

En dépit des fortes pressions exercées par les OSC canadiennes pendant la campagne *Abolissons la pauvreté* pour que le gouvernement s'engage à respecter un calendrier pour atteindre 0,7 % du PNB d'ici 2015, le gouvernement Martin n'a pas modifié les augmentations de 8 % prévues par Chrétien pour l'aide canadienne lors de son premier budget d'avril 2005 et lors de sa mise à jour budgétaire de novembre. Son gouvernement a toutefois fait accélérer l'approvisionnement de ressources accrues pour l'Afrique d'environ 30 % en promettant de doubler l'aide en Afrique subsaharienne de 2003-2004 à 2008-2009 (de 1,1 milliard de dollars en 2002, à près de 2,8 milliards en 2008) (Tomlinson, 2005b). Le gouvernement conservateur, au pouvoir depuis janvier 2006, a déclaré qu'il honorerait les engagements libéraux pour augmenter l'aide canadienne, mais il n'a fait aucune annonce au sujet de ses propres intentions pour accroître ses investissements sur le plan de l'aide[16].

Depuis 2002, les divers gouvernements canadiens s'en sont tenus à ces promesses sur le plan de l'aide, en allouant des augmentations d'une année à l'autre pour offrir des attributions spéciales et uniques pour le VIH/sida, l'Afghanistan et le soutien aux efforts de secours à la suite du tsunami de 2004. En fait, l'allocation budgétaire du gouvernement pour l'aide a augmenté de plus de 8 % au cours des années précédant le budget conservateur de mai 2006 (voir le Tableau 1.1 pour les projections actuelles et futures de l'APD canadienne)[17].

Bien que ces augmentations de l'aide aient été très bien accueillies, les OSC canadiennes ont rapidement indiqué que les engagements étaient loin de correspondre à la juste part du Canada en ce qui a trait aux ressources

---

16. Pour une analyse détaillée du budget pour l'aide canadienne en 2005 et 2006, voir Tomlinson, 2006a et Tomlinson, 2006b.

17. Les allocations budgétaires du gouvernement pour l'aide sont identifiées à chaque année dans l'enveloppe de l'aide internationale du budget fédéral. Ce sont les composantes de l'aide de l'EAI qui augmentent d'au moins de 8 % par an. L'APD canadienne inclut ces allocations budgétaires ainsi que d'autres composantes non budgétaires qui peuvent affecter l'APD à n'importe quelle année. Par exemple, en 2003-2004, l'Inde a remboursé au Canada la totalité de ses prêts de développement en souffrance, ce qui a réduit l'APD canadienne de 430 000 000 $. En 2005-2006, on s'attend à ce que l'annulation de la dette de l'Irak et d'autres pays africains fasse augmenter l'APD canadienne d'au moins de 500 000 000 $.

nécessaires pour atteindre les objectifs du Millénaire pour le développement (OMD), et qu'ils n'avaient même pas réussi à atteindre le rendement
de l'aide canadienne de 1990, sans parler de l'objectif de l'ONU de verser
0,7 % du PNB. Le CCCI a estimé que le rendement de l'aide canadienne
en 2010 devrait s'élever à environ 0,33 % du PNB du pays, ce qui ne représente même pas la moitié de l'objectif de l'ONU (Tomlinson, 2006a). Les
OSC canadiennes ont plaidé en faveur d'un programme visant à atteindre
l'objectif de 0,7 % d'ici 2015, avec des augmentations annuelles d'environ
15 à 18 %.

TABLEAU 1.1
NIVEAUX DE L'APD CANADIENNE 2000-2010

Exercice financier	APD (en millions)	EAI	Ratio du rendement de l'APD	EAI Augmentation/ diminution
2000-2001	2 751,0 $	2 263,8 $	0,25 %	
2001-2002	2 900,7 $	2 445,8 $	0,27 %	+ 8,0 %
2002-2003	3 302,9 $	2 552,9 $	0,29 %	+ 4,4 %
2003-2004+	3 155,1 $	2 755,2 $	0,26 %	+ 7,9 %
2004-2005*	4 186,1 $	3 687,1 $	0,33 %	+ 33,8 %
2005-2006*	4 545,5 $	3 682,0 $	0,34 %	- 0,1 %
2006-2007*	4 536,0 $	3 811,0 $	0,32 %	+ 3,5 %
2010-2011*	5 471,9 $	4 946,9 $	0,32 %	

+L'APD pour 2003-2004 est en fait de 2 725,1 millions de dollars, mais le tableau ci-dessus ne
tient pas compte du remboursement par l'Inde de 430 millions de dollars en prêts au cours
de cette même année afin d'offrir un tableau plus précis des efforts canadiens pour l'aide.

*Estimations du CCCI. Les autres chiffres sont basés sur les Rapports statistiques de l'ACDI
pour l'année en cause.

Les ratios du rendement de l'aide canadienne pour 2005-2006 et 2006-2007 ont chuté de
0,30 % chaque année lorsqu'une grande radiation de la dette pour l'Irak a été supprimée des
évaluations pour l'EAI au cours de ces années.

L'augmentation moyenne de l'aide de 2000-2001 à 2005-2006 est de 11 %.

Le profil de pauvreté pour les déboursements de l'aide canadienne
s'est amélioré depuis 2000. Les améliorations générales concernant les
attributions du secteur social et de l'agriculture ont déjà été mentionnées.

Selon les statistiques du CAD, l'aide canadienne attribuée à l'Afrique subsaharienne a plus que doublé de 2000 à 2004[18]. L'engagement libéral de doubler l'aide dans cette région d'ici 2008 prévoyait que plus de 50 % des décaissements de l'APD seraient attribués au sous-continent. Le nouveau gouvernement conservateur semble toutefois avoir abandonné cet engagement pour l'Afrique. Tout porte à croire que les ressources d'aide canadienne sont de nouveau détournées vers les intérêts de la politique étrangère canadienne. La distribution sectorielle de l'aide en Afrique subsaharienne s'est également améliorée, passant de 37 % de tous les déboursements africains en 2000 à un peu moins de 50 % en 2003 (Tomlinson, 2005b), et ce, grâce à des déboursements dans le domaine de la santé, de l'agriculture et de l'éducation, soit des secteurs-clés pour la réduction de la pauvreté. Grâce à la politique visant à se concentrer sur des pays prioritaires, l'intérêt porté aux pays à faible revenu s'est également amélioré, atteignant 67 % des dépenses d'APD en 2003-2004 (CAD, 2006 : tableau 26). L'aide liée canadienne demeure élevée, mais elle a diminué si on la compare avec les sommets atteints au cours des années 1990 pour s'établir à 43 % en 2004 (CAD, 2006 : tableau 23).

D'autre part, le CCCI a indiqué que l'exécution des réformes de l'aide visant à appuyer les approches-programmes s'est soldée par la marginalisation des acteurs de développement de la société civile lors des récentes dépenses d'aide de l'ACDI. Selon les calculs du CCCI, les versements bilatéraux canadiens effectués par les organismes de la société civile chargés de l'exécution ont diminué, passant de 35 % en 1999-2000 à environ 20 % en 2004-2005, principalement en raison de la transition vers les approches-programmes. La part globale des organismes de la société civile dans l'exécution du programme d'APD de l'ACDI a diminué de plus de 10 % au cours de cette période (CCCI, 2005a).

Tout bien considéré, le bilan de l'aide canadienne depuis 2000 est discutable. L'ACDI s'est concentrée davantage sur la pauvreté dans ses interventions d'aide. Les priorités du développement social et la stratégie de développement agricole et rural ont été particulièrement importantes. Les niveaux d'aide augmentent après des baisses abruptes au cours des

---

18. Basé sur les calculs des Statistiques sur le développement international pour 2000 et 2004, disponible en ligne au <http://www.oecd.org/dataoecd/50/17/5037721.htm>.

années 1990. L'ACDI a sensiblement contribué à la primauté du Canada pour donner la priorité aux besoins de l'Afrique subsaharienne lors des derniers rassemblements du G-8. D'autre part, il n'existe toujours qu'un faible engagement pour augmenter les budgets d'aide et pour atteindre l'objectif de 0,7 %.

ENJEUX IMPORTANTS POUR L'AVENIR DE L'AIDE CANADIENNE

Lors du Sommet du millénaire de 2000, la communauté internationale a accepté de «faire tous les efforts possibles» pour réduire davantage et éliminer la pauvreté globale. L'aide devrait être perçue comme une ressource unique, explicitement employée par les gouvernements donateurs pour atteindre cet objectif. L'atteinte des OMD exigera de l'aide de qualité supérieure accordée en priorité à l'amélioration des moyens de subsistance des personnes pauvres et vulnérables, à la gouvernance démocratique et aux droits politiques, ainsi qu'à l'avancement des droits économiques, sociaux et culturels pour tous les citoyens. Malheureusement, l'aide est également une ressource flexible que les gouvernements donateurs, incluant le Canada, peuvent facilement aligner sur d'autres intérêts de politique étrangère qui menacent ces objectifs[19].

Le Canada a reconnu et implanté des réformes pour améliorer la qualité de son aide afin de maximiser son efficacité et ainsi atteindre les OMD. Pour évaluer leur efficacité dans un cadre de politique d'internationalisme humanitaire, il est toutefois important de considérer leur impact sur les conditions affectant les pauvres et les personnes marginalisées. À cet égard, quatre enjeux s'avèrent particulièrement pertinents en ce qui a trait à l'avenir de l'aide canadienne :

- clarifier son but vis-à-vis de la réduction de la pauvreté et la promotion des droits des pauvres et des personnes vulnérables ;
- clarifier la perception de l'ACDI de «la prise en charge locale» en termes de pratiques des donateurs qui continuent de conditionner fortement leur aide en fonction des politiques qu'ils considèrent essentielles pour l'efficacité de l'aide ;

---

19. Pour un débat de longue date sur les forces qui ont été développées et qui devraient l'être, voir le programme d'aide du Canada et sa mise en œuvre (Morrison, 1998 : chap. 11).

- clarifier les rôles de la société civile dans le processus de développement des stratégies de l'ACDI pour améliorer l'efficacité de l'aide ;
- clarifier un plan à long terme pour augmenter l'APD canadienne afin d'atteindre nos engagements internationaux.

Clarifier le mandat de l'APD canadienne

La question d'un mandat clair pour l'APD canadienne a été de façon sporadique à l'ordre du jour politique pendant au moins deux décennies. Les services parlementaires et le vérificateur général ont remis en cause le manque d'intérêt ou l'immense mandat pour l'aide dans divers rapports au cours de cette même période (Morrison, 1998). Au cours de la dernière année, les OSC canadiennes œuvrant par l'intermédiaire du CCCI ont cherché à obtenir une législation canadienne qui définisse l'objectif exclusif de l'aide canadienne en ce qui a trait à sa contribution pour la réduction de la pauvreté, conformément aux engagements des droits de la personne du Canada, et en tenant compte des perspectives des populations pauvres (CCCI, 2006b). Similaire à la législation britannique, un mandat législatif renforcerait certainement l'objectif de réduction de la pauvreté et accroîtrait la responsabilité du ministre de la Coopération internationale. L'ACDI jouerait un rôle principal dans l'accomplissement de ce mandat, mais la législation servirait également de guide dans l'approche du transfert des ressources affectant toutes les principales initiatives canadiennes de politique étrangère dans les pays en voie de développement, et particulièrement ceux qui sont engagés dans un conflit émergent.

En raison de l'intérêt prédominant accordé à la sécurité et à la « guerre contre le terrorisme » à la suite des événements du 11 septembre 2001, ainsi qu'aux risques accrus de conflits dans diverses régions du Sud, des chercheurs universitaires (Woods, 2005a ; 2005b) et des OSC ont par ailleurs soulevé des inquiétudes et rassemblé des preuves internationales indiquant que l'aide serait de nouveau détournée, cette fois pour protéger les intérêts de sécurité des pays donateurs du Nord :

> Les auteurs de *The* Reality of Aid qui ont contribué à ce rapport [...] sont profondément consternés de constater que les récentes tendances de l'aide globale depuis 2001 indiquent un retour des priorités de l'aide basées sur les priorités de politique étrangère des donateurs dans la guerre contre le terrorisme. Les politiques et les sommes attribuées à l'aide se sont concentrées sur l'expansion

de l'ordre du jour portant sur la sécurité dans le Sud, accompagnées par des déviations explicites des ressources d'aide vers les deux régions du monde qui sont perçues comme une menace pour leur sécurité, ou les activités anti-insurrectionnelles dans les zones de conflits. Les guerres en Afghanistan et en Irak ont pris plus d'un tiers des nouvelles ressources d'aide allouées par des donateurs depuis 2001. (The Reality of Aid, 2006 : 40)

On a déjà remarqué un engagement majeur de l'aide attribuée en Afghanistan et en Irak dans les récentes dépenses de l'aide canadienne. Pendant ce temps, un débat est en cours parmi les donateurs du CAD sur l'expansion des critères de ce qui peut être compté comme de l'APD (déjà très vaste[20]) afin d'inclure les contributions des donateurs à la sécurité internationale, en particulier celles qui sont reliées aux aspects militaires et à la sécurité des opérations de paix. On a signalé que le Canada se trouvait parmi les donateurs désirant une telle expansion, alors que d'autres donateurs y résistent toujours (Simpson et Tomlinson, 2006).

À la suite de l'*Énoncé de politique internationale* de 2005, un tiers de l'aide bilatérale est réservé aux États en déroute ou défaillants, le ministère des Affaires étrangères ayant assumé un rôle majeur dans la coordination d'une politique pangouvernementale canadienne dans plusieurs de ces pays (par exemple, le Soudan, Haïti et l'Afghanistan). Le gouvernement libéral a également créé deux nouveaux mécanismes au sein du ministère des Affaires étrangères : le Groupe de travail sur la stabilisation et la reconstruction (GTSR) ainsi que le Fonds pour la paix et la sécurité dans le monde, le budget fédéral de 2005 lui ayant attribué 500 000 000 $ sur cinq ans. L'ACDI participe au GTSR avec d'autres ministères (dont le ministère de la Défense nationale) dans la coordination de la prévention de conflits propres à certains pays, la consolidation de la paix et des activités sur les opérations de paix.

L'activité la plus importante amorcée jusqu'à maintenant par le GTRS est l'équipe provinciale de reconstruction (EPR) qui opère depuis janvier 2006 à Kandahar, en Afghanistan. L'EPR est formée de représentants des Forces armées canadiennes, de l'ACDI et des autorités locales afghanes,

---

20. Les critères du CAD pour l'APD incluent déjà des points controversés tels que l'aide aux réfugiés pour la première année dans les pays donateurs, la valeur imputée des établissements éducatifs des donateurs utilisés par des étudiants des pays en voie de développement, et la valeur nominale de la dette annulée due au pays donateur au cours de l'année de l'annulation.

et vise à assurer la sécurité, une gouvernance efficace et le développement dans le sud de l'Afghanistan. L'attention prédominante accordée aux opérations militaires pour empêcher la résurgence des talibans dans la région affecte toutefois les capacités d'entreprendre des activités de développement. Les OSC craignent également que l'EPR entraîne une dangereuse confusion au sein de la population locale entre les acteurs ayant des objectifs humanitaires de développement (l'ACDI et les OSC), ceux qui ont des objectifs militaires (l'OTAN) ou encore ceux qui mènent les opérations antitalibans *Enduring Freedom*, dirigées par les États-Unis dans la région (Simpson, 2005; Simpson et Tomlinson, 2006).

Tous perçoivent le besoin de coordination gouvernementale et la nécessité que des agences de développement telles que l'ACDI s'engagent efficacement avec des partenaires locaux pour la reconstruction postconflit. Ce potentiel de confusion de mandat, ainsi que les influences prioritaires de la sécurité canadienne et les préoccupations de la défense et de la politique étrangère concernant les allocations de l'aide pourraient faire perdre plusieurs décennies d'expérience à l'ACDI/OSC. Cette dernière s'est concentrée sur des processus sensibles, mais indispensables à l'établissement de la confiance et de partenariats locaux essentiels aux efforts efficaces de consolidation de la paix dont les populations pauvres profiteraient. En l'absence d'un contrepoids légiféré, l'aide canadienne adoptera (si ce n'est pas déjà fait) une orientation de Guerre froide dans laquelle les considérations de la politique étrangère guident les choix politiques.

Clarifier la perception de l'ACDI de «la prise en charge locale»

Le principe voulant que les priorités de l'aide des donateurs soient formulées par des stratégies du développement déterminées sur le plan local représente le fondement du «consensus» du CAD de 1996 sur l'efficacité de l'aide, tandis que la Déclaration de Paris de 2005 exposait les cibles spécifiques et les indicateurs pour assurer aux donateurs que les partenaires locaux ont bel et bien obtenu une telle primauté. Cependant, le discours des donateurs sur l'importance de la «prise en charge locale» des politiques et des priorités de développement entre malheureusement en conflit avec les dizaines de conditions et de «projets» que ces mêmes donateurs continuent à relier à leurs programmes d'aide. La déclaration ne contient aucun indicateur ou cible portant sur une réduction des conditionnalités et sur des modèles de référence pour débloquer les fonds des donateurs (Tomlinson, 2006c).

L'ACDI, en collaboration avec d'autres donateurs, a adopté sans formuler de critiques les CSLP comme guide pour aligner ses stratégies d'aide avec la prise en charge locale. Elle s'est ensuite jointe à d'autres donateurs dans le cadre d'approches-programmes visant à appuyer ces priorités. Bien que dans certains pays les CSLP aient offert aux intervenants locaux la possibilité de s'impliquer plus activement, certains observateurs universitaires de la société civile du Nord et du Sud demeurent très sceptiques en ce qui concerne les réalités sur le terrain (Tomlinson et Foster, 2004).

L'annulation de l'aide et de la dette est fréquemment utilisée par les donateurs, particulièrement par l'intermédiaire de la Banque mondiale et du FMI, dans le but d'imposer leurs propres prescriptions politiques aux gouvernements des pays en développement – privatisation du rôle de l'État dans les secteurs de la santé et de l'éducation, libéralisation des échanges commerciaux et des réglementations des investissements, mise en œuvre de réformes dans les opérations gouvernementales – , ce qui entraîne souvent des conséquences catastrophiques pour la majorité des populations pauvres (Campbell, 2000 ; Christian Aid, 2006 ; Eurodad, 2006). Ces politiques demeurent au cœur des CSLP et constituent plusieurs des engagements continus imposés par les donateurs à des gouvernements de pays en développement à l'aide de conditions et de modèles de référence associés aux approches-programmes. Les conditions en matière de gouvernance exploitent maintenant au maximum les détails des procédés politiques et administratifs du gouvernement dans les pays en voie de développement. Une étude a identifié 82 conditions en matière de gouvernance sur un total moyen de 114 conditions pour chaque accord du FMI/Banque mondiale en Afrique subsaharienne (Kapur, 2000 : 3).

Des observateurs ont affirmé que le consensus des donateurs de 1996 sur l'efficacité de l'aide avait pour but de mettre à jour un vieil ensemble de politiques datant du Consensus de Washington et qui avaient échoué, et ce, en poursuivant le même but : assurer un système judiciaire, des politiques économiques et sociales ainsi qu'une « bonne » gouvernance qui s'avère essentielle pour un marché libre au profit des investisseurs privés locaux et étrangers (Pratt, 2003). Pratt affirme également que le nouveau consensus du CAD portant sur l'efficacité de l'aide fournit une base idéologique qui combine les intérêts de la mondialisation avec les intérêts des personnes les plus pauvres au monde. La croissance et l'aide servent donc d'ambition commune. En tenant compte de ce point de vue, l'harmonisation des pratiques des donateurs dans les approches-programmes, incluant l'accord conjoint des donateurs sur les conditions de l'aide, pourrait être le moyen le plus efficace d'obtenir des résultats à partir de ces conditions. Les gouvernements des pays en développement les plus pauvres n'ont pas d'autre option que de se conformer à ces ententes des donateurs. Ils agissent ainsi selon le « dialogue politique » et les accords conjoints portant sur des résultats à obtenir. En effet, les donateurs offrent un « front commun » aux bénéficiaires de façon à ce que la proportion d'aide disponible sans ces conditions soit considérablement réduite (Hall et De la Motte, 2004).

Alors que l'ACDI participe à des approches-programmes de plus en plus nombreuses, en tant que donateur, le Canada se retrouve de plus en plus impliqué dans cet enchaînement de conditions politiques. Bien qu'il n'y ait eu aucun débat politique officiel sur la question de la conditionnalité dans l'efficacité de l'aide au sein de l'ACDI, lors de la Commission pour l'Afrique de 2005, l'ancien ministre des Finances Ralph Goodale a reconnu que l'aide à l'Afrique était accompagnée de nombreuses conditions onéreuses et souvent de valeur douteuse, et que l'utilisation de la conditionnalité de politique reliée à l'aide externe devrait être fortement réduite (Commission pour l'Afrique, 2005). Bien que l'ACDI soit de plus en plus complice dans l'imposition de conditions et de modèles de référence associés aux approches-programmes, un petit donateur de son envergure ne dispose habituellement que d'une mince autorité concernant la négociation des conditions macroéconomiques et la politique structurelle qui se retrouvent liées à ces programmes (Tomlinson et Foster, 2004).

Clarifier les rôles de la société civile dans le processus de développement des stratégies de l'ACDI pour améliorer l'efficacité de l'aide

Dans la Déclaration de Paris, la concentration des efforts pour améliorer l'efficacité de l'aide de la part des donateurs s'effectue presque exclusivement dans les rapports d'aide de gouvernement à gouvernement. L'ACDI fait à peine référence aux acteurs de la société civile dans son énoncé politique de 2002 *Le Canada contribue à un monde meilleur*. En se concentrant principalement sur l'amélioration des capacités de l'État dans les pays les plus pauvres, la politique de 2002 et les réformes de l'aide ne prennent pas en considération le rôle des citoyens et des OSC en tant qu'acteurs de développement à part entière, bien que ces derniers possèdent une grande expérience dans le domaine de l'organisation d'initiatives économiques, sociales et politiques au profit des populations pauvres. Le point de vue des citoyens ne correspond peut-être pas toujours à celui du gouvernement, et un processus de prise en charge locale devrait refléter le débat démocratique interne sur les orientations des politiques.

Lorsqu'il est question des approches-programmes, on croit souvent que les OSC deviennent des sous-traitants pour les gouvernements locaux et régionaux en mettant en œuvre les stratégies des CSLP, et que les OSC canadiennes basent également leurs partenariats en fonction de ces stratégies dans les cadres de programmation de l'ACDI. Cette approche compromet non seulement l'indépendance des OSC locales et internationales, mais elle risque également de menacer les rapports entre les OSC locales et leurs électeurs parmi les peuples pauvres, en plus de les empêtrer dans des politiques clientélistes dans lesquelles elles perdent le droit à la libre expression critique[21]. Les attentes des donateurs basées sur le fait que ces mêmes OSC pourront alors exiger de leurs gouvernements qu'ils rendent des comptes ne tiennent pas compte du fait que lorsqu'on leur assigne des rôles contradictoires, les politiques de pouvoir et de contrôle entre les ONG et les gouvernements sont présentées de façon à ce que les ONG et la société civile y adhèrent, et ce, à tous les paliers (Actionaid, 2005).

Comme nous l'avons mentionné précédemment, bien que l'ACDI soit un donateur modeste dans la plupart des initiatives d'approches-programmes, elle devrait appuyer ces efforts en se basant sur ses décennies d'expérience dans le domaine de la programmation avec les organisations de la société civile canadienne et celle du Sud. L'engagement efficace des organismes de la société civile auprès des pauvres et auprès des gouvernements en les pressant à rendre des comptes est non seulement souhaitable d'un

---

21. Voir Ansilla Najar, « South Africa Presentation », dans *Southern Perspectives on the Management of Aid by NGOs: Changes in Practice and Implications for Devolopment*, mars 2003, <http://www.mande.co.uk/docs/workshoppresenta tionMarch21st.doc> : 2 ; Rosemary Adong, « Current procedures and policies Dominating the Disbursement of Aid : Are They Building Strong Relationships and Enabling NGOs to meet their Stated Aims ? », dans *Actionaid International*, Kampala, CDRN, 2005 : 9-10 ; Sarah Lister, « The Future of International NGOs : New Challenges in a Changing World Order », *BOND*, mars 2004 : 14-15.

point de vue démocratique, mais s'avère également essentiel pour améliorer les capacités des populations pauvres afin qu'elles revendiquent leurs droits. Sans cet engagement, les capacités améliorées des gouvernements n'atteindront pas les personnes démunies dans plusieurs des pays les plus pauvres du monde.

Clarifier un plan à long terme pour augmenter l'APD canadienne

Les récentes augmentations de l'aide attribuées par le gouvernement libéral depuis 2001 sont insuffisantes pour réaliser les engagements du Canada liés aux OMD ou à l'objectif de 0,7 % de l'ONU. L'estimation du CCCI concernant le rendement de l'aide canadienne en 2005-2006 est de 0,34 % du PNB, mais lorsque l'on exclut l'annulation de la dette de l'Irak, ce ratio chute à 0,30 % (CCCI, 2006c). Lors de son premier budget (mai 2006), le gouvernement conservateur a poursuivi les engagements du gouvernement antérieur, incluant des augmentations uniques de l'aide de 500 000 000 $ sur deux ans qui ont été négociées avec le NPD pour assurer l'adoption du budget fédéral de 2005. Mais jusqu'ici, le nouveau gouvernement conservateur n'a rien indiqué sur ses propres intentions, donc rien sur l'augmentation de 425 000 000 $ d'ici 2010 annoncée pendant la campagne électorale fédérale de janvier 2006. Au cours de cette campagne, les conservateurs ont également promis d'atteindre le rendement moyen des donateurs du CAD d'ici 2010 (qui s'élevait à 0,42 % en janvier 2006) mais ils n'ont présenté aucun plan financier pour y parvenir.

En réponse aux pressions exercées par la campagne *Abolissons la pauvreté* de juin 2005, le Parti conservateur s'est joint à d'autres lors d'une assemblée parlementaire pour voter unanimement en faveur d'une motion non exécutoire, revendiquant ainsi un plan pour augmenter le budget de l'aide canadienne de 12 à 15 % annuellement afin d'atteindre un niveau d'aide de 0,5 % du PNB du Canada d'ici 2010, et 0,7 % du PNB du Canada d'ici 2015. Avec les promesses conservatrices actuelles, l'APD canadienne ne devrait atteindre que 0,33 % du PNB d'ici 2010 (CCCI, 2006c).

Les pressions politiques visant à diriger l'aide vers des objectifs de politique étrangère entraînent un besoin encore plus urgent de recevoir des augmentations significatives de l'aide afin que le progrès réalisé en matière de qualité de l'aide et qui répond aux objectifs de réduction de la pauvreté dans la première moitié de la décennie puisse être soutenu.

Le développement agricole et rural ainsi que les augmentations promises pour l'Afrique subsaharienne risquent de perdre de leur importance au profit de l'engagement du Canada auprès des alliés en Afghanistan.

En réponse aux pressions exercées par la communauté internationale des donateurs ainsi que par les OSC canadiennes, les politiques et pratiques d'aide canadienne se sont améliorées de manière significative après 2000. À bien des égards, l'orientation de ces changements (se concentrer sur des secteurs affectant la réduction de la pauvreté, œuvrer dans les pays les plus pauvres, délier l'aide canadienne) a tenu compte des principes de l'internationalisme humanitaire en déterminant le rôle de l'ACDI dans la politique étrangère canadienne. Des ministres activistes de la Coopération internationale (particulièrement Minna et Whealan), ainsi qu'un président de l'ACDI (Len Good), qui s'est engagé à mettre en œuvre d'importantes réformes structurelles en matière d'organisation et de pratiques de l'ACDI, ont dirigé les politiques vers ces réformes.

On peut donc dire que les résultats sont positifs, mais mitigés. Dans la mesure où les changements de politiques ont reflété le vaste consensus international des donateurs (*Le rôle de la coopération pour le développement à l'aube du XXIe siècle* et la Déclaration de Paris), les changements en matière de pratique de l'aide sont bien enracinés au sein de l'ACDI. Par exemple, l'ACDI joue maintenant un rôle principal dans les discussions des donateurs du CAD et au sein des groupes de travail des donateurs portant sur des questions liées à l'exécution des approches-programmes. L'ACDI n'a toutefois pas eu autant de succès quand elle a développé des politiques générales visant à faire comprendre que la réduction prolongée de la pauvreté exige des approches complexes et intégrées pour appuyer les moyens de subsistance et les droits des personnes pauvres et marginalisées. Les priorités de développement social et les stratégies pour le développement rural ont entraîné un profond débat ainsi que des variations dans les allocations d'aide. Ces politiques et attributions ont toutefois été modifiées par les caprices des ministres et ont récemment été définies par des allocations d'aide importantes et souvent uniques au cours de la période du budget. La lutte contre le VIH/sida, qui représente l'une des priorités du développement social et un secteur qui a grandement besoin d'un engagement soutenu, en est un bon exemple. Depuis 2005, le gouvernement s'est toutefois concentré sur d'importantes attributions isolées aux fonds multilatéraux, accordant ainsi beaucoup moins d'importance aux investissements à long terme dans les systèmes de santé durables des programmes bilatéraux de l'ACDI qui devraient appuyer une stratégie pour la lutte contre le VIH/sida (Forum Afrique-Canada, 2006).

L'importance primordiale accordée par l'APD aux objectifs généraux de politique étrangère a été fortement critiquée par les personnes concernées qui croient que ces objectifs nuisent souvent à l'objectif (rhétorique) de réduire la pauvreté[22]. Les intérêts de politique étrangère, ainsi que ceux d'autres donateurs, qui se sont appuyés sur la gestion de la « guerre contre le terrorisme » depuis 2001 ont une fois de plus placé ces enjeux au premier plan des débats sur la politique d'aide canadienne, et ont ainsi affecté les choix des programmes au sein de l'ACDI. Le lien entre l'intérêt de la politique d'aide étrangère œuvre également sur le plan structurel. Il existe des preuves (incluant certaines contributions à ce volume) indiquant que l'aide continue d'être utilisée comme instrument pour favoriser les politiques stratégiques des donateurs reliées à leurs intérêts en matière de mondialisation. Les conditions de l'aide qui insistent sur des réformes telles que la libéralisation des échanges et des réglementations des investissements, ou la privatisation des services publics reflètent clairement ces intérêts. Tandis que l'ACDI participe activement aux initiatives communes des donateurs qui imposent ces conditions, notre programme d'aide favorise des politiques au profit du secteur privé canadien pour qu'il ait accès aux marchés et aux investissements dans les pays en voie de développement.

Des initiatives sont en cours au Canada (promotion de la législation de l'aide par les OSC) et sur le plan international (pour réduire et éliminer les conditions imposées à l'aide) pour renforcer la présence de l'internationalisme humanitaire dans les priorités de l'aide canadienne. Même si ces initiatives sont un succès, ceux qui aspirent à un internationalisme humanitaire dans les rapports entre le Canada et les pays en développement continueront sans aucun doute à faire face à des pressions considérables de la part de ceux qui aspirent à des approches dynamiques et pangouvernementales de politique étrangère à l'égard de la « guerre globale contre le terrorisme ».

---

22. On peut consulter plusieurs rapports de Reality of Aid depuis 1992 pour une critique soutenue du système international d'aide par les ONG internationales. Des rapports récents peuvent être consultés sur le site <www.realityofaid.org>.

RÉFÉRENCES BIBLIOGRAPHIQUES

ACTIONAID (2002), *A Flavor and Short Analysis of Monterrey*, Londres, BOND, <http://www.bond.org.uk/advocacy/ffd/postassessment.htm>.

ACTIONAID International (2005), *Current Procedures and Policies Dominating the Disbursement of Aid: Are They Building Strong Relationships and Enabling NGOs to Meet their Stated Aims? A Summary Report on Research Carried out in Uganda, 2000-2004*, Johannesburg, Actionaid International, <http://www.actionaid.org.uk/ngopractice/docs/ Wallacesynopsisshort.pdf>.

AGENCE canadienne de développement international (ACDI) (2000a), *Social Development Priorities: A Framework for Action*, Hull, CIDA.

AGENCE canadienne de développement international (ACDI), (2000b), *Planning and Implementation of SWAps: An Overview Issues Paper*, Hull, ACDI, <http://ccic.ca/e/archives/aid_2000-10-10_planning_implementation_of_swaps.pdf>.

AGENCE canadienne de développement international (ACDI) (2002), *Canada Making a Difference in the World. A Policy Statement on Strengthening Aid Effectiveness*, Hull, ACDI, <http://www.acdi-cida.gc.ca/CIDAWEB/acdicida.nsf/En/STE-32015515-SG4>.

AGENCE canadienne de développement international (ACDI) (2003a), *Promoting Sustainable Rural Development through Agriculture*, Hull, ACDI, <http://www.acdi-cida.gc.ca/CIDAWEB/acdicida.nsf/En/REN-2181377-PRU#pdf>.

AGENCE canadienne de développement international (ACDI) (2003b), *CIDA Primer on Program-Based Approaches*, Hull, Agence canadienne de développement international.

AGENCE canadienne de développement international (ACDI) (2005), *Departmental Performance Report 2005*, Ottawa, ACDI, <http://www.acdi-cida.gc.ca/INET/IMAGES.NSF/vLUImages/Publications3/$file/CIDA%20DPR%20 2004-05%20EN.pdf>.

AXWORTHY, Lloyd (2003), *Navigating a New World: Canada's Global Future*, Toronto, Alfred A Knopf.

CAMPBELL, Bonnie (2000), « New Rules of the Game: The World Bank's Role in the Construction of New Normative Frameworks for States, Martkets and Social Exclusion », *Canadian Journal of Development Studies*, vol. 21, n° 1: 7-30.

CHRISTIAN Aid (2006), « Challenging conditions: A New Strategy for Reform at the World Bank and IMF », Londres, Christian Aid, <http://www.christian-aid.org.uk/indepth/607ifis/challengingconditions.pdf>.

COMITÉ d'aide au développement (CAD) (1996), *Shaping the 21st Century: The Contribution of Development Cooperation*, Paris, Organization of Economic Cooperation and Development (OECD), <http://www.oecd.org/dataoecd/23/35/2508761.pdf>.

COMITÉ d'aide au développement (CAD) (1998), *Canada, Development Cooperation Review*, n° 26, Paris, OCDE.

COMITÉ d'aide au développement (CAD) (2005), *Paris Declaration on Aid Effectiveness*, Paris, OCDE, <http://www.oecd.org/dataoecd/11/41/34428351.pdf>.

COMITÉ d'aide au développement (CAD) (2006), *Development Cooperation Report 2005*, Paris, OECD, <http://www.oecd.org/document/35/0,2340,en_2649_3372 1_36052835_1_1_1_1,00.html>.

COMMISSION pour l'Afrique (2005), *Our Common Interest: Report of the Commission for Africa*, Londres, Her Majesty's Government, <http://www.commissionforafrica.org>.

CONSEIL canadien pour la coopération internationale (CCCI) (1999), *A Call to End Global Poverty: Renewing Canadian Aid Policy and Practice, A Policy Background Paper*, A CCIC Policy Background Paper, Ottawa, CCIC, <http://ccic.ca/e/archives/aid_1999-03_a_call_to_end_global_poverty.pdf>.

CONSEIL canadien pour la coopération internationale (CCCI) (2000), *CIDA's Social Development Priorities: A Framework for Action*, A CCIC Summary and Analysis, Policy Team, Canadian Aid Briefing Note n° 3, Ottawa, CCIC, <http://ccic.ca/e/007/archives_aid.shtml>.

CONSEIL canadien pour la coopération internationale (CCCI) (2002a), *CCIC's Summary Highlights and Implications Regarding CIDA's Canada Making a Difference in the World: A Policy Statement on Strengthening Aid Effectiveness*, Ottawa, CCIC, <http://ccic.ca/e/007/archives_aid.shtml>.

CONSEIL canadien pour la coopération internationale (CCCI) (2002b), *Letter to Minister Whelan Regarding Canada Making a Difference in the World: A Policy Statement on Strengthening Aid Effectiveness*, Ottawa, CCIC, <http://ccic.ca/e/007/archives_aid.shtml>.

CONSEIL canadien pour la coopération internationale (CCCI) (2005a), *Strengthening Civil Society Partnerships: The Marginalization of CSOs in Canada's International Cooperation Program*, Ottawa, CCCI, <http://ccic.ca/e/docs/002_aid_2006-02_paper_2%20marginalization_of_csos.pdf>.

CONSEIL canadien pour la coopération internationale (CCCI) (2006a), « Briefing Note: CIDA Agricultural Commitments », document non publié pour le groupe canadien de réflexion sur la sécurité alimentaire, Ottawa, CCCI.

CONSEIL canadien pour la coopération internationale (CCCI) (2006b), *Briefing Note: A Legislated Mandate for Foreign Aid*, Ottawa, document du CCCI, <http://ccic.ca/e/docs/002_aid_2006-03_legislated_mandate_foreign_aid.pdf>.

CONSEIL canadien pour la coopération internationale (CCCI) (2006c), *The 2006 Federal Budget: CCIC Pre-Budget Backgrounder*, Ottawa, CCCI, <http://www.ccic.ca/e/docs/002_aid_2006-03_pre-budget_brief.pdf>.

EURODAD (2006), *World Bank and IMF Conditionality: A Development Injustice*, Bruxelles, Eurodad, <http://www.eurodad.org/uploadstore/cms/docs/Eurodad_World_Bank_and_IMF_Conditionality_ReportFinal.pdf>.

FORUM Afrique-Canada (2006), *Colloquium Understanding HIV/AIDS in the Context of Development and Poverty in Africa*, Ottawa, CCCI, <http://ccic.ca/e/003/acf.shtml>.

GOUVERNEMENT du Canada (2005), *Canada's International Policy Statement, A Role of Pride and Influence in the World: Development*, Ottawa, ACDI, <http://www.acdi-cida.gc.ca/INET/IMAGES.NSF/vLUImages/IPS_PDF_EN/$file/IPS-EN.pdf>.

HALL, David et Robin De la Motte (2004), *Dogmatic Development: Privatization and Conditionality in Six Countries, A Public Service Research Unit Report for War on Want*, Londres, War on Want, <http://www.psiru.org/reports/2004-02-U-condits.pdf>.

KAPUR, Devesh et Richard Webb (2000), *Governance Related Conditionalities of the International Financial Institutions*, G-24 Discussion Paper Series n° 6, UNTAD, <http://ksghome.harvard.edu/~drodrik/g24-kapurwebb.pdf>.

LAVERGNE, Réal (2006), *The International Aid Effectives Agenda: Substance, Trends and Implications for Civil Society*, MS Powerpoint, <http://ccic.ca/e/002/aid.shtml>.

MORRISON, David (1998), *Aid and Ebb Tide: A History of CIDA and Canadian Development Assistance*, Waterloo, Wilfrid Laurier University Press.

PRATT, Cranford (1994), « Human Internationalism and Canadian Development Assistance Policies », dans Cranford Pratt (dir.), *Canadian International Development Assistance Policies: An Appraisal*, Montréal/Kingston, McGill-Queen's University Press: 334-370.

PRATT, Cranford (2003), « Can Development Assistance Help? », dans Richard Sandbrook (dir.), *Civilizing Globalization: A Survival Guide*, Albany, State University of New York Press.

SIMPSON, Erin (2005), *The Post-9/11 Security Agenda and Canadian Foreign Policy: Implications for the Global South*, Ottawa, CCIC, <http://ccic.ca/e/docs/002_peace_2005-06_post_911_background_paper.pdf>.

SIMPSON, Erin (2006), « *Canada: Is Anyone Listening?* », dans Brian Tomlinson (dir.) *The* Reality of Aid *Report 2006, Focus on Development, Conflict and Security*, Manille, IBON Publishers, <www.realityofaid.org>.

STRACHAN, Lloyd (1998), *A Review of CIDA's Investment in Food Security, 1986/87-1996/97*, Hull, CIDA, Policy Branch.

THE Reality of Aid Management Committee (2006), *The* Reality of Aid *Report 2006, Focus on Development, Conflict and Security*, Manila, IBON Publishers, <www.realityofaid.org>.

TOMLINSON, Brian (2005a), *The Politics of the Millennium Development Goals: Contributing to Strategies for Ending Poverty*, Ottawa, Canadian Council for International Cooperation, <http://ccic.ca/e/002/aid.shtml>.

TOMLINSON, Brian (2005b), « Aid Flows, MDGs and Poverty Eradication: More and Better Aid », *dans The North South Institute, Canadian Development Report 2005, Towards 2015, Meeting our Millennium Commitments*, Ottawa, NSI: 43-56, <http://www.nsi-ins.ca/english/publications/cdr/2005/default.asp>.

TOMLINSON, Brian (2006a*), Backgrounder: 2006 Federal Budget*, Ottawa, CCIC, <http://ccic.ca/e/docs/002_aid_2006-03_pre-budget_brief.pdf>.

TOMLINSON, Brian (2006b), *May 2006 Federal Budget*, Ottawa, CCIC, <http://ccic.ca/e/docs/002_aid_federal_budget_may_2006.pdf>.

TOMLINSON, Brian (2006c), *The Paris Declaration on Aid Effectiveness: Donor Commitments and Civil Society Critiques*, Ottawa, CCIC Backgrounder, <http://ccic.ca/e/docs/002_aid_2006-05_paris_declaration_backgrounder.pdf>.

Tomlinson, Brian et Pam Foster (2004), *At the Table or in the Kitchen?, CIDA's new strategies, Developing Country Ownership and Aid Conditionality*, Ottawa, CCIC/ Halifax Initiative, <http://ccic.ca/e/docs/002_aid_2004-09_at_the_table.pdf>.

Trocaire (2005), *More than a Numbers Game: Ensuring that the Millennium Development Goals Address Structural Injustice*, Dublin, Trocaire, <http://www. trocaire.org/policyandadvocacy/mdgs/More%20than%20a%20Numbers%20 Game.pdf>.

Woods, Ngaire (2005a), *Reconciling Effective Aid and Global Security? Implications for the Emerging International Development Architecture*, Oxford, Global Governance Program, University College, Working Paper n° 19, <http://www.globaleconomicgovernance.org/docs/Woods%20and%20Research%20Team%20 _%20Reconciling%20Aid%20and%20Security.pdf>.

Woods, Ngaire (2005b) *The Shifting Politics of Foreign Aid*, Oxford, Global Governance Program, University College, <http://www.globaleconomicgovernance.org/ docs/GEG%20WP%20Shifting%20Politics%20of%20Aid.pdf>.

2

L'AIDE CANADIENNE À LA RECHERCHE POUR LE DÉVELOPPEMENT

Megan Bradley, Jean-Michel Labatut et Gisèle Morin-Labatut

La recherche pour le développement (RPD) a pour but de générer des connaissances pouvant contribuer, directement ou indirectement, à améliorer les conditions de vie dans les pays du Sud. On la qualifie de recherche appliquée pour la distinguer de la recherche fondamentale, qui vise principalement à étendre ou approfondir un champ de connaissance. L'importance de cette recherche comme moyen de contribuer au développement n'est plus à démontrer. Les débats sur la question se situent dans le cadre d'enjeux globaux, reliés à des facteurs scientifiques, politiques, idéologiques et économiques, à des rapports de pouvoir, à des intérêts. Plus profondément, ces débats reflètent les enjeux paradigmatiques qui sous-tendent les visions de la recherche et du développement. Il est donc décisif de situer la discussion de l'aide à la recherche pour le développement dans le cadre non seulement de conceptions du développement, mais aussi de conceptions de la recherche elle-même.

ENJEUX PARADIGMATIQUES DE LA RECHERCHE

Dans un contexte donné, la recherche pour le développement, ses questions, objectifs et méthodes sont conditionnés par la conception du développement qui domine. Or, les diverses conceptions du développement s'inscrivent dans des paradigmes en compétition qui traversent les sciences sociales et reflètent des visions du monde et des intérêts divergents. Deux paradigmes principaux sont à l'œuvre ; ils cohabitent certes, mais présentent des différences fondamentales ayant de fortes implications sur la recherche, et par là même sur la RPD.

Les réflexions de Thomas Kuhn (1970) et George Ritzer (1975), actuelles encore aujourd'hui, nous permettent de comprendre l'évolution des conceptions sous-tendant l'aide au développement. Ritzer identifie trois paradigmes en compétition dans le domaine des sciences sociales : ceux du fait social, de la définition sociale et du comportement social. Nous ne considérerons pas ici le paradigme du comportement social, dont les approches et instruments servent davantage dans la recherche expérimentale. Nous nous attarderons plutôt sur les caractéristiques inhérentes aux deux premiers paradigmes pour tracer leur influence sur la conception du développement, sur la recherche en général, et la RPD en particulier. La prédominance de ces paradigmes à un moment donné ne relève pas principalement de leur réussite dans le domaine de la science, mais davantage de leur succès sur le plan des luttes idéologiques.

Un paradigme est essentiellement un ensemble de présuppositions articulées qui oriente la recherche vers des hypothèses, des questions et des méthodes spécifiques. En plus d'être en compétition, chaque paradigme tend à nier la validité de l'autre. Jusqu'à assez récemment, le paradigme dominant était celui du fait social ; les tenants du paradigme de la définition sociale occupaient une place marginale par rapport au mouvement qui sous-tendait l'aide au développement et la recherche qui lui correspondait. Aujourd'hui, la situation tend à s'inverser, mais le contexte dans lequel évolue l'aide nous porte à penser que ces deux paradigmes exercent leur influence, contribuant ainsi à un certain nombre de contradictions qui sont loin d'être résolues.

Paradigme du fait social

> *L'étranger a de gros yeux, mais il ne voit rien,*
> *l'étranger ne voit que ce qu'il sait.*
> proverbe baoulé (Côte d'Ivoire)

Le paradigme du fait social est fondé principalement sur la vision du sociologue Émile Durkheim, selon qui les faits sociaux doivent être examinés comme des choses. Selon lui, il est possible de développer une approche de la recherche qui préserve l'objectivité et permet d'appréhender une réalité ancrée, certes, dans un historique spécifique, mais sous-tendue par des universaux permettant la formulation de théories. Ces théories prennent comme référence les moteurs du changement, à savoir la nature économique des êtres humains pour les tenants du libéralisme, ou le rôle des conflits sociaux, telle la lutte des classes pour les socialistes et les marxistes, etc. Il est intéressant de constater que le paradigme du fait social est accepté par des idéologies opposées (capitalistes, socialistes, néo-libérales) pour lesquelles il existe une réalité ou une vérité transcendante, analysable objectivement avec la formation et les outils adéquats.

Cette vision a pour effet de placer le chercheur dans une sphère séparée du reste des acteurs sociaux, dans laquelle la connaissance objective est possible. De ce fait, le chercheur est le mieux placé pour suggérer les solutions les plus appropriées aux problèmes de développement, grâce à sa formation et aux outils à sa disposition. À l'inverse, le commun des mortels n'est pas en mesure d'atteindre une vision objective de sa situation; objet de recherche, il doit être guidé et transformé pour que ses actions entrent dans la linéarité, dans le sens de l'histoire.

Recentrons notre argument sur le cas des sociétés libérales, parmi lesquelles se trouve le Canada. Dans le cadre de ce paradigme, il est possible de situer les formations sociales sur un continuum allant des pays les moins développés aux pays les plus développés. Le défi de l'aide et de la recherche pour le développement est de faciliter la progression sur l'échelle du développement en transférant la connaissance et la technologie des pays plus développés aux pays moins développés (désignés globalement comme « Sud »), et en promouvant les éléments caractéristiques du progrès. Les obstacles à ce processus sont essentiellement liés aux cultures et aux valeurs dominantes du Sud, qui orientent les acteurs sociaux loin de la linéarité du progrès : elles sont en fait résiduelles d'un passé condamné à disparaître. Ces cultures et ces valeurs expliquent le fait que les régimes politiques sont souvent incapables de créer un contexte favorable où les progrès technologiques et économiques pourraient transformer les cultures et les sociétés. D'où l'importance accordée au transfert technologique, qui permet le progrès économique et de l'éducation, qui contribue à changer les valeurs du passé.

Les formes d'aide privilégiées et la recherche y référant ont trait au renforcement des structures de production (agriculture, élevage, industrie), de santé et d'éducation, mais surtout à la mise en place de l'ajustement structurel et à la libéralisation des marchés afin de rétablir une économie saine. En périodes de crise, l'importance accordée à l'économie va souvent imposer le sacrifice des programmes sociaux et conduire au désenchantement des acteurs du Sud ayant joué la carte du développement préconisé par ce paradigme.

Dans ce contexte, la recherche est formulée et exécutée dans le cadre de disciplines qui servent généralement de principe organisateur dans les structures universitaires et gouvernementales. Les méthodes de collecte de données privilégiées sont le plus souvent quantitatives, visant une connaissance statistiquement généralisable. La recherche aboutit souvent à des solutions fragmentaires, souvent de nature technologique, éloignées de la complexité des problèmes du développement. Une telle approche ne tend à impliquer les acteurs sociaux ni dans l'identification et l'appréhension des problèmes, ni dans l'appropriation des résultats de la recherche sur les interventions.

Le système mis en place dans le cadre de ce paradigme a sans doute grandement favorisé les pays du Nord, en particulier en ouvrant l'accès aux matières premières à bas prix, et aux marchés préférentiels. Le transfert des connaissances a pu créer des marchés pour les savoirs techniques, permettant à de nombreux pays – en particulier les anciennes puissances coloniales – de contrôler des zones d'influence en matière économique et politique. Ce système, qui a contribué à des percées, notamment dans les domaines de la santé et de l'agriculture, a néanmoins démontré son dysfonctionnement en favorisant l'instabilité dans les pays du Sud devenus des acteurs par procuration au bénéfice des intérêts des grandes puissances économiques et politiques, avec des conséquences globalement néfastes pour le développement durable et autonome.

Ce paradigme connaît aujourd'hui une certaine recrudescence du fait de la mondialisation. Un exemple est celui de la bonne gouvernance définie selon des critères universels indépendants d'un contexte spécifique. En effet, la vision perdure avec un ensemble de dictats et de conditionnalités, où l'objectif de l'aide est d'introduire un certain nombre d'éléments externes devant contribuer au développement, perçu en termes universels au sein d'un système mondialisé.

Paradigme de la définition sociale

> *C'est par sa dimension sociale que le développement*
> *se distingue de la croissance.*
>
> François Partant

Devant les échecs multiples en matière de développement, un autre paradigme, déjà répandu en particulier dans le monde des organisations de la société civile, est venu concurrencer le premier : c'est celui de la définition sociale. À l'inverse du paradigme du fait social, celui de la définition sociale conçoit le développement comme un construit de la part des acteurs, lesquels de ce fait ne sont plus considérés comme objets de recherche. Les acteurs des pays du Sud deviennent sujets définisseurs et propagateurs de leur développement en fonction de leurs valeurs et priorités. Le développement n'est plus absolu : il devient relatif.

Dans cette optique, il s'agit moins de transférer des connaissances et des technologies que de rendre les acteurs du Sud plus aptes à générer leurs propres connaissances ou à sélectionner les connaissances existantes qui leur permettront d'agir sur leur situation particulière. L'aide se définit alors comme la prise en compte de défis et besoins définis par les acteurs du Sud, et l'aide à la recherche comme un accompagnement de ces acteurs dans leur quête de solutions adaptées et efficaces. La recherche ne s'organise plus en « silos » disciplinaires qu'on retrouve encore souvent dans les structures universitaires et gouvernementales. Le travail porte sur des problèmes et sur la recherche de solutions devant déboucher sur des actions concrètes dans le court, moyen et long terme, et impliquant l'ensemble des acteurs depuis le palier local jusqu'au palier national, voire régional et global suivant le problème évoqué.

De ce fait, la recherche et l'action forment un tout, transformant et élargissant la notion d'expert dans la mesure où les divers acteurs ont leur propre expertise, qu'elle soit de nature scientifique ou issue du vécu. Le processus de recherche influe sur le milieu, permet d'en développer le capital social et d'y renforcer ou de créer une forme de citoyenneté indispensable au succès du changement. Le souci de pérennité demeure difficile à prendre en compte de façon satisfaisante parce qu'en l'absence de théories projetant le présent dans le futur, le conjoncturel devient le seul référent. Il n'existe plus de fatalité ou de détermination, d'où un haut degré d'incertitude et la nécessité de transmettre aux acteurs les outils et connaissances leur permettant de refaire le chemin de la recherche afin d'ajuster et d'adapter les solutions au fur et à mesure des besoins. D'un point de vue méthodologique, les mots-clés de ce paradigme sont la participation et l'interdisciplinarité[1]. Si les données quantitatives gardent toute leur place, un accent particulier est mis sur les données qualitatives considérées plus efficaces pour la compréhension en profondeur des phénomènes complexes étudiés.

Nous considérerons maintenant comment les paradigmes du fait social et de la définition sociale ont marqué et marquent encore les politiques d'aide (y compris à la recherche). Cette section porte essentiellement sur le Canada; nous mentionnerons de façon ponctuelle d'autres pays bailleurs de fonds[2].

CONTEXTE, STRUCTURES, ACTEURS ET MODALITÉS

> *Le savoir joue maintenant un rôle majeur dans le processus de développement à tel point que ce développement même est redéfini comme capacité de créer, d'acquérir, de diffuser et d'exploiter le savoir, tant moderne que traditionnel.*
>
> Rapport Strong

Contexte canadien de l'aide

L'aide canadienne à la RPD se situe dans le contexte de l'aide publique au développement (APD) et dans celui, plus ample, de la politique internationale du Canada. En effet, alors que l'aide au développement est financée

---

1. Nous définissons ici la *multidisciplinarité* comme une approche dans laquelle les différentes disciplines collaborent, apportant chacune sa perspective et ses méthodes à un projet ou programme de recherche; la *transdisciplinarité* requiert l'intégration de compétences et de méthodes différentes dans un cadre d'application spécifique, susceptible de produire des résultats généralisables.
2. Pour une étude critique de l'aide à la recherche pour le développement, le lecteur est invité à consulter l'ouvrage de Jacques Gaillard, 1999.

à partir de sources diverses, l'aide à la recherche relève principalement du secteur public (fédéral et provincial).

En 2005, *l'Énoncé de politique internationale* du Canada répartissait l'APD dans le budget fédéral en cinq «comptes», intitulés développement, institutions financières internationales, paix et sécurité, crises, recherche sur le développement[3]. L'enveloppe destinée explicitement à la recherche représente le budget du CRDI : en 2006-2007, elle s'élevait à environ 130 000 000 $, soit 3,37 % du budget total de 3,87 milliards de dollars de l'APD.

L'APD est présentée dans l'*Énoncé* comme un moyen de maintenir la présence du Canada dans le monde, et de contribuer à la sécurité globale en réduisant la pauvreté, en protégeant l'environnement et en promouvant la bonne gouvernance, la santé et l'éducation, l'emploi et l'accès des pays du Sud aux marchés mondiaux. Déjà en 1998, le rapport Strong intitulé *En prise sur le monde*[4] affirmait qu'

en ce qui concerne l'aide internationale, les arguments de l'altruisme et de l'intérêt national vont dans le même sens : en aidant les gens à s'aider, nous favorisons la création de débouchés, de partenariats commerciaux, de projets et de véhicules pour les investissements canadiens, sans oublier un avenir peut-être plus durable pour les Canadiens.

Pour Strong, le Canada devait évoluer sur la scène internationale et jouer le rôle de «courtier du savoir».

Le thème de l'apport de la connaissance et de l'expertise des Canadiens revient dans les deux rapports. Le savoir et l'expertise du Sud n'y figurant pas de façon très évidente, on serait en droit de conclure que la politique officielle valorise davantage le transfert de la connaissance et de la technologie du Canada vers le Sud, quoique de façon plus nuancée que par le passé.

L'Agence canadienne de développement international (ACDI) et le CRDI constituent les deux principaux organismes fédéraux responsables

---

3. Voir le *Rapport sur les plans et les priorités*, section 3.3 : Information financière : <www.tbs-sct.gc.ca/rpp/0607/cida-acdi/cida-acdi03_f.asp#s3>, page consultée en janvier 2007. Ce document du Secrétariat du Conseil du trésor, comme l'*Énoncé de politique internationale sur le développement,* parle de recherche *sur* et non de recherche *pour* le développement.

4. <www.idrc.ca/fr/ev-62085-201-1-DO_TOPIC.html >, page consultée en janvier 2007.

de l'APD, représentant respectivement les volets développement et recherche pour le développement. L'ACDI relève directement du ministre de la Coopération internationale, tandis que le CRDI est une corporation publique créée par une loi du Parlement. À ce titre, le CRDI est une expression, et non un instrument, de la politique étrangère du Canada[5]. Les grands objectifs des deux organismes sont les mêmes, à savoir contribuer au développement durable et à la réduction de la pauvreté. Leur complémentarité se situe sur le plan des domaines d'intervention. Pour ce qui est du renforcement des capacités universitaires, par exemple, alors que le CRDI appuie la recherche et la formation, l'ACDI contribue au renforcement des infrastructures et des programmes d'enseignement. Bien que la recherche ne constitue pas, comme au CRDI, la vocation centrale de l'ACDI, cette agence y contribue, directement ou indirectement, de façon substantielle. Ces deux organismes collaborent dans diverses initiatives, comme celle du Fonds pour les services d'experts et de consultation, qui implique aussi le ministère des Affaires étrangères et du Commerce international, pour appuyer le processus de paix au Moyen-Orient[6].

D'autres ministères et organismes liés au gouvernement fédéral, tels Environnement Canada, Santé Canada, Agriculture et Agroalimentaire Canada, et Droits et Démocratie, s'engagent dans des activités de recherche en collaboration avec des partenaires du Sud. Et, bien qu'il n'existe au Canada aucune institution comparable aux fondations géantes américaines telles que Ford, Rockefeller ou Gates, certaines fondations canadiennes financent la recherche dans le cadre de leurs programmes[7].

Certains gouvernements provinciaux (Québec et Alberta notamment) sont particulièrement impliqués dans la recherche pour le développement. Le gouvernement du Québec joue un rôle actif auprès des institutions

5. La loi créant le Centre dit explicitement dans la section des règlements administratifs 18(1) que le CRDI « n'est pas mandataire de Sa Majesté ».

6. Le Fonds pour les services d'experts et de consultation (FSEC) appuie la participation du Canada au volet multilatéral du processus de paix au Moyen-Orient. Établi en 1992, il appuie des activités de recherche ayant trait aux questions de développement qui sont dégagées par les cinq groupes de travail formés dans le cadre du processus de paix au Moyen-Orient : les réfugiés palestiniens, les ressources en eau, l'environnement, le développement économique régional, le contrôle des armements et la sécurité régionale.

7. Voir par exemple la Fondation Gordon : <www.gordonfn.org/>, page consultée en janvier 2007.

francophones telles l'Organisation internationale de la Francophonie et l'Agence universitaire de la Francophonie. Il appuie entre autres les partenariats et le travail en réseaux et contribue au Fonds francophone des inforoutes[8].

Outre les gouvernements, trois catégories d'acteurs institutionnels font de la recherche pour le développement. Les universités constituent un lieu privilégié de recherche théorique et appliquée sur et pour le développement. De plus, les centres de recherche non gouvernementaux tels que l'Institut Nord-Sud, l'Institut international pour le développement durable et l'Initiative de Halifax[9] sont voués principalement à la recherche et à l'analyse des relations Nord-Sud et du rôle du Canada sur la scène internationale. Enfin, un nombre croissant d'organisations de la société civile – ONG, communautés culturelles, regroupements syndicaux, professionnels –, bien que voués principalement à l'action, font de la recherche régulièrement ou à l'occasion en vue de documenter leurs propres politiques et programmes, ou de présenter des recommandations au gouvernement canadien[10].

Les universités, centres de recherche et organisations de la société civile constituent les principaux interlocuteurs canadiens du CRDI ; ils reçoivent entre 8 et 10 % du budget des programmes du Centre, principalement dans le cadre de projets de collaboration Nord-Sud. La majorité des fonds du Centre va directement aux institutions du Sud, en accord avec son mandat de privilégier la recherche conçue et exécutée par les acteurs du Sud. Au Canada, l'intérêt et la capacité de recherche reliée au développement croissent plus vite que les fonds disponibles. La tendance à l'internationalisation des universités canadiennes (Bond et Lemasson, 1999) se manifeste non seulement dans le nombre d'étudiants étrangers

---

8. <http://inforoutes.francophonie.org/> ; <www.auf.org/>, pages consultées en janvier 2007.
9. <www.nsi-ins.ca> ; <www.halifaxinitiative.org/> ; <www.iisd.org/>, pages consultées en janvier 2007.
10. Parmi ces organisations, citons l'AUCC <www.aucc.ca> et le CCCI <www.ccci.ca> (qui regroupent respectivement les universités et les ONG canadiennes), AHEAD <www.aheadonline.org>, Alternatives <www.alternatives.ca/>, CUSO <www.cuso.ca>, HealthBridge <www.healthbridge.ca>, Inter Pares <www.inter-pares.ca>, Mines Alerte Canada <www.miningwatch.ca/> et Partenariat Afrique Canada <www.pacweb.org>, pages consultées en janvier 2007.

sur les campus, mais encore dans le nombre croissant de centres, chaires et programmes portant sur divers aspects du développement.

Opérationalisation de l'aide à la recherche pour le développement

La RPD vise essentiellement à améliorer les conditions de vie des populations du Sud. Son objectif est de trouver des éléments de solution aux problèmes les plus pressants, en créant des connaissances qui puissent l'informer sur les politiques nationales et les pratiques et comportements des différents groupes sociaux. Au fil des années, la liste des enjeux s'est allongée : la bonne gouvernance, le commerce équitable, les droits de la personne, la gestion des ressources naturelles, etc., se sont ajoutés, reflétant l'évolution de notre compréhension des facteurs qui conditionnent le bien-être.

En principe, les programmes de RPD reflètent les besoins prioritaires de recherche, définis en tenant compte de l'opinion des diverses instances des pays en question – milieux politiques, de la recherche et de la société civile. Mais en fin de compte ce sont les pays bailleurs de fonds – directement ou par l'entremise des instances internationales – qui déterminent les règles du jeu, et les priorités de l'aide publique sont influencées par divers facteurs relevant de la politique étrangère de ces pays[11].

Pendant longtemps, la recherche et l'action ont été perçues comme évoluant différemment dans le temps et faisant appel à des expertises distinctes. Cette dichotomie entre recherche et action est d'ailleurs un des principes de la recherche fondamentale dont l'utilité pratique s'envisage sur le long terme. S'inscrivant dans une stratégie de changement, la RPD est appliquée, orientée vers des résultats à court et moyen terme. Elle s'organise le plus souvent dans le cadre d'un projet à durée et budget déterminés, essentiellement pour des raisons d'efficacité et d'imputabilité.

La RPD s'inscrit principalement dans le cadre de projets institutionnels plutôt qu'individuels, afin de faciliter le renforcement institutionnel, la circulation et l'utilisation des résultats, ainsi que la capitalisation du savoir

---

11. « Nous établirons les orientations stratégiques de base de l'aide canadienne au développement de manière à en assurer la conformité à la politique étrangère du Canada » (<www.tbs-sct.gc.ca/rpp/0607/CIDA-ACDI/cida-acdi01_ f.asp#acronymes>, page consultée en janvier 2007).

acquis. Cette approche pose encore des défis aux chercheurs du Nord comme du Sud, formés le plus souvent dans des universités structurées en disciplines où l'on valorise l'expertise individuelle et le respect des normes qui, dans chaque discipline, légitiment la création et la diffusion du savoir.

La mondialisation et la complexité croissante des problèmes (changement climatique, pandémies) font que la collaboration Nord-Sud dans la recherche est de moins en moins unidirectionnelle et bénéficie aux pays du Nord comme à ceux du Sud. Par exemple, l'approche écosystémique à la santé humaine, née au Canada, porte sur l'impact de la présence du mercure dans les Grands Lacs. Elle a été reprise ensuite pour étudier l'impact du mercure en Amazonie. Puis certaines techniques de travail avec les communautés amazoniennes furent à leur tour reprises avec les Premières Nations canadiennes (Lebel, 2003).

Le CRDI : expression de l'aide publique canadienne à la recherche pour le développement

L'expérience du CRDI illustre la richesse d'une action située à l'intersection du monde de la recherche avec ses nouvelles approches à la construction du savoir, et du monde de l'aide au développement (ou, de façon plus générale, des relations internationales) avec ses contraintes politiques et administratives. C'est aussi l'histoire d'un cheminement, en vue de réduire la brèche entre la connaissance, la prise de décision et l'action, au cours de laquelle les chercheurs du Sud comme ceux du Canada ont découvert de nouvelles approches leur permettant d'affronter des défis toujours plus complexes.

Les années 1990 ont vu se généraliser la notion de la connaissance comme bien public universel, essentiel au développement (Stiglitz, 1999)[12]. En témoignent les débats sur le fossé numérique et les systèmes de connaissances, entre décideurs politiques, bailleurs de fonds et agents de développement. Dans son Rapport sur le développement dans le monde (World

---

12. Stiglitz identifie aussi la sécurité internationale et l'aide humanitaire internationale comme biens publics. Toutes deux requièrent un appui international soutenu. L'appui des bailleurs de fonds à la collaboration Nord-Sud en matière de recherche laisse penser que celle-ci est perçue comme une activité devant profiter à la fois au Nord et au Sud.

Bank,1999), la Banque mondiale met l'accent sur l'intersection des idées et du développement économique, en donnant à ce rapport le titre de *Savoir pour le développement*. Le Canada avait déjà quelques longueurs d'avance sur cette approche : c'est en effet à partir de la fin des années 1960 que surgit l'idée de l'importance primordiale de la connaissance pour le développement, concrétisée par la création du CRDI en 1970 (Rathgeber, 2001 : 1). Un examen de ce parcours met en lumière à la fois l'importance et les défis de la recherche pour le développement.

C'est à l'occasion d'un banquet de l'Association canadienne de science politique en 1967 que Lester B. Pearson, alors premier ministre du Canada, rend publique pour la première fois l'idée de créer un centre de recherches pour le développement. Stuart Peters (1969 : 3), l'un des principaux archi-tectes du CRDI, note qu'alors les programmes conventionnels de coopé-ration internationale ne parvenaient pas à réduire les disparités, il fallait repenser au moyen de s'attaquer efficacement à la pauvreté et à l'insécurité des pays du Sud. Il fallait notamment adapter et appliquer des techniques scientifiques à l'ensemble du spectre social, afin de mettre entre les mains des acteurs les outils nécessaires à la prise de décisions complexes[13].

Trois années de débats aboutirent à l'adoption en 1970 de la loi créant le Centre de recherches pour le développement international, avec pour mission « de lancer, d'encourager, d'appuyer et de mener des recherches sur les problèmes des régions du monde en voie de développement et sur la mise en œuvre des connaissances scientifiques, techniques et autres en vue du progrès économique et social de ces régions[14] ». Selon le premier

---

13. « *All too often they lack (through no fault of their own) the combination of knowledge and wisdom which is required for the correct decisions.* » La teneur de ces propos, et la vision paternaliste qu'ils révèlent, font partie intégrante de l'histoire des relations Nord-Sud.

14. <http://idrinfo.idrc.ca/archive/corpdocs/005273/CRDI-RG.html>, page consul-tée en janvier 2007. La *Loi portant création du Centre de recherches pour le déve-loppement international* stipule que le Centre doit notamment chercher à faire appel à des spécialistes et techniciens en sciences naturelles et sociales, tant du Canada que de l'étranger ; aider ces régions à se doter du potentiel – en personnel et institutions – de recherche scientifique et d'innovation technique nécessaire à la solution de leurs problèmes ; de manière générale, encourager la coordination de la recherche pour le développement international ; et promouvoir, en matière de recherche sur les problèmes de développement, la coopération – à leur avantage mutuel – entre les régions développées et celles en voie de développement. Le

président du Centre, David Hopper, cette institution était unique à cause de l'importance accordée à l'appui aux chercheurs du Sud (1973 : 9).

Aujourd'hui, le CRDI œuvre dans un contexte où de nombreux organismes nationaux et internationaux, dont les agences des Nations Unies, organisations d'aide bilatérale, fondations, organisations non gouvernementales et universités, sont acquis à l'importance de générer et d'appliquer les connaissances pour affronter les problèmes pressants du développement.

Le CRDI a cherché dès les débuts à se doter d'une structure organisationnelle qui permette de financer la recherche définie en fonction de problèmes concrets, afin que les résultats puissent contribuer directement à l'amélioration des conditions de vie des populations démunies. Chaque division du Centre correspondait à une mission ou un ensemble de défis : sécurité alimentaire ; santé pour tous ; développement social et économique ; information (en particulier les résultats de la recherche) accessible et utilisable pour le développement.

Dans les années 1980, le Centre s'est efforcé de promouvoir la multidisciplinarité, par une collaboration plus étroite entre les programmes, la création de programmes hybrides, ou encore la mise en place d'équipes multidisciplinaires. Les résultats s'affichèrent en deçà des attentes et ce n'est qu'en 1995, à l'occasion d'une restructuration en profondeur, qu'il put concrétiser une meilleure intégration disciplinaire, s'engageant ainsi résolument sur la voie de la transdisciplinarité[15]. Le personnel participa à un processus intense et ardu de regroupement en équipes qui définirent les problématiques sur lesquelles elles allaient travailler dans les années à suivre. Ces équipes se sont stabilisées sous forme d'initiatives de programme constituées de professionnels de formations diverses. Ces derniers consultent les acteurs du Sud et proposent des cadres programmatiques pour l'approbation du Conseil des gouverneurs, composé principalement de chercheurs éminents du Nord et du Sud.

Centre a mis dès le début l'accent sur le renforcement des capacités de recherche des pays du Sud, sans toutefois exclure les autres dimensions de son mandat.

15. Cette dynamique a abouti à des programmes traitant par exemple d'approches écosystémiques à la santé humaine, d'agriculture urbaine, de pauvreté rurale et urbaine, de reconstruction post-conflit, de gouvernance et équité en matière de santé, de l'application des TIC en milieu défavorisé, de commerce international et équité, etc.

En plus d'assurer une approche transdisciplinaire, les équipes devaient tenter de canaliser les résultats de recherche afin d'alimenter le processus de prise de décision politique. Cet objectif tranchait nettement avec le premier quart de siècle du Centre, caractérisé par une certaine résistance au financement de l'utilisation des résultats de recherche. En effet, l'un des succès de la période de 1975 à 1985 avait été le soutien, à l'heure des dictatures latino-américaines, de petits centres de recherches autonomes sans perspective d'influencer les politiques dans l'immédiat. Cet appui permit à bon nombre de chercheurs de maintenir en vie une tradition intellectuelle, notamment en Argentine et au Chili. Avec le retour à la démocratie, certains de ces chercheurs se retrouvèrent dans des positions de pouvoir ou d'influence (Gonsalves et Baranyi, 2003 : 11 et 6-7).

La préoccupation du CRDI à l'égard de la transdisciplinarité et de l'influence de la recherche sur les politiques correspond à la constatation que l'interdépendance des problèmes nécessite autre chose qu'une approche segmentée (Rathgeber, 2001 : 14). Des pressions du gouvernement canadien ne sont toutefois pas étrangères à l'évolution du Centre, à la suite d'une série de critiques au cours des années 1980 sur le manque de résultats visibles en matière d'impact sur les politiques. La restructuration du Centre en initiatives de programme orientées vers les résultats fut assez bien reçue, contribuant sans doute au fait que le Centre ait survécu à diverses compressions budgétaires durant les années 1990. Ajoutons à cela la reconnaissance officielle des bienfaits mutuels de la coopération Nord-Sud, étayée dans le rapport Strong (CRDI, 1996).

Le CRDI allait apporter au fil des années d'autres changements à ses priorités, notamment face à la croissance urbaine, en créant des programmes portant sur les défis environnementaux, sociaux et économiques des villes et bidonvilles, et sur les stratégies d'adaptation attenantes, telles que l'agriculture urbaine. Enfin, les niveaux d'analyse ciblés ont eux-mêmes évolué. Après avoir privilégié les problèmes ayant des implications mondiales ou régionales (par exemple la désertification, voir Hopper, 1973 : 15), le Centre remit cette approche en question, lui préférant une recherche visant à résoudre les problèmes d'ordre local. Aujourd'hui, le CRDI travaille sur les deux plans : alors que beaucoup de projets répondent à un problème ou une situation locale, le Centre reconnaît aussi que les défis du développement ont souvent leurs racines dans des phénomènes mondiaux, ce qui nécessite un examen plus globalisant des problèmes locaux, ainsi qu'une meilleure collaboration entre bailleurs de fonds, tels que le Department for International Development (Royaume-Uni) et la Coopération suisse pour le développement[16]. Cette convergence peut comporter des avantages importants en termes de partage de connaissances et d'approches aux problèmes complexes touchant les pays du Nord et du Sud.

Le Centre aura toujours à négocier le passage entre diverses tendances intellectuelles, politiques et déontologiques inhérentes à la recherche pour le développement. Le CRDI se trouve au carrefour de diverses cultures institutionnelles et approches à la construction de la connaissance. Le chercheur Olav Slaymaker, ancien membre du Conseil des gouverneurs (1998), citant Hicks et Katz (1996), décrit la situation comme suit :

> La communauté intellectuelle avec laquelle le CRDI travaille depuis ses débuts pose maintenant des questions fondamentales sur les suppositions qui sous-tendent une grande partie de l'aide à la recherche. En même temps, la communauté de recherche et développement avec laquelle le CRDI est également profondément impliqué annonce comme preuve de progrès le fait que la « science moderne » signifie encore plus de gestion, d'évaluation, d'instruments sophistiqués, plus d'accent sur l'application, d'interdisciplinarité, de réseautage et de collaboration, plus d'internationalisation, de spécialisation et de concentration des ressources.

L'évolution du CRDI laisse entrevoir que ces tensions ne pourront se résoudre facilement : alors que le travail du Centre est à l'heure du paradigme de la définition sociale, des vestiges du paradigme du fait social persistent et ne s'y articulent pas toujours aisément, tandis qu'apparaissent de nouvelles idées et valeurs.

L'AIDE PUBLIQUE À LA RPD : LA GRANDE-BRETAGNE ET LES PAYS-BAS

Le Canada, et en particulier le CRDI, collabore avec d'autres bailleurs de fonds qui partagent aussi ce même engagement de longue haleine, permettant ainsi aux chercheurs du Sud de travailler dans leurs pays d'origine. On retrouve parmi les membres du Forum international pour les bailleurs de fonds de recherche (IFORD) des institutions internationales comme la Banque mondiale, des fondations privées telles que Ford et MacArthur,

---

16. <www.sdc.admin.ch/>, <www.dfid.gov.uk/>, pages consultées en janvier 2007.

et des institutions bilatérales comme l'Agence norvégienne pour la coopération au développement (NORAD), l'Agence suédoise de coopération internationale au développement (sida), la Direction générale néerlandaise pour la coopération au développement (DGIS) et le Département du Royaume-Uni pour le développement international (DFID).

Les expériences néerlandaise et britannique sur le plan de l'aide à la RPD présentent des trajectoires différentes et intéressantes. Historiquement, la DGIS et le DFID ont privilégié le travail effectué par les institutions nationales de recherche en matière de développement et par les chercheurs universitaires néerlandais et britanniques travaillant en collaboration avec des chercheurs du Sud. Dans les années 1990, le gouvernement néerlandais adopta, sous la direction de l'ancien ministre de la Coopération internationale Jan Pronk, une politique ambitieuse sur la recherche pour le développement, qui s'engageait à appuyer la recherche en réponse à la demande du Sud. Ces efforts, y compris l'octroi de fonds directement aux chercheurs du Sud, suscitèrent des résistances sérieuses dans certains milieux universitaires du pays.

Pour sa part, le DFID a accru également son financement à la recherche visant à réduire la pauvreté et se retrouve à l'heure actuelle en position de chef de file, avec un budget de plus de 136 000 000 £ pour la RPD en 2006-2007. La stratégie du DFID vise explicitement l'utilisation de la science au service des objectifs de développement du millénaire, soit directement, soit au moyen de collaborations internationales. La *Loi sur le développement* promulguée en 2002 délia l'ensemble de l'aide publique au développement de sa mise en œuvre obligatoire par des organismes britanniques. L'allocation des octrois est aujourd'hui sujette à des compétitions internationales. Étant donné la nature profondément inégale, mais très dynamique du domaine de la recherche, cette politique suscite de nouveaux défis, et contribue à la remise en question de la division « Nord-Sud », surtout face à l'émergence de la puissance de recherche des pays comme la Chine, l'Inde le Brésil et l'Afrique du Sud[17].

---

17. <www.dfid.gov.uk/research/>, <www.research4development.info>, pages consultées en janvier 2007.

LEÇONS DU TERRAIN, DÉFIS ET PERSPECTIVES

> *Il faut au préalable définir une articulation avec*
> *les forces sociales, pour que celles-ci soient partie*
> *prenante à la définition des recherches. C'est en fait*
> *une nouvelle science qu'il faut inventer.*
>
> Gilberto Gallopín

La recherche pour le développement se définit au plus haut niveau comme une quête constante en vue de réduire la brèche entre connaissance, décision (y compris politique) et action (intervention sur le terrain). Et, bien qu'elle ne génère ni certitudes absolues ni recettes, il n'en reste pas moins possible de retenir certains principes, méthodes et approches construits avec un ensemble d'acteurs dans un contexte spécifique, mais que l'on peut généraliser. À la limite, ce vers quoi tendent ces principes, méthodes et approches, c'est de faire en sorte que la recherche, la prise de décision et l'action se nourrissent les unes des autres et, de ce fait, éliminent la brèche sur les plans du temps, de l'espace et des acteurs.

L'expérience de près de quatre décennies d'aide canadienne à la RPD montre en effet que certains principes d'ordre méthodologique et certaines pratiques tendent à pérenniser, voire renforcer cette brèche, alors que d'autres au contraire tendent à la réduire. L'expérience a permis en outre d'élargir et d'approfondir les notions de savoir, d'expertise et d'appropriation des processus de recherche, d'une part, et d'entrevoir de nouveaux défis du développement dans le cadre de processus accélérés de mondialisation. Nous allons ici présenter un certain nombre d'éléments que nous retenons parmi d'autres parce qu'ils jouent, selon nous, un rôle décisif dans l'effort de réduire la brèche entre la recherche et l'action, tout en présentant des défis dans leur mise en place.

Savoir, expertise et participation

La généralisation du paradigme de la définition sociale ainsi que l'évolution de la manière de concevoir l'acquisition et la création de la connaissance entraînent, dans la recherche pour le développement, l'élargissement de la notion du savoir et de l'expertise. Alors que certains chercheurs avaient, dès les années 1950, promu la reconnaissance des systèmes traditionnels de gestion du territoire, ce n'est que vers le milieu des années 1980, et surtout depuis le Sommet de la Terre en 1992, que la recherche sur les savoirs locaux est prise au sérieux comme un domaine d'étude légitime[18].

De concert avec l'évolution vers une conception du développement qui reconnaît les bénéficiaires de l'aide comme des acteurs légitimes ayant le droit de définir leurs priorités, on constate l'apparition de modèles de développement centrés sur la participation, le partage du savoir et la communication pluridirectionnelle. La recherche participative (inclusive) chemine parallèlement avec le développement participatif ; le savoir local ou endogène cesse d'être l'apanage de l'anthropologie et de l'ethnologie et commence à intéresser les chercheurs d'autres disciplines. À cet égard, certaines disciplines plus intégrantes, par exemple, la géographie, se prêtent plus volontiers au saut conceptuel requis pour appréhender des savoirs issus de traditions différentes. Cela débouche sur la reconnaissance de systèmes de connaissance avec leurs propres approches et protocoles de recherche et d'expérimentation, de validation, d'organisation et de transmission de ces savoirs, parfaitement fonctionnels dans leurs milieux.

La recherche participative ouvre la porte à des collaborations plus équitables, mutuellement respectueuses ; elle donne au savoir local autant d'importance qu'à celui des scientifiques. Elle va au-delà de la simple vérification d'hypothèses et débouche sur l'action. Le rôle des chercheurs se transforme : de maîtres d'œuvre, ils mettent leur compétence en matière de recherche au service de la collectivité ou de l'entité qui, reconnaissant un problème, cherche à le comprendre afin d'y apporter une solution pertinente et légitime. Les solutions viables voient le jour dans l'échange de connaissances ainsi que dans l'analyse conjointe des problèmes.

On ne considère plus les individus comme de simples objets de recherche pourvoyeurs de données. Ils participent activement à l'élaboration de connaissances et au développement de solutions. Ils deviennent acteurs et moteurs du changement. Pour cela, il importe de les intégrer à tous les niveaux des travaux : de la définition du problème, en passant par la recherche et l'évaluation, jusqu'à l'intervention. Cela nécessite souvent des négociations indispensables pour aboutir à un projet qui soit réellement celui des bénéficiaires.

---

18. Voir à ce sujet Anil Gupta (1992) citant K. M. Munshi du ministère de l'Agriculture de l'Inde (1951), et Trevor Wickham (1993).

Il convient de rappeler que les communautés locales ne sont pas des entités homogènes et qu'elles sont constituées par des groupes ayant des intérêts différents et parfois divergents dont il faut tenir compte. Enfin, certains domaines de recherche se prêtent mieux que d'autres à la recherche participative, notamment lorsqu'il s'agit de travailler sur des problématiques à visibilité et incidence localisées, ainsi celui de la production d'aliments en milieu urbain ou de stratégies pour suivre l'amélioration de la santé d'une communauté en adoptant des pratiques nouvelles sur le plan des rendements agricoles et de l'alimentation familiale.

Genre et équité sociale

Les recherches ne s'inscrivent pas dans des espaces neutres ; elles s'inscrivent dans des communautés, avec des hommes et des femmes dont la vie est structurée par des déterminants économiques, politiques, sociaux et culturels. La connaissance des différences entre les groupes, aussi bien qualitatives que quantitatives, permet de renforcer les interventions (Lebel, 2003 : 25).

Dans toute communauté, les activités des hommes et des femmes ainsi que leurs responsabilités sont différenciées sur la base de caractéristiques culturelles. Les comportements sociaux et les relations qui s'établissent entre hommes et femmes sont conditionnés par l'histoire même des relations entre les sexes dans un contexte social donné. Les tâches et responsabilités respectives sont l'objet de négociations au sein des familles et de la société en général. Ce partage des responsabilités aura nécessairement des impacts sur les individus selon leur genre. Bien qu'il soit habituel de percevoir ces différenciations comme statiques, force est de constater qu'elles évoluent et que les rapports de genres changent même dans les sociétés les plus conservatrices.

L'analyse des rapports entre genres est un outil de recherche qui permet, entre autres choses, d'identifier les différences entre hommes et femmes sur le plan de l'accès aux ressources et celui de leur contrôle, aux effets différenciés sur chaque groupe de politiques ou interventions particulières, et d'attirer l'attention sur les conditions requises pour promouvoir l'équité entre les hommes et les femmes. Un groupe social de statut inférieur aura un accès plus limité aux ressources. Par ailleurs, la prise en compte des questions d'équité, dans une analyse des rapports entre genres, montre bien que les hommes et les femmes ne constituent pas des catégories homogènes. Leur statut respectif dépend d'un ensemble de facteurs dont l'âge, la classe sociale, l'ethnie, la religion, etc.

Ces questions ont très tôt interpellé le CRDI. Après une période d'appui à la recherche portant sur les femmes, le Centre redéfinissait son approche vers 1992 en confiant à une équipe l'intégration systématique de l'analyse des rapports entre genres à ses divers programmes. Cette stratégie a porté fruit et, fort de cet acquis, le Centre mettait en place en 2006 un programme portant spécifiquement sur les droits des femmes et la participation citoyenne[19].

Multipartenariat et transdisciplinarité

Pour Gibbons (1994), nous assistons depuis les 50 dernières années à une transformation profonde dans la manière de produire le savoir, qui touche l'ensemble des domaines, depuis les sciences sociales et humaines jusqu'aux sciences naturelles et la technologie. Il oppose ainsi les deux modes de production de la connaissance. Le premier mode, traditionnel, représente la recherche fondamentale, où les problèmes sont définis et résolus dans un contexte régi par le monde universitaire, unidisciplinaire, hiérarchique, stable et généralement indifférent à l'imputabilité. Le second mode représente la recherche appliquée, la transdisciplinarité, l'hétérogénéité, la diversité organisationnelle, le travail en équipe, l'intérêt pour le contexte spécifique et l'imputabilité sociale.

L'expérience aidant, le souci d'une meilleure utilisation des résultats de la recherche a mené à des efforts pour inclure dans les équipes de recherche des acteurs de terrain, des décideurs politiques, ainsi que des représentants de la société civile et du secteur privé. Il va sans dire que la conception de tels projets est plus laborieuse et que les interactions deviennent plus compliquées lorsque l'on met en présence des représentants d'organismes et d'intérêts aussi divers.

Le multipartenariat se fonde sur l'hypothèse que l'appropriation des résultats de la recherche par les décideurs et bénéficiaires est supérieure lorsque ces derniers participent à la définition et l'exécution de la recherche.

---

19. <www.idrc.ca/fr/ev-29737-201-1-DO_TOPIC.htmlm>, page consultée en janvier 2007.

Mais le multipartenariat présente aussi des défis et des contraintes, quant à la définition des problèmes, la mise en présence de différentes cultures et approches de travail, l'organisation de la recherche, les déséquilibres en termes d'accès aux ressources diverses, les attentes différentes, les difficultés linguistiques, etc.

Ces formes de collaboration évoluent dans un contexte mondial de plus en plus intégré, où s'accentue la compétition pour l'accès aux ressources dans tous les domaines, y compris celui de la recherche, où la survie et la dépendance vis-à-vis des bailleurs de fonds font partie de la culture institutionnelle.

Le premier défi pour une équipe transdisciplinaire de recherche pour le développement est de développer une culture d'échanges systématiques et constants entre ses membres et les acteurs de la communauté, et décideurs participant au projet. Il ne s'agit pas d'appliquer des recettes préétablies, mais de définir le problème et de chercher de manière concertée des solutions pertinentes et adaptées en termes socioculturels, politiques et économiques. C'est un défi majeur. Ceci contribue souvent à impulser un développement circonscrit dans un espace, un temps et une culture déterminés.

La question qui surgit est de savoir si chaque situation locale, chaque opération de développement exige une analyse spécifique, et si aucune loi ne peut se dégager de l'infinie diversité des contextes concrets. Oui et non : oui, dans la mesure où chaque terrain est une combinaison singulière de contraintes et de stratégies que seule une analyse peut déchiffrer ; non, dans la mesure où certaines contraintes sont communes ou similaires, et les logiques économiques, sociales ou symboliques se regroupent fréquemment. D'où l'intérêt du travail en réseau qui permet de distinguer le singulier du généralisable.

Ce qui pourra se transférer, ce ne sont plus des théories ou ensembles de principes relevant d'une discipline, mais des outils et méthodes au sein desquels apparaissent certaines constantes telles que transdisciplinarité, participation de l'ensemble des acteurs, importance particulière de la notion de genre parmi d'autres différenciations sociales pertinentes (ethnicité, classe, âge, niveau économique, instruction, répartition du pouvoir).

Le système d'analyse sociale (SAS)[20], à notre sens fondamental, prend acte des différences de pouvoir, des intérêts économiques et de la légitimité – facteurs sociaux-clés qui sous-tendent les défis du développement ainsi que la recherche y afférant. Cette initiative, coordonnée par Jacques Chevalier de l'Université Carleton, s'est attaquée à la nécessité de mettre en place de meilleures méthodes pour comprendre ces facteurs et de nouvelles approches à l'étude des structures sociales, de l'action sociale et des systèmes de connaissance locaux. Un prototype rigoureux de techniques et d'approches d'analyse sociale participatives a pu ainsi être élaboré. Le SAS permet d'outrepasser les contraintes des méthodes traditionnelles de recherche en ajoutant rigueur scientifique et clarté conceptuelle à la recherche participative, tout en impliquant les multiples acteurs (représentants des organisations de la société civile, décideurs politiques et administrateurs) dans le processus de recherche sociale appliquée pour le développement. Les techniques sont à géométrie variable, à la fois quantitatives et qualitatives, avec quelques logiciels et un livre sur les fondements théoriques, et une approche à la gestion de projet fondée sur la théorie du chaos ou de la complexité. Le projet permet depuis 2004 l'application des techniques et méthodes à des études de cas portant sur des problèmes de gestion des ressources naturelles en Bolivie, au Canada, au Honduras, en Inde et au Népal, afin d'en évaluer la performance dans le cadre de projets de recherche transdisciplinaires.

Le SAS utilise une approche d'apprentissage par processus, employée dans certains programmes de formation professionnelle comme la médecine. Il facilite l'acquisition de compétences en les appliquant directement à des problèmes concrets immédiats. L'approche permet d'intégrer la recherche en action dans des domaines aussi divers que la santé, l'éducation, la gouvernance, l'environnement, le développement économique local et la gestion des conflits. En se déplaçant entre diverses disciplines et perspectives culturelles, différents niveaux d'analyse et systèmes de connaissance (science occidentale et savoirs locaux), le SAS contribue à négocier la transformation des systèmes de connaissance en systèmes d'apprentissage en commun.

---

20. <www.sas-pm.com>, page consultée en janvier 2007.

Technologies de l'information et de la communication (TIC)

L'information documentaire est une ressource essentielle à la recherche pour le développement et celle produite dans les pays du Nord jouit encore d'un prestige supérieur à celle produite et consignée dans le Sud, et nombre de chercheurs du Sud préfèrent encore publier dans les revues scientifiques du Nord. De plus, la collaboration Nord-Sud est perçue encore souvent comme un moyen pour les chercheurs du Sud de publier dans le Nord, et à leurs collègues du Nord d'accéder à des terrains de recherche différents. Cette asymétrie disparaîtra sans doute lorsque la contribution des chercheurs du Sud sera valorisée au même titre que celle de leurs collègues du Nord.

Internet a profondément modifié l'accès à l'information et la nature même de la recherche en réseau. Son usage fait croître de façon géométrique le nombre et la rapidité des échanges entre chercheurs. Dans ce contexte, l'endroit géographique précis où se situe un document en format électronique est sans importance du moment que son adresse électronique est disponible. Aujourd'hui, de petits centres du Sud sont maintenant en mesure, non seulement d'avoir accès à une très vaste quantité de documents, mais aussi de gérer des portails qui constituent de véritables portes ouvertes sur la production intellectuelle consignée en format numérique[21].

Le discours concernant la fracture numérique Nord-Sud et la place des TIC dans la recherche pour le développement ne font pas l'unanimité. Pour Éric Guichard (2003), la notion de fracture numérique reflète une croyance naïve quant aux effets positifs des technologies modernes sur l'organisation sociale ; cela tendrait à réduire la critique politique, favorisant ainsi l'ordre établi. Il reste que, malgré son usage abusif et le piratage, Internet permet aujourd'hui à une population sans cesse croissante d'accéder à la communication à prix modique. Comme c'est souvent le cas, ce sont les individus qui décident de l'usage qu'ils feront d'une technologie de masse mise à leur disposition. La question à se poser concerne plutôt le contrôle sur le contenu disponible, et sur les moyens de transmission des communications.

---

21. Voir par exemple le réseau sur le développement durable et l'environnement, géré par le Centre bolivien d'études multidisciplinaires, CEBEM : <www.redesma. org>, page consultée en janvier 2007.

LE RAPPORT AUX ACTEURS POLITIQUES

L'accent placé sur une perspective de développement par le bas rend possibles la participation des bénéficiaires et la recherche transdisciplinaire débouchant sur l'affranchissement des divers acteurs par la connaissance. Le succès d'une telle entreprise liant la recherche et l'action ne saurait se limiter à un succès local ; son objectif ultime est d'influencer les processus de formulation et de mise en place de politiques par les décideurs, de manière à avoir un impact sur les plans municipal, national, voire régional.

Si influer sur les décideurs politiques est une constante des objectifs de la recherche pour le développement, la stratégie variera selon le contexte politique. Le problème de la demande est fondamental. Qui formule le problème à résoudre et qui demande la connaissance issue de la recherche ? Il faut donc que les intervenants extérieurs aient en premier lieu une connaissance profonde du contexte sociopolitique dans lequel se déroulera le projet. De cette connaissance dépendra le choix des stratégies. L'expression de la demande peut venir d'un groupe d'acteurs tels les chercheurs eux-mêmes, des acteurs de la société civile, des membres d'une communauté spécifique ou des décideurs, parfois de plusieurs de ces groupes. Dans tous ces cas, les stratégies ainsi que les défis diffèrent ; la nature de la participation au sein du projet dépendra de l'origine de la demande et, dans une grande mesure, de la volonté politique des décideurs. Dans le meilleur des scénarios, la recherche sera participative, engageant l'ensemble des catégories d'acteurs vers un objectif commun et vers le développement d'une compréhension commune du problème et de ses solutions. Dans d'autres cas, il sera plus indiqué d'opter pour des stratégies de représentation et de plaidoyer en amont et en aval de la recherche proprement dite (y compris la diffusion, l'adaptation et la discussion par les médias) afin de se faire entendre par les décideurs.

Une autre dimension du problème de l'incidence politique est celle des horizons temporels différents entre la recherche et la formulation des politiques. Bien souvent, la demande des décideurs émerge au moment même où se fait sentir le besoin d'une réponse ou d'une solution. Or, la recherche, et en particulier la recherche participative et transdisciplinaire, demande du temps. Il y a là un défi majeur à l'objectif de produire une connaissance qui soit utilisable opportunément par les différents groupes d'acteurs. Cette durée intrinsèque de la recherche est principalement due à la difficulté de constituer une équipe transdisciplinaire de recherche, aux défis liés à l'apprentissage du travail en commun, et au temps nécessaire pour développer un langage commun autour d'un problème spécifique. Une mesure qui peut contribuer à résoudre en partie le problème de la durée consiste à échelonner au fil de la recherche des résultats qui puissent informer la mise en place d'actions sur le court et moyen terme, de manière à soutenir la motivation de l'ensemble des acteurs mobilisés, y compris les décideurs.

Pour les responsables politiques, ce type de recherche présente d'autres avantages intéressants, mais aussi un certain nombre de défis. En effet, il permet, autour d'un noyau de chercheurs scientifiques, de faire travailler ensemble des décideurs liés à divers ministères et des groupes aux intérêts différents. Il se crée ainsi un espace dans lequel une multiplicité d'acteurs participent à des concertations et négociations. Guidés et animés par la recherche de solutions à des problèmes graves, ils mettent parfois de côté leurs différends pour se concentrer sur leurs contributions respectives à la solution du problème. Ils peuvent aussi rester sur leurs positions divergentes. Le leadership acquiert ainsi une importance particulière dans ce type d'approche puisque la personne qui coordonne la recherche doit être en mesure de juger de la situation afin d'adopter une stratégie appropriée.

* * *

Le vrai savoir ne revient jamais à quelque petite chose tout près des yeux ; car savoir, c'est comprendre comment la moindre chose est liée au tout.
Émile-Auguste Chartier

L'expérience canadienne, illustrée par le cas du CRDI, montre que les changements de structure organisationnelle et de priorités programmatiques sont liés à une gamme de facteurs, dont l'évolution de la perception et la compréhension de la recherche en matière de développement, le souci d'efficacité en termes d'utilisation des résultats et le besoin de démontrer la plus-value de la recherche dans le processus de développement. À ses débuts, le Centre était organisé en équipes multidisciplinaires dans une logique de missions correspondant aux besoins fondamentaux des êtres humains : assurer l'accès à l'alimentation, l'eau, et la santé, permettre de participer à la vie économique et sociale, d'apprendre et d'être informé, etc. Vers 1995, le CRDI a rompu avec ce modèle pour constituer des programmes définis autour de problématiques transdisciplinaires, reconnaissant que la complexité des problèmes de développement nécessite une autre approche permettant de générer un savoir plus directement pertinent, grâce à des méthodes et des outils plus adaptés et à l'inclusion des divers acteurs du développement. Aujourd'hui, le paradigme de la définition sociale est dominant au sein du CRDI, ce qui se reflète dans la structure, les approches et les thématiques prioritaires des programmes. Cette tendance se retrouve dans bon nombre d'organisations œuvrant dans la coopération internationale.

Mais le changement de rapports de forces entre les deux paradigmes n'est ni ordonné ni linéaire : les approches transdisciplinaires et participatives coexistent avec des pratiques qui, tant dans la recherche que dans le développement en général, se rattachent au paradigme du fait social. Ce dernier se trouve renforcé par l'ampleur et la rapidité du phénomène de la mondialisation, lequel met au défi les principes sous-tendant le paradigme de la définition sociale. L'évolution de la situation mondiale et les tensions attenantes entre le global et le local conduisent les acteurs de l'aide à la RPD à s'interroger sur les résultats des recherches locales et participatives, et sur la pertinence de leur apport à la résolution de problèmes d'ordre global.

Pendant le premier quart de siècle de l'aide au développement, ce sont les « problèmes » du Sud qui figurent au centre du discours sur le développement ; c'est aussi l'époque de la Guerre froide et de la lutte d'influences entre les deux grands blocs. Ce contexte convient à l'émergence du paradigme de la définition sociale ; celui-ci correspond à une vision intellectuellement plus ouverte reconnaissant l'importance de permettre aux pays et communautés du Sud de définir eux-mêmes leurs problèmes et priorités, que ce soit sur le plan local ou national.

L'émergence du VIH-sida vers le milieu des années 1980, suivie de la chute du mur de Berlin, marque un double tournant : d'une part, il ne reste plus qu'une seule superpuissance, ce qui accélère le processus de mondialisation ; d'autre part, le Nord se trouve directement menacé par la pandémie la plus dévastatrice de l'ère industrielle. La démocratie et les droits de la personne, comme la libéralisation des marchés, deviennent des conditions de l'aide. Mais la flambée des conflits ethniques et religieux, la poussée des intégrismes, les actes terroristes font naître dans les pays du Nord la tentation de lier de façon plus explicite l'aide au développement à leur sécurité nationale par une réorientation des priorités de l'aide et par l'introduction de politiques migratoires plus restrictives. Ces nouvelles formes de protectionnisme coexistent, aujourd'hui, avec une prise de conscience croissante de la réelle menace pour l'humanité que représentent la dégradation de l'environnement et le changement climatique. Les contradictions entre ces tendances opposées d'isolationnisme et de collaboration ne manqueront pas de déterminer les orientations de l'aide publique à la recherche pour le développement dans les années à venir.

Le travail en collaboration sur des problématiques mondiales comporte aussi des risques, par exemple celui de minimiser les problèmes spécifiques du Sud. Il soulève aussi des questions : qui définira les problématiques à privilégier, l'agenda et les méthodes de recherche lorsqu'il s'agit de problèmes à portée globale ? Est-ce que les approches plus participatives, d'une certaine manière plus démocratiques, sont les plus efficaces en temps de crise ? Le Nord peut-il se permettre de laisser le Sud (et pas seulement les chercheurs et décideurs, mais les communautés) prendre les décisions lorsque les problèmes à l'étude affectent directement le Nord autant que le Sud ?

D'autres questions et ambiguïtés persistent. Le financement des projets de nature locale ou globale, même dans le cadre du paradigme de la définition sociale, reste encore souvent l'apanage des pays du Nord. L'aide à la recherche se situant à la croisée de l'aide au développement et de la coopération scientifique, on peut espérer qu'avec le temps le mouvement s'accentuera vers une réelle collaboration entre partenaires égaux, tout à fait comparable à la coopération scientifique existant maintenant entre, par exemple, la France et le Canada, financée de part et d'autre. La situation actuelle est de nature ambiguë puisque l'on observe une tendance lente mais sûre vers une réelle collaboration entre chercheurs dont les niveaux de compétence et d'expérience sont comparables, alors que le financement de cette collaboration se fait sous l'égide de l'aide unilatérale au développement.

La mondialisation est un processus dynamique de redistribution du pouvoir à l'échelle mondiale. Des pays traditionnellement receveurs d'aide, y compris d'aide à la RPD, comme les « tigres asiatiques » et, plus récemment, le Brésil, la Chine et l'Inde, émergent comme leaders en matière de recherche ainsi que dans divers domaines liés au développement. Ce phénomène remet en question la notion de pays développés et en développement. La nouvelle redistribution de la connaissance et du pouvoir se fait déjà sentir ; quel sera son impact sur l'effort canadien et des autres pays traditionnellement bailleurs de fonds en matière d'aide à la recherche, de travail en partenariats en matière de recherche ? Ces questions-clés seront à débattre dans les années à venir.

RÉFÉRENCES BIBLIOGRAPHIQUES

BOND, S. et J.-P. Lemasson (dir.) (1999), *Un nouveau monde du savoir : les universités canadiennes et la mondialisation,* Ottawa, CRDI.

CHEVALIER, J.-M. et D. Buckles (2006), *Social Analysis Systems Theory : Concepts and Tools for Collaborative Research and Social Action,* < www.sas-pm.com >.

CRDI (1996), *En prise sur le monde : priorités de l'internationalisme canadien au XXIᵉ siècle,* Ottawa, CRDI (« Rapport Strong »), <www.idrc.ca/fr/ev-62085-201-1-DO_TOPIC.html>.

GAILLARD, J. (1999), *La coopération scientifique et technique avec les pays du Sud : peut-on partager la science ?,* Paris, Karthala.

GALLOPIN, G. (2004), « Sustainable Development Epistemological Challenges to Science and Technology », étude préparée pour le Workshop on Sustainable Development : Epistemological Challenges to Science and Technology, ECLAC, Santiago du Chili, 13-15 octobre 2004.

GIBBONS, M. (2003), « Making a Difference : Canada's Influence on Globalising Science », Canadian Foundation for Innovation 5th Annual Public Meeting, Ottawa.

GIBBONS, M. et. al. (1994), *The Production of Knowledge : the Dynamics of Science and Research in Contemporary Societies,* Londres, SAGE Publications.

GONSALVES, T. et S. Baranyi (2003), *Research for Policy Influence : A History of IDRC Intent,* Ottawa, IDRC Evaluation Unit, <www.idrc.ca/uploads/user-S/10567434800History_of_Intent_FINAL_January_2003.wpd>.

GUICHARD, E. (2003), « La "fracture numérique" existe-t-elle ? », colloque *Sustainable Ties in the Information Society,* Tilburg, Pays-Bas, 26-28 mars 2003, <http://barthes.ens.fr/atelier/geo/Tilburg.html>.

GUPTA, A. (1992), *Sustainability through Biodiversity : Designing Crucibles of Culture, Creativity and Conscience,* Ahmedabad, Indian Institute of Management, Working Paper nᵒ 1005.

HICKS, D. M. et J. S Katz (1996), « Where is Science Going ? », *Science, Technology and Human Values,* nᵒ 21.

HOPPER, D. (1973), « Research Policy : Eleven Issues », Statement to the Board of Governors of the International Development Research Centre, Bogota, 19 mars 1973.

IDRC (1968), *International Development Research Centre: Report of the Steering Committee*, Ottawa, IDRC.

KUHN, T. (1970), *The Structure of Scientific Revolution*, Chicago, University of Chicago Press.

LEBEL, J. (2003), *La santé: une approche écosystémique*, Ottawa, CRDI.

PETERS, S. (1969), « A Canadian Search for New Development Imperatives », présenté au Seventh Annual Banff Conference on World Affairs on the Imperatives for Development, 22 août 1969.

RATHGEBER, E. (2001), *Turning Failure into Success: The Deconstruction of IDRC Development Discourse, 1970-2000*, Ottawa, IDRC.

RITZER, G. (1975), *Sociology, a Multiple Paradigm Science*, Boston, Allyn and Bacon.

SLAYMAKER, O. (1998), *The Nature of Research at IDRC: Report of Research Ad Hoc Committee of the Board*, Ottawa, IDRC.

STIGLITZ, J. (1999), « Knowledge as a Global Public Good », dans I. Kaul, I. Grunberg et M. Stern (dir.), *Global Public Goods: International Cooperation in the 21st Century*, Oxford, Oxford University Press.

UNESCO (2006), « Réseaux des connaissances de la diaspora », <www.unesco.org/shs/migration/diaspora>.

VAN de Sande, T. (2006), « Priority Setting in Research for Development: A Donor's Perspective », dans L. Box et R. Engelhard (dir.), *Science and Technology Policy for Development: Dialogues at the Interface*, Londres, Anthem Press.

WICKAM, T. W. (1993), *Farmers Ain't no Fools: Exploring the Role of Participatory rural Appraisal to Access Indigenous Knowledge and Enhance Sustainable Development Research and Planning: A Case Study of Dusan Pausan, Bali, Indonesia*, Waterloo, University of Waterloo.

WORLD Bank (1998), *World Development Report 1998-1999: Knowledge for Development*, Washington, World Bank Publications.

3

LES ORGANISATIONS NON GOUVERNEMENTALES CANADIENNES : BILAN ET PERSPECTIVES

Dominique Caouette

Le 16 février 2003, au lendemain de la plus grande mobilisation pacifiste connue à ce jour, le *New York Times* titrait à la une qu'il existait désormais un véritable contre-pouvoir à l'hégémonie américaine, celui de la société civile mondiale[1]. Bien qu'il soit difficile de soutenir une telle thèse, ce contre-pouvoir reste immensément diffus et hétérogène, il n'en demeure pas moins qu'il existe aujourd'hui une variété d'acteurs non étatiques qui prennent position souvent quotidiennement sur une vaste série d'enjeux qui affectent autant les pays du Nord que ceux du Sud. Parmi ces acteurs, trois grands ensembles, les organisations non gouvernementales internationales (ONG), les réseaux de militants et les mouvements sociaux

---

1. Dans ce chapitre, la notion de société civile se réfère, comme le proposent Alex Macleod *et al.*, au « réseau d'institutions et de pratiques de la société qui sont autonomes par rapport à l'État, et par lesquelles les individus et les groupes se représentent, s'organisent et se mobilisent, souvent en vue d'agir sur l'État et sur les mécanismes de prises de décision » (2004 : 221). Tandis que le concept de société civile mondiale, comme le soulignent Marie-Claude Smouts *et al.*, est « une facilité de langage pour rendre compte des sphères d'autorité nouvelles qui sont apparues et qui échappent à la fois au découpage territorial et à l'initiative de l'autorité souveraine » et qui « sont le fait d'acteurs transnationaux capables d'édicter des normes de comportement qui vont s'appliquer à d'autres acteurs privés, et même parfois aux autorités publiques à travers les frontières » (2003 : 461).

transnationaux sont particulièrement importants autant par leur capacité de mobilisation que par les liens qu'ils créent à travers les frontières et la compréhension commune qu'ils apportent des grandes problématiques de l'heure : l'environnement, la pauvreté, la souveraineté alimentaire, la condition féminine, les droits de la personne et, évidemment, la paix (Caouette, 2007 ; Tarrow, 2005).

Les ONG de solidarité internationale constituent souvent la forme la plus institutionnalisée de ce vaste ensemble[2]. Au Canada, les ONG sont présentes sur la scène politique depuis plus de 60 ans. La formation de l'Unitarian Service Committee (USC-Canada), le 10 juin 1945, peut être considérée comme l'embryon d'un vaste mouvement de coopération internationale qui allait se développer de manière plus intense durant les années 1960 et 1970 (Sanger, 1986 : 40). Les ONG canadiennes de solidarité internationale font partie du secteur des organismes à but non lucratif qui regroupe approximativement

> 160 000 organisations de toutes tailles œuvrant dans tous les domaines, la coopération internationale représentant [...] 1 % de leur nombre, 7 % de l'économie canadienne, mais 8,5 % en tenant compte de la valeur des deux milliards d'heures de services bénévoles rendus chaque année. (AQOCI, 2006 : 32)

Selon Ian Smillie et Ian Filewood (1993), c'est l'un des plus hauts ratios d'ONG par habitant au sein des pays industrialisés. Grâce à un financement assuré bon an mal an par l'Agence canadienne de développement international (ACDI) et un appui généreux et régulier de la population

---

2. Il existe plusieurs manières de définir une ONG. Ici, nous nous référons à la définition proposée dans l'étude de Tim Brodhead et Brent Herbert-Copley publiée par l'Institut Nord-Sud, *Bridges of Hope ? Canadian Voluntary Agencies and the Third World*, selon laquelle une ONG « réfère exclusivement à toute organisation à but non lucratif impliquée dans le domaine de la coopération internationale, ou dans le domaine de l'éducation et de la plaidoirie par rapport à des enjeux liés au développement international » (1988, traduction libre). Cette définition plus restrictive a l'avantage de permettre de mieux situer notre propos. Récemment, les définitions ont tendance à être encore plus larges. Selon l'*Atlas de la mondialisation*, les ONG « sont des entreprises non étatiques à but non lucratif qui prônent la solidarité et mettent en avant des valeurs qu'elles considèrent comme universelles » (2006 : 102). Voir aussi Rouillé d'Orfeuil (2006).

(près de 973 000 000 $ en 2005 et 639 000 000 $ en 2004[3]), les ONG canadiennes mobilisent plus d'un milliard de dollars en ressources financières pour l'appui de projets et d'organismes du Sud, et aussi pour la sensibilisation du public aux enjeux de solidarité internationale (Conseil canadien de coopération internationale, 2005; Institut Nord-Sud, 2006).

Malgré les contraintes et limites associées à un financement étatique limité, les ONG tentent de faire avancer certaines normes et idées tant au Canada qu'à l'international. Ainsi, une de leurs plus grandes contributions ne se situe pas tant sur le plan des projets spécifiques, mais plutôt sur le plan du discours et de l'analyse critique du développement. En 2007, il n'est pas possible de conceptualiser le rôle du Canada sur la scène internationale sans prendre en compte le rôle des acteurs non étatiques au sein des relations transnationales.

Si les ONG sont un élément bien ancré de la diplomatie non gouvernementale canadienne[4], elles soulèvent néanmoins un nombre important de questions: quelle est la nature et quelles sont les caractéristiques les plus importantes de ces organisations? Les ONG représentent-elles un élément réellement distinct et autonome de la diplomatie canadienne? Avec l'essor de la mondialisation et l'émergence de grands mouvements sociaux mondiaux, quelle est la place des ONG et quelle est leur pertinence aujourd'hui?

HISTORIQUE

Saisir l'essor des ONG au Canada requiert une compréhension de la montée graduelle de l'internationalisme canadien à la suite des deux grandes guerres du xxe siècle. Issu des mouvements missionnaires

---

3. Selon les chiffres que présente le Comité d'aide au développement (CAD) de l'Organisation de coopération et de développement économiques (OCDE) dans son rapport pour l'année 2006 (2007: 169).
4. Ici, nous nous référons à la conceptualisation normative de la diplomatie non gouvernementale récemment proposée par Rouillé d'Orfeuil qui précise que cette forme de diplomatie est aujourd'hui un élément constitutif de la diplomatie moderne qui « se définit par son objectif: participer à la construction d'un monde de solidarité, c'est-à-dire construire un monde de droit et de développement durable, et promouvoir un état de droit international, soucieux de tous les citoyens du monde et de la transmission aux générations futures d'un patrimoine préservé » (2006: 25).

d'assistance et humanitaires qui émergent en Europe durant la seconde moitié du XIXe siècle, notamment après des conflits tels que les guerres d'indépendance de la Grèce (1821-1830) et de Crimée (1853-1856), l'internationalisme canadien émerge dans la lignée d'organisations telles que Save the Children (créé après le conflit russe en 1919), Plan international (constitué en 1937 dans le contexte de la guerre d'Espagne), OXFAM (Oxford Committee for Famine Relief, initialement fondé en 1942 pour lutter contre la famine), puis CARE (Cooperative for American Remittances in Europe, établie en 1946) (Smillie 1999 : 71). Ainsi, les premières organisations non gouvernementales canadiennes s'inspirent largement de celles qui se mettent en place aux États-Unis et en Europe, mais aussi d'autres organisations internationales à caractère humanitaire[5]. Actuellement, plusieurs grandes fédérations internationales ont créé une division canadienne, tels OXFAM, Greenpeace, WWF, Médecins sans frontières, CARE et Save the Children[6].

Il faudra attendre les années 1960 et 1970 pour observer une véritable expansion dans le nombre et l'importance des ONG canadiennes. Deux facteurs expliquent largement cette expansion. Le premier, de nature structurelle, est intimement lié à la mise en place de sources de financement stable et récurrent de la part du gouvernement canadien (Spicer, 1966 : 210 ; Smillie, 1985 : 262). Avec la mise en place de l'Agence canadienne de développement international (ACDI) en 1968, en particulier son programme d'équivalence de fonds (*matching funds*)[7], il devient beaucoup plus facile de créer des organisations véritablement canadiennes et québécoises, c'est-à-dire sans affiliation avec les grandes ONG internationales.

---

5. Comme le rappelle Henri Rouillé d'Orfeuil, « le pionnier des humanitaires modernes est Henri Dunant qui, horrifié par la boucherie de la bataille de Solferino (40 000 morts le 24 juin 1859), crée une organisation caritative privée et prend pour emblème une croix rouge ». Quelques années plus tard, seize gouvernements et quatorze organisations privées « donnent naissance, en 1863, au mouvement international des Croix-Rouges » (2006 : 19).

6. Il importe de souligner que ces ONG internationales constituent des acteurs collectifs relativement influents par leur importance et leur réseau d'organisations nationales et dont « le passage à une identité internationale est conséquent à la fois au processus de croissance d'une ONG nationale et à une stratégie d'internationalisation » (Rouillé d'Orfeuil, 2006 : 139).

7. Par ce mécanisme, l'ACDI s'engageait à équivaloir selon différentes proportions les fonds amassés par les ONG auprès du public canadien.

Le second facteur déterminant est que de plus en plus de coopérants laïques et religieux reviennent de séjours à l'étranger et souhaitent poursuivre leur engagement pour le développement. La première génération d'organisations d'origine laïque, par exemple l'Entraide universitaire mondiale du Canada (EUMC), le Canadian University Service Overseas (CUSO), et son pendant francophone le Service universitaire canadien outre-mer (SUCO), contribuera à mieux faire connaître ce qu'on appelle, depuis 1948, les pays en développement (Rist, 2001). De même, plusieurs organisations caritatives religieuses, telles que l'Organisation catholique canadienne pour le développement et la paix, ainsi que le Primate's World Relief and Development Fund (PWRDF) de l'Église anglicane, sont d'abord impliquées dans l'acheminement d'aide humanitaire et l'envoi de bénévoles. Ces deux secteurs d'activité caractérisent toujours une portion importante du travail des ONG. À la fin des années 1960, d'autres organisations d'envoi de coopérants, de bénévoles et d'étudiants vont naître, dont Jeunesse Canada Monde (JCM) et Carrefour canadien international (CCI).

LA CONSTITUTION DU SECTEUR DES ONG

Il faut attendre les années 1970 pour voir se mettre en place ce qui ressemble le plus à la diversité actuelle du secteur des ONG canadiennes. Cette période constituera le début d'une forme d'âge d'or pour les ONG. Sous l'impulsion de l'internationalisme défendu par le premier ministre Lester B. Pearson, puis repris par la suite par Pierre-Elliott Trudeau, le Canada s'engage à s'impliquer de manière importante dans l'aide au développement. Comme le soulignait un rapport récent produit par l'Association québécoise des organismes de coopération internationale (AQOCI) :

> Outre la mise sur pied de l'ACDI en 1968, les fondations du programme d'aide du Canada ont été établies en 1970 avec le dépôt par le gouvernement d'un premier livre blanc en politique étrangère *Politique étrangère au service des Canadiens*, incluant un fascicule sur le développement international. C'est dans ce contexte que le gouvernement canadien a repris à son compte l'objectif d'allouer 0,7 % de son produit national brut à l'aide au développement. (AQOCI, 2006 : 5)

Le programme d'aide canadienne prend donc son envol de manière plus significative durant les années 1970, l'aide publique au développement atteignant un sommet inégalé sur le plan du pourcentage du PNB, soit 0,53 % en 1975-1976, l'enveloppe budgétaire totale de l'ACDI dépassant le milliard de dollars pour la première fois en 1977-1978 (AQOCI, 2006 : 5).

Cet influx de ressources de la part de l'État canadien et une préoccupation croissante de la part de la population canadienne en matière de développement (Smillie, 1998 : 55 ; Lavergne, 1989 : 25) expliquent qu'en 1988, on estimait le nombre d'ONG canadiennes à vocation internationale à près de 220, ce chiffre variant selon les critères retenus (Smillie, 1999 : 72). En utilisant les données sur l'aide canadienne pour 1984-1985, Tim Brodhead et Brent Herbert-Copley estiment que l'ensemble du financement public et privé reçu par les ONG correspond alors à près de 525 000 000 $, ce qui représente à l'époque approximativement 22 % du total de l'aide canadienne au développement (1988 : 24). Selon ces mêmes auteurs, l'augmentation du nombre de nouvelles ONG de 1960 à 1980 est de 530 %, ce nombre passant de 25 à 127 en 20 ans (Brodhead et Herbert-Copley, 1988 : 21, Figure 2.4). De plus, le secteur des ONG prend de l'importance en termes de personnel : pour l'année 1985-1986, environ 2 400 personnes travaillent à temps plein au Canada pour des ONG. Si on y ajoute le nombre de personnes à l'étranger et tous les bénévoles impliqués dans une panoplie d'activités au Canada et à l'étranger, on parle d'environ 35 000 personnes[8].

Sur le plan du financement, un scénario similaire s'observe. Durant la période de l'augmentation de l'APD, soit au cours des années 1970 et 1980, l'ACDI choisit d'appuyer financièrement les ONG non plus seulement sur la base d'une équivalence des fonds, mais plutôt sur une base pluriannuelle et sur la base de programmes plutôt que de projets. Comme le soulignent Brodhead *et al.*, en 1985-1986, près des deux tiers du financement des ONG provenant de l'ACDI s'effectuent sous la forme de financement pluriannuel (1988 : 14). À cette époque, la part de l'APD commence à atteindre un plateau autour de 0,5 % du PNB.

---

8. Certaines ONG, telles que CUSO, SUCO, le CECI, Jeunesse Canada Monde, EUMC, le Comité central mennonite, Développement et Paix, et l'OCSD, ainsi que les œuvres missionnaires, envoient au total près de 5 000 personnes à l'étranger annuellement pour des séjours de durée variée.

Autre caractéristique de cette époque : la diversification des activités des ONG. En plus des secteurs traditionnels d'envoi de secours humanitaire d'urgence et d'assistance matérielle, les ONG sont de plus en plus impliquées dans la mise en place de projets de développement, l'envoi de coopérants, ainsi que dans différentes formes de parrainage. Cependant, la mise en place de projets constitue l'activité la plus importante (plus de 58 %), l'envoi de coopérants et de bénévoles venant loin derrière avec près de 13 % et l'aide d'urgence avec 10,5 %. Sur le plan des domaines et des régions géographiques, on peut aussi observer une autre forme de diversification. L'Asie, la première région en importance au cours de la première moitié des années 1960 (Morrison, 1998), recevant autour de 40 % de l'aide des ONG, perd peu à peu de sa prédominance. Dans plusieurs cas, les pays du Commonwealth étaient également favorisés, puis, un peu plus tard, avec la montée du nationalisme québécois et la valorisation de l'idée de la francophonie, les pays africains francophones ont été intégrés à l'aide canadienne. À la fin des années 1980, l'Afrique et l'Amérique latine se partageaient près de 38 % de l'aide publique au développement du Canada.

LA DÉCENNIE PERDUE DES ONG : 1990

Quoique de nombreux pays du Sud aient connu une série difficile de programmes d'ajustement structurel au cours des années 1980 – qu'on appelle souvent la décennie perdue – , ce sont toutefois les années 1990 qui seront les plus difficiles pour nombre d'ONG canadiennes. Il s'agit en effet de la période où le gouvernement canadien entreprend une série de compressions budgétaires dans son programme d'aide au développement. En effet, l'aide publique au développement, comme les dépenses publiques en général, connaît alors d'importantes compressions dues aux efforts de réduction du déficit public entrepris au début des années 1990 (Smillie, 1998 ; Rath, 2004). À partir de 1992-1993, on assiste au déclin graduel du pourcentage d'aide allouée (Boulanger, 2003 : 53-62), déclin qui se poursuivra pendant près d'une dizaine d'années. Il faudra attendre l'année financière 2002-2003 pour assister à une remontée timide (AQOCI, 2006 : 33).

Par ailleurs, au cours de cette période, le Canada met de l'avant pour la première fois un énoncé exhaustif sur sa politique étrangère, intitulé

Le Canada dans le monde (1995). Ce faisant, le gouvernement canadien tente d'injecter plus de cohérence à l'ensemble de sa politique étrangère dans le contexte de l'après-Guerre froide (Rudner, 1996). Ainsi, le gouvernement note : « [L]'État, principal acteur de la scène internationale, voit certaines de ses fonctions et prérogatives passer à des intervenants infrarégionaux ou supranationaux, à des ONG ou à des sociétés multinationales » (Ministère des Affaires étrangères et du Commerce international, 1995 : 1)[9]. Dans ce contexte, le gouvernement canadien affirme vouloir mettre de l'avant trois objectifs centraux :

1. la promotion de la prospérité et de l'emploi ;
2. la protection de la sécurité du Canada dans un cadre mondial stable ;
3. la projection des valeurs et de la culture canadiennes (Ministère des Affaires étrangères et du Commerce international, 1995 : 12).

De plus, six secteurs d'intervention prioritaires sont identifiés :

1. les besoins humains essentiels ;
2. les femmes et le développement ;
3. les services d'infrastructure ;
4. les droits de la personne, la démocratie et la bonne gouvernance ;
5. le développement du secteur privé ;
6. l'environnement. (Ministère des Affaires étrangères et du Commerce international, 1995 : 47-48).

Comme l'écrit Martin Rudner, à la suite de l'énoncé *Le Canada dans le monde*, l'ACDI a choisi de financer les ONG qui étaient disposées à mettre en place des projets directement liés aux nouvelles politiques et priorités identifiées dans ce texte de politique extérieure (1996 : 208).

Avec cet énoncé, l'autonomie relative dont avait bénéficié l'aide publique au développement du Canada, en particulier l'ACDI, va être limitée. En effet, le gouvernement canadien veut ramener l'APD au cœur de la politique extérieure canadienne. L'aide doit donc refléter les priorités de cette politique (Rudner, 1996 : 194). Cet effort disciplinaire survient alors que le pourcentage du PNB canadien consacré à l'aide au développement n'est plus que de 0,4 % comparativement aux sommets atteints dans les

---

9. Ce nouveau cadre mondial, caractérisé par une dispersion du pouvoir étatique sur le plan international, est d'ailleurs devenu un des référents analytiques de l'époque (Tetrault et Lipschultz, 2005 ; Rosenau et Czempiel, 1992).

années 1970 et 1980, alors qu'il dépassait 0,5 %. D'ailleurs, ce pourcentage ira en diminuant tout au long de la seconde moitié des années 1990 pour atteindre un creux historique en 2000-2001 avec 0,22 % (Tomlinson, 2004 : 207).

Pour les ONG, cette nouvelle discipline et la réduction du financement auront des conséquences immédiates. Tout d'abord, pour la première fois de son histoire, le Programme du partenariat canadien de l'ACDI, responsable des relations avec les ONG, doit respecter les priorités officielles définies, et ce, de manière explicite dans la gestion de ses transferts financiers aux ONG et au secteur privé (Tomlinson, 2004 : 207). D'ailleurs, les premières « victimes » de ce réajustement majeur de l'ACDI sont les ONG internationales canadiennes. Comme le note à nouveau Rudner, ces organisations ayant leur propre programme souvent non lié aux priorités canadiennes, il est alors facile pour l'ACDI de justifier des compressions très importantes pour ce type d'organisations à la suite des réductions budgétaires de 1995 (Tomlinson, 2004 : 208).

Ce profond rééquilibrage dans les relations entre l'ACDI et les ONG ne s'est pas limité aux ONG internationales, mais a également affecté les programmes et ONG canadiens, en particulier le programme de participation du public et le programme d'initiative pour les jeunes[10]. L'AQOCI estime d'ailleurs que, pour l'année financière 1995-1996, les fonds destinés aux ONG étaient près de 60 000 000 $ inférieurs à ceux de l'année 1990-1991 (AQOCI, 2006 : 29). La diminution de fonds provenant de l'État a amené son lot de difficultés pour nombre d'ONG et a forcé la mise en place d'une série de stratégies pour assurer des rentrées d'argent, et ce, non sans susciter de nombreuses interrogations. Ce qui se dessine durant ces années est une diversité de stratégies de survie :

> Les organisations qui ont pu traverser cette mauvaise passe ont mis énormément d'énergie à diversifier leurs revenus : collecte de fonds dans le public, une

---

10. Comme l'explique l'AQOCI, ces compressions ont eu un impact sérieux pour bon nombre d'ONG : « En 1995, l'Agence [l'ACDI] abolissait son programme d'éducation du public au développement international, mieux connu sous le sigle de PPP (Programme de participation du public). Cette mesure a porté un coup fatal à plusieurs petites organisations d'un bout à l'autre du pays, tout en pénalisant les regroupements provinciaux d'ONG, tels que l'AQOCI » (2006 : 33). D'ailleurs, le même rapport observe qu'entre les années 1997 et 1999, 17 ONG, la plupart situées en région, ont dû cesser leurs activités et ce, au Québec seulement.

activité qui s'est révélée « payante » surtout pour des groupes qui jouent à fond la carte misérabiliste : liens privilégiés avec certaines fondations ; collaboration avec d'autres bailleurs de fonds (agences et institutions multilatérales, autres agences bilatérales que l'ACDI) ; arrimage avec des ONG internationales ; création de sociétés commerciales dont les profits leur reviennent (commerce équitable, etc.). (AQOCI, 2006 : 29)

D'ailleurs, certaines pratiques de souscription, loin de faire l'unanimité au sein des ONG, amèneront les organisations membres du Conseil canadien pour la coopération internationale (CCCI), qui regroupent aujourd'hui une centaine d'ONG canadiennes, à élaborer un code d'éthique. Adopté une première fois en 1995, ce code « établit le minimum de normes éthiques que les membres du Conseil doivent respecter dans le cadre de leurs activités » (CCCI, *Code d'éthique*[11]). Mis à jour en 2002 dans la foulée des évènements du 11 septembre, le *Code d'éthique* précise de grands paramètres communs concernant l'organisation, les finances, l'établissement de partenariat, la gestion, les ressources humaines ainsi que les façons de communiquer avec le public canadien, y compris dans le cadre des activités de souscription. En termes de communication avec le public, le *Code* spécifie que ces communications doivent s'inscrire dans le respect des valeurs, de la dignité, de la diversité des religions et des cultures, mais surtout elles doivent éviter les messages :

- qui généralisent ou cachent la complexité des situations ;
- qui entretiennent les préjugés ;
- qui donnent l'impression que les pays développés sont supérieurs (*sic*) ;
- qui suscitent notre pitié par leur ton désespéré au lieu de présenter les personnes comme des partenaires égaux en matière de développement. (CCCI, *Code d'éthique*, 3.0 Code de conduite).

Au-delà des défis liés à la diminution des budgets alloués par le gouvernement et ceux liés aux besoins d'augmenter substantiellement les souscriptions, l'ACDI impose également de nouveaux outils de gestion, entre autres celui de la gestion axée sur les résultats. Ainsi, à partir de la seconde moitié des années 1990, l'ACDI impose des dispositifs de plus en plus contraignants quant à la façon dont les ONG doivent présenter leurs résultats. Selon Brian K. Murphy, ce mode de gestion est réducteur, car il

---

11. <http://www.ccic.ca/f/007/pubs_ethics.shtml>.

impose une linéarité à l'action des ONG et constitue l'expression d'une approche technocratique et mécanistique enracinée dans le « prolongement logique de l'objectivation utilitariste de l'univers, inhérente au *Siècle des lumières* » (2004 : 4)[12].

LES ANNÉES 2000

Au cours des dernières années, le financement public des ONG est resté fragile. Par contre, du côté des dons privés, la situation est quelque peu plus positive. Dans son étude comparative des revenus d'une soixantaine d'ONG canadiennes membres du CCCI de 1994 à 2004, Brian Tomlinson observe « une croissance importante des revenus des organisations de la société civile impliquées sur le plan international provenant des dons des Canadiens alors que le financement étatique a diminué » (2006a : 2). Cette croissance de l'ensemble des revenus, même si modeste, soit à 3,1 % pour la période s'étendant de 1994 à 2004, est particulièrement significative de 2000 à 2004. En fait, ce sont les dons individuels qui ont le plus rapidement augmenté, leur part de l'ensemble des revenus des 60 organisations prises en compte par l'étude passant de 33 % en 1994 à plus de 57 % en 2000.

Au même moment, le financement en provenance de l'ensemble des différentes agences du gouvernement canadien diminue de plus de 13 %, tandis que celui de l'ACDI décline de 18 %[13]. Avec ces changements, la dépendance des ONG face au financement gouvernemental a diminué. En 2004, pour chaque dollar en provenance de l'ACDI, les ONG obtenaient près de 1,56 $ du public canadien alors qu'en 1994, elles n'en obtenaient que 1,26 $.

Certaines autres tendances méritent d'être soulignées. Tout d'abord, les plus petites ONG, soit celles dont les budgets annuels se situent en

---

12. Comme l'explique Murphy, qui a œuvré pendant plus de 25 ans au sein d'une ONG canadienne, une telle approche utilitariste engendre son lot de difficultés : « Cela prend forme dans notre travail par la méthode du cadre logique et la gestion axée sur les résultats, des formules imposées par les donateurs internationaux obnubilés par des concepts étroitement réductionnistes – *intrants, extrants, effets, indicateurs,* etc. » (2004 : 5).

13. Il faut rappeler que l'étude de Tomlinson ne porte que sur un échantillon de 60 ONG, membres du CCCI. Tous les montants cités ont été ajustés en dollars réels pour 2003.

deçà de 5 000 000 $, ont connu une augmentation de leurs revenus, tandis que les ONG de taille moyenne (celles dont les revenus se situent de 5 à 25 000 000 $) ont plutôt vu leur budget stagner ou décliner. Par conséquent, ces dernières ont dû réduire une partie de leur programmation. Pour les ONG de taille moyenne, les revenus des dons privés n'ont pas pu compenser les réductions de financement de l'ACDI. D'autre part, les organisations œuvrant dans le domaine de l'enfance sont celles qui ont connu la plus grande croissance en termes de souscription auprès du public canadien, soit une augmentation de près de 43 % de 1994 à 2004 (Tomlinson, 2006a: 10). Cependant, elles dépendent de manière importante de ces dons privés, qui représentent 91 % de leurs revenus totaux. Enfin, dernière tendance notable, les organisations responsables de l'envoi de coopérants et de bénévoles ont connu des réductions de revenus de près de 12 %, leur capacité limitée de souscription auprès du public n'arrivant pas à compenser les réductions de financement de la part de l'État.

Quelques observations s'imposent. Tout d'abord, les organisations de petite taille (détenant un budget d'exploitation en deçà de 10 000 000 $) deviennent les plus nombreuses. Elles arrivent à compenser en partie les compressions dans le financement de l'État par des souscriptions auprès du public. Ensuite, l'écart s'accroît de plus en plus entre les organisations impliquées dans la souscription autour de l'enfance et le parrainage d'enfants, et les autres ONG. Vision mondiale Canada constitue certainement un cas exceptionnel, avec des revenus totaux excédant 189 000 000 $ en 2004, ce qui constitue une augmentation de 63,2 % comparativement à 1994. On observe aussi que les organisations d'envoi de coopérants sont celles qui ont connu les plus grandes réductions de financement, alors que certains domaines d'intervention semblent avoir du vent dans les voiles, celui de l'enfance, par exemple. C'est aussi le cas des organisations liées à une famille internationale d'ONG : Oxfam Canada, CARE Canada, Save the Children Canada, le Comité central mennonite-Canada, etc. Enfin, il faut aussi préciser que les ONG qui sont associées à des communautés et groupes religieux possèdent également une base de donateurs relativement stable, tandis que celles qui sont membres d'une fédération ou d'une association internationale sont moins vulnérables aux aléas de l'aide publique au développement canadienne. L'accroissement des ONG à caractère religieux pose de nouvelles questions et crée de nouvelles tensions par rapport aux dimensions laïques et civiques de la solidarité et du développement international. Il faut souligner d'importantes différences entre les grandes ONG canadiennes (celles dont les budgets dépassent les 25 000 000 $), telles CARE Canada, Vision mondiale, la Croix-Rouge canadienne, qui gèrent d'importants projets bilatéraux financés par l'ACDI à titre d'agence exécutante et de grandes opérations d'aide humanitaire. Leur personnel est suffisamment nombreux pour mener de manière relativement autonome leur travail de groupe de pression auprès de l'ACDI et du gouvernement canadien, contrairement aux ONG de plus petite taille qui ont tendance à se regrouper pour maximiser leur impact. Enfin, lors de catastrophes naturelles, de l'ouragan Mitch de 1998 au tsunami de décembre 2004, les fonds recueillis sont de plus en plus importants. Dans le cas du tsunami de 2004, par exemple, l'ACDI estime que les revenus générés se chiffraient autour de 85 000 000 $, si l'on exclut la Croix-Rouge canadienne qui, elle, a amassé plus de 100 000 000 $ (Tomlinson, 2006a : 4). Règle générale, cependant, les augmentations de dons privés se chiffrent autour de 16,6 %, alors que les revenus totaux des organisations ont connu un déclin d'environ 15,6 % (voir Tableau 3.1).

À l'heure actuelle, la situation financière des ONG semble partiellement meilleure qu'à la fin des années 1990, la majorité des organisations ayant réussi à augmenter leur capacité de souscription auprès du public canadien, et ce, suffisamment pour compenser les compressions du financement gouvernemental[14].

BILAN

À la lumière du survol historique de l'évolution du secteur des ONG, il est pertinent de tenter un bilan même sommaire des 50 années de coopération internationale. Comme démontré, les enjeux entourant le financement

---

14. Au même moment, le tournant des années 2000 est marqué par un nouveau questionnement entourant les sources de financement, en particulier les effets potentiels du financement en provenance de corporations privées et de grandes fondations philanthropiques (CCCI, 2001). Dans le passé, cet enjeu a fait partie des réflexions entreprises par le CCCI et ses membres (Buchanan, 2001 ; Hutchinson, 2001), parfois conjointement avec le secteur privé (Barr, Peeling et Walker, 2007). Ces questions restent aujourd'hui en suspens et continuent de faire l'objet de réflexions et de recherche (Moreno et Plewes, 2007).

TABLEAU 3.1

Sources de revenus de 60 organisations canadiennes de coopération internationale
(avec et sans Vision mondiale Canada, VMC), 1994-2004

Source de revenus (en millions dollars de 2003)	1994-1995	1994-1995 sans VMC	2000-2001	2000-2001 sans VMC	2004-2005	2004-2005 sans VMC	% d'écart 1994-2004	% d'écart 1994-2004 sans VMC	% d'écart 2000-2004	% d'écart 2000-2004 sans VMC
Secteur privé	420,5	321,1	381,5	253,7	485,8	319,0	15,6	-0,7	27,3	25,7
Dons individuels	289,6	191,1	325,7	199,0	440,8	275,1	52,2	43,9	35,4	38,2
Gains sur capitaux	22,8	22,1	21,4	20,3	23,9	22,9	4,9	3,8	11,8	12,9
Autres*	107,4	107,9	34,4	34,4	21,0	21,0	-80,5	-80,5	-38,9	-39,9
Gouvern.	320,8	304,1	274,3	250,6	278,4	261,8	-13,2	-13,9	1,5	4,5
ACDI	292,6	276,1	237,3	213,6	238,8	226,7	-18,4	-17,9	0,7	6,1
Multilatér.	14,8	14,8	29,0	29,0	31,0	26,54	109,3	79,1	7,0	-8,5
Autres gouv.	13,3	13,2	8,0	8,0	8,5	8,5	-36,1	-35,2	6,4	6,4
TOTAL	741,1	625,2	655,8	504,3	764,2	580,8	3,1	-7,1	16,5	15,2
Proportion-sources gouv. sur total - %	43,3	48,6	41,8	49,7	36,4	45,1				

*Note : Les autres sources privées incluent les dons des corporations, des autres ONG, des fondations et d'autres sources de revenus.

Source : Adapté et traduit du document préparé par Brian Tomlinson, « Funding International Development : Revenue Trends for 60 Canadian International Civil Society Organizations, 1994-2004 » (2006a, Appendix A : 12).

gouvernemental ont joué un rôle important dans le développement et l'expansion du secteur. De plus, l'ouverture grandissante des Canadiens sur le monde durant les années 1970 et 1980 a également mené à la création d'un grand nombre d'ONG qui varient en taille, en mandat et en manière de faire.

La première dimension qui frappe l'observateur, c'est la perspective originale apportée par ces organisations quant aux politiques extérieures du gouvernement canadien[15]. Depuis les années 1960 et 1970, plusieurs ONG choisissent de devenir la voix des exclus et des plus marginalisés. Ceci est particulièrement vrai dans le domaine des droits de la personne et celui de la violence faite aux femmes, des enjeux de commerce international, de la finance internationale, en particulier des enjeux de l'endettement. Par ailleurs, les ONG canadiennes constituent un protagoniste de premier ordre pour la définition et la conceptualisation des programmes d'aide sur le terrain, puisqu'elles possèdent souvent une riche expérience de terrain. Dans ce domaine, il importe de souligner le travail de défense des droits, effectué par le Conseil canadien pour la coopération internationale (CCCI) en particulier, mais également celui des conseils provinciaux, comme l'AQOCI. Au cours des années, l'expertise du CCCI a été de plus en plus reconnue comme en témoignent ses contributions annuelles aux analyses du réseau Reality of Aid[16]. Déjà en 1987, le rapport du Comité permanent des Affaires extérieures et du Commerce extérieur reconnaissait cette expertise:

> Les ONG se sont spécialisées dans les petits projets communautaires dans les sociétés en développement et leur force réside justement dans leur aptitude à répondre directement aux besoins essentiels des populations les plus pauvres qui constituent généralement le segment le plus difficile à atteindre pour les organismes d'aide publics. (1987: 108)

---

15. Voir, par exemple, les analyses de Murphy, 2000; Brodhead *et al.*, 1988; Brodhead et Pratt, 1994. Lors de la plus récente consultation sur la politique étrangère canadienne, de nombreuses ONG ont présenté des mémoires et des documents sur l'orientation future de cette politique. Voir, entre autres, les sites Web de l'AQOCI, de Kairos, du Project Ploughshares, et bien entendu du CCCI (2005).

16. Le réseau Reality of Aid existe depuis 1993 et vise à promouvoir des politiques nationales et internationales qui permettent la mise en place de stratégies de lutte contre la pauvreté efficaces, innovatrices et fondées sur la solidarité et l'équité. Ce réseau à but non lucratif constitue un effort de collaboration entre différentes ONG du Nord et du Sud (*The* Reality of Aid *2006*, 2006: viii).

Plus récemment, l'ACDI en venait à un constat semblable et soulignait que la société civile et le secteur privé étaient « des agents de changement qui apportent des idées novatrices sur le développement tout en faisant bénéficier directement la population » (2003).

Les ONG jouent également un rôle primordial dans la construction de ponts entre les sociétés civiles, y compris entre les mouvements sociaux et les différents groupes de défense des droits de la personne sur le plan international. Au cours des années, les ONG canadiennes ont su tisser une multitude de liens avec un nombre important d'acteurs de la société civile au Canada et à travers le monde. Le militantisme citoyen est devenu aujourd'hui une variable significative des relations internationales (Rosenau, 2003). On n'a qu'à penser aux grands rassemblements et aux contre-sommets lors des rencontres ministérielles de l'OMC à Seattle en 1999 ou à Hong Kong en 2005, ou encore au Sommet de Québec en 2001, pour saisir l'importance des actions des organisations de la société civile, y compris des ONG, pour la mise en place d'un discours alternatif sur la mondialisation en général, mais aussi sur le développement (Van Rooy, 2000).

Un troisième axe, encore peu développé – ou plutôt développé de manière inégale au sein de la communauté des ONG canadiennes –, est la création de la connaissance sur la coopération internationale. Au fil des années, certains praticiens de la coopération internationale sont devenus des références dans le domaine, non seulement au Canada, mais sur le plan international[17]. Cette expertise est celle non seulement de certains individus, mais aussi de certaines ONG qui interviennent de manière systématique dans les débats sur les enjeux de coopération internationale, par exemple OXFAM, Inter Pares, la Banque canadienne de grains (CFGB), Kairos et USC-Canada. D'autres choisissent de le faire à travers les regroupements régionaux et nationaux, entre autres l'AQOCI, le Manitoba Council for International Cooperation (MCIC), le CCCI, ou encore

---

17. C'est le cas d'Ian Smillie, ancien coopérant et gestionnaire de programme chez Inter Pares, qui est aujourd'hui un consultant reconnu mondialement en tant qu'expert de la coopération et fréquent collaborateur aux études du Centre de développement de l'OCDE. Bien qu'il soit sans doute le plus connu, d'autres, tels Brian Tomlinson, Clyde Sanger, Brian Murphy, Tim Brodhead ou encore Tim Draimin et Betty Plewes, ont également contribué et contribuent encore aujourd'hui à la réflexion sur les enjeux de coopération internationale et en particulier sur la place et le rôle des ONG.

à travers une variété de coalitions d'ONG regroupées autour d'enjeux régionaux ou spécifiques (le Forum Afrique-Canada, le Groupe de travail sur l'Asie-Pacifique, le Groupe de travail sur l'Amérique latine, KAIROS, le Groupe de travail sur la sécurité alimentaire, etc.) ou par l'entremise de coalitions plus larges regroupant différents types d'organisations (par exemple, la Coalition pour la surveillance internationale des libertés civiles, la Coalition canadienne pour le climat et le développement, ou encore la Campagne « Interdire Terminator »[18]). De plus en plus, le rôle et l'action des ONG canadiennes s'inscrivent dans une réflexion plus large sur le rôle des acteurs non étatiques au sein du mouvement altermondialiste et des réseaux transnationaux (Fowler, 2000). Il importe d'ailleurs de souligner le travail des grandes ONG internationales, telles OXFAM, CARE, Greenpeace, le Fonds mondial pour la nature (WWF), le Sierra Club qui interviennent non seulement sur le plan national, mais également auprès des institutions multilatérales (Clark *et al.*, 2005).

PERSPECTIVES ET ENJEUX CONTEMPORAINS

Les activités des ONG canadiennes dépassent donc largement la conception et la mise en place de projets de développement. Opérations d'envoi de secours d'urgence à la fin de la Deuxième Guerre mondiale, envoi de coopérants et de bénévoles dans les années 1960, appui et dissémination des pratiques des altermondialistes aujourd'hui : l'action des ONG canadiennes s'est grandement complexifiée et diversifiée au cours des 40 dernières années. Aujourd'hui, comme leurs homologues dans la plupart des pays occidentaux, elles constituent des acteurs non étatiques de premier ordre (Boli et Thomas, 1999). Des théoriciens de la perspective transnationale des relations internationales les considéraient déjà comme un objet important d'analyse des relations internationales dès le début des années 1970 (Risse, 2001), et aujourd'hui certains vont même jusqu'à parler de diplomatie non gouvernementale (Rouillé d'Orfeuil, 2006). Par contre, d'autres proposent des perspectives beaucoup plus critiques (Petras, 1997 ; Ransom, 2005) et soulignent le caractère souvent impérialiste et américanocentrique ou eurocentrique inhérent aux interventions des ONG dans le Sud.

---

18. Cette tendance à travailler en coalition avait déjà été observée dès le début des années 1980 et encouragée par l'ACDI (Brodhead et Pratt, 1994 : 108-110).

La réalité de la pratique des ONG canadiennes se situerait entre ces deux pôles. D'une part, les ONG canadiennes jouent un rôle significatif, mais non central dans la mise en place de la politique d'aide publique au développement du Canada et agissent comme agences d'exécution de projets, mais également comme protagonistes engagés et critiques face à cette politique. D'autre part, la dépendance de plusieurs ONG à l'égard du financement étatique fait en sorte que certaines d'entre elles sont parfois prudentes dans leurs déclarations par rapport à différents aspects de la politique étrangère canadienne et préfèrent adopter publiquement une attitude plutôt conciliante, notamment en ce qui concerne la gestion par résultats, la participation du secteur privé ou encore la concentration et l'efficacité de l'aide vers certains pays cibles (Advisory Group on Civil Society and Aid Effectiveness, 2007 ; CCCI, 2006). Il s'agit d'un équilibre délicat et fragile qui varie selon les gouvernements en place et les organisations.

Cet équilibre déjà complexe est loin de s'être simplifié avec la Déclaration de Paris sur l'efficacité de l'aide au développement adoptée en mars 2005 et le Rapport du Comité sénatorial permanent des Affaires étrangères et du Commerce international (2007). Ces deux documents critiques face à l'aide au développement risquent d'occuper les esprits et les énergies des ONG dans les années à venir. Ainsi, dans la Déclaration de Paris, 90 hauts responsables des pays développés et en développement, ainsi que 27 représentants d'organismes d'aide, se sont entendus pour réformer les « modalités d'acheminement et de gestion de l'aide » à travers une meilleure harmonisation, une plus grande coordination, un meilleur alignement sur les stratégies nationales du développement, ainsi qu'une définition commune « de mesures et de normes de performance et de reddition de comptes » (Déclaration de Paris sur l'efficacité de l'aide, 2005). Dans son rapport, le Sénat canadien s'inquiète des piètres résultats des programmes d'aide au développement à l'Afrique, qu'il qualifie de « lents, mal conçus et dont personne ne rend compte [...], y compris l'Agence canadienne de développement international » (2007 : VII).

Deux récentes études de coalition d'ONG sont révélatrices de l'état d'esprit qui règne actuellement. La première, produite par le CCCI et intitulée *Determinants of Civil Society Aid Effectiveness* (2006), tente de recentrer la discussion de l'efficacité de l'aide dans une perspective citoyenne et participative du développement. En proposant une telle approche, le CCCI tente de ramener les ONG au cœur du débat sur l'aide au développement, en particulier sur l'efficacité de l'aide internationale, car celles-ci semblent avoir été marginalisées lors de la préparation de la Déclaration de Paris (2006 : 1-2 ; voir aussi Tomlinson, 2006b). Le second document, produit par le Groupe canadien de réflexion sur la sécurité alimentaire (GRSA)[19], tente également de mettre de l'avant l'efficacité de l'action des ONG et de rappeler l'engagement de l'ACDI envers l'agriculture et le développement durable. En 2003, l'ACDI avait lancé sa politique intitulée *L'agriculture au service du développement rural durable*, après plus de 10 ans de compressions budgétaires dans le financement des projets agricoles et de développement rural (ACDI, 2003). Quatre ans plus tard, les ONG du GRSA s'inquiètent, car l'ACDI s'éloigne des objectifs financiers annoncés en 2003 (GRSA, 2007 : 4). De plus, les « projections pour l'avenir laissent entrevoir un plafonnement des dépenses actuelles, bien en dessous de l'objectif de 500 millions pour 2007 » (GRSA, 2007 : 4). Au-delà des compressions, le GRSA constate également avec regret que les ONG du Sud comme celles du Nord « impliquées dans le secteur agricole sont coupées du processus d'élaboration des politiques des donateurs et des gouvernements » (GRSA, 2007 : 4). Ces politiques sont plus tributaires des documents de stratégies pour la réduction de la pauvreté (DSRP) et de la nouvelle approche sectorielle promue par les pays donateurs de l'APD[20]. Ces tendances, réduction du financement du développement rural, pression pour une grande efficacité de l'aide selon des critères définis utilitaristes et marginalisation des ONG dans la mise en place des politiques de développement, sont et constitueront pour quelques années encore des sources de préoccupation au sein de la communauté des ONG. De plus, ces tendances illustrent de manière éclairante la position délicate dans laquelle les ONG se retrouvent. D'une part, elles doivent s'assurer que les priorités et engagements de l'ACDI respectent les besoins identifiés par leurs homologues du Sud et, d'autre part, elles doivent voir à ce que l'ACDI et le gouvernement canadien

---

19. Ce groupe de travail comprend plusieurs des ONG les plus importantes dans le domaine du développement rural et l'aide alimentaire ; voir <http://www.ccic.ca/f/003/food.shtml>.
20. Pour mieux comprendre le contenu des approches sectorielles, voir Tomlinson, 2000.

maintiennent leurs engagements financiers et leur ouverture au dialogue face à elles (Campbell et Hatcher, 2004).

Bien que la relation État-ONG soit déterminante, l'action des ONG pour le développement soulève un nombre de questions quant aux pratiques, aux principes, aux normes et à la conception du développement sous-jacente à la pratique du développement. Plusieurs de ces questions ont d'ailleurs été soulevées avec acuité par les tenants d'une approche constructiviste et postmoderniste du développement[21]. Plutôt qu'entreprendre une déconstruction de l'action des ONG, il apparaît ici plus pertinent d'explorer les enjeux auxquels les ONG canadiennes doivent aujourd'hui s'attaquer dans leurs pratiques.

Orientation et allocation des ressources

En appuyant certains mouvements sociaux ou certains projets, les ONG doivent nécessairement faire certains choix quant à la manière d'allouer leurs ressources. Ces choix nécessitent à tout le moins de vérifier qu'il existe un certain niveau de cohérence entre les activités et programmes mis en place sur différents plans : local, régional, national et transnational. Idéalement, les ONG canadiennes devraient faire écho aux actions et aux demandes de leurs homologues du Sud, qu'il s'agisse de demandes locales ou encore nationales. Par exemple, comme l'ont démontré plusieurs analystes des groupes transnationaux de défense des droits de la personne (Keck et Sikkink, 1998), lorsque les canaux locaux et nationaux de participation et d'expression politiques au sein d'un pays sont bloqués ou lorsque les demandes pour une plus grande équité et justice sociale sont laissées pour compte, l'action des ONG devient cruciale, car elle permet de créer une pression internationale sur l'État récalcitrant. Dans ces situations, l'action des ONG peut être déterminante. Il suffit de penser au travail de plaidoirie des ONG canadiennes face aux violations des droits de la

---

21. Ces perspectives proposent différentes manières de s'interroger sur le « projet du développement », dans le sens où il s'agit d'une construction idéologique et d'un discours articulés autour de valeurs normatives souvent américanocentriques ou eurocentriques et qui déterminent ce qu'est le progrès, la science et la modernité, la pauvreté, et qui sont les « pauvres ». Voir, entre autres, Crush, 1995 ; Escobar, 1995 ; Esteva et Prakash, 1998 ; Pieterse, 2001 ; Rahnema et Bawtree, 1998 ; Kothari et Minogue, 2002.

personne en Birmanie, en Colombie, en Haïti, aux Philippines ou encore en Amérique centrale durant les années 1970 et 1980.

Enjeux locaux ou mondiaux

En raison de l'accélération de la mondialisation de l'économie et des processus d'intégration, les divisions sur les plans local, national et mondial deviennent de plus en plus ténues. Les interactions et les interconnexions qui existent entre les enjeux locaux et internationaux apparaissent de manière de plus en plus claire. Par exemple, les impacts locaux de grands projets hydroélectriques, d'oléoducs, d'exploitations minières ou encore de coupes forestières massives et de grandes plantations de cultures d'exportation ont des conséquences et des effets qui ne sont pas limités à un seul espace ou lieu. Ainsi, il devient impérieux pour les ONG de pouvoir conceptualiser leurs actions, leurs programmes et les interventions selon une perspective de plus en plus pointue qui tienne compte de l'imbrication croissante du monde (Cavanagh et Mander, 2005).

Processus démocratiques et création d'espaces de dialogue

Le troisième ensemble de considérations sur lequel il importe de se questionner concerne le fonctionnement interne des ONG, ainsi que leurs relations avec leurs homologues du Sud. Tant pour les organisations agissant sur les plans local ou national, les dynamiques de pouvoir, de participation et de modes de décision inclusifs et démocratiques restent au cœur de l'action pour le développement durable, la justice sociale ou encore une plus grande équité économique. Ainsi, il importe de se questionner sur qui décide, qui élabore les programmes et les projets, mais aussi, sur qui parle au nom de qui. Ce sont des questions au cœur du fonctionnement des ONG, mais également au cœur de la manière dont ces organisations établissent des relations de collaboration ou de partenariat. Évidemment, ce ne sont pas des enjeux faciles, mais il semble raisonnable d'avancer qu'au cours des 15 dernières années, un véritable questionnement s'est mis en place.

Évidemment, que ce soit sur le plan des relations avec l'ACDI ou celui des relations avec les homologues du Sud, il s'agit de questions délicates. Il reste encore beaucoup à explorer de manière empirique quant à la manière dont les ONG canadiennes développent des relations avec leurs homologues du Sud (Bandy et Smith, 2005). Bien entendu, une telle démarche nécessiterait une disposition et une volonté d'introspection importante, car elle impliquerait un effort systématique de recherche pour arriver à explorer les relations de pouvoir sous-jacentes, les mécanismes de transparence et d'imputabilité mutuelle qui existent entre ONG canadiennes et leurs homologues du Sud. Enfin, il est pressant, comme certains l'ont souligné récemment, de s'interroger sur l'éthique, sur la dimension participative et sur les relations de pouvoir horizontales et verticales à l'intérieur de la coopération internationale (Murphy, 2004).

Proposer des solutions ou dénoncer des situations

Quel est le rôle des ONG dans l'élaboration de la politique extérieure canadienne? Il ne s'agit pas ici d'une nouvelle interrogation. En effet, depuis leur création, les ONG canadiennes sont constamment placées dans la délicate position d'avoir à solliciter l'appui financier de l'ACDI et d'autres agences gouvernementales et, en même temps, d'avoir à agir à titre de critiques (ou de *watchdogs*) de la politique extérieure canadienne. Aujourd'hui, la force et la crédibilité des ONG reposent sur leur capacité à proposer des solutions de rechange réalistes aux pratiques dominantes tout en formulant des recommandations concernant la politique étrangère du Canada à partir d'informations et de recherches menées sur le terrain[22]. Des efforts, tels ceux du GRSA, de documenter «l'efficacité» de certains projets de développement agricoles s'inscrivent dans cette interaction dynamique (GRSA, 2007; Caouette *et al.*, 2002). En ce sens, les initiatives en matière de commerce équitable promues par certaines ONG (par exemple Équiterre et OXFAM) ou bien celles sur l'agriculture écologique (USC-Canada) s'inscrivent bien dans cette dynamique propositionnelle et permettent également la mise en place de coalitions opposant le contrôle monopoliste des grandes corporations de semences. À travers ces différentes interventions, les ONG canadiennes déploient souvent de manière fort sophistiquée une approche qui combine la proposition de modèles

---

22. L'effort de systématisation des pratiques novatrices des ONG et des réseaux transnationaux dépasse le cadre canadien. Voir par exemple Prokosch et Raymond, 2002; Cavanagh et Mander, 2005; Bello, 2004; Rouillé d'Orfeuil, 2006.

alternatifs de développement et des dénonciations de politiques ou de pratiques dominantes.

VERS UNE GOUVERNANCE MULTILATÉRALE NORMATIVE

À la lumière de cette revue de l'action des ONG canadiennes, de leur évolution et des défis qu'elles doivent relever, il convient de réfléchir sur leur avenir et leur durabilité. Le premier élément qu'il convient de rappeler est leur relative longévité, surtout si on considère le milieu du xixe siècle comme la période d'émergence des ONG, ainsi que le font certains auteurs (Boli et Thomas, 1999 et Rouillé D'Orfeuil, 2005). Leur multiplication depuis la fin de la Deuxième Guerre mondiale, surtout depuis les années 1960, laisse présager que ces organisations ont une certaine résilience malgré les soubresauts et les fluctuations de leur financement par l'État. De plus, à la suite des grandes consultations et conférences internationales organisées par les Nations Unies durant les années 1990 (Clark, Friedman et Hochsteler, 2005), de grands réseaux et coalitions d'ONG se sont consolidés. En même temps, à mesure que les processus de mondialisation s'accélèrent, il devient apparent que ces organisations ne sont plus les seules à occuper une place importante à l'intérieur de ce que l'on appelle la société civile mondiale (Lipschultz, 1992). Aujourd'hui, en plus des ONG, les réseaux de militants, les mouvements sociaux transnationaux et les organisations religieuses transnationales disputent l'espace public mondial aux autres grands acteurs internationaux, les organisations internationales, les firmes multinationales et les États (Sen *et al.*, 2004). On peut donc se questionner sur la place et le rôle des ONG à l'intérieur de cet espace délibératif mondial (Perouse de Montclos, 2007). Au cours des prochaines années, le défi-clé consistera à comprendre quelle place revient à cette forme d'action collective transnationale dans le tableau global des luttes de résistance populaire et des activités de la diplomatie non gouvernementale[23].

---

23. Les travaux récents de Jonathan Fox (2002) et de John Clark (2003) constituent un premier pas. Voir aussi deux ouvrages plus généraux portant sur les nouvelles propositions citoyennes (Laville et Cattani, 2006) et sur les formes contemporaines de résistance (Amoore, 2005).

En ce qui concerne le Canada, certains souhaitent voir la mise en place d'un «nouveau partenariat» entre l'ACDI et les ONG, et ce, «tant pour relancer la coopération canadienne sur le terrain que pour l'engagement du public et de la promotion d'une citoyenneté mondiale ici même au Canada» (2006 : 36). Certes, les ONG sont en mesure de fonctionner pour encore plusieurs années, mais il reste à évaluer quelle sera leur capacité d'influencer les processus globaux à long terme. Ceci est autant plus important que les pays donateurs s'interrogent sur l'efficacité de l'aide et que le Canada a choisi d'identifier 25 pays de concentration, des pays auprès desquels l'ACDI est appelée à jouer un rôle important (Gouvernement du Canada, 2005). Mais c'est sans doute dans le domaine d'une gouvernance globale normative que les ONG canadiennes pourront le plus apporter en relançant la réflexion sur l'importance d'une mondialisation autre qu'économique et organisée autour de valeurs d'inclusion, de participation, de pluralisme, d'équité des genres et de diversité, de pratiques alternatives et durables, notamment du point de vue environnemental (Murphy, 2000). Ainsi, les ONG canadiennes pourraient contribuer plus largement au renforcement des modes de délibération démocratiques et à la proposition de pratiques de rechange susceptibles d'améliorer les moyens de subsistance des individus tout en participant à l'édification de relations internationales plus éthiques (Wapner et Ruiz, 2000). Également, comme le souligne Tessa Morris-Suzuki :

> Souvent ces mouvements incarnent une délicate ambivalence – un désir d'élargir les sphères de la justice sociale, mais limité ou renversé par une tendance à l'autojustification. De quel côté la balance penche dépend de l'interaction embrouillée et débattue entre les sphères gouvernementales et non gouvernementales et la possibilité que cette interaction n'en vienne pas à soutirer l'autonomie des mouvements sociaux. (2000 : 84, traduction libre)[24]

Il est donc essentiel, comme certains le soulignent (Petras et Veltmeyer, 2002), de garder un œil critique, car souvent ces organisations deviennent le porte-étendard d'une certaine vision du développement qui correspond aussi aux intérêts de la politique étrangère du gouvernement.

---

24. Voir aussi la réflexion de Sebastian Mallaby (2004).

RÉFÉRENCES BIBLIOGRAPHIQUES

ADVISORY Group on Civil Society and Aid Effectiveness (2007), «Civil Society and Aid Effectiveness», Hull, Agence canadienne de développement international (juin), <http://web.acdi-cida.gc.ca/cs>.

AGENCE canadienne de développement international (ACDI) (2002), *Le Canada contribue à un monde meilleur. Énoncé de politique en faveur d'une aide internationale plus efficace*, Ottawa, Ministère des Travaux publics et Services gouvernementaux Canada.

AGENCE canadienne de développement international (ACDI) (2003), *L'agriculture au service du développement rural durable*, Hull, ACDI, <http://www.acdi-cida.gc.ca/INET/IMAGES.NSF/vLUImages/agriculture/$file/Agriculture-f.pdf>.

AGENCE canadienne de développement international (ACDI) (2003), Direction générale du partenariat de l'ACDI, *Mission et vision*, <www.acdi-cida.gc.ca>.

AMOORE, Louise (dir.) (2005), *The Global Resistance Reader*, Oxon, Routledge.

ASSOCIATION québécoise des organismes de coopération internationale (AQOCI) (2006), *La coopération internationale depuis 1985: tendances et perspectives*, Montréal, AQOCI.

BANDY, Joe et Jackie Smith (dir.) (2005), *Coalitions Across Borders: Transnational Protest and the Neoliberal Order*, Lanham, Rowman and Littlefield.

BARR, Gerry, Gordon Peeling et Robert Walker (2007), «Breaking New Ground on Corporate Social Responsibility», Montréal, Comité chrétien pour les droits humains en Amérique latine (mars), <http://www.ccdhal.koumbit.org/spip.php?article242>.

BELLO, Walden (2004), *Deglobalization: Ideas for a New World Economy*, Londres, Zed Books.

BOLI, John et George M. Thomas (dir.) (1999), *Constructing World Culture: International Nongovernmental Organizations since 1875*, Stanford, Stanford University Press.

BOULANGER, Suzie (2003), «La réforme de la politique d'aide canadienne de 1995: implications pour les organisations de coopération internationale», mémoire présenté comme exigence partielle de maîtrise, Science politique, Université du Québec à Montréal.

BRODHEAD, Tim et Cranford Pratt (1994), «Paying the Piper: CIDA and Canadian NGOs», dans Cranford Pratt (dir.), *Canadian International Development Assistance Policies: An Appraisal*, Montréal/Kingston, McGill-Queen's University Press: 87-119.

BRODHEAD, Tim et Brent Herbert-Copley (avec la coll. d'Anne-Marie Lambert) (1988), *Ponts de l'espoir? Les organismes bénévoles canadiens et le tiers-monde*, Ottawa, Institut Nord-Sud.

BUCHANAN, Anne (2001), *Poser les bonnes questions: diligence raisonnable dans notre interaction avec le secteur privé*, Ottawa, CCCI.

CAMPBELL, Bonnie et Pascale Hatcher (2004), «Existe-t-il encore une place pour la coopération bilatérale? Réflexions à partir de l'expérience canadienne», *Revue Tiers Monde*, n° 179: 667-689.

CAOUETTE, Dominique (2007), « Penser et développer le militantisme transnational : l'action globale des citoyens en Asie du Sud-Est », dans Jane Jenson, Bérengère Marques-Pereira et Éric Remacle (dir.), *La citoyenneté dans tous ses états,* Montréal, Les Presses de l'Université de Montréal : 151-175.

CAOUETTE, Dominique, Stuart Taylor, Cliff Trowell et Daniel Buckles (2002), *Établir les corrélations : agriculture à petite échelle, sécurité alimentaire et nutrition. Un document de réflexion,* Ottawa, Groupe des ONG sur l'efficacité des programmes de sécurité alimentaire.

CAVANAGH, John et Jerry Mander (dir.) (2005), *Alternatives à la globalisation économique : un autre monde est possible,* Montréal, Éditions Écosociété.

CLARK, Anne-Marie, Elizabeth J. Friedman et Kathryn Hochsteler (2005), « The Sovereign Limits of Global Civil Society : A Comparison of NGO Participation in UN World Conferences on the Environment, Human Rights, and Women », dans Rorden Wilkinson (dir.), *The Global Governance Reader,* Londres, Routledge : 292-321.

CLARK, John (dir.) (2003), *Globalizing Civic Engagement,* Londres, Earthscan.

COMITÉ d'aide au développement, Organisation de coopération et de développement économiques (2007), *Coopération pour le développement, Rapport 2006,* vol. 8, n° 1.

COMITÉ permanent des Affaires étrangères et du Commerce extérieur (1987), *Qui doit en profiter ?,* rapport Winegard, Ottawa, Ministère des Approvisionnements et Services Canada.

COMITÉ sénatorial permanent des Affaires étrangères et du Commerce international (2007), *Surmonter 40 ans d'échec : nouvelle feuille de route pour l'Afrique subsaharienne,* Ottawa, Gouvernement du Canada.

CONSEIL canadien pour la coopération internationale (CCCI) (2001), « La collaboration des ONG avec le secteur privé en vue d'éliminer la pauvreté : une arme à double tranchant », rapport sommaire d'un Cercle d'études du CCCI, Ottawa, CCCI.

CONSEIL canadien pour la coopération internationale (CCCI) (2005), « Renforcement des partenariats avec la société civile : la marginalisation des OSC dans le programme de coopération internationale du Canada », document d'information n° 2, octobre, Ottawa, CCCI.

CONSEIL canadien pour la coopération internationale (CCCI) (2006), « Determinants of Civil Society Aid Effectiveness : A CCIC Discussion Paper », Ottawa, CCCI.

CONSEIL canadien pour la coopération internationale (CCCI) (s.d.), *Code d'éthique,* Ottawa, CCCI.

CRUSH, Jonathan (dir.) (1995), *The Power of Development,* Londres, Routledge.

DÉCLARATION de Paris sur l'efficacité de l'aide au développement (2005), Forum à haut niveau, 28 février au 2 mars, <http://www.aidharmonisation.org/>.

DRAIMIN, Tim et Gerald J. Schmitz (1996), « Effective Policy Dialogue in the North : A View from Canada », dans David Gillies (dir.), *Strategies of Public Engagement : Shaping a Canadian Agenda for International Co-operation,* Montréal/Kingston, McGill-Queen's University Press : 95-137.

ESCOBAR, Arturo (1995), *Encountering Development : The Making and Unmaking of the Third World,* Princeton, Princeton University Press.

Esteva, Gustavo et Madhu Suri Prakash (1998), « From Global to Local: Beyond Neoliberalism to the International of Hope », *Grassroots Post-Modernism: Remaking the Soil of Cultures*, New York, Zed Books.

Fowler, Alan (2000) (dir.), *NGO Futures: Beyond Aid*, numéro spécial de *Third World Quarterly*, vol. 21, n° 4, août.

Fox, Jonathan (2002), « Assessing Binational Civil Society Coalitions: Lessons from the Mexico-U.S. Experience », dans D. Brooks et J. Fox (dir.), *Cross-Border Dialogues: U.S. Mexico Social Movement Networking*, La Jolla, Center for U.S. Mexican Studies, University of California-San Diego: 341-417.

Gouvernement du Canada, *Fierté et influence: notre rôle dans le monde*, Énoncé de politique internationale du Canada en quatre parties: diplomatie, défense, développement, commerce, <http://geo.international.gc.ca/cip-pic/ips/overview-fr.aspx>.

Groupe canadien de réflexion sur la souveraineté alimentaire (GRSA) (2007), *L'efficacité de l'aide aux petits agriculteurs en Afrique subsaharienne: perspectives de la société civile du Sud*, Ottawa, GRSA.

Hutchinson, Moira (2001), *La perspective des ONG canadiennes sur la responsabilité et la reddition de comptes des entreprises*, Ottawa, Conseil canadien pour la coopération internationale, <http://www.ccic.ca/f/007/pubs_csr.shtml>.

Institut Nord-Sud (2006), *Rapport canadien sur le développement, 2007*, Ottawa, Institut Nord-Sud.

Keck, Margaret et Kathryn Sikkink (1998), *Activists Beyond Borders*, Ithaca, Cornell University Press.

Kothari, Uma et Martin Minogue (dir.) (2002), *Development Theory and Practice. Critical Perspectives*, Basingtoke, Palgrave.

Lavergne, Réal P. (1989), « Determinants of Canadian Aid Policy », dans Olav Stokke (dir.), *Western Middle Powers and Global Poverty: The Determinants of the Aid Policies of Canada, Denmark, the Netherlands, Norway and Sweden*, Uppsala, Scandinavian Institute of African Studies and Norwegian Institute of International Affairs.

Laville, Jean-Louis et Antonio David Cattani (dir.), 2006, *Dictionnaire de l'autre économie*, Paris, Gallimard.

Lipschultz, Ronnie (1992), « Reconstructing World Politics: The Emergence of Global Civil Society », *Millennium*: 21: 389-420.

Macleod, Alex, Évelyne Dufault et F. Guillaume Dufour (2004), *Relations internationales: théories et concepts*, 2ᵉ édition, Montréal, Athéna Éditions.

Mallaby, Sebastian (2004), « Fighting Poverty, Hurting the Poor », *Foreign Policy*, septembre-octobre: 51-58.

Ministère des Affaires étrangères et du Commerce international (MAECI) (1995), *Le Canada dans le monde. Énoncé du gouvernement*, Ottawa, Ministère des Affaires étrangères et du Commerce international.

Moreno, Esperanza et Betty Plewes (2007), *Fondations canadiennes et tendances philanthropiques internationales – Ouverture sur le monde*, Ottawa, CCCI.

Morris-Suzuki, Tessa (2000), « For and Against NGOs: The Politics of the Lived World », *New Left Review*, n° 2, mars-avril: 63-84.

MORRISON, David R. (1998), *Aid and Ebb Tide: A History of CIDA and Canadian Development Assistance*, Waterloo, Wilfrid Laurier University Press.

MURPHY, Brian K. (2000), « International NGOs and the Challenge of Modernity », *Development in Practice*, vol. 10, n° 3-4, août : 330-347.

MURPHY, Brian K. (2004), « Repenser le développement : promouvoir la justice mondiale au 21ᵉ siècle », publications occasionnelles d'Inter Pares, n° 6, novembre.

PEROUSE de Montclos, Marc-Antoine (2007), « La face cachée des ONG », *Politique internationale*, n° 116, été, <http://www.politiqueinternationale.com/revue/article.php>.

PETRAS, James (1997), « Imperialism and NGOs in Latin America », *Monthly Review*, vol. 49, n° 7, décembre, <http://www.monthlyreview.org/1297petr.htm>.

PETRAS, James et Henry Veltemeyer (2002), *La face cachée de la mondialisation : l'impérialisme au XXIᵉ siècle*, Paris, Parangon.

PIETERSE, Jan Nederveen (2001), *Development Theory : Deconstructions/Reconstructions*, Londres, Sage.

PROKOSH, Mike et Laura Raymond (dir.) (2002), *The Global Activist's Manual : Local Ways to Change the World*, New York, Thunder's Mouth Press/Nation Books.

RAHNEMA, Majid et Victoria Bawtree (1998), *The Post-Development Reader*, Londres, Zed Books.

RANSOM, David (2005), « The Big Charity Bonanza », *New Internationalist Magazine*, n° 383, octobre, <http://www.newint.org/index.html>.

RATH, Amitav (2004), « Canada and Development Cooperation », *International Journal*, vol. 59, n° 4 : 853-871.

REALITY of Aid, Management Committee (2006), *The* Reality of Aid *2006 : Focus on Conflict, Security and Development*, Quezon City, IBON Book.

RISSE, Thomas (2001), « Transnational Actors, Networks, and Global Governance », dans Walter Carlsnaes, Thomas Risse et Beth Simmons (dir.), *Handbook of International Relations*, Londres, Sage.

RIST, Gilbert (2001), *Le développement : Histoire d'une croyance occidentale*, 2ᵉ édition, Paris, Presses de Sciences Po.

ROSENAU, James N. (2003), *Distant Proximities : Dynamics Beyond Globalization*, Princeton, Princeton University Press.

ROSENAU, James. N. et Ernst-Otto Czempiel (dir.) (1992), *Governance Without Government : Order and Change in World Politics*, Cambridge, Cambridge University Press.

ROUILLÉ d'Orfeuil, Henri (2006), *La diplomatie non gouvernementale : les ONG peuvent-elles changer le monde ?*, Montréal, Éditions Écosociété, coll. « Enjeux Planète ».

RUDNER, Martin (1996), « Canada in the World : Development Assistance in Canada's New Foreign Policy Framework », *Canadian Journal of Development Studies*, vol. 17, n° 2 : 193-220.

SANGER, Clyde (1986), *Lotta and The Unitarian Service Committee Story*, Toronto, Stoddart Publishing.

SEN, Jay, Anita Anand, Arturo Escobar et Peter Waterman (dir.) (2004), *The World Social Forum, Challenging Empires*, New Delhi, The Viveka Foundation.

SMILLIE, Ian (1985), *The Land of Lost Content : A History of CUSO*, Toronto, Deneau.

SMILLIE, Ian (1995), *The Alms Bazaar : Altruism Under Fire - Non-Profit Organizations and International Development,* Intermediate Technology Pubs.

SMILLIE, Ian (1998), « Canada », dans Ian Smillie et Henry Helmich (dir.), *Public Attitudes and International Development Cooperation*, Paris, OECD : 55-59.

SMILLIE, Ian (1999), « Canada », dans Ian Smillie et Henry Helmich avec la collaboration de Tony German et Judith Randel (dir.), *Stakeholders : Government-NGO Partnerships for International Development*, Londres, Earthscan Publications : 71-84.

SMILLIE, Ian et Ian Filewood (1993), « Tendances et questions inhérentes à l'évolution des relations entre les organismes donneurs et les ONG actives dans le développement. Les études de cas : Canada », dans Ian Smillie et Henry Helmich (dir.), *Une association pour le développement*, Paris, OCDE : 102-119.

SMOUTS, Marie-Claude, Dario Battistella et Pascal Vennesson (2003), *Dictionnaire des relations internationales*, Paris, Dalloz.

SPICER, Keith (1966), *A Samaritan State ? External Aid in Canada's Foreign Policy*, Toronto, University of Toronto Press.

TARROW, Sidney (2005). *The New Transnational Activism*, Cambridge, Cambridge University Press.

TETRAULT, Mary Ann et Ronnie D. Lipschutz (2005), *Global Politics as if People Mattered*, Lanham, Rowman & Littlefield.

TOMLINSON, Brian (2000), « Les approches sectorielles dans la coopération au développement : Quels sont les enjeux ? », Ottawa, Conseil canadien de la coopération internationale (CCCI), novembre, <http://www.ccic.ca/f/archives/aid_2000-11_sector_wide_approach_to_dev_cooperation.shtml>.

TOMLINSON, Brian (2004), « Canada », dans Judith Randel, Tony German, Deborah Ewing (dir.), *The* Reality of Aid *2004*, Manille et Londres, IBON Books et Zed Books : p. 206-211.

TOMLINSON, Brian (2006a), « Funding International Development : Revenue Trends for 60 Canadian International Civil Society Organizations, 1994-2004 », Canadian Council for International Cooperation (septembre).

TOMLINSON, Brian (2006b), « The Paris Declaration on Aid Effectiveness : Donor Commitments and Civil Society Critiques », *CCIC Backgrounder*, mai, <http://ccic.ca/e/docs/002_aid_2006-05_paris_declaration_backgrounder.pdf>.

VAN Rooy, Alison (2000), « Good News ! You May Be Out of a Job : Reflections on the Past and Future 50 Years for Northern NGOs », *Development in Practice*, vol. 10, n° 3-4, août : 300-318.

WAPNER, Paul et Lester Edwin J. Ruiz (2000), *Principled World Politics : The Challenge of Normative International Relations*, Oxford, Rowman and Littlefield.

4

LES CANADIENS ET
L'AIDE AU DÉVELOPPEMENT :
UN INTERNATIONALISME À DEUX VITESSES

Alain Noël, Jean-Philippe Thérien et Sébastien Dallaire

Dans un article publié en 2002, Evan Potter constatait que la majorité des Canadiens continuaient d'appuyer une politique étrangère active fondée sur des valeurs sociales et axée sur le multilatéralisme, et qu'ils considéraient le maintien de la paix et l'aide étrangère comme les contributions internationales les plus importantes du Canada. D'après Potter, cet internationalisme risque toutefois de changer et de devenir moins altruiste pour s'orienter davantage sur les intérêts ou les résultats (Potter, 2002 : 6 et 14). En effet, si les Canadiens continuent de soutenir l'aide au développement, beaucoup s'inquiètent de ce que les pays pauvres puissent en devenir « trop dépendants » et préfèrent des programmes d'aide qui comportent un net avantage pour le Canada (Potter, 2002 : 15-16).

L'importance donnée aux résultats de l'aide est-elle vraiment nouvelle ? Ou est-ce que les inquiétudes concernant l'efficacité de la coopération canadienne constituent une caractéristique permanente de l'opinion publique ? Comment faire pour concilier de telles préoccupations et ce qui semble être un soutien constant de la population à l'aide au développement ? Pour diverses raisons méthodologiques et politiques, peu d'attention a jusqu'ici été accordée à ces questions par les spécialistes. Convaincus de l'engagement soutenu des Canadiens à l'égard de l'internationalisme, ceux-ci ont, de façon générale, postulé l'existence d'un consensus solide et relativement stable à l'égard des questions de politique étrangère (Munton, 2002-2003 : 158-159). Cependant, lorsqu'on y regarde de plus près, ce consensus paraît plutôt superficiel et ambigu parce qu'on constate qu'il s'agit en fait d'un construit qui intègre des points de vue et des attitudes qui ne sont pas toujours compatibles. En mettant l'accent sur la tradition internationaliste canadienne, la plupart des observateurs ont tendance à faire abstraction des différences au profit d'une vision plus ou moins homogène et largement répandue du rôle politique du pays sur la scène internationale. Pourtant, comme l'ont expliqué Don Munton et Tom Keating, l'internationalisme divise les Canadiens tout autant qu'il les unit (2001 : 547). En effet, bien qu'il existe un large consensus en faveur d'une diplomatie canadienne active et d'un internationalisme économique, d'importantes divergences subsistent sur les relations du pays avec les États-Unis, sur l'aide au développement et sur les questions de sécurité. S'agissant de l'aide internationale et de la course aux armements, Munton et Keating parlent de désaccord marqué et d'une certaine polarisation des points de vue (*ibid.* : 545). Malheureusement, nous en savons peu sur ces divergences et leurs répercussions sur la politique étrangère canadienne. Si on peut supposer que l'ensemble du débat prend racine dans la politique intérieure, cette hypothèse n'a été, jusqu'à présent, que peu étudiée (*ibid.* : 540).

Afin de sonder davantage la nature de l'internationalisme canadien, nous nous baserons sur des données concernant l'appui de la population à l'aide étrangère[1]. Avec le maintien de la paix, l'aide au développement est un pilier de l'internationalisme pearsonnien qui a longtemps défini les relations extérieures du Canada (Cooper, 1997 : 210). Ce volet de la politique étrangère canadienne suscite toutefois des points de vue discordants au sein de la population. Bien que jouissant d'un fort appui de principe, l'aide au développement n'est pas cautionnée sans réserve ni de manière universelle.

Les Canadiens sont divisés sur au moins deux aspects de l'internationalisme. D'abord, ils sont partagés entre deux attitudes différentes et ils ont des opinions ambiguës sur l'aide étrangère. Bien que la plupart des citoyens s'entendent pour dire que l'aide au développement est importante,

---

1. Notre étude est principalement fondée sur les données provenant de quatre sondages effectués par Environics Research Inc. (1998), Earnscliffe Research and Communications (2000), le groupe Étude électorale canadienne (Blais *et al.* 2000) et Ipsos-Reid (2001).

leur appui ne se traduit pas par une volonté d'agir très forte. Ensuite, conformément aux différences idéologiques et partisanes qui marquent le débat politique intérieur, leur attitude diffère selon qu'ils se rangent du côté des internationalistes libéraux ou conservateurs. Cette division rappelle le clivage idéologique américain décrit par Eugene Wittkopf et Ole Holsti et va également dans le sens d'une multitude de résultats comparatifs sur l'appui de la population à l'aide étrangère (Wittkopf, 1990: 215; Holsti, 1996: 134, 151-156 et 183; Lumsdaine, 1993: 137-179; Thérien, 2002). À l'instar de ce qui se produit dans plusieurs autres pays, l'internationalisme des Canadiens ne serait pas aussi consensuel et aussi solidement ancré qu'on le laisse souvent entendre.

Afin de mettre en évidence le contraste entre le discours officiel, qui demeure généreux, et l'engagement financier, qui s'est étiolé de façon significative au fil des années, nous présenterons d'abord un portrait de l'évolution de la politique canadienne d'aide au développement. Nous étudierons ensuite l'appui des citoyens à l'aide internationale, pour voir comment il soutient la comparaison avec la situation dans d'autres pays donateurs, comment il a évolué et de quelle manière il est lié aux attitudes de la population concernant les politiques intérieure et étrangère. Notre examen confirmera l'image d'une population dont le soutien à l'aide est ambivalent. Finalement, pour expliquer cette ambiguïté apparente, nous démontrerons que l'internationalisme des Canadiens se définit par un clivage gauche-droite avec, d'un côté, des citoyens aux orientations politiques et idéologiques libérales favorables à l'aide et, de l'autre, des citoyens aux idées plus conservatrices qui sont plus réticents. Les conclusions nous conduiront à repenser l'aide au développement, et plus globalement l'internationalisme, dans le contexte d'un rapprochement entre la politique intérieure et étrangère (Potter, 2002: 3). En fait, pour la majorité des gens, la frontière entre politique intérieure et politique étrangère est loin d'être étanche. Les valeurs qui déterminent les attitudes à l'égard des affaires internationales sont essentiellement les mêmes que celles qu'on retrouve dans la politique interne. L'opinion publique devrait donc être analysée dans une perspective qui tient compte de ce fondement commun (Noël et Thérien, 2002).

L'AIDE AU DÉVELOPPEMENT :
DISCOURS AMBITIEUX, RÉALISATIONS MODESTES

Étant donné que le Canada est une puissance moyenne à la fois prospère et sans passé colonial, l'aide a parfois été décrite comme une « vocation » pour le Canada (Parlement du Canada, 1986 : 95). Toutefois, depuis quelques années, cette perception n'a plus qu'un rapport ténu avec la réalité. Dans le domaine de l'aide comme dans tant d'autres, le Canada projette de plus en plus l'image d'une puissance en déclin (Hillmer et Molot, 2002).

GRAPHIQUE 4.1
L'aide étrangère en pourcentage du PNB (1950-2000)

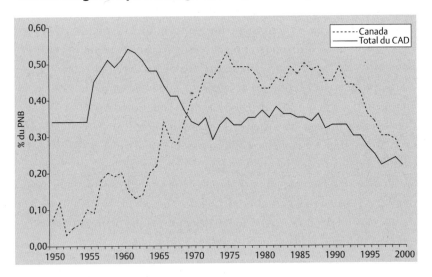

Sources : ACDI (2002a) ; OCDE (différentes années).

Note : Le Comité d'aide au développement (CAD) inclut l'Allemagne, l'Australie, l'Autriche, la Belgique, le Canada, le Danemark, l'Espagne, les États-Unis, la Finlande, la France, la Grèce, l'Irlande, l'Italie, le Japon, le Luxembourg, la Norvège, la Nouvelle-Zélande, les Pays-Bas, le Portugal, le Royaume-Uni, la Suède et la Suisse. En 2000, le concept de produit national brut (PNB) a été remplacé par celui de revenu national brut (RNB).

Au Canada comme ailleurs dans le monde développé, l'aide étrangère est apparue en réponse à un large éventail de besoins (Morrison, 1998). Il convient à ce propos de rappeler que l'aide est née au début de la Guerre froide comme un moyen de contrer le communisme avant d'être un outil de lutte contre la pauvreté. La politique de coopération au développement du Canada a donc d'abord et avant tout servi à renforcer les bases géostratégiques et économiques de l'ordre libéral établi dans l'après-guerre. Au-delà de cet objectif partagé par l'ensemble des pays capitalistes avancés, l'aide allait également permettre de promouvoir des intérêts spécifiquement canadiens. Elle s'est ainsi graduellement imposée comme un moyen efficace pour pallier l'absence quasi totale de relations entre le Canada et le tiers-monde et pour affirmer le caractère distinct de la politique étrangère canadienne face à celle des États-Unis. Enfin, l'aide canadienne a été façonnée par les valeurs dominantes de la culture politique canadienne, notamment celles qui s'expriment à travers les mécanismes de l'État-providence (Thérien et Noël, 1994). À maints égards, la politique canadienne d'aide est une projection vers l'extérieur des principes sur lesquels reposent les politiques intérieures de redistribution du revenu. Cranford Pratt a judicieusement résumé cette tension déterminante entre les intérêts et les principes lorsqu'il a décrit la politique d'aide canadienne comme étant invariablement déchirée entre deux logiques antagonistes, à savoir le « réalisme international » et l'« internationalisme humanitaire » (Pratt, 1989 : 13-22 ; Pratt, 2000 : 37-59).

Pendant longtemps, le Canada a été réputé pour sa générosité à l'égard du monde en développement. En 1975, une année record, le pays a par exemple consacré 0,53 % de son PNB à la coopération internationale (voir le Graphique 4.1). Cette performance restait en deçà des promesses répétées du gouvernement d'atteindre la cible de 0,7 % établie par l'ONU en 1970, mais elle situait le Canada dans le peloton de tête, bien au-dessus de la moyenne des pays donateurs. En fait, jusqu'à la fin des années 1980, le Canada se distinguait par une politique d'aide à peu près à mi-chemin entre l'attitude conservatrice des pays du G7 et celle, beaucoup plus progressiste, des pays d'Europe du Nord (Thérien, 1996). La politique canadienne d'aide a par ailleurs été historiquement marquée par deux caractéristiques fortes : un parti pris en faveur du système multilatéral et une très grande dispersion des fonds alloués. Par son appui solide aux organisations internationales de développement, comme le Programme des Nations Unies pour le développement et la Banque mondiale, le Canada a cherché à montrer qu'il était moins préoccupé par la défense de ses intérêts nationaux immédiats que la plupart des autres pays riches. Par ailleurs, en tant que pays des Amériques à la fois membre du Commonwealth et de la Francophonie, le Canada a toujours senti le besoin d'être présent aux quatre coins du tiers-monde. Selon la formule de Jim Freedman, la politique d'aide canadienne a tenté de « tout faire pour tout le monde » (2000 : 13, traduction libre). En dépit de la nature irréalisable d'un tel objectif, l'aide a néanmoins permis au Canada, durant plus d'une génération, de se présenter comme un « État samaritain » (Spicer, 1966) et de faire valoir « ce qu'il y a de meilleur » chez les Canadiens (Parlement du Canada, 1994 : 51).

La fin de la Guerre froide et la lutte au déficit menée par le gouvernement fédéral tout au long des années 1990 ont considérablement réduit l'engagement du Canada dans le domaine de l'aide. En effet, le pays est l'un des donateurs à avoir été le plus affecté par le phénomène mondial d'essoufflement de l'aide. En dollars courants, sa contribution a chuté de plus de 33 % entre 1991 et 1999[2]. Après avoir atteint 0,45 % du PNB en 1991, elle n'en représentait plus que 0,25 % en 2000. Cette performance a fait reculer le Canada de la 7e à la 16e position parmi l'ensemble des donateurs. Le Canada fait piètre figure même au sein du G7 où il occupe désormais la 5e position (derrière la France, le Royaume-Uni, le Japon et l'Allemagne) pour ce qui est du pourcentage du PNB consacré à l'aide. Il est révélateur que le gouvernement évite désormais toute référence à l'objectif international de 0,7 %. On peut enfin se demander si les ressources de la coopération canadienne sont bien utilisées compte tenu du fait que les objectifs développementaux de l'aide sont en constante compétition avec d'autres objectifs politiques, stratégiques et économiques. Le gouvernement a d'ailleurs institutionnalisé cette situation dans son énoncé de politique étrangère de 1995 en faisant valoir que « l'aide internationale favorise la prospérité et l'emploi, protège la sécurité mondiale et contribue au rayonnement des valeurs et de la culture canadiennes » (Canada, 1995 : 53). On peut penser que cette confusion des objectifs explique en partie pourquoi le Canada est l'une des nations riches qui consacrent le moins d'aide aux pays les moins avancés, c'est-à-dire les États les plus pauvres de la planète.

Il est vrai que malgré les compressions budgétaires des années 1990, le Canada continue de se démarquer par l'originalité de ses politiques dans certains domaines comme la collaboration avec les ONG, la promotion de l'égalité hommes-femmes et la protection de l'environnement. Il importe

---

2. Les statistiques qui suivent sont tirées de OCDE (annuel).

aussi de souligner que l'aide a déjà commencé à profiter du redressement de la situation budgétaire du pays. En 2002, le premier ministre Jean Chrétien a ainsi annoncé un engagement à long terme pour augmenter le budget de la coopération internationale de 8 % par année (ACDI, 2002b : 2). La même année, l'attention accordée à l'Afrique lors du Sommet du G8 tenu à Kananaskis a incité le gouvernement à créer le Fonds canadien pour l'Afrique, doté d'un budget de 500 millions de dollars sur trois ans (Tomlinson, 2002a). Il faut toutefois souligner que, de façon générale, malgré ces récentes initiatives et un discours sophistiqué qui insiste sur la réduction de la pauvreté et la nécessité de promouvoir l'*appropriation* des programmes d'aide par les pays en développement, le Canada n'est plus le chef de file qu'il a déjà été en matière de coopération au développement.

Le gouvernement a généralement soutenu que l'opinion publique, bien consciente des difficultés économiques du pays, appuyait les changements survenus dans la politique d'aide. Cette interprétation, qui suggère que les Canadiens seraient probablement moins internationalistes et moins altruistes qu'avant, a jusqu'ici donné lieu à peu d'études empiriques. L'analyse qui suit contribuera à faire progresser le débat.

UN CONSENSUS SUPERFICIEL

Les rares analyses portant sur les attitudes de la population canadienne à l'égard de l'aide au développement tendent à confirmer l'idée d'un consensus national sur cette question. Les Canadiens seraient ainsi généralement favorables à l'aide étrangère, et leur attitude serait demeurée relativement inchangée au fil des ans. Par exemple, à la fin des années 1980, Réal Lavergne notait que de 75 à 80 % de la population se disait en faveur du niveau d'aide accordé ou d'une augmentation du budget de l'aide (1989 : 38). Il précisait que le nombre de répondants approuvant une aide accrue était demeuré stable au cours des 20 années précédentes (*ibid.* : 40). Plus récemment, Ian Smillie allait dans le même sens en soutenant que, malgré quelques fluctuations dans l'opinion, la tendance à long terme avait peu changé depuis les années 1970 (Smillie, 1998a : 58). Cette affirmation est fondamentalement juste ; cependant, comme nous le verrons plus loin, elle est trop générale pour être entièrement satisfaisante. En effet, bon nombre des conflits qui façonnent la politique canadienne sur les plans national et international se reflètent dans l'attitude de la population à l'égard de l'aide au développement. Dès lors qu'on se penche sur ces conflits, on constate que l'opinion publique est plus nuancée. Mais avant d'aborder ces différences, il faut d'abord revenir sur ce qu'il convient d'appeler le « consensus » de la politique étrangère.

À première vue, la population canadienne semble très favorable à l'aide étrangère. Une enquête d'Ipsos-Reid présentée au ministère des Affaires étrangères et du Commerce international en septembre 2001 confirme les conclusions de Lavergne et Smillie. Selon cette enquête, 76,4 % des Canadiens considèrent qu'il est important que le pays continue de promouvoir l'aide aux pays pauvres, alors que 11,2 % sont en désaccord (12,4 % sont neutres)[3]. Par ailleurs, 53 % des répondants contre 26 % croient que le Canada devrait accorder davantage d'aide aux pays en développement (21 % sont neutres)[4]. Il paraît bien sûr normal que la perspective d'un accroissement de l'aide étrangère recueille un appui moins marqué que le principe même de l'aide au développement, puisque l'engagement sous-entendu dans une augmentation du budget de l'aide s'avère plus explicite et plus contraignant. L'écart entre ces deux aspects de la question révèle toutefois que le consensus sur l'aide étrangère est plus fragile qu'il n'y paraît. Il est significatif que seule une mince majorité de la population (53 %) appuie une augmentation de la coopération canadienne, alors même que la décennie précédente a été marquée par une réduction draconienne des efforts d'aide au développement.

L'appui limité de la population pour ce qui constituerait en fait un retour à l'ancien niveau de l'aide canadienne s'explique en partie par un manque d'information sur la question. Au Canada comme ailleurs, la plupart des études indiquent que la population est mal informée sur l'aide

---

3. La question exacte est : « Je vais vous lire une liste d'objectifs de la politique étrangère du Canada et, pour chacun, je voudrais que vous me disiez dans quelle mesure vous pensez qu'il est important que le Canada poursuive cet objectif, sur une échelle de 0 à 10, 0 représentant un objectif nullement important et 10 un objectif très important. 5) Favoriser l'assistance aux pays les plus pauvres. » [Notre traduction].

4. La question exacte est : « Je vais vous lire une liste d'énoncés au sujet de la politique étrangère du Canada et, pour chacun, je voudrais que vous me disiez si vous êtes d'accord ou non. Répondez sur une échelle de 0 à 10, 0 si vous êtes totalement en désaccord et 10 si vous êtes parfaitement d'accord. 12) Le Canada devrait fournir plus d'assistance aux pays en développement. » [Notre traduction].

au développement, qu'elle perçoit l'envergure des budgets d'aide comme étant exagérée, et qu'elle a une compréhension limitée de ce champ d'activité (OCDE, 2001 : 1). De façon générale, les Canadiens croient que 10,5 % du budget fédéral est consacré à l'aide, alors que seulement 20 % d'entre eux savent que cette aide représente en réalité moins de 2 % des dépenses gouvernementales (Tomlinson, 2002b : 3). Lorsqu'ils sont informés du montant réel consacré à l'aide, les répondants se montrent généralement plus favorables à une augmentation du budget de la coopération internationale. Selon un sondage d'Environics présenté à l'Agence canadienne de développement international en octobre 1998, le taux de répondants considérant que le budget de l'aide canadienne était insuffisant passait de 24 à 44 % lorsque ceux-ci apprenaient la somme réelle allouée par le gouvernement fédéral à l'aide au développement (Environics Research Inc., 1998). Ces résultats laissent entendre que l'appui des Canadiens à une augmentation du budget de l'aide serait probablement plus élevé si ces derniers étaient mieux informés des réductions des dernières années.

À l'échelle internationale, l'appui canadien à l'aide étrangère se situe tout à fait dans la moyenne. Comme on peut le voir dans le Graphique 4.2, parmi les 17 pays qui disposent de statistiques comparables, le Canada occupe une position médiane : huit pays affichent un niveau d'appui supérieur à celui du Canada, tandis que huit autres pays ont un niveau inférieur. Les pays où l'appui est plus élevé qu'au Canada peuvent être divisés en deux groupes : ceux de l'Europe du Nord, où l'aide au développement constitue une priorité de la politique extérieure depuis longtemps déjà (Pays-Bas, Danemark et Suède), et les pays de l'Europe du Sud, qui ont eux-mêmes profité des programmes de développement régionaux européens (Espagne, Grèce, Italie et Portugal) (Noël et Thérien, 2002 : 645). Les Canadiens soutiennent davantage l'aide que la population de quatre des cinq pays du G7 pour lesquels des données sont disponibles (Royaume-Uni, France, Allemagne et États-Unis). Le contraste avec les États-Unis, le seul pays où moins de la moitié de la population (46 %) appuie l'aide étrangère, est particulièrement frappant. En dépit d'une intégration économique étroite et de la proximité culturelle entre les deux pays, les Canadiens et les Américains ne partagent pas le même point de vue sur toute une série de politiques publiques, dont le rôle de leur gouvernement face aux pays pauvres (Perlin, 1997 ; Hoberg, 2002). De façon générale, au Canada, le niveau d'appui au programme d'aide ressemble beaucoup à celui qu'on observe en Europe. En 1998, 76 % des Européens jugeaient que l'aide étrangère constituait un objectif important et 51 % croyaient que leur gouvernement respectif devait aider davantage les pays pauvres (INRA, 1999 : 2). Ces résultats sont presque identiques à ceux de l'enquête d'Ipsos-Reid de 2001 mentionnée précédemment.

GRAPHIQUE 4.2
Appui de l'opinion publique à l'aide étrangère

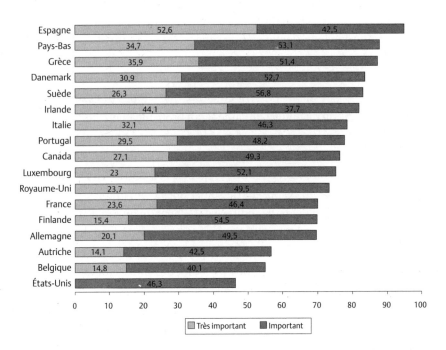

Sources : Pour le Canada : Ipsos-Reid (2001) ; pour les États-Unis : Chicago Council of Foreign Relations (2000) ; pour l'Europe : INRA (1999).

Note : Pour le Canada, la question exacte est présentée dans la note de fin de texte n° 3. Pour les États-Unis, la question est : « Dans l'ensemble, êtes-vous pour ou contre notre programme d'aide économique à d'autres nations ? » [notre traduction]. Pour l'Europe, la question est : « À votre avis, est-il très important, important, pas très important, ou pas important du tout d'aider les gens des pays pauvres d'Afrique, d'Amérique du Sud, d'Asie, etc., à se développer » [notre traduction]. À cause de la différence dans les questions posées, toute comparaison directe est nécessairement approximative ; les résultats présentés ici sont néanmoins conformes avec les niveaux d'appui historiques observés dans la plupart des pays. Voir par exemple Smillie et Helmich (1998), et Stern (1998).

Avec le temps, l'attitude des Canadiens à propos de l'aide au développement est demeurée sensiblement la même ; en fait, elle a moins changé que la politique canadienne. En général, comme dans la plupart des autres pays de l'OCDE, l'appui de la population s'est maintenu au cours de la dernière décennie (OCDE, 2001 : 1). Cela ne signifie pas pour autant que la population est insensible à la conjoncture politique. De fait, l'attitude des Canadiens varie selon les années. Selon plusieurs sondages, l'aide recueillait plus d'appuis au début des années 1990 qu'au milieu de la décennie. Par exemple, après avoir atteint 76 % en 1989 (Environics Research Inc., 1998), la proportion des Canadiens croyant que l'État dépensait suffisamment ou pas assez pour aider les pays du tiers-monde a chuté à environ 50 % entre 1993 et 1995, époque où la lutte au déficit budgétaire était la priorité absolue du gouvernement. Dans un contexte de restrictions financières sans précédent, les Canadiens étaient davantage préoccupés par les enjeux nationaux que par ceux relevant de la politique étrangère.

En contexte budgétaire moins difficile, les Canadiens ont quand même tendance à accorder la priorité aux programmes nationaux, et ce, même s'ils soutiennent la coopération au développement. En 2000, comme le montre le Graphique 4.3, seulement 41 % des Canadiens considéraient que la lutte contre la pauvreté dans le monde devait être une priorité fédérale (pour 20 %, il s'agissait d'une priorité importante), et ils étaient encore moins nombreux (36 %) à partager la même opinion concernant la qualité de vie dans les pays pauvres (une priorité jugée importante par 14 % des répondants). Les objectifs de développement international sont ainsi arrivés loin derrière une série de priorités nationales dont plusieurs n'étaient même pas de compétence fédérale. Les principales préoccupations des citoyens étaient les soins de santé (une priorité pour 85 % des répondants), la pauvreté au pays (80 %), la criminalité (76 %), la dette nationale (74 %), l'impôt des particuliers (71 %), l'augmentation des frais de scolarité (69 %), les émissions de gaz à effet de serre (66 %) et le soutien à la petite enfance (64 %). Parmi les enjeux non prioritaires, seuls les arts (jugés non prioritaires par 71 % des répondants) arrivaient derrière la qualité de vie dans les pays pauvres (63 %) et la pauvreté dans le monde (57 %). De façon imagée, on a déjà dit que le soutien des Canadiens à l'aide étrangère avait « un mille de long et un pouce d'épais » (Smillie, 1998 b : 23). Or, le contraste entre le fort appui exprimé par les citoyens et l'importance relativement faible qu'ils accordent à la question contribue à renforcer cette impression. La prépondérance accordée aux enjeux nationaux par rapport à la réduction de la pauvreté dans le monde n'est pas surprenante, dans la mesure où elle correspond à ce qu'on voit dans la plupart des pays donateurs. Cette situation reflète probablement le sentiment général selon lequel «charité bien ordonnée commence par soi-même». Au Canada, toutefois, l'écart semble particulièrement marqué entre la préoccupation de la population au sujet de la pauvreté dans le monde et l'intérêt qu'elle porte aux enjeux nationaux, y compris la pauvreté au pays. L'attitude des Canadiens, sur ce point, semble ainsi se rapprocher davantage de celle qui prévaut dans certains pays européens qui sont moins favorables à l'aide étrangère et davantage préoccupés par les inégalités nationales (Autriche, Belgique, France) (Noël et Thérien, 2002 : 642-645).

GRAPHIQUE 4.3
**Priorités de la population canadienne
en matière de politiques publiques**

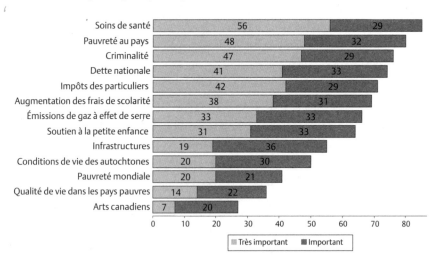

Source : Earnscliffe Research and Communications (2000).

Note: La question exacte est : «En ne tenant compte que du gouvernement fédéral, sur une échelle de 1 à 7 où 1 signifie une priorité très peu importante, 4 signifie une priorité moyennement importante et 7 une priorité extrêmement importante, quel degré de priorité aimeriez-vous que le gouvernement accorde à ces différentes questions?» [notre traduction].

GRAPHIQUE 4.4
**Priorités de la population canadienne
en matière de politique étrangère**

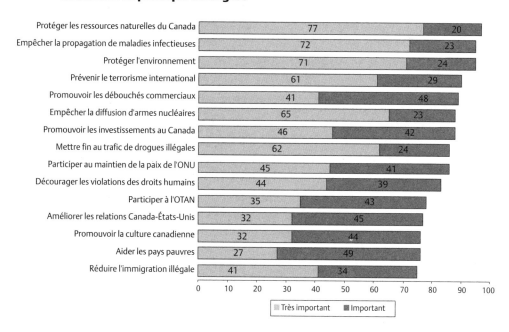

Source : Ipsos-Reid (2001). Voir le Graphique 4.3 pour la question exacte.

On constate également les limites de l'appui des citoyens à l'« internationalisme humanitaire » lorsqu'on compare l'appui que ceux-ci accordent à l'aide étrangère et à d'autres priorités internationales. Le Graphique 4.4 illustre l'évaluation que les Canadiens ont faite de 15 objectifs de politique étrangère dans le cadre du sondage d'Ipsos-Reid de 2001. L'objectif consistant à aider les pays pauvres a été jugé « très important » par seulement 27 % des répondants et s'est classé parmi les derniers objectifs dits « importants » ou « très importants » ; 76 % des répondants l'ont estimé « important », soit un taux semblable à celui de priorités telles que la réduction de l'immigration illégale (75 %), la promotion de la culture canadienne (76 %) ou l'amélioration des relations entre le Canada et les États-Unis (77 %). Ce taux de 76 % s'avère toutefois nettement inférieur à celui obtenu par la protection des ressources naturelles du Canada (97 %), la prévention de la propagation des maladies infectieuses (95 %), la protection de l'environnement (95 %), la prévention du terrorisme international (90 %) et la promotion des débouchés commerciaux (89 %). Le moins qu'on puisse dire au vu de ce classement, c'est que l'aide aux pays en développement n'est que l'une des nombreuses missions internationales du Canada.

Le degré élevé de scepticisme des Canadiens par rapport à l'efficacité des programmes d'aide au développement est l'une des raisons souvent évoquées pour expliquer le soutien mitigé dont jouit la coopération internationale[5]. L'enquête d'Ipsos-Reid indique qu'en 2001, 50 % des Canadiens croyaient que l'aide rendait les pays pauvres trop dépendants, et pas moins de 37 % jugeaient que cette aide ne ferait aucune différence, même dans les pays les plus pauvres. Ces données ressemblent à celles qu'on observe en Europe et aux États-Unis, où les citoyens s'inquiètent également de la possibilité que les ressources consacrées à la coopération soient accordées à des gouvernements non démocratiques qui violent les droits de la personne. Comme le souligne Ian Smillie, l'idée que l'aide n'a que peu d'effets bénéfiques et que celle-ci serait souvent gaspillée par des bureaucrates et des dictateurs est largement répandue. Smillie ajoute cependant qu'une telle « désillusion publique » ne doit pas être confondue avec un essoufflement de la compassion (1998b : 21 et 24). Il n'en demeure pas moins qu'au Canada comme ailleurs, bon nombre de citoyens ont des réserves au sujet de l'aide étrangère.

Bien qu'il demeure difficile de comprendre les raisons exactes du scepticisme des Canadiens à l'égard de la coopération internationale, il est clair que, dans l'ensemble, ils semblent très ambivalents, voire qu'ils affichent une opinion incohérente, sur cette question. Si nous tenons compte, par exemple, de l'interaction entre les principes et les intérêts qui ressortent de l'enquête d'Ipsos-Reid de 2001, nous constatons que la majorité des Canadiens (67 %) estimaient que des valeurs sociales telles que la protection de l'environnement et la défense des droits de la personne devraient constituer les éléments moteurs de la politique étrangère du Canada. Seulement 32 % des répondants jugeaient que les relations extérieures du pays devraient principalement viser des objectifs économiques tels

---

5. Le même argument a été avancé pour expliquer l'attitude des Américains. Voir Page et Barabas (2000 : 348-50).

que l'accroissement des perspectives commerciales. Parallèlement, les réponses obtenues à certaines questions incitent à penser que les Canadiens tendent à faire converger internationalisme et intérêts nationaux. Par exemple, la majorité des personnes interrogées (61 %) croyaient que l'aide devrait être accordée principalement à des pays présentant un intérêt indéniable pour le Canada (23 % étaient en désaccord avec cette position, et 16 % étaient neutres). Par ailleurs, l'Afrique était considérée comme la région la moins importante pour la politique étrangère canadienne, même s'il s'agissait sans contredit du continent ayant les besoins les plus grands sur le plan du développement.

Pour résumer, si les Canadiens semblent appuyer le principe de l'aide étrangère à un niveau qui demeure constant et qui est semblable à celui observé dans les pays européens, leur générosité reste timide. Ainsi, l'idée d'augmenter le budget de l'aide reçoit un appui bien inférieur à celui accordé au principe même de l'aide. En outre, l'aide récolte moins d'appuis que presque toutes les autres priorités nationales et internationales auxquelles s'intéressent les Canadiens. S'ils souhaitent une politique étrangère axée sur les valeurs sociales, ceux-ci s'inquiètent néanmoins de l'efficacité de l'aide au développement et considèrent que l'aide devrait être distribuée en tenant compte des intérêts du Canada. Les positions ambivalentes de l'opinion publique sont, jusqu'à un certain point, comparables à celles du gouvernement dont le discours généreux et avant-gardiste en matière d'aide au développement ne s'est pas traduit par une augmentation des dépenses. Comme nous le verrons, ces tensions reflètent peut-être davantage les divergences politiques au sein de la population canadienne qu'une simple incohérence chez cette dernière.

UNE POPULATION DIVISÉE ENTRE LA GAUCHE ET LA DROITE

L'aide au développement est un enjeu indissociable de la politique nationale d'un pays. En tant que forme de redistribution des revenus, elle soulève toutes sortes de questions fondamentales qui ont trait au développement humain, à l'égalité, à la liberté et au rôle de l'État. Or, dans les démocraties libérales, ces questions divisent systématiquement la gauche et la droite. Le discours de la gauche sur l'aide évoque évidemment la justice sociale, la solidarité et les engagements d'intérêt public, tandis que le discours de la droite renvoie à la dépendance, à l'inefficacité et au gaspillage. Dans les pays où les partis sociaux-démocrates sont influents et où ils ont institué un État-providence généreux et universel, l'aide étrangère tend à être plus élevée (Noël et Thérien, 1995 ; Thérien et Noël, 2000). Par contre, dans les pays surtout dirigés par les conservateurs, les inégalités nationales sont plus importantes et elles tendent à prendre le pas, dans les préoccupations de la population, sur les enjeux de développement international (Noël et Thérien, 2002). Il n'est pas étonnant de constater que les citoyens et les groupes de gauche sont plutôt favorables à la redistribution internationale, tandis que ceux de droite sont généralement plus sceptiques et réticents face à cette idée (Lumsdaine, 1993 ; Thérien, 2002). Étant donné leur consensus relativement superficiel sur l'internationalisme et l'aide étrangère, on peut donc penser que les Canadiens sont divisés sur ces questions à partir des mêmes clivages politiques que ceux que l'on retrouve à propos d'autres enjeux nationaux et internationaux.

Selon le sondage d'Environics de 1998, les Canadiens sont en effet divisés entre la gauche et la droite lorsqu'il est question de l'aide au développement. Moins de 30 % des répondants qui ont affirmé donner leur appui au Nouveau Parti démocratique (NPD) (27 %), au Bloc québécois (28 %) et au Parti libéral du Canada (29 %) considéraient qu'on ne dépensait pas assez d'argent pour l'aide étrangère, tandis que plus de 40 % de ceux qui se sont dits partisans des formations conservatrices jugeaient que le Canada y accordait trop de ressources (43 % chez le Parti progressiste-conservateur du Canada, et 46 % chez le Parti réformiste du Canada) (Environics Research Inc., 1998). Ces résultats reflètent l'idéologie des partis politiques nationaux qui se distinguent clairement sur l'axe gauche-droite. Le NPD est résolument à gauche, le Bloc québécois, qui prône la souveraineté du Québec, est un parti de centre gauche, le Parti libéral est un parti centriste ayant un penchant à gauche, tandis que le Parti progressiste-conservateur et l'Alliance canadienne (autrefois le Parti réformiste) se font concurrence pour les votes conservateurs, les Alliancistes se situant toutefois légèrement plus à droite (Blais *et al.*, 2002 : 17-33)[6].

La relation entre les orientations idéologiques ou partisanes et l'appui des citoyens à l'égard de la coopération au développement n'a toutefois

---

6. Cette distinction a évidemment disparu avec la fusion du Parti progressiste-conservateur avec l'Alliance canadienne en 2003.

que très rarement été examinée de près. En fait, la question n'a que peu été soulevée puisque les praticiens et les spécialistes semblaient plutôt souhaiter établir le profil du consensus canadien qu'en analyser les divisions politiques sous-jacentes. Par conséquent, les sondages sur les questions de politique étrangère ont rarement porté sur les enjeux nationaux ou sur les préférences partisanes, et les sondages plus classiques sur la politique laissaient de côté la plupart des enjeux de politique étrangère. Dans ce contexte, il est éclairant d'analyser le lien entre les attitudes relatives à la politique nationale et à la politique étrangère à partir des résultats du questionnaire postélectoral de l'*Étude électorale canadienne 2000* (EEC-2000), une étude qui comprend de nombreuses questions sur les préférences politiques personnelles (Blais *et al.*, 2000). Ce corpus de données comporte des lacunes puisqu'il ne contient qu'une seule question sur l'aide étrangère, laquelle a été soulevée dans le cadre de l'examen d'un certain nombre de priorités relatives aux dépenses nationales[7]. Néanmoins, l'*Étude électorale canadienne* offre une occasion unique d'établir un lien entre les dispositions à l'égard de la coopération au développement et un certain nombre d'orientations idéologiques et partisanes.

Pour vérifier la validité de la question sur l'aide étrangère posée dans cette étude, nous l'avons comparée indirectement à deux questions semblables issues de l'enquête d'Ipsos-Reid de 2001. L'une d'elles portait sur l'appui des citoyens à l'aide, l'autre sur l'appui à une augmentation du budget de l'aide. Le Tableau 4.1 présente les liens entre l'appui de la population à l'aide étrangère, tels qu'ils ont été mesurés par les trois questions, et un certain nombre de caractéristiques socioéconomiques fondamentales, soit l'âge, le niveau de scolarité, le revenu personnel, le sexe, la région, la langue et la religiosité. La première colonne présente le sens de la relation statistique attendue sur la base des travaux spécialisés portant sur l'opinion publique et l'aide étrangère.

---

7. La question exacte est : « Aide aux pays en développement : le gouvernement fédéral devrait-il dépenser plus, moins ou la même chose qu'actuellement ? » Les autres thèmes soulevés au hasard dans la liste sont : la défense, l'aide sociale, les rentes et la sécurité de la vieillesse, les soins de santé, l'assurance-emploi et l'éducation.

TABLEAU 4.1

**Corrélations entre l'opinion publique sur l'aide étrangère
et certains attributs socioéconomiques**

	Appui prévu	Dépenses d'aide	Augmentation de l'aide	Augmentation de l'aide
		(Ipsos-Reid)	(Ipsos-Reid)	(EEC-2000)
Âge	-	- 0,025	- 0,043	- 0,016
Éducation	+	0,010	0,064*	0,039*
Revenu	-	- 0,084**	- 0,078**	- 0,020
Sexe (femme)	+	0,145***	0,067**	0,053**
Région (Québec)	+	0,125***	0,240***	0,018
Langue (français)	+	0,134***	0,223***	0,010
Religiosité	+	nd	nd	0,062**

Sources : Ipsos-Reid (2001) ; Blais, Gidengil, Nadeau et Nevitte (2000).

Note : Les résultats sont basés sur des coefficients de corrélation de Pearson (niveaux de signification : *< 0,05 **< 0,01 ***< 0,001).

Le sexe, la région et la langue sont des variables binaires (0,1) dont la valeur 1 est signalée entre parenthèses. Les questions exactes sont présentées dans les notes 3, 4 et 7.

D'abord, il convient de noter que les liens qui ressortent des trois questions retenues vont dans le sens prévu. Ensuite, les conclusions issues des questions d'Ipsos-Reid tendent à être plus solides, et au moins quatre liens s'avèrent significatifs. Les femmes, les francophones et les résidants du Québec sont sensiblement plus favorables à l'aide étrangère que les hommes, les anglophones et les Canadiens hors Québec. Par contre, les personnes ayant un revenu plus élevé y sont moins favorables. Dans l'*Étude électorale canadienne*, les liens touchant le sexe, la langue, la région et le revenu vont dans la direction anticipée, mais seul le lien concernant le sexe s'avère significatif. Dans ce dernier sondage, cependant, le niveau de scolarité et la religiosité sont significatifs : les répondants plus instruits ou plus religieux ont tendance à soutenir davantage l'aide étrangère que les autres. Enfin, on constate que la plupart des corrélations ne sont pas très fortes, ce qui peut expliquer que trois questions distinctes entraînent des résultats compatibles mais différents. En somme, l'*Étude électorale canadienne* constitue une évaluation valable de l'appui à l'aide étrangère. Toutefois, à défaut de disposer d'un ensemble plus large de questions, nous devons rester prudents quant à l'interprétation des résultats. Nous devons en outre souligner que les variables socioéconomiques, aussi significatives soient-elles, ne sont peut-être pas les meilleurs indicateurs de l'appui à l'aide étrangère. Les orientations idéologiques et partisanes pourraient bien se révéler plus importantes.

GRAPHIQUE 4.5
Appui à une augmentation du budget de l'aide étrangère en fonction des orientations idéologiques et partisanes

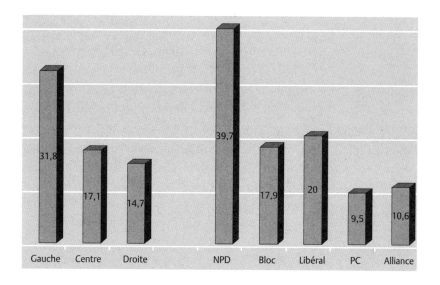

Source : Blais, Gidengil, Nadeau et Nevitte (2000).

Le Graphique 4.5 présente des données descriptives sur le degré d'appui à un accroissement des dépenses de l'aide étrangère, selon les orientations idéologiques et partisanes des répondants. Les résultats font clairement ressortir les fondements idéologiques de l'appui à l'internationalisme ; les personnes qui se disent plus à gauche sont beaucoup plus favorables à une augmentation des dépenses (32 %) que celles se disant au centre (17 %) ou à droite (15 %). Les données sur les opinions partisanes sont encore plus éloquentes. Ainsi, le taux d'appui des partisans du NPD s'établit à 40 %, tandis que celui des conservateurs et des réformistes s'établit à environ 10 %. Les partisans libéraux et bloquistes, dont respectivement 20 et 18 %

des répondants appuient une augmentation des dépenses d'aide, se situent au milieu[8].

Le Tableau 4.2 présente les corrélations entre l'idéologie des répondants, leurs orientations partisanes et leur appui à un accroissement de l'aide extérieure. Les relations examinées vont dans la direction prévue et sont toutes significatives. Ainsi, il existe un lien fort et positif entre l'orientation idéologique personnelle et les opinions partisanes, lien conforme avec le positionnement des partis politiques canadiens sur l'axe gauche-droite. Ensuite, les liens entre les points de vue politiques personnels et l'appui à une augmentation du budget de l'aide sont également positifs et significatifs : les gens de gauche ou de centre gauche sont plus susceptibles d'être favorables à de telles augmentations. Ces résultats font écho aux conclusions de Wittkopf et Holsti sur les divisions idéologiques qui définissent les orientations de politique étrangère de la population américaine (Wittkopf, 1990 ; Holsti, 1996). Comme nous l'avions supposé, nos résultats permettent de penser que les Canadiens sont partagés sur l'internationalisme selon des divisions idéologiques et partisanes gauche-droite. Ces constatations vont dans le même sens que celles de Lumsdaine, qui a étudié les bases idéologiques de l'appui populaire à l'aide étrangère, et avec notre propre travail comparatif qui a associé l'appui à l'aide extérieure aux préférences politiques nationales (Lumsdaine, 1993 ; Noël et Thérien, 2002).

TABLEAU 4.2
**Corrélations entre les orientations idéologiques,
les préférences partisanes et l'appui à une augmentation
du budget de l'aide étrangère**

	Auto-positionnement sur l'axe droite-gauche	Augmentation du budget de l'aide
Auto-positionnement sur l'axe droite-gauche		0,147***
Préférence partisane (de droite à gauche)	0,444***	0,156***

Source : Blais, Gidengil, Nadeau et Nevitte (2000).

Note : Les résultats sont basés sur des coefficients de corrélation de Pearson (niveaux de signification : *< 0,05 **< 0,01 ***< 0,001).

---

8. Ces résultats vont dans le même sens que ceux du sondage d'Environics mentionnés plus haut.

TABLEAU 4.3
Valeurs (politiques, économiques et sociales)
et appui à une augmentation du budget de l'aide étrangère

Valeurs politiques		Valeurs économiques		Valeurs sociales	
Appui à la redistribution interne	0,254***	Appui au libre-échange	0,074***	Appui aux droits des femmes	0,168***
Confiance envers le gouvernement	0,208***	Appui aux syndicats	0,170***	Antipathie envers les minorités	-0,273***
Appui à une augmentation du budget de la défense	0,059**	Les gens peuvent trouver de l'emploi s'ils y mettent un effort	-0,127***	Antipathie envers les immigrants	-0,315***
Appui au maintien de la paix	0,182***	Les emplois ne devraient être créés que dans le secteur privé	0,031	Antipathie envers les autochtones	-0,250***
				Traditionalisme social	-0,148***
				Appui à la protection de l'environnement	0,085**

Source : Blais, Gidengil, Nadeau et Nevitte (2000).

Note : Les résultats sont basés sur des coefficients de corrélation de Pearson (niveaux de signification : *< 0,05 **< 0,01 ***< 0,001).

Étant donné que l'*Étude électorale canadienne* constitue un sondage détaillé sur les attitudes politiques, il est possible de pousser plus loin l'analyse pour établir un lien entre l'appui à une augmentation de l'aide et une foule d'autres positions idéologiques qui divisent la gauche et la droite. Le Tableau 4.3 présente les relations les plus plausibles et les plus révélatrices.

En ce qui concerne les valeurs politiques, le lien entre l'appui à la redistribution interne des revenus et l'appui à une augmentation du budget de l'aide étrangère présente la corrélation la plus forte (0,254***). Cette constatation concorde avec nos attentes théoriques selon lesquelles les attitudes au sujet de l'aide sont indissociables de points de vue plus généraux sur la justice et la redistribution, et peuvent être perçues comme un reflet du débat politique entre la gauche et la droite. Il existe également une relation positive forte entre la confiance envers le gouvernement et l'appui à une augmentation du budget consacré à l'aide (0,208***), mais cette relation est plus difficile à interpréter. On pourrait présumer qu'un faible niveau de confiance dans le gouvernement est un aspect du débat entre la droite et la gauche, et que les gens de droite sont plus susceptibles de manifester de la méfiance à l'endroit du gouvernement. Dans cette perspective, on pourrait logiquement s'attendre à ce que les citoyens qui font le moins confiance au gouvernement doutent davantage de l'efficacité de l'aide et s'opposent à l'accroissement des dépenses. Ce raisonnement n'est toutefois pas étayé par les liens entre la confiance envers le gouvernement et les orientations idéologiques et partisanes des répondants, lesquels ne sont pas significatifs. En fait, au Canada comme ailleurs, on note un déclin généralisé de la confiance populaire à l'endroit des gouvernements (Bricker et Greenspon, 2001 : 6 et 316-317 ; Warren, 2002). Il s'agit là d'un phénomène qui a été entraîné par l'émergence de nouvelles valeurs concernant la politique et la démocratie beaucoup plus que par des opinions conservatrices. Les citoyens qui se méfient du gouvernement tendent à être informés et actifs. Ils ne sont pas désengagés mais attentifs et critiques ; on peut d'ailleurs les trouver sur toute l'étendue du spectre politique (Roese, 2002). La relation entre confiance dans le gouvernement et appui à l'accroissement de l'aide étrangère doit donc être interprétée prudemment. Un faible degré de confiance ne reflète pas nécessairement une opinion conservatrice.

Les deux derniers éléments dans la colonne portant sur les valeurs politiques, soit l'appui à une augmentation des dépenses consacrées à la défense et l'appui au maintien de la paix, sont tous deux positivement et significativement liés au soutien accordé à une augmentation des budgets d'aide. Ces corrélations ne peuvent toutefois pas être interprétées simplement comme des expressions du débat entre la gauche et la droite. Ils représentent probablement d'autres aspects de l'appui à l'internationalisme, tels qu'une préférence pour une politique étrangère « activiste » (Munton et Keating, 2001 : 537-539). On pourrait en dire autant de l'appui au libre-échange, que Munton et Keating ont associé à l'« internationalisme économique » (*ibid.*). Deux autres éléments de la colonne sur les valeurs économiques montrent aussi des résultats significatifs qui correspondent davantage à notre explication sur la gauche et la droite. Les répondants qui appuient les syndicats sont plus susceptibles de soutenir la coopération au développement, et ceux qui croient qu'on peut trouver du travail si on y met suffisamment d'efforts ont tendance à s'opposer à une augmentation des budgets d'aide. Enfin, les corrélations entre les croyances sociales et le soutien de l'aide sont également conformes à une interprétation de type gauche-droite. Les Canadiens qui soutiennent les droits des femmes et la protection de l'environnement appuient également l'aide au développement, contrairement à ceux qui éprouvent de l'antipathie pour les minorités, les immigrés ou les peuples autochtones. Comme il fallait s'y attendre, le traditionalisme social est également corrélé négativement à l'appui à une augmentation de l'aide.

En plus d'avoir une attitude ambivalente face à l'aide étrangère, les Canadiens paraissent divisés sur la question. Ceux qui s'identifient à la gauche, qui votent pour le NPD – et dans une moindre mesure ceux qui votent pour le Parti libéral et le Bloc québécois – et qui sont favorables à la redistribution des revenus, aux syndicats, aux droits des femmes et à la protection de l'environnement sont généralement plus susceptibles de soutenir une politique de coopération internationale généreuse. Ceux qui se disent de droite, qui donnent leur appui au Parti conservateur ou à l'Alliance canadienne, qui croient que les individus devraient songer d'abord à leurs propres intérêts et qui éprouvent de l'antipathie pour les minorités, ont tendance à s'opposer à l'aide au développement. C'est donc dire que, derrière l'image familière d'une population favorable à l'internationalisme humanitaire, se trouvent un consensus fragile, défini par une combinaison curieuse de principes généreux et d'engagements prudents, ainsi qu'une population partagée sur l'aide étrangère comme sur la plupart des questions politiques. Ces divisions reposent en partie sur des aspects sociaux, culturels et régionaux ; ainsi, une jeune Québécoise instruite est plus susceptible d'appuyer l'aide au développement qu'un homme plus âgé, moins instruit et plus riche vivant à l'extérieur du Québec. Mais les divisions que nous avons identifiées sont avant tout politiques. En effet, les dimensions idéologiques et partisanes de l'appui à l'aide étrangère reflètent fort bien l'état du clivage gauche-droite au Canada.

* * *

Au cours des années 1990, le Canada a nettement diminué le montant de son aide étrangère, devenant ainsi un des donateurs les moins généreux de l'OCDE. Pendant tout ce temps, le gouvernement a tenu un discours relativement progressiste sur l'aide au développement, sans toutefois reconnaître l'écart croissant entre son discours et son comportement. Dans une certaine mesure, la population a fait preuve d'une ambivalence similaire en approuvant fortement le principe de l'aide tout en étant réfractaire à son augmentation alors même que, dans les faits, la coopération canadienne subissait des réductions de budget sans précédent. En ce sens, les Canadiens étaient partagés sur la question de l'internationalisme. En même temps, l'opinion publique était divisée d'une manière à la fois plus fondamentale et plus politique entre une gauche généralement favorable à l'aide et une droite plus sceptique. Ce clivage révèle les limites de l'idée qu'il y aurait un consensus sur l'internationalisme du pays. En d'autres mots, l'internationalisme n'échappe pas à la politique. Au contraire, les points de vue à ce sujet sont étroitement liés aux opinions des Canadiens sur les idéologies, les partis politiques, la répartition des revenus, le gouvernement, les syndicats, le marché du travail, les droits sociaux, les minorités et l'environnement. L'aide étrangère et probablement l'internationalisme en général s'inscrivent dans le cadre des discussions politiques plus larges qui définissent la société canadienne.

Dans ce chapitre, nous avons examiné de quelle manière l'aide au développement – un élément central de l'internationalisme canadien – est perçue par l'opinion publique. À l'aide des données de l'*Étude électorale canadienne*, une source rarement utilisée par les spécialistes de la politique étrangère, nous avons été en mesure d'établir un lien entre l'opinion des citoyens sur l'aide et les clivages qui façonnent la politique nationale. Ce lien, particulièrement lorsqu'il implique d'autres enjeux de la politique étrangère, devrait faire l'objet d'études plus approfondies. Notre analyse porte à croire que l'attitude des Canadiens concernant l'aide au développement est très similaire à celle qu'on observe dans d'autres pays donateurs. Afin d'éviter le piège consistant à considérer l'internationalisme canadien comme distinct ou unique, les études ultérieures gagneraient donc à adopter une perspective comparative.

On devrait par ailleurs s'interroger de façon plus systématique sur le rôle de l'opinion publique dans les affaires internationales. De nombreux spécialistes et praticiens pensent que les citoyens méconnaissent la politique étrangère et qu'ils y sont relativement indifférents. Comme nous l'avons vu, il est vrai que la coopération au développement ne vient pas en tête des préoccupations des Canadiens, et que les enjeux ayant une faible importance politique sont peu susceptibles d'être façonnés par l'opinion publique (Page, 2002 : 336-337). Même si la chose apparaît désolante pour plusieurs, bon nombre d'études comparatives ont, à cet égard, démontré qu'il n'y a qu'un faible lien entre l'opinion publique et le montant d'aide étrangère accordé par un gouvernement (McDonnell et Solignac Lecomte, 2002 ; Olsen, 2000). En bout de ligne, si les Canadiens sont divisés, cela signifie toutefois que l'internationalisme est une composante intégrale d'un débat social plus large. En ce sens, l'opinion publique demeurera toujours un phénomène politique. À long terme, l'opinion des Canadiens sur l'équité dans le monde, leurs discussions à ce sujet et la façon dont leur vote s'en fera l'écho influenceront certainement l'action internationale de leur gouvernement.

RÉFÉRENCES

ACDI (Agence canadienne de développement international) (2002a), *Rapport statistique sur l'aide publique au développement. Année financière 2000-2001*, Hull, ACDI.

ACDI (Agence canadienne de développement international) (2002b), *Le Canada contribue à un monde meilleur. Énoncé de politique en faveur d'une aide internationale plus efficace*, Hull, ACDI.

BLAIS, A., E. Gidengil, R. Nadeau et N. Nevitte (2000), *Étude électorale canadienne de 2000*, Montréal, Université de Montréal, disponible en ligne à l'adresse suivante : <http://www.fas.umontreal.ca/POL/Ces-eec/ces.html>.

BLAIS, A., E. Gidengil, R. Nadeau et N. Nevitte (2002), *Anatomy of a Liberal Victory : Making Sense of the 2000 Canadian Election*, Peterborough, Broadview Press.

BRICKER, D. et E. Greenspon (2001), *Searching for Certainty : Inside the New Canadian Mindset*, Toronto, Doubleday Canada.

CANADA (1995), *Le Canada dans le monde. Énoncé du gouvernement*, Ottawa, Gouvernement du Canada.

CHICAGO Council of Foreign Relations (2000), *American Public Opinion and U.S. Foreign Policy, 1998 (General Population Data)*, Ann Arbor, version distribuée par Inter-University Consortium for Political and Social Research.

COOPER, A. F. (1997), *Canadian Foreign Policy : Old Habits and New Directions*, Scarborough, Prentice Hall Canada.

EARNSCLIFFE Research and Communications (2000), *Presentation to the Canadian International Development Agency*, Hull, ACDI.

ENVIRONICS RESEARCH Inc. (1998), *Canadians and Development Assistance*, Hull, ACDI.

FREEDMAN, J. (2000), « The Canadian Context », dans J. Freedman (dir.), *Transforming Development: Foreign Aid for a Changing World*, Toronto, University of Toronto Press: 13-14.

HILLMER, N. et M. Appel Molot (dir.) (2002), *Canada Among Nations 2002: A Fading Power*, Don Mills, Oxford University Press.

HOBERG, G. (dir.) (2002), *Capacity for Choice: Canada in a New North America*, Toronto, University of Toronto Press.

HOLSTI, O. R. (1996), *Public Opinion and American Foreign Policy*, Ann Arbor, University of Michigan Press.

INRA (International Research Associates) (1999), *Eurobarometer 50.1. Europeans and Development Aid*, rapport préparé par l'INRA (Europe) pour la Commission européenne, Bruxelles, INRA.

IPSOS-REID (2001), *Foreign Affairs Update: A Public Opinion Survey, Draft #2*, Ottawa, Ministère des Affaires étrangères et du Commerce international.

LAVERGNE, R. P. (1989), « Determinants of Canadian Aid Policy », dans O. Stokke (dir.), *Western Middle Powers and Global Poverty: The Determinants of the Aid Policies of Canada, Denmark, the Netherlands, Norway and Sweden*, Uppsala, Scandinavian Institute of African Studies/Norwegian Institute of International Affairs: 33-89.

LUMSDAINE, D. H. (1993), *Moral Vision in International Politics: The Foreign Aid Regime, 1949-1989*, Princeton, Princeton University Press.

McDONNELL, I. et H.-B. Solignac Lecomte (2002), « Public Opinion and International Development Cooperation in OECD Countries: What are the Issues? », communication présentée lors de la *15e réunion des directeurs de la Coopération internationale de l'Amérique latine et des Antilles* (OCDE), Montevideo, mars.

MORRISON, D. R. (1998), *Aid and Ebb Tide: A History of CIDA and Canadian Development Assistance*, Waterloo, Wilfrid Laurier University Press.

MUNTON, D. (2002-2003), « Whither Internationalism? », *International Journal*, vol. 58, no 1: 155-180.

MUNTON, D. et T. Keating (2001), « Internationalism and the Canadian Public », *Canadian Journal of Political Science*, vol. 34, no 3: 517-549.

NOËL, A. et J.-P. Thérien (1995), « From Domestic to International Justice: The Welfare State and Foreign Aid, », *International Organization*, vol. 49, no 3: 523-553.

NOËL, A. et J.-P. Thérien (2002), « Public Opinion and Global Justice », *Comparative Political Studies*, vol. 35, no 6: 631-656.

OCDE (2001), *International Development Co-operation in OECD Countries: Public Debate, Public Support and Public Opinion. Informal Experts Meeting Organized in Dublin by the OECD Development Centre. Summary*, Paris, OCDE.

OCDE (annuel), *Coopération pour le développement. Rapport annuel*, Paris, OCDE.

OLSEN, G. R. (2000), « Public Opinion and Development Aid: Is There a Link? », Centre for Development Research, Working Paper, 00.9, Copenhague.

PAGE, B. I. (2002), « The Semi-Sovereign Public », dans J. Manza, F. Lomax Cook et B. I. Page (dir.), *Navigating Public Opinion: Polls, Policy, and the Future of American Democracy*, Oxford, Oxford University Press: 325-344.

PAGE, B. I. et J. Barabas (2000), « Foreign Policy Gaps Between Citizens and Leaders », *International Studies Quarterly*, vol. 44, n° 3: 339-364.

PARLEMENT DU CANADA (1986), *Indépendance et internationalisme. Rapport du Comité mixte spécial sur les relations extérieures du Canada*, Ottawa, Approvisionnements et Services Canada.

PARLEMENT DU CANADA (1994), *La politique étrangère du Canada. Principes et priorités pour l'avenir*. Rapport du Comité mixte spécial du Sénat et de la Chambre des communes chargé de l'examen de la politique étrangère du Canada, Ottawa, Services des publications, Direction des publications parlementaires.

PERLIN, G. (1997), « The Constraints of Public Opinion: Diverging or Converging Paths ? », dans K. Banting, G. Hoberg et R. Simeon (dir.), *Degrees of Freedom: Canada and the United States in a Changing World*, Montréal/Kingston, McGill-Queen's University Press: 71-149.

POTTER, E. H. (2002), « Canada and the World: Continuity and Change in Public Opinion on Aid, Trade, and International Security (1993-2002) », communication présentée lors de la conférence *Public Opinion and Canada's International Relations Roundtable*, Ottawa, 27 juin.

PRATT, C. (1989), « Humane Internationalism and Canadian Development Assistance », dans C. Pratt (dir.), *Internationalism Under Strain: The North-South Policies of Canada, the Netherlands, Norway and Sweden*, Toronto, University of Toronto Press: 13-22.

PRATT, C. (2000), « Alleviating Global Poverty or Enhancing Security: Competing Rationales for Canadian Development Assistance », dans J. Freedman, *Transforming Development: Foreign Aid for a Changing World*, Toronto, University of Toronto Press: 37-59.

ROESE, N. J. (2002), « Canadians' Shrinking Trust in Government: Causes and Consequences », dans N. Nevitte (dir.), *Value Change and Governance in Canada*, Toronto, University of Toronto Press: 149-163.

SMILLIE, I. (1998a), « Canada », dans I. Smillie et H. Helmich (en collaboration avec T. German et J. Randel) (dir.), *Public Attitudes and International Development Co-operation*, Paris, OCDE: 55-59.

SMILLIE, I. (1998b), « Optical and Other Illusions: Trends and Issues in Public Thinking about Development Co-operation », dans I. Smillie et H. Helmich (en collaboration avec T. German et J. Randel) (dir.), *Public Attitudes and International Development Co-operation*, Paris, OCDE: 21-39.

SMILLIE, I. et H. Helmich (en collaboration avec T. German et J. Randel) (dir.) (1998), *Public Attitudes and International Development Co-operation*, Paris, OCDE.

SPICER, K. (1966), *A Samaritan State? External Aid in Canada's Foreign Policy*, Toronto, University of Toronto Press.

STERN, M. (1998), *Development Aid: What the Public Thinks*. New York, Office of Development Studies/Programme des Nations Unies pour le développement.

THÉRIEN, J.-P. (1996), « Canadian Aid : A Comparative Analysis », dans C. Pratt (dir.), *Canadian International Development Assistance Policies : An Appraisal*, 2ᵉ éd., Montréal/Kingston, McGill-Queen's University Press : 314-333.

THÉRIEN, J.-P. (2002), « Debating Foreign Aid : Right versus Left », *Third World Quarterly,* vol. 23, nᵒ 3 : 449-466.

THÉRIEN, J.-P. et A. Noël (1994), « Welfare Institutions and Foreign Aid : Domestic Foundations of Canadian Foreign Policy », *Canadian Journal of Political Science,* vol. 27, nᵒ 3 : 529-558.

THÉRIEN, J.-P. et A. Noël (2000), « Political Parties and Foreign Aid », *American Political Science Review,* vol. 94, nᵒ 1 : 151-162.

TOMLINSON, B. (2002a), *New Initiatives for Africa : A Canadian Response to NEPAD. A CCIC Briefing Note*, Ottawa, Conseil canadien pour la coopération internationale.

TOMLINSON, B. (2002b), *Highlights from Recent Canadian Foreign Policy Polling Information*, Ottawa, Conseil canadien pour la coopération internationale.

WARREN, M. E. (2002), « What Can Democratic Participation Mean Today ? », *Political Theory,* vol. 30, nᵒ 5 : 677-701.

WITTKOPF, E. R. (1990), *Faces of Internationalism : Public Opinion and American Foreign Policy*, Durham, Duke University Press.

DEUXIÈME PARTIE

LES GRANDS DÉFIS DE L'AIDE CANADIENNE AU DÉVELOPPEMENT

5

LA PLACE DE LA FEMME DANS LA POLITIQUE D'AIDE CANADIENNE AU DÉVELOPPEMENT

Myriam Gervais

> *Les études successives ont prouvé qu'il ne peut y avoir de stratégie efficace de développement si les femmes n'y jouent pas un rôle central.*
>
> Kofi Annan,
> Secrétaire général des Nations Unies, 2002

> *L'égalité des sexes, qui est inscrite dans les droits de l'homme, est au cœur de la réalisation des Objectifs du Millénaire pour le développement. Sans elle, on ne pourra vaincre ni la faim, ni la pauvreté, ni la maladie.*
>
> Nations Unies, 2005

Dès ses débuts, l'aide au développement a alimenté une polémique sur la façon la plus efficace de conduire des programmes concourant au bien-être des populations des pays récipiendaires. Le rôle et la place des femmes sont rapidement devenus éléments centraux de la réflexion sur l'approche conceptuelle devant sous-tendre l'action de la coopération internationale. Les principales stratégies de développement, que ce soit le développement rural intégré, la satisfaction des besoins de base, la dimension sociale des ajustements ou la lutte contre la pauvreté, ont convenu les unes après les autres que les femmes étaient des actrices incontournables dont les besoins et les intérêts devaient constituer une des charnières de toute programmation. Largement influencées par les positions défendues par les milieux du développement au Canada, les orientations de l'aide publique ont reflété cette réflexion. Aussi, au cours des quatre décennies d'existence de l'Agence canadienne de développement international (ACDI), l'égalité entre les sexes et l'autonomisation des femmes ont gagné en importance tant sur le plan des priorités que sur celui du cadre stratégique de cette institution axée sur la réduction de la pauvreté.

Le but de ce chapitre est de présenter l'historique des approches, des stratégies et des instruments dont s'est dotée l'ACDI en matière d'égalité entre les sexes afin de mettre en relief l'évolution de ses pratiques de développement[1]. Dans ce cadre, il apparaît essentiel de discuter des engagements concrets de l'aide canadienne pour voir dans quelle mesure ceux-ci reflètent la politique actuelle d'égalité entre les hommes et les femmes. Il y a lieu en effet de s'interroger si, dans l'application des stratégies de développement retenues, l'ACDI a une démarche soucieuse d'égalité entre les sexes, y compris par l'allocation de ressources suffisantes aux activités de développement destinées à contribuer à l'égalité d'accès des femmes aux soins de santé, aux capitaux, à l'éducation, à la formation et leur participation effective à tous les processus de décision. Le bilan de ce qui a été réalisé dans les pays en développement est fait à l'aide d'exemples représentatifs de la programmation de l'ACDI. Une attention particulière est accordée aux liens entre la politique et les paradigmes de gouvernance et d'efficacité du développement qui sous-tendent les orientations actuelles de la coopération canadienne et les défis posés pour l'approche intégrée de l'égalité dans le programme d'aide canadien.

En tant qu'institution principale impliquée dans la coopération canadienne sur le plan des orientations et des contributions financières, l'ACDI constitue le point d'ancrage de cette analyse portant sur la démarche concernant les différences entre les sexes dans l'aide canadienne. Les

---

1. Cette étude s'appuie sur la documentation de l'ACDI, sur des informations recueillies sous forme de questionnaires ou d'entrevues auprès de différents intervenants canadiens, sur une compilation personnelle des données des projets canadiens, et enfin sur des recherches et observations terrain effectuées sur la coopération canadienne en Afrique de l'Ouest et en Afrique des Grands Lacs. Nous remercions les personnes au Canada et en Afrique qui, par leur collaboration et leurs commentaires, ont contribué à la réalisation de cette étude.

partenaires de l'ACDI, organisations et institutions à but non lucratif (ONG) et secteur privé, sont considérés dans le cadre de cette étude en tant qu'acteurs de la mise en œuvre de cette approche dans les initiatives et les projets conduits dans les pays récipiendaires de l'aide canadienne.

HISTORIQUE DE L'INTÉGRATION DES CONCEPTS DE DIFFÉRENCIATION ENTRE LES SEXES

Au cours des dernières décennies, les questions touchant les femmes au chapitre du développement se sont imposées à l'agenda des décideurs politiques et des praticiens des milieux du développement international. Comme il sera donné de le voir plus loin, l'intégration de cette dimension à la problématique du développement s'est enrichie au contact des travaux des féministes et des enseignements tirés de la pratique. Différentes approches ont en effet influé sur les politiques des institutions de développement, en particulier l'approche axée sur les besoins des femmes et celle centrée sur les inégalités entre les sexes. La première préconisait d'intégrer les femmes au développement grâce à des projets orientés uniquement sur ce groupe cible. À cette vision a succédé une approche mettant l'accent sur la représentation participative au sein des projets et sur le partage équitable des ressources entre les hommes et les femmes dans les pays en développement. Par la suite, les approches se sont nettement radicalisées avec l'introduction des questions de parité entre hommes et femmes dans les cadres stratégiques des institutions de développement[2]. Les organisations multinationales se sont montrées perméables aux méthodologies et aux recommandations proposées par ces diverses approches à des degrés divers. Dans ce contexte, il y a lieu de s'interroger sur le degré et la manière dont les donateurs bilatéraux ont transposé dans leur programmation les approches de l'égalité entre les sexes. À cet égard, il est d'un intérêt certain de retracer cette évolution au sein du programme d'aide canadien, car le Canada se pose comme un précurseur dans ce domaine et se distingue encore aujourd'hui au sein de la communauté des bailleurs de fonds.

---

2. Pour une présentation détaillée de la problématique de la différenciation entre les sexes dans le processus de développement, consulter Parpart, Connelly et Barribeau, 2000, et Jahan, 1995.

L'intégration de la femme au développement (1976-1993)

Durant les premières années qui ont suivi l'indépendance de la majorité des pays colonisés d'Asie et d'Afrique, l'aide au développement n'a que très peu, sinon pas du tout, été reliée aux rôles et aux fonctions des femmes dans les secteurs à vocation économique. Pourtant, à la fin des années 1960, les limites du modèle de développement axé sur la croissance étaient de plus en plus apparentes. La commission Pearson, constituée par la Banque mondiale, s'est vu confier le mandat de dresser un bilan de l'aide au développement et de proposer des moyens de réduire l'écart qui se creusait entre pays riches et pays pauvres. Son rapport, dont la recommandation la plus connue concerne l'obligation pour les pays riches de consacrer l'équivalent de 1 % de leur PNB à l'aide, s'est avéré muet sur la participation des femmes au développement (Commission on International Development, 1969). Or, la mise en lumière du rôle prédominant des femmes dans la production agricole et l'oubli de celui-ci dans les projets en développement sont apparus comme une des clés pour comprendre l'échec des activités de développement jusqu'alors privilégiées (Boserup, 1970). À l'image de l'administration coloniale, l'aide à l'agriculture ne s'est adressée qu'aux chefs de famille, lesquels devinrent les uniques bénéficiaires des innovations techniques des projets de développement. L'introduction des techniques intensives de production pour les cultures d'exportation et la distribution des ressources offertes par les projets (semences, équipements, crédit saisonnier) se sont ainsi faites, bien souvent, au détriment des femmes productrices. En effet, en plus des travaux domestiques avec les corvées d'eau et de bois de chauffe, les femmes sont, dans les systèmes agraires africains, très fortement impliquées dans toutes les étapes de la production agricole. Cette ignorance du rôle productif des femmes n'a pas été sans effet sur la situation alimentaire de plusieurs régions auparavant autosuffisantes (ex. : la famine au Sahel). Aussi, la redécouverte de la présence des femmes et la prise de conscience que les travaux agricoles, comme les autres travaux de survie et de production, reflètent une division sexuée du travail, ont incité plusieurs institutions à repenser la pratique du développement sous un angle féminin. À cet égard, la Conférence mondiale des Nations Unies sur le statut des femmes en 1975 a fourni l'occasion aux mouvements transnationaux de femmes d'influencer les agences internationales quant à la reconnaissance du travail non rémunéré des femmes et de leur double tâche de travail (tâches domestiques et travail productif)[3].

La reconnaissance de la contribution des femmes aux secteurs productifs et leur accès inégal aux ressources constituent donc les idées charnières qui ont conduit à la formulation de l'approche conceptuelle de l'intégration de la femme dans le développement (IFD). Née directement dans les agences internationales, l'approche IFD met l'accent sur les besoins et contraintes spécifiques auxquels font face les femmes dans leur recherche d'une amélioration de leurs conditions matérielles. La mise en œuvre de cette approche s'est surtout caractérisée par des interventions ciblant les besoins des femmes avec pour objectif d'améliorer leur situation alimentaire et sanitaire et d'initier des activités génératrices de revenus. La constitution de programmes IFD au sein des agences de développement a été l'une des premières conséquences de cette approche[4]. L'élaboration et le financement de projets spécifiques pour les femmes ainsi qu'un appui institutionnel aux ministères responsables des questions féminines furent les principaux moyens d'intervention utilisés pour sa mise en œuvre.

Pour sa part, l'ACDI a adopté en 1976 ses premières lignes directrices sur l'intégration de la femme dans sa programmation. Mais ce n'est vraiment qu'avec la création d'une direction spécifique et la formulation d'une politique en 1984 que l'ACDI s'est dotée de structures et d'outils conceptuels pour mettre en œuvre l'approche IFD (ACDI, 1986 ; 1987). La particularité de l'approche IFD au sein de l'ACDI réside dans le fait qu'au lieu de créer un programme spécial, comme ce fut le cas pour plusieurs autres donateurs, la responsabilité de sa mise en œuvre a été dévolue à toutes les directions régionales (Asie, Afrique francophone, Afrique anglophone, Amérique latine et Caraïbes) et à sa direction du partenariat (ACDI, 1986). En effet, en plus du financement de projets spécifiques pour les femmes, l'ACDI a également adopté comme stratégie institutionnelle d'instaurer pour tous

---

3. Les mouvements de femmes comprenaient principalement des coalitions d'universitaires et de professionnelles, ainsi que des groupes de femmes actifs dans les ONG, dans les syndicats et dans les organisations paysannes. Leur influence s'est manifestée concrètement par la mise en application d'une de leurs recommandations par les Nations Unies avec la création de l'Institut international de recherche et de formation pour la promotion de la femme (INSTRAW) en 1976.

4. L'agence américaine d'aide au développement (USAID) a été la première agence à créer en 1973 un département chargé des questions IFD.

les projets l'obligation de détailler les bénéfices prévus pour les femmes et d'identifier les obstacles à leur participation. Ce questionnaire de contrôle (aussi appelé Annexe IFD) devait être joint au document de planification des projets bilatéraux soumis à l'approbation des instances autorisées. Dans ce cadre, la direction IFD s'est vu attribuer le rôle de coordination et de conseil au sein de l'agence et de représentation aux différentes tribunes internationales, ce dernier rôle étant partagé depuis avec leurs homologues du ministère des Affaires étrangères. En dépit des refontes structurelles qu'a connues la direction IFD (déplacement dans la direction sectorielle, retour à la direction des politiques, création de postes de spécialistes ou de points focaux dans les directions régionales), le mandat de coordination et de formulation de politiques au sein de l'ACDI est toujours demeuré dans ses attributions.

L'approche « genre et développement » (1993-1999)

Dans les années 1970 et 1980, les problèmes exogènes et endogènes du développement étaient connus, mais n'étaient pas perçus dans le contexte des rapports d'inégalités entre les sexes. Pour les analystes féministes, et en particulier pour les femmes des pays en développement, les rapports sociaux inégalitaires entre femmes et hommes, par leurs répercussions sociales, politiques et économiques, constituent une entrave à l'exercice des droits des femmes et à l'instauration d'un développement durable[5]. Aussi, l'approche « genre[6] et développement » (GED) défend l'idée que les activités de développement ne doivent pas uniquement concerner les besoins pratiques des femmes – point d'ancrage de l'approche IFD – , mais également défendre leurs intérêts stratégiques (Moser, 1993). Pour l'approche GED, les intérêts stratégiques des femmes renvoient à leur condition par rapport à celle des hommes au sein de la société. Ces intérêts varient selon le contexte et sont liés aux rôles et aux attentes aussi bien qu'à la répartition du travail, des ressources et du pouvoir entre les femmes et les hommes. Ainsi, pour les tenants de cette approche, les actions de développement ne doivent pas uniquement permettre aux femmes un

---

5. Notamment le réseau féminin Development Alternatives with Women for a New Era (DAWN) dont la position est exprimée dans Sen et Grown, 1987.
6. Le terme « genre » est utilisé ici dans son sens anglais de différenciation entre les sexes, que cela soit sur le plan biologique, social, etc.

meilleur accès aux ressources économiques ou aux services sociaux, mais aussi leur assurer qu'elles sont protégées par un cadre législatif égalitaire et qu'elles contrôlent les investissements productifs mis à leur disposition par les programmes d'aide[7].

Bien que l'approche GED implique un changement conceptuel majeur, cela n'a pas signifié dans la pratique l'abandon complet de l'approche IFD au sein des agences de développement. En fait, le degré d'adoption de l'approche GED a varié considérablement parmi les donateurs et certaines organisations ont davantage intériorisé le discours et la pratique du GED que d'autres. Certains donateurs ont simplement adopté la terminologie de « genre » au lieu de « femme » (comme c'est le cas du *Gender Fund*, que nous aborderons plus tard), sans changer véritablement les orientations des actions qui visent les femmes (OCDE, 2005).

Dans le cas de l'ACDI, les changements, bien que progressifs, se sont avérés significatifs. Les actions prises à l'égard des femmes sont demeurées dans la programmation de l'ACDI, mais l'accent a été davantage mis sur la promotion des droits des femmes et sur les contraintes qu'elles subissent pour pouvoir pleinement bénéficier de leur participation au sein des projets classiques[8]. Dans cet ordre d'idées, l'agence a redéfini ses actions vers :

- un appui institutionnel aux mouvements de femmes, aux organisations féminines de base, aux ministères ou bureaux chargés de la promotion des femmes ;
- le financement d'actions spécifiques, notamment par les fonds administrés localement ;
- une participation effective des femmes dans la planification et la réalisation des projets.

Le renforcement des capacités de défenses des droits des organisations de femmes grâce à une assistance technique de même que le financement de

---

7. Par exemple, le droit foncier, souvent coutumier, discrimine entre hommes et femmes. Dans certains cas, il s'avère essentiel d'appuyer les femmes pour qu'elles négocient des conditions qui leur garantissent sur une base permanente le droit d'exploitation des terres aménagées par les projets.

8. Les obstacles à la pleine participation des femmes au projet peuvent être d'ordre économique, social, juridique, culturel, religieux ou politique. Par exemple, dans le cadre d'un projet d'accès au crédit pour les agriculteurs d'un pays donné, les femmes sont exclues du projet car elles n'ont pas de titre de propriété terrienne à présenter lorsqu'elles veulent emprunter à une banque, la tradition et le cadre juridique moderne ne leur permettant pas d'hériter de la terre.

petits projets soumis et gérés par des associations de femmes ou des ONG locales dans le cadre de fonds réservés pour des initiatives locales (FCIL) et approuvés directement par les bureaux de la coopération canadienne situés dans les pays récipiendaires, ont concrétisé cette prise en considération de la dimension des différences sexuées sous l'angle des droits des femmes. Ce plan d'action a réitéré l'obligation qu'ont tous les projets du programme canadien d'identifier systématiquement les contraintes freinant la participation des femmes aux activités des projets classiques (projets d'infrastructures, d'éducation supérieure, de transport, d'énergie) et de consacrer les ressources humaines et financières appropriées pour lever ces contraintes spécifiques aux femmes. Au moment de leur formulation, les projets planifiés devaient par conséquent prévoir une composante budgétaire associée à cet impératif.

Ce plan d'action n'a toutefois pas engendré tous les changements voulus quant à la manière de traiter la dimension de la différenciation entre les sexes sur le plan des projets classiques. En effet, une évaluation interne concluait en 1993 que l'ACDI obtenait une meilleure performance dans le cadre de ses projets spécifiques pour les femmes que dans ceux intégrant une composante féminine (ACDI, 1993). Devant ce constat, l'ACDI a cherché à resserrer ses interventions en matière de différences entre les sexes pour tenir compte à la fois des enseignements de sa pratique passée et des objectifs d'égalité poursuivis au sein de la société canadienne[9]. Cette préoccupation de la part de l'agence culminera avec la formulation d'une nouvelle politique en 1995, laquelle met l'accent de façon marquée sur le principe de l'égalité dans le partage des ressources et le renforcement du pouvoir des femmes dans les différentes sphères de la société (ACDI, 1995a). Dans la pratique, les interventions canadiennes devaient favoriser des mesures visant l'autonomisation des femmes[10]. Dans les projets de

---

9. *Le plan fédéral pour l'égalité entre les sexes,* approuvé par le Cabinet en 1995, oblige tous les ministères fédéraux à promouvoir l'égalité entre les sexes dans tous les domaines, notamment dans la coopération internationale. Dès 1994, la direction de l'IFD à l'ACDI est remplacée par la direction de l'intégration de la femme au développement et de l'égalité des sexes au sein de la direction générale des politiques.

10. L'autonomisation des femmes se réfère au renforcement de leurs capacités afin qu'elles puissent contrôler leur vie, faire des choix et être en mesure d'influencer le changement social.

développement rural, par exemple, des mesures spécifiques d'autonomisation des femmes pouvaient être mises en œuvre pour accroître leur influence dans les affaires communautaires, comme des formations sur la prise de parole en public, ou pour renforcer leur participation aux décisions des organisations de productrices et producteurs agricoles.

TABLEAU 5.1
Interventions en IFD et GED - Aide bilatérale canadienne, 1986-1995

Catégorie de projets	86-87	87-88	88-89	89-90	90-91	91-92	92-93	93-94	94-95	Total
Amélioration des revenus	0	1	2	7	15	9	8	4	6	52
Santé/planif. familiale	0	0	0	2	11	3	2	3	1	22
Éducation et alphabétisation	0	1	0	3	10	2	14	8	5	43
Droits de la personne	0	1	0	1	3	3	4	0	6	18
Renforcement des capacités[11]	1	0	0	2	9	3	6	7	7	35

Source : ACDI, 1998.

Un rappel historique de la manière dont la problématique de l'égalité entre les sexes a été traduite en politiques par la principale organisation responsable de l'aide canadienne exige également d'en retracer la pratique concrète. Une étude portant sur la période allant de 1986 à 1995 permet de dresser un portrait d'ensemble de la mise en œuvre de la programmation bilatérale de l'ACDI en rapport avec les objectifs IFD et GED[12]. La part de financement consacrée à ces deux objectifs est passée de 1,5 % en 1986 à 15 % de l'enveloppe du programme bilatéral en 1995 (ACDI, 1998). Cette performance dépasse en importance celle de plusieurs autres donateurs pour la même période (Woodford-Berger, 2000 : 24).

La nature des projets financés révèle aussi un déplacement des projets ou initiatives visant l'amélioration des revenus des femmes vers l'amélioration de

---

11. Développement des capacités des groupes de femmes.
12. La programmation bilatérale représente l'aide acheminée grâce à des projets et des programmes convenus avec les gouvernements des pays en développement.

leur éducation et la promotion de leurs droits. Les femmes jouent également un rôle plus important dans la programmation bilatérale en tant que gestionnaires et professionnelles et au sein des projets en tant que participantes ; elles investissent des champs d'activités non traditionnels (ingénieures des mines au Niger et au Zimbabwe, par exemple). Cependant, l'adoption de projets davantage orientés vers le développement social et le renforcement des capacités entre 1989 et 1995, par opposition aux projets d'infrastructures de la période précédente, a sans doute contribué autant à ce changement que le souci de traduire dans la pratique l'approche GED. Néanmoins, l'ensemble des éléments avancés permet d'affirmer que l'ACDI a assimilé et reflété l'évolution de la pensée dans le domaine et ne s'est pas contentée d'uniquement en adopter la terminologie.

L'utilisation de l'Annexe IFD/GED visant à intégrer la dimension de l'égalité entre les sexes dans tous les projets canadiens (et dont il a été fait mention dans la section précédente) a fortement augmenté de 1986 à 1991 (plus de 90 %), pour chuter par la suite à 80 %. La même progression suivie aussi d'un fléchissement est observée dans l'identification des contraintes que subissent les femmes dans leur participation à un projet : d'exercice presque inexistant avant 1990, elle a crû à 39 % en 1991 pour retomber à 25 %. Par ailleurs, seulement 23 % des évaluations de projets bilatéraux ont abordé la différenciation entre les sexes, et très peu d'entre elles ont discuté des progrès obtenus sur ce plan par rapport aux objectifs identifiés lors de la planification. L'ensemble de ces données montre donc qu'après des débuts prometteurs, la politique IFD/GED s'est essoufflée. Une des principales raisons en est que l'application de l'égalité entre les sexes s'est trouvée confinée à l'échelle du projet (qui devait l'initier), sans qu'une stratégie institutionnelle ait été mise en place, par exemple pour contrer certains obstacles récurrents. Cela explique en partie pourquoi les cas répertoriés d'application réussie ont été peu nombreux au sein des projets classiques (dont les différences entre les sexes n'étaient pas l'objectif principal) et le degré d'intégration atteint a été largement imputable aux initiatives conduites – ou non – par les partenaires canadiens et nationaux impliqués. Une étude menée sur 70 projets bilatéraux d'infrastructures de l'ACDI mis en œuvre de 1990 à 1996 confirme l'existence d'expériences réussies d'intégration tout en soulignant cependant leur caractère d'exception (McCann, 1998). Parmi les exemples réussis d'intégration, on peut mentionner un programme d'entretien rural au Bangladesh, où les besoins économiques à long terme des femmes ont été pris en compte ; un projet d'aide à la compagnie publique des eaux au Ghana, où des indicateurs sexo-spécifiques, c'est-à-dire permettant une interprétation tenant compte des sexes, ont servi à s'assurer de la participation effective des femmes dans la gestion et l'entretien des systèmes d'approvisionnement en eau ; un projet de transport en Chine, où la compilation de données ventilées par sexe a garanti une participation équitable à la formation ; et un projet d'appui à l'école des mines au Zimbabwe, où les plans du projet ont été modifiés pour supprimer les obstacles freinant la participation des femmes. Ces projets ont su mettre de l'avant des mesures novatrices afin que les femmes puissent bénéficier des initiatives canadiennes de développement et y participer. Le principal facteur de réussite semble avoir été la volonté d'exécution et l'engagement de l'Agence canadienne et des institutions locales à identifier les enjeux liés à l'égalité entre les sexes, en lien direct avec le projet, et à y consacrer des ressources appropriées et suffisantes. Il apparaît donc qu'à cette époque, cet engagement était maîtrisé par certains intervenants canadiens (ONG, secteur privé) et nationaux (organismes partenaires, spécialistes en différences sexuées), mais que celui-ci n'était toujours pas perçu par l'ensemble de la coopération canadienne comme une composante essentielle de la problématique du développement. Nombreux ont été les intervenants qui ont eu plutôt tendance à considérer les questions d'égalité entre les sexes comme une exigence propre à l'ACDI (McCann, 1998).

Néanmoins, en dépit des efforts de la direction IFD/GED et des formations dispensées de façon systématique au sein de l'institution, une bonne partie du personnel ou des dirigeants de l'ACDI de l'époque ne considéraient toujours pas que l'inégalité entre les sexes constitue l'une des plus sérieuses contraintes au développement[13]. Il en découle que cette démarche est demeurée dans la pratique à la périphérie de l'ensemble de la programmation de l'ACDI, que les apports significatifs constatés en matière de différences sexuées dans la programmation ont été surtout redevables aux initiatives individuelles (spécialistes en différences sexuées, responsables

---

13. « *The 1992 Corporate Evaluation found that virtually everyone agrees that gender equality is a constraint to development ; but a little more than half the bilateral staff believe that is not among the most serious ones* » (ACDI, 1998 : A7).

et chargés de projet plus réceptifs) et que les résultats les plus probants sont demeurés au niveau de projets spécifiques.

L'approche de l'égalité entre les sexes (depuis 1999)

La mise à jour de la politique de l'ACDI en matière d'égalité entre les sexes en 1995 a bénéficié d'une conjoncture particulièrement favorable qui a redonné un nouvel élan à l'intégration de la promotion de l'égalité entre les sexes dans l'aide canadienne. Après un long processus de consultation populaire, au cours duquel les regroupements de femmes se sont particulièrement mobilisés, la révision de la politique étrangère par le gouvernement reconnaît comme l'une des six priorités de l'aide canadienne au développement « le soutien à la pleine participation des femmes, à titre de partenaires égales, au développement durable de leurs sociétés » (ACDI, 1997a: 10). Puis, les engagements pris par le Canada sur la scène internationale dans divers forums consacrés à la reconnaissance des droits des femmes de même que ceux du programme d'aide canadien de tenir compte de l'égalité entre les sexes dans ses activités relatives à la lutte contre la pauvreté ont fait émerger un consensus sur la nécessité de mettre les femmes au centre de la politique de développement (ACDI, 1996a).

La politique d'égalité entre les sexes est devenue effective un peu avant la tenue de la quatrième Conférence mondiale des Nations Unies sur les femmes tenue à Beijing en 1995, laquelle a eu d'importantes répercussions pour la coopération internationale. C'est à la suite de cette conférence, qui peut être vue comme l'aboutissement de la réflexion initiée à la conférence de 1975, que la coopération internationale a officialisé sa position quant à la reconnaissance du rôle central des femmes dans le développement et qu'elle s'est fixé comme objectif l'égalité entre les sexes. Le *Programme d'action* de Beijing énonce en effet un plan en 12 points qui, depuis, constitue le cadre de référence de l'action internationale en matière d'égalité entre les sexes. Les engagements à promouvoir l'égalité entre hommes et femmes ont, entre autres, été réitérés par les membres du Comité d'aide au développement (CAD) de l'Organisation de coopération et de développement économiques (OCDE), dont le Canada (OCDE, 1999; OCDE/CAD, 1999).

En raison de cette évolution impulsée à la fois par les groupes de femmes au Canada et par les institutions internationales, l'ACDI a donc entrepris une refonte de la politique formulée en 1995 par le biais d'une vaste consultation des femmes canadiennes et des femmes des pays en développement (ACDI, 1996b). De cet exercice, il est ressorti une vision de la problématique de l'égalité entre les sexes qui considère que le développement durable, et plus particulièrement la réduction de la pauvreté, ne pourra se réaliser sans l'élimination des inégalités entre les femmes et les hommes. Cette redéfinition des priorités s'est concrétisée en 1999 par une politique promouvant l'égalité et devant, à titre de thème transversal, être mise en application dans tous les projets et programmes d'aide canadiens (ACDI, 1999). La nouvelle politique se concentre ainsi sur l'objectif de l'égalité entre les femmes et les hommes plutôt que sur les femmes en tant que groupe ciblé.

L'AIDE VISANT L'ÉGALITÉ ENTRE LES HOMMES ET LES FEMMES DANS LE PROGRAMME CANADIEN

Cette section a pour but de décrire et d'analyser la mise en œuvre de la politique actuelle d'égalité entre les sexes de l'ACDI. Les aspects traités portent à la fois sur les mesures utilisées pour intégrer la dimension des différences sexuées sur le plan opérationnel et sur les résultats obtenus par le programme canadien visant l'égalité entre les femmes et les hommes dans les pays récipiendaires.

Stratégie et instruments pour traiter les différences entre les sexes

L'approche intégrée a été choisie comme la stratégie appropriée pour réaliser l'objectif d'égalité entre les sexes dans le programme d'aide canadien. Tant à l'échelle des programmes qu'à celui des projets, une telle démarche implique d'identifier les déséquilibres existants et les discriminations en matière de différenciation entre les sexes afin de les corriger par des mesures positives. Concrètement, cela signifie que cette analyse doit être répétée à chaque étape du cycle de projet (planification, mise en œuvre et évaluation). Ce processus continu fait de l'égalité entre les sexes un thème transversal de toutes les politiques, programmes et priorités de l'ACDI et la responsabilité d'appliquer cette approche devient dès lors du ressort de tous les intervenants. Pour en assurer l'intégration sur le plan opérationnel, l'ACDI a élaboré divers outils, lignes directrices ou guides pour orienter l'action des différents intervenants (personnel de l'ACDI, consultants, agences d'exécution et évaluateurs) (ACDI, 1995b ; 1997b ; 2005a). Les efforts ont été dirigés vers la conception d'une méthodologie axée sur l'identification d'indicateurs de résultats différenciés selon le sexe et l'instauration d'un dispositif de suivi et d'évaluation à l'échelle des projets compilant des données ventilées selon le sexe. En principe, les partenaires canadiens et nationaux sont tenus d'appliquer cette méthodologie dans la mise en œuvre de leurs projets afin d'assurer l'obtention de résultats en matière d'égalité entre les hommes et les femmes.

Les outils méthodologiques et les cadres d'analyse élaborés par l'ACDI sont jugés novateurs et utiles et peuvent être considérés comme des modèles pour les autres donateurs[14]. Cependant, en dépit des ressources financières investies dans la création de ces outils, il semble que leur usage ait eu une portée limitée et que les compétences dans ce domaine semblent loin d'être acquises par l'ensemble des intervenants canadiens (Hunt et Brouwers, 2003 : 43).

Résultats en matière de différences sexuées dans le cadre du programme d'aide canadien

Dans l'esprit des participantes à la Conférence de Beijing, l'approche intégrée en matière d'égalité devait produire une nouvelle définition du développement. La politique d'égalité de l'ACDI a-t-elle, dans son application, façonné le programme de développement des acteurs canadiens ?

Pour être en mesure de répondre à cette question, il est nécessaire de se pencher sur les résultats obtenus concernant l'intégration de la différenciation entre les sexes lors de la planification des projets. À cette fin, à partir de la banque de données du Comité de l'aide au développement de l'OCDE, nous avons procédé à notre propre compilation des données relatives à l'aide canadienne depuis 1999 pour identifier les activités ou

---

14. Évaluation recueillie auprès de consultants et spécialistes des différences entre les sexes par l'entremise d'un questionnaire ou d'une entrevue, juillet et août 2006.

projets qui visent l'égalité entre les hommes et les femmes sur la base de la différenciation entre les sexes qui est faite à l'OCDE[15]. Ce marqueur distingue en effet les projets selon le degré de prise en compte de l'égalité entre les hommes et les femmes au moment de leur planification, et ce, sur la base des critères énoncés dans l'encadré suivant.

Le marqueur genre

ES objectif principal: projets poursuivant la promotion de l'égalité homme-femme comme objectif principal

ES objectif significatif: projets poursuivant l'égalité homme-femme comme un de leurs objectifs

Pas d'objectif ES: projets n'ayant retenu aucun objectif en matière d'égalité homme-femme

ES non pris en considération: projets n'ayant pas fait l'objet d'une vérification en matière d'égalité homme-femme

Les figures qui suivent sont des représentations graphiques des données statistiques que nous avons cumulées sur les engagements de l'aide canadienne en matière de différenciation sexuée depuis l'adoption de sa politique d'égalité. Comme illustré dans la Figure 5.1, l'analyse de l'intégration de la dimension de l'égalité entre les sexes (que nous appellerons ES) dans le programme d'aide bilatérale canadien montre que des progrès évidents ont été accomplis dans les premières années qui ont suivi la formulation de la politique d'égalité. De 1999 à 2002, le nombre de projets dont l'un des objectifs principaux était l'égalité entre les hommes et les femmes est ainsi passé de 9 à 29 % du total des projets planifiés durant cette période.

---

15. Cette banque est constituée des informations transmises annuellement par les membres au Comité de l'aide au développement (CAD) de l'OCDE concernant leurs engagements au titre de l'Aide publique au développement. Dans cette démarche, les membres du CAD utilisent le même marqueur de différence entre les sexes pour identifier les activités ou projets qui visent l'égalité entre les hommes et les femmes. La base de données du CAD permet à un usager externe d'affiner l'analyse statistique à l'échelle d'un membre donateur individuel.

FIGURE 5.1
Intégration de l'égalité homme-femme (ES)
dans le programme d'aide canadien, 1999-2004

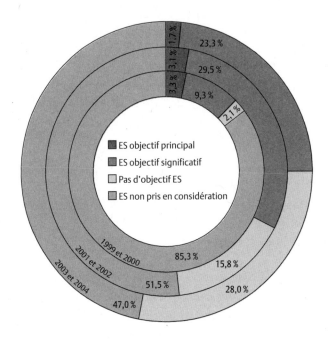

Source: Compilation de l'auteure à partir de la base de données SNPC du CAD/OCDE, juillet 2006.

La tendance générale révèle cependant un fléchissement quant à l'intégration de l'ES comme thème transversal au cours des dernières années. L'analyse par sous-période indique clairement qu'il ne s'agit pas d'une situation où les progrès seraient lents mais continus. En effet, le nombre de projets retenant l'ES comme l'un de leurs objectifs a diminué depuis 2002, et les projets ne faisant état d'aucun objectif en matière d'ES se sont faits plus nombreux dans la sous-période 2003-2004. Cela témoigne d'une perte d'initiative ou de cohérence au sein de l'agence. Les données suggèrent qu'avec plus de 50 % des projets ne prenant pas en considération la dimension ES, les changements institués dans les pratiques institutionnelles de l'agence ont manqué de consistance lors de la programmation.

La Figure 5.2 montre bien que l'essentiel de l'aide canadienne visant l'égalité entre les hommes et les femmes est le fait du secteur du développement social, avec 60 % des projets retenant l'ES comme objectif principal ou significatif[16]. À titre indicatif, ce secteur regroupe les sous-secteurs d'intervention concernés par les principaux besoins des femmes dans les pays en développement (éducation de base, santé, eau).

FIGURE 5.2
Répartition des projets intégrant l'égalité homme-femme pour les 4 principaux secteur d'intervention, 1999-2004

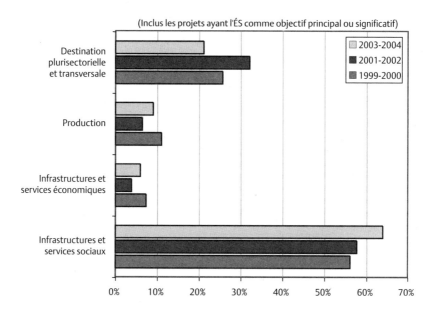

L'amélioration des conditions matérielles des femmes des pays pauvres fait depuis longtemps l'objet de l'attention des pays donateurs ayant mis en pratique l'approche conceptuelle de l'IFD, ce qui est le cas du Canada. Aussi, la prise en considération de la problématique de l'égalité entre les sexes dans les projets de développement social reflète la continuité des engagements de l'ACDI et des ONG canadiennes dans ce domaine.

---

16. Les engagements des membres du CAD au titre de l'Aide publique au développement sont regroupés en sept secteurs d'intervention. Pour les fins de cette étude, ont été retenus quatre, ceux-ci représentant la quasi-totalité (99 %) des projets canadiens notifiés au secrétariat du CAD pour la période considérée. Les données de 2005 ont été également écartées car provisoires et incomplètes.

Celles-ci sont en effet très présentes dans ce secteur d'intervention, et plusieurs d'entre elles ont développé leur propre expertise en matière de sexes et d'égalité. Selon les informations affichées par l'Association québécoise des organismes de coopération internationale sur son site Internet, 47 de ses 53 organisations membres déclarent appliquer une approche d'égalité entre les sexes[17].

Une analyse plus détaillée du secteur développement social met en exergue (voir Figure 5.3) que l'éducation et la santé génésique (population et fertilité) sont les deux sous-secteurs qui font preuve d'une véritable intégration de la problématique de l'égalité entre les hommes et les femmes dans leurs projets planifiés pour l'ensemble de la période étudiée.

FIGURE 5.3
Égalité homme-femme et développement social, 1999-2004

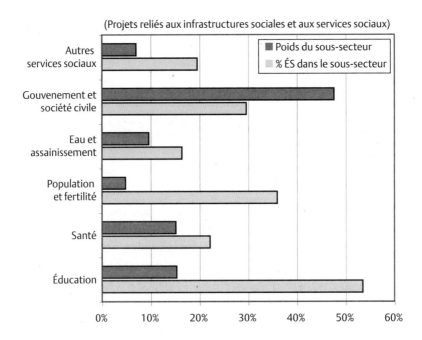

---

17. <htpp://www.aqoci.qc.ca>, page consultée le 10 juin 2008.

Ce constat reflète les Objectifs du Millénaire pour le développement (OMD) en éducation et les priorités énoncées par l'ACDI en matière de lutte contre le VIH/sida, lequel affecte tout particulièrement les femmes en Afrique subsaharienne[18]. Par contre, les interventions destinées au renforcement des capacités des structures gouvernementales et de la société civile (incluant les mesures en matière de consolidation de la paix et de renforcement de la participation politique) ne se montrent que modérément soucieuses de la question ES (30 %). Avec 1 198 des 2 515 projets du secteur social, ce sous-secteur concernant la gouvernance dans toutes ses dimensions est pourtant susceptible de comprendre des interventions affectant les droits des femmes, que ce soit pour le développement des services juridiques et judiciaires, pour un meilleur fonctionnement de la fonction publique, pour la décentralisation des pouvoirs ou encore pour l'appui à une réforme constitutionnelle ou électorale. Dans le sous-secteur de la santé de base, qui constitue avec l'éducation de base des champs d'intervention essentiels pour la réalisation des OMD, les résultats sont également mitigés.

Alors que l'aide canadienne dans les secteurs liés au bien-être économique (production, infrastructures et services économiques) constitue un tiers de l'aide bilatérale (33 % en 2003-2004), une faible proportion vise l'égalité entre les hommes et les femmes. En fait, la Figure 5.4 montre que certains sous-secteurs sont résolument imperméables à la question ES (communications, commerce et tourisme, actions se rapportant à la dette). Le programme canadien ne peut espérer contribuer de manière significative à renforcer la sécurité économique et les droits économiques des femmes dans les pays en développement sans que les projets dans ces secteurs, qui représentent les investissements les plus importants, ne soient mieux définis en fonction des contraintes et des inégalités entre les hommes et les femmes.

---

18. Plusieurs objectifs du Millénaire concernent plus particulièrement l'égalité entre les hommes et les femmes. Objectif 2 : Assurer l'éducation primaire pour tous. D'ici à 2015, donner aux garçons et filles, partout dans le monde, les moyens d'achever des études primaires ; objectif 3 : Éliminer les disparités entre les sexes dans les enseignements primaire et secondaire d'ici à 2005 et à tous les niveaux en 2015 ; objectif 5 : Améliorer la santé maternelle – réduire de trois quarts d'ici 2015 le taux de mortalité maternelle (Source : Nations Unies, 2005).

FIGURE 5.4

Égalité homme-femme et bien-être économique, 1999-2004

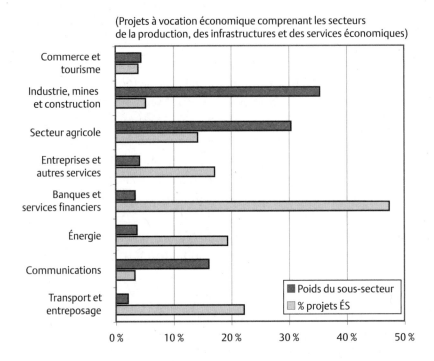

(Projets à vocation économique comprenant les secteurs de la production, des infrastructures et des services économiques)

L'agriculture étant une activité économique où les femmes en tant que productrices sont très présentes dans les pays en développement, il est étonnant d'y constater la faible intégration de la dimension ES en tant qu'objectif principal ou significatif (14 %). Pourtant, les leçons tirées de l'expérience sur la nécessité de prendre en considération les besoins et les contraintes des productrices agricoles sont nombreuses et bien connues. Comme le montre la Figure 5.4, la seule exception notable par rapport à la préoccupation ES est, avec 47 %, le sous-secteur des banques et des services financiers, qui inclut les activités de la microfinance, laquelle est en général soucieuse de rejoindre les petites opératrices économiques parmi ses clientèles ciblées. La microfinance a en effet été, après le Sommet mondial de 1997, reconnue comme un moyen privilégié de lutte contre la pauvreté et il s'avère que la population pauvre est majoritairement féminine.

Du fait de la politique d'égalité entre les sexes, les projets spécifiquement destinés aux femmes sont moins nombreux que durant la période précédente. Mais leur bilan demeure positif. Au Kenya, le *Gender Fund* (Fonds pour l'égalité entre les sexes) a donné un appui stratégique à un hôpital pour qu'un de ses services dispense des traitements spécialisés pour les femmes victimes de violence. Seule unité médicale dans ce pays offrant ce service, elle constitue tant par les soins fournis que par ses activités de plaidoyer un modèle qui est reproduit ailleurs dans la région. L'examen de quatre *Gender Funds* opérant dans la région des Andes (Colombie, Équateur, Bolivie et Pérou) met aussi en lumière la capacité de ces fonds à générer des résultats sur le plan du développement, et ce, en dépit des montants relativement modestes qui leur sont consacrés[19]. Ces fonds ont privilégié des actions destinées à rééquilibrer la représentation politique des femmes dans le cadre des pouvoirs décentralisés ainsi qu'à l'échelle nationale en leur fournissant l'opportunité d'acquérir les capacités managériales et de leadership essentielles à leur pleine participation (Byron *et al.*, 2003).

Par ailleurs, certains projets ont permis de répondre aux enjeux associés aux conflits contemporains et constituent des exemples des retombées positives que peuvent engendrer des programmes tenant compte de la lutte pour l'égalité entre les sexes dans les situations postconflictuelles. Le programme d'une ONG canadienne au Pérou, à travers ses partenaires locaux, a appuyé des organisations locales afin de leur permettre de déterminer comment les femmes étaient affectées par la violence et d'influer ainsi sur la politique et les actions du gouvernement péruvien (Gander, 2000 : 44 et 52). Au Rwanda, l'appui d'ONG canadiennes au renforcement des capacités d'organisations paysannes a favorisé une politique d'adhésion inclusive et le principe de parité lors des élections aux postes de décision ; les résultats obtenus par leurs interventions ont créé les conditions pour une participation effective des femmes à la gouvernance des instances locales) (Gervais, 2005a : 197-198 ; 2004 : 301-314).

En somme, l'approche intégrée en ES est mieux appliquée et maîtrisée dans les projets en éducation et dans le secteur social que dans les projets à vocation économique, agricole ou environnementale[20]. L'analyse des projets en fonction du marqueur ES met en relief la très faible intégration

---

19. Les projets financés varient entre 50 000 et 100 000 $.
20. Ce constat rejoint la tendance observée pour l'ensemble des donateurs par Mirjan van Reisen, 2005 : 19.

de la problématique ES dans les projets qui ne portent pas spécifiquement sur les droits des femmes et leur autonomisation (participation paritaire dans les instances associatives, administratives et politiques). Sur le plan de la programmation par pays, le souci d'appliquer l'approche intégrée en ES est apparent. L'analyse de six cadres de programmation-pays (CPP) de l'ACDI reflétant ses aires géographiques d'intervention permet de constater que tous réitèrent la transversalité de l'ES et incluent une analyse des différenciations sexuées[21]. Cependant, aucun des CPP analysés ne donne d'indications sur la manière dont l'ES s'arrime (à l'exception de celui du Rwanda) à la programmation globale par rapport aux priorités retenues pour l'aide canadienne dans le pays. Or, la pratique nous a enseigné que lorsque les objectifs sont vagues en ES, il est difficile de les opérationnaliser et encore plus d'en mesurer les effets et les impacts. L'existence d'autres thèmes transversaux (comme la gouvernance pour le CPP du Bangladesh) ou d'initiatives spécifiques (*Gender Funds* en Bolivie) fait craindre que l'ES ne reçoive pas toute l'attention nécessaire lors de la planification des activités. De plus, en l'absence d'indicateurs clairement établis à l'échelle de la programmation-pays, il est difficile de savoir en quoi le CPP sera ou a été significatif en termes de résultats en matière d'ES. La responsabilité demeure ainsi à l'échelle des projets dont l'hétérogénéité rend ardue une appréciation globale des résultats atteints par la programmation-pays.

L'ACDI a effectué des interventions utiles dans le domaine de l'égalité entre les sexes, mais n'a pas réussi à intégrer le thème à toutes ses activités d'une manière vraiment transversale contrairement à ce que suggèrent les rapports annuels destinés au public canadien (ACDI, 2005b : 5 et 28). En fait, on retrouve très peu de mentions des enjeux de la différenciation entre les sexes dans ces documents et les expériences citées concernent davantage les actions entreprises dans le cadre des *Gender Funds*.

Plusieurs facteurs peuvent être avancés pour expliquer ce bilan mitigé :

- l'intérêt ou la maîtrise, variable selon les directions, pour les questions de différences sexuées au sein de l'ACDI ;

---

21. Cadres de programmation-pays de l'ACDI pour le Bangladesh 2003-2008 ; Bolivie 2003-2007 ; Mali 2005-2010 ; Burkina 2001-2011 ; Vietnam 2004-2009 ; Rwanda 2005-2011.

- l'apparition de nouveaux thèmes transversaux (environnement, gouvernance) qui crée une certaine confusion quant à l'importance de la politique de l'ES par rapport aux autres priorités retenues par l'ACDI ;
- la compréhension inégale de l'ES par les partenaires canadiens et leurs homologues dans les pays en développement.

Enfin, la multiplication des sujets et des secteurs d'intervention accroît la complexité de la tâche des spécialistes des différences entre les sexes qui se retrouvent souvent seuls au sein des équipes de planification et de suivi à utiliser l'approche intégrée[22].

Depuis que la dimension de l'ES est un thème transversal devant se refléter dans l'ensemble des activités des projets canadiens, il est pratiquement impossible de chiffrer les ressources financières qui lui sont consacrées. Cette perte de visibilité n'est toutefois pas contrebalancée par une meilleure compilation des résultats de développement obtenus (Hunt et Brouwers, 2003 : 38). L'ACDI éprouve des difficultés à documenter les résultats du développement découlant de ses actions et ce constat s'applique de manière encore plus aiguë lorsqu'il s'agit de savoir dans quelle mesure l'ACDI a permis d'améliorer la situation de l'égalité entre les hommes et les femmes dans les pays en développement. Sur ce point, le portrait est similaire à celui d'autres donateurs reconnus pour leur engagement en matière d'égalité entre les sexes (Lexow et Hansen, 2005[23]). Par ailleurs, l'efficacité du thème transversal repose sur la capacité des agences développementales et de leurs partenaires à assimiler et à traduire dans la pratique l'objectif d'égalité entre les sexes. Or, les constats démontrent que la complexité d'introduire une politique transversale dans les programmes de développement a été sous-estimée tant par l'ACDI que d'autres bailleurs de fonds. Sa mise en œuvre dans les projets bilatéraux requiert une action concertée entre l'ACDI, l'agence d'exécution et les partenaires locaux (dont les autorités de tutelle) pour en arriver à une vision commune des résultats à atteindre. Or, comme le démontrent amplement les données compilées, cet exercice est loin d'être systématique et indique que l'égalité entre les

---

22. Selon les témoignages recueillis auprès de consultants et de spécialistes des différences entre les sexes.
23. L'étude a analysé 63 rapports d'évaluation produits entre 1997 et 2004 dans le cadre de la coopération norvégienne.

sexes ne fait pas l'objet d'une priorité absolue parmi les interlocuteurs du Canada.

PERSPECTIVES EN MATIÈRE D'ÉGALITÉ ENTRE LES HOMMES ET LES FEMMES POUR L'AIDE CANADIENNE

Un nouveau modèle de coopération pour le développement, fondé sur un partenariat plus étroit avec les pays récipiendaires, est en train de s'imposer au sein de la communauté internationale. Cette section aborde les principaux enjeux pour l'aide canadienne visant l'égalité entre les hommes et les femmes dans son application au regard de ce nouveau modèle qualifié d'approche-programme[24].

La livraison de l'aide dans le cadre de l'approche-programme implique un alignement du programme canadien sur les priorités et stratégies sectorielles retenues par ses pays partenaires. Cette approche insiste toutefois sur l'importance d'une bonne gouvernance et d'un enchaînement propice des réformes dans les pays partenaires pour garantir une utilisation efficace des investissements au titre de l'aide (ACDI, 2002). Dans ce contexte, quels sont les facteurs de congruence entre la problématique de gouvernance et d'efficacité du développement et l'émancipation des femmes comme facteur décisif dans l'élimination de la pauvreté ?

Dans la foulée des processus d'allègement de la dette publique, les institutions financières internationales ont requis des pays à faibles revenus que ceux-ci modifient leurs politiques et leurs programmes publics de lutte contre la pauvreté. La formulation d'un document stratégique de réduction de la pauvreté (DSRP) a été posée comme condition préalable à un financement accru de l'aide par la communauté des bailleurs de fonds et, à l'usage, est devenue le cadre principal de mobilisation et de programmation de l'aide extérieure pour les pays à faibles revenus. Dans la pratique,

---

24. Une approche-programme privilégie le soutien des donateurs aux programmes d'ensemble élaborés et pilotés par les pays partenaires en place et lieu des approches-projets plus traditionnelles. De plus en plus, les approches-programmes sont financées par la mise en commun de fonds (les donateurs rassemblent leurs fonds respectifs dans un fonds commun) et par le soutien budgétaire direct (les fonds sont transférés directement à un gouvernement afin qu'ils soient investis dans sa propre programmation).

la plupart des DSRP appliqués en Afrique subsaharienne se sont avérés imperméables aux inégalités entre sexes, et ce, malgré la corrélation établie avec la pauvreté (Zuckerman et Garret, 2003).

Pour nombre de gouvernements de pays en développement, l'égalité entre les sexes ne constitue pas une priorité essentielle ou la compréhension qu'en ont leurs administrations s'apparente davantage à celle de l'approche IFD qu'à celle de l'intégration de l'égalité entre les sexes aux programmes associés à la lutte contre la pauvreté. Ainsi, ils ont tendance, au mieux, à confiner les besoins des femmes pauvres aux domaines de l'éducation et de la santé. Pour ceux qui, comme le Rwanda, ont fait un effort d'analyse de la différence entre les sexes lors des enquêtes préliminaires à la rédaction du DSRP, on note quand même l'absence d'activités explicites ou de résultats mesurables et un manque flagrant d'allocation de ressources financières destinées à la lutte contre les inégalités entre les sexes au moment de la planification des cadres d'action (Gervais, 2005b : 146 et 148). Ces constats révèlent que l'imposition de la problématique de la différenciation entre les sexes au niveau macro dépasse largement l'expertise technique et le plaidoyer pour attirer l'attention des décideurs sur son importance[25]. Même si plusieurs des ministères chargés de la promotion de la femme dans les pays en développement ont bénéficié d'un appui institutionnel important de la part de bailleurs de fonds pour renforcer leurs capacités en la matière, leur influence est demeurée limitée en comparaison d'autres ministères comme celui des finances dont relèvent l'application et le suivi des stratégies de réduction de la pauvreté. Au Malawi, notant l'absence de la dimension des différences entre les sexes dans la première version du DSRP, le Canada a insisté pour fournir une assistance technique sur le sujet, en dépit de la forte réticence manifestée par le ministère de l'Économie et des Finances. On peut s'interroger cependant sur la portée réelle de ce type d'intervention en termes d'appropriation par les responsables nationaux de la mise en œuvre du programme. Par ailleurs, le nombre de

---

25. L'examen, par exemple, de l'impact de politiques économiques sur l'accès et le contrôle des ressources par les femmes et les hommes dans les secteurs productifs ou comment les politiques macroéconomiques et les actions en faveur de la réduction de la pauvreté peuvent altérer les opportunités et les contraintes auxquelles les hommes et les femmes font face de manière différente.

conditions rattachées au décaissement des tranches successives de financement fait en sorte que, lors des discussions avec les bailleurs de fonds, la différence entre les sexes est souvent écartée au profit d'un calendrier plus conventionnel de réformes économiques et administratives[26]. En fait, dans l'application de certaines réformes comme celles concernant la fonction publique, on peut même parler d'effet contre-productif par rapport aux questions d'inégalité entre les sexes (comme la réduction du personnel dans les ministères chargés de la promotion des femmes).

Les problèmes, précédemment discutés, dans l'application des stratégies de réduction de la pauvreté par rapport à la transversalité des sexes laissent présager ceux auxquels font face les approches-programmes. Dans ce nouveau cadre, les interventions sont conçues en appui à l'ensemble d'un secteur en lieu et place des interventions traditionnelles selon un mode de projets indépendants. Ainsi, les donateurs participent moins directement à la gestion de l'aide et à son suivi. Sur la base des premières expériences de l'ACDI et des autres membres de l'OCDE en matière d'approche-programme, il apparaît que les enjeux entourant les différences entre les sexes ne se traduisent pas de façon explicite en interventions spécifiques et se voient encore moins assigner de ressources budgétaires spécifiques (Reisen, 2005 : 12). Une approche-programme en agriculture peut ainsi prétendre se concentrer sur les femmes, étant donné qu'elles constituent la majorité des exploitants agricoles, tout en s'abstenant de prendre des mesures appropriées pour tenir compte de leurs besoins et intérêts particuliers[27].

Lors de sa participation au programme sur le VIH/sida au Malawi avec d'autres donateurs, l'ACDI a éprouvé des problèmes similaires : pas de référence à l'objectif d'égalité, absence de collecte de données désagrégées selon le sexe et processus de suivi et d'évaluation imperméable aux différences entre sexes. Cet exemple montre que le support des donateurs est variable par rapport à la dimension de l'égalité entre les sexes et que l'adhésion de plusieurs bailleurs de fonds se limite bien souvent à énoncer

---

26. Comme dans le cas du premier DSRP au Ghana où l'ACDI a contribué pour 93 000 000 $CA sur une période de six ans.
27. Ce qui correspond à la situation observée pour le programme sectoriel en agriculture rendu public au Rwanda en juin 2005.

le principe de l'intégration transversale de l'égalité entre les hommes et les femmes (IANWGE, 2005 : 6). Dans ce contexte, le fait pour l'ACDI de n'être qu'un acteur parmi d'autres – lesquels apportent souvent des moyens financiers beaucoup plus importants – ne lui permet pas d'insister sur les questions d'égalité autant que dans un contexte de programmation bilatérale traditionnelle. À ce titre, l'harmonisation et la coordination des aides restreignent les possibilités d'innover et de « faire autrement » qui singularisaient jusqu'ici des donateurs bilatéraux comme le Canada (Gervais, 1997 : 272-278).

Par ailleurs, les ministères sectoriels concernés dans les pays en développement n'ont pas réussi à intégrer cette approche dans leurs interventions, laissant tout ce qui touche à l'égalité entre les sexes au ministère de la Promotion de la femme ou son équivalent. Aussi, l'intégration de l'analyse des différences entre sexes et sa prise en considération dans les approches-programmes ne dépendent pas uniquement de la volonté et des capacités des représentants d'un donateur lors de négociations autour d'un programme sectoriel pour engager un dialogue constructif avec les gouvernements sur cette problématique. Les progrès dans ce cadre relèvent davantage de la volonté et des capacités des gouvernements nationaux à introduire dans leurs programmes sectoriels des mécanismes d'imputabilité et d'ingénierie financière, de s'entendre avec les bailleurs de fonds sur des résultats précis à atteindre et de produire les données désagrégées selon le sexe nécessaires à leur vérification. Or, la responsabilité de faire en sorte que les gouvernements considèrent la transversalité de l'égalité entre les sexes dans leurs programmes sectoriels comme prioritaires revient en premier lieu aux sociétés qui ont élu ces gouvernements, les donateurs ayant davantage un rôle instrumental. Toutefois, s'il est clair que la communauté des bailleurs de fonds ne doit pas se substituer à la société civile, cela ne la dispense pas d'appuyer les réseaux de femmes nationaux dans leurs efforts pour infléchir les gouvernements et soumettre leurs propres recommandations.

Les expériences récentes dans ce domaine montrent également que l'application de l'approche-programme pose des difficultés sérieuses en matière de suivi et d'évaluation. Les donateurs bilatéraux ont jusqu'ici exercé un suivi rapproché de leurs projets et programmes ; cela est encore plus vrai pour un donateur comme le Canada qui n'octroie depuis 1977 que des financements sous forme de dons aux pays à faibles revenus. L'ACDI se retrouvait alors dans une position où, dans le cadre de ses projets, elle pouvait mettre en pratique l'intégration de l'égalité entre les sexes avec l'accord tacite des ministères de tutelle[28]. Or, dans l'approche-programme, les donateurs comme le Canada acceptent implicitement une forme de « désengagement » en matière de suivi avec la mise en commun des fonds respectifs de chaque donateur pour les financements dans un secteur. La responsabilité est plus diffuse (partagée entre le ministère sectoriel et tous les donateurs impliqués) et, dans certains pays, les ministères sectoriels responsables du développement ne sont pas nécessairement prêts à consacrer des ressources significatives pour appliquer la perspective de l'égalité entre les sexes. En d'autres termes, il s'avère aussi complexe d'intégrer la dimension de la différenciation entre les sexes dans l'approche-programme que cela l'a été dans l'approche-projet traditionnelle, déjà loin d'être parfaite.

L'examen global de l'aide canadienne visant l'égalité entre les sexes permet de conclure que l'ACDI a été énergique dans ce domaine depuis 1984 avec des projets spécifiques destinés aux femmes, l'obligation de tenir compte de la différenciation entre les sexes, de même que le développement d'outils analytiques et la formation de son personnel. Le point culminant a été l'adoption de l'égalité entre les sexes comme thème transversal devant être appliqué dans tous les projets et programmes. L'analyse statistique réalisée pour la période 1999-2005 et les témoignages recueillis auprès de différents intervenants indiquent cependant une forte variabilité dans la prise de conscience sous-tendant cette politique, de sorte que celle-ci se révèle inconsistante sur le plan de la mise en œuvre. L'analyse et nos observations empiriques dans les pays en développement montrent en effet que, dans la pratique, l'intégration de l'égalité entre les sexes, telle qu'elle a été initialement conçue, peine à devenir un fait accompli au sein de la coopération canadienne et à dépasser, dans bien des cas, le stade des résultats opérationnels.

Cela dit, il n'en demeure pas moins que l'aide canadienne s'est nettement démarquée par la constance de ses engagements à soutenir l'émancipation

---

28. Dans le cadre de l'aide bilatérale, il s'agit du ministère qui copréside avec l'ACDI le comité conjoint de coordination chargé de superviser et d'orienter la mise en œuvre du projet.

des femmes et, à cet égard, a su innover dans ses réponses aux besoins et aux intérêts stratégiques des femmes dans les pays en développement. En tant que donateur bilatéral, le Canada a également joué un rôle de premier plan auprès des partenaires nationaux et des autres donateurs en faveur de l'introduction des enjeux entourant les différences entre les sexes dans les cadres d'action des stratégies de réduction de la pauvreté et des programmes sectoriels.

Pour l'aide canadienne, le principal défi demeure donc, tant dans l'approche-programme que dans l'approche-projet, de perpétuer cet engagement en faveur de l'égalité entre les sexes et de le porter au-delà des orientations politiques, vers des changements tangibles dans les pays en développement.

RÉFÉRENCES BIBLIOGRAPHIQUES

ACDI (1986), *Les femmes dans le développement. Plan d'action de l'ACDI*, Hull, ACDI.

ACDI (1987), *Rapport annuel de l'ACDI. 1986-1987*, Hull, ACDI.

ACDI (1993), *Gender as a Cross-Cutting Theme in Development Assistance – An Evaluation of CIDA's WID Policy and Activities, 1984-1992*, Hull, ACDI.

ACDI (1995a), *Politique de l'ACDI en matière d'intégration de la femme au développement et d'égalité des sexes*, Hull, ACDI.

ACDI (1995b), *Guide des indicateurs tenant compte des écarts entre les hommes et les femmes*, Hull, ACDI, Direction de l'IFD/ES.

ACDI (1996a), *Politique de l'ACDI en matière de réduction de la pauvreté*, Hull, ACDI.

ACDI (1996b), *WID/GE Performance Review: Survey of Southern Women. Final Report*, Hull, ACDI, Direction générale de l'examen du rendement.

ACDI (1997a), *Notre engagement à l'égard du développement durable*, Hull, ACDI.

ACDI (1997b), *Manuel pour les projets. Pourquoi et comment utiliser des indicateurs tenant compte des écarts entre les hommes et les femmes*, Ottawa, Ministère des Travaux publics et Services gouvernementaux Canada.

ACDI (1998), *Women in Development and Gender Equity, 1992-1995. Performance Review Report*, Hull, ACDI/Direction générale de l'examen du rendement.

ACDI (1999), *Politique de l'ACDI en matière d'égalité entre les sexes*, Hull, ACDI.

ACDI (2002), *Énoncé de politique en faveur d'une aide internationale plus efficace*, Hull, ACDI.

ACDI (2005a), *Égalité entre les sexes. Cadre d'évaluation des résultats de l'ACDI*, Gatineau, ACDI/Direction de l'égalité entre les sexes.

ACDI (2005b), *Rapport sur le rendement 2005*, Gatineau, ACDI.

Boserup, Ester (1970), *Woman's Role in Economic Development*, Londres, G. Allen & Unwin.

Byron, Gabriela *et al.*, (2003), *South American Regional Gender Fund. Phase II. Regional Evaluation Report*, Hull, ACDI/Direction des Amériques.

Commission on International Development (1969), *Partners in Development*, New York, Praeger.

Gander, Catherine (2000), *Evaluation of Inter Pares' Program in Peru. Final Report*, Hull, ACDI/Direction des ONG.

Gervais, Myriam (1997), « La bonne gouvernance et l'État africain : la position de l'aide canadienne », dans GEMDEV-Groupement pour l'étude de la mondialisation et du développement (dir.), *Les avatars de l'État en Afrique*, Paris, Karthala : 272-278.

Gervais, Myriam (2004), « Human Security and Reconstruction Efforts in Rwanda : Impact on the Lives of Women », dans Haleh Afshar et Deborah Eade (dir.), *Development, Women and War*, UK, Oxfam : 301-314.

Gervais, Myriam (2005a), « Sécurité humaine, genre et reconstruction au Rwanda », dans Jean-Sébastien Rioux et Julie Gagné (dir.), *Femmes et conflits armés : réalités, leçons et avancement des politiques*, Québec, Presses de l'Université Laval : 179-202.

Gervais, Myriam (2005b), « Lutte contre la pauvreté, décentralisation et projets de développement au Rwanda », dans Bonnie Campbell (dir.), *Réformes institutionnelles, espaces politiques ou les pièges de la gouvernance pour les pauvres*, Paris, Harmattan : 139-160.

Hunt, Juliet et Ria Brouwers (2003), *Review of Gender and Evaluation. Final Report to DAC Network on Development Evaluation*, Paris, OCDE/Comité d'aide au développement.

Inter-Agency Network on Women and Gender Equality (IANWGE) et OECD-DAC Network on Gender Equality (2005), *Aid Modalities and the Promotion of Gender Equality*, Nairobi, IANGWE/CAD/OCDE/Aide Mémoire.

Jahan, Rounaq (1995), *The Elusive Agenda : Mainstreaming Women in Development*, Londres, Zed Books.

Lexow, Janne et Stein Hansen (2005), *Gender and Development – A review of evaluation reports 1997-2004*, Oslo, Norvegian Agency for Development Cooperation (NORAD).

McCann, Barbara (1998), *Création de liens : examen des projets de services d'infrastructure tenant compte de l'intégration de la femme*, Hull, ACDI/Direction de l'IFD et de l'égalité des sexes.

Moser, Caroline (1993), *Gender Planning and Development Theory : Practice and Training*, Londres, Routledge.

Nations Unies (2005), *Objectifs du Millénaire pour le développement. Rapport 2005*, New York, ONU.

OCDE (1999), *Les conséquences de la quatrième conférence mondiale sur les femmes pour la coopération bilatérale pour le développement. Compte rendu du séminaire organisé par le groupe d'experts du CAD sur la participation des femmes au développement à Paris, les 25 et 26 janvier 1996*, Paris, OCDE/Comité d'aide au développement.

OCDE (2005), *Analysis of Aid in Support of Gender Equality 1999-2003*, Paris, OCDE/ Comité d'aide au développement.

OCDE/CAD (1999), *Lignes directrices du CAD pour l'égalité entre les hommes et les femmes et le renforcement du pouvoir des femmes dans le cadre de la coopération pour le développement*, Paris, OCDE/Comité d'aide au développement.

PARPART, Jane, Patricia Connelly et Eudine Barribeau (2000), *Theoretical Perspectives on Gender and Development*, Ottawa, CRDI.

REISEN, Mirjan van (2005), *Accountability Upside Down. Gender Equality in a Partnership for Poverty Eradiction*, Bruxelles, Eurostep & Social Watch.

SEN, Gita et Caren Grown (1987), *Development, Crises and Alternative Visions: Third World Women's Perspectives*, New York, Monthly Review Press; traduit en français par A. Hodgson et M. Perrot-Lanaud (1992), *Femmes du Sud*, Paris, Côté-femmes.

WOODFORD-BERGER, Prudence (2000), *Gender Equality and Women's Empowerment: A DAC Review of Agency Experiences 1993-1998*, Swedish International Development Cooperation Agency/sida Studies in Evaluation 00/01.

ZUCKERMAN, Elaine et Ashley Garret (2003), *Do Poverty Reduction Strategy Papers (PRSPs) Address Gender?*, Washington, Washington Gender Action.

6

L'ACTION HUMANITAIRE CANADIENNE

Yvan Conoir

L'action humanitaire du Canada est un chapitre important de la coopération internationale canadienne. Nous utilisons à dessein le terme de « coopération internationale » puisque nous nous refusons d'intégrer le concept d'aide humanitaire dans celui de l'aide au développement. En effet, pour les adeptes d'une lecture en *continuum* ou cyclique de l'aide humanitaire au développement, l'humanitaire, résultat d'une crise créée par la main de l'homme ou les sursauts de Dame Nature, se développe dans le contexte d'une crise ponctuelle ou durable. Après avoir assuré la survie des populations potentiellement en danger de mort, la phase de reconstruction ou de réhabilitation s'ensuit, précédant la phase du développement proprement dit. À chacune de ces phases participent des acteurs multiples, aux modalités opératoires comme aux philosophies d'intervention très différentes les unes des autres. Aux humanitaires, le temps de « l'urgence », et aux agents de développement, la gestion des cycles pluriannuels de développement. Or aujourd'hui, la lecture des crises contemporaines a beaucoup changé et se présente de manière moins linéaire. Elle n'en continue pas moins à séparer au niveau du terrain les deux champs d'action de ces deux catégories d'intervenants, sans qu'on se soit vraiment demandé comment intervenir et gérer efficacement les problèmes qui surgissent au sein de la « zone grise », celle qui suit la sortie des conflits et qui précède le démarrage des programmes de développement.

Notre souci de garder l'action humanitaire canadienne séparée de l'aide au développement tient au fait que l'action humanitaire du Canada ne s'inscrit pas – ou plus – dans le cadre du seul giron des programmes multilatéraux de l'Agence canadienne de développement international (ACDI). Le développement de l'outil de diplomatie militaro-humanitaire que représente le Disaster Assistance Response Team (DART, ou équipe d'intervention en cas de catastrophe), géré et déployé à la demande des acteurs politiques par le Département de la défense nationale (DND), et le rôle croissant joué par le ministère des Affaires étrangères et du Commerce international (MAECI) dans la définition des politiques humanitaires canadiennes nécessitent une lecture plus globale et diversifiée que la seule analyse quantitative des financements de la programmation humanitaire canadienne par l'intermédiaire de l'ACDI.

Pour commencer, il est important de rappeler ce que nous entendons par « action humanitaire ». Rony Brauman, tout à la fois praticien engagé et chercheur éminent[1], propose la définition suivante : « L'action humanitaire est celle qui vise, sans aucune discrimination et avec des moyens pacifiques, à préserver la vie dans le respect de la dignité, à restaurer l'homme dans ses capacités de choix » (Brauman, 1995 : 9) ; ainsi, elle « n'a pas pour ambition de transformer une société, mais d'aider ses membres à traverser une période de crise, autrement dit de rupture d'un équilibre intérieur » (Brauman, 1995 : 10). Courte durée dans le temps, restauration des capacités antérieures des individus et des communautés et respect de la dignité d'autrui, voilà les valeurs fondamentales qui continuent d'alimenter l'action humanitaire contemporaine[2].

---

1. Docteur, président de Médecins sans frontières pendant 12 ans et aujourd'hui directeur de recherche à la Fondation de MSF (Paris). Dans l'*Encyclopædia Universalis* (1993), Rony Brauman précise le socle moral de l'humanitaire : « Ne pas laisser autrui seul, fût-ce en face de l'inexorable. »
2. Le maintien de l'action humanitaire dans le seul court terme est un concept qui commence à être questionné par certains praticiens. Le président de la Croix-Rouge française a récemment milité pour la conceptualisation d'un « humanitaire durable », lequel « dépasse, tout en l'intégrant, la seule urgence pour conduire le combat contre ce qui avilit, conjurer les facteurs qui fragilisent, permettre à chaque enfant, chaque adulte, d'avoir la vie devant soi » (Mattei, 2005 : 155).

HISTORIQUE ET PLACE DE L'AIDE HUMANITAIRE
DANS L'AIDE CANADIENNE AU DÉVELOPPEMENT

Le gouvernement canadien confie la coordination de son assistance aux victimes de catastrophes au Programme d'assistance humanitaire internationale (PAHI) de l'ACDI. Au départ, dans le cadre de ce programme, l'ACDI versait des contributions au titre des programmes permanents des organismes humanitaires, auxquelles s'ajoutaient d'autres contributions quand survenaient des situations d'urgence justifiant des appels à la générosité de la communauté internationale. Au début des années 1980, dans le cadre de la préparation du Cadre de programmation de l'ACDI, on insiste sur la nécessité d'un « apport accru pour l'assistance humanitaire internationale, dans le but de rendre les bénéficiaires plus en mesure de faire face aux désastres d'ordre naturel ou humain » (CCIC, 1982 : 3-4). Il faudra attendre 1983 pour voir la genèse d'une série de principes directeurs devant guider la politique et les interventions de l'agence. Jusqu'à cette date, les dépenses en matière d'assistance humanitaire de l'ACDI se situaient entre 10 et 30 000 000 $, ce qui incluait les subventions de base aux organismes internationaux (Morrison, 1998 : 209 ; CIDA, 1982 ; 1983)[3].

De 9 100 000 $ en 1978-1979, le budget canadien d'assistance humanitaire est passé à 41 400 000 $ en 1984-1985 (ACDI, 1985). Cette même année, le financement de base des efforts des institutions humanitaires des Nations Unies représentait 32 % du budget du PAHI, alors que la majeure partie du budget d'assistance, 28 100 000 $, soit 68 % du budget du PAHI, est alors investi dans le Fonds de secours pour les victimes de catastrophes[4]. En 1983-1984, parallèlement à son programme permanent du PAHI, l'ACDI versait des « contributions totalisant 100 000 000 $ au titre d'activités d'assistance humanitaire, en bonne partie axée sur l'aide alimentaire d'urgence », canalisées dans des voies multilatérales telles que

---

3. Pour une analyse sur l'absence de politique de l'agence et son impréparation en matière d'action humanitaire, voir David Morrisson (1998 : 513) qui fait référence à Alan J. Taylor, *CIDA in Disasters : A Summary of the Agency's Policies, Procedures and Perceptions.*
4. Essentiellement au profit du Haut-Commissariat des Nations Unies pour les réfugiés (HCNUR).

le Programme alimentaire mondial (PAM) et la Réserve alimentaire internationale d'urgence, dans des voies bilatérales ou non gouvernementales (ACDI, 1985 : 8).

Ce sont les images de famine dans la Corne de l'Afrique en 1984 qui vont faire passer l'ACDI à un niveau supérieur d'intervention. En novembre 1984, on nomme un coordonnateur canadien humanitaire pour combattre la famine en Afrique et l'on crée le Fonds spécial pour l'Afrique en annonçant un investissement de 50 000 000 $ en son sein, ceci incluant 15 000 000 $ pour répondre à la générosité des Canadiens sous le principe du « un dollar pour un dollar »[5]. Ce fut insuffisant et le montant final, dans la foulée des concerts de Bob Geldof, de la mobilisation des Églises et organisations civiles, dépassa toutes les attentes en se fixant à 36 000 000 $. C'est aussi la première fois que l'on vit des organisations non gouvernementales (ONG) canadiennes prendre une part active dans les décisions de programmation de l'ACDI[6]. Ceci eut aussi un effet important sur les affectations budgétaires de l'Agence puisque le plafond budgétaire moyen au PAHI, soit de 2 % de l'enveloppe de l'aide au développement, avait été largement dépassé pour grimper à 4,2 % de l'enveloppe, en grande partie grâce aux investissements consentis dans le cadre de la situation d'urgence en Afrique. La recommandation du Comité permanent des Affaires étrangères et du Commerce international était de maintenir le montant à 2 % du budget de l'Agence, tout en autorisant un 1 % additionnel pour doubler les contributions et donations volontaires (Morrisson, 1998 : 282, 533 et 534, notes 28 et 51).

Dans la foulée du rapport SECOR (Morrisson, 1998 : 314 et 329-333) publié au milieu des années 1990 – lequel prône une rationalisation des pratiques de gestion de l'ACDI, par exemple lutter contre la dispersion géographique caractérisant le déploiement de ses programmes – , un document de politique important recommande en 1992 (*Foreign Policy Update*, approuvé par le Cabinet en 1992 [Morrison, 1998 : 339]) que soit réservée une part relative plus importante des allocations au profit des

---

5. Ce principe implique que le gouvernement ajoute un dollar d'aide pour chaque dollar donné par la population à des organisations humanitaires.
6. Les ONG disposaient de la majorité au Conseil d'administration du Fonds d'urgence pour l'Afrique (Morrison, 1998 : 235 et 521, note 55). Voir aussi Canadian Emergency Coordinator, 1985.

programmes humanitaires en Europe de l'Est «libérée» depuis la chute du mur de Berlin. En 1995, le gouvernement libéral de Jean Chrétien définit dans son livre blanc sur la politique étrangère que

> l'APD canadienne concentrera les ressources disponibles dans six volets prioritaires, à savoir les besoins humanitaires fondamentaux [...]. Le Canada continuera de fournir une aide humanitaire dans les situations d'urgence, et consacrera 25 % de son APD aux besoins humains fondamentaux comme moyen de renforcer l'accent donné à la question de la sécurité de l'individu. (Gouvernement du Canada, 2005b : 47)

L'enveloppe de la coopération au développement canadienne se vit sévèrement amputée durant les années 1990[7]. Malgré cela, le PAHI fut l'un de ceux qui contribuèrent le mieux à conserver leur enveloppe budgétaire pour continuer d'assurer une réponse canadienne aux urgences humanitaires internationales, enregistrant un volume d'activités qui, au tournant du millénaire, s'élevait à plus de 75 000 000 $ (Prémont, 2002 : 35).

Le dynamisme de la petite équipe du PAHI à cette époque explique, en grande partie, que malgré l'insuffisance des moyens à sa disposition, elle ait pu être en mesure de financer un volume de subventions aussi important[8]. Ainsi, une ancienne directrice adjointe du Bureau des affaires humanitaires des Nations Unies peut souligner que «le Programme de l'assistance humanitaire internationale est l'un des plus actifs et il dispose d'une bonne vision stratégique pour gérer les maigres ressources qui sont mises à sa disposition», alors que, par ailleurs, en matière de politique humanitaire, «il manque de vision stratégique à long terme de la part du gouvernement canadien», parce que «les mesures de restriction budgétaire ne nous ont pas permis de revenir ou tenir notre place de manière conséquente sur la scène internationale» (McAskie, 2002 : 124).

---

7. L'Institut Nord-Sud évalue que de 1988-1989 à 1997-1998, la baisse du montant de l'enveloppe de l'aide au développement canadienne a été de 33 % en termes réels, en comparaison de 22 % pour la défense et de 5 % pour tous les autres programmes combinés (Morrison, 1998 : 413).

8. L'auteur de cet article est témoin qu'en 1993, le PAHI n'était doté que de quatre gestionnaires de programme et d'une directrice pour gérer l'ensemble du portefeuille humanitaire de l'Agence (ceci excluant l'aide alimentaire, alors gérée par le Centre d'aide alimentaire).

Au début de la décennie 1990, le PAHI

a connu des augmentations budgétaires importantes jusqu'en 1995, puis deux années de coupures [*sic*] sévères. Par la suite, des financements supplémentaires ont été alloués par le Cabinet pour des crises spécifiques comme celle de l'ouragan Mitch, le Kosovo, et l'Afghanistan, ce qui donne dans ces années-là une moyenne de déboursements entre 90 M$ à 117 M$ par année. (Mangin, 2002 : 192-193)

Les financements exceptionnels commencent dès lors à prendre une place importante des budgets du PAHI, le plus souvent organisés sous la forme de dotations budgétaires pluriannuelles au profit de ses partenaires. Avec les financements humanitaires de l'aide alimentaire ainsi que ceux de la division de l'Europe de l'Est, l'action humanitaire canadienne représentait environ 8 % de l'aide au développement (voir Tableau 6.1). Cette augmentation relative de 4 à 8 % pour l'assistance humanitaire fut générale au sein de l'Organisation pour la coopération et le développement économiques (OCDE) durant les années 1990 (IASC, 2000). Cette augmentation reflète « les besoins humanitaires croissants, mais également les coupures [*sic*] à l'aide au développement faites par la majorité des membres de l'OCDE » (Mangin, 2002 : 193).

TABLEAU 6.1
Budget de l'aide humanitaire canadienne, 1995-2004
(en millions de dollars)

	95-96	96-97	97-98	98-99	99-00	00-01	01-02	02-03	03-04
Aide humanitaire	169	122	140	169	177	158,7	174,3	195,3	228,2

Selon le directeur de l'Unité d'urgence créée par le PAHI en 2000, ce qui changea alors radicalement dans la gestion de l'aide humanitaire fut « la proportion des dépenses pour les victimes affectées par les conflits de longue durée. En 1999-2000, près de 75 % des financements pour des projets furent alloués dans des contextes de conflits de longue durée » (Mangin 2002 : 194). Cet état de fait a pour conséquence que la marge de manœuvre du PAHI pour réagir à de nouvelles crises, catastrophes naturelles ou nouveaux mouvements de population, se limite à quelques millions de dollars, ce qui est insuffisant pour une crise de grande envergure. Ce manque de flexibilité et l'absence de ressources suffisantes expliquent, en grande partie, le retard ou les montants relativement modestes qui sont alloués pour répondre à une crise (Mangin, 2002 : 194).

STRUCTURE ACTUELLE DE L'ACTION HUMANITAIRE CANADIENNE

L'aide humanitaire canadienne est structurée autour de quatre composantes. La première, la plus importante en termes de déboursements et d'interventions, est le PAHI de l'ACDI. La deuxième est constituée par l'actuel Groupe des affaires humanitaires et interventions lors de catastrophes, né sous une forme encore embryonnaire sous l'égide du ministre Axworthy en 1996. La troisième est celle constituée par les Forces armées canadiennes, responsable du déploiement du DART, qui hisse le drapeau unifolié au cœur des grandes catastrophes naturelles qui frappent, du Sri Lanka aux États-Unis. La quatrième, souvent la plus visible du grand public au moment du lancement de ses campagnes de souscription, reste le groupe des ONG canadiennes intervenant sur le champ des opérations humanitaires.

Le Programme d'assistance humanitaire internationale (PAHI)

Le PAHI de l'ACDI a pour mandat d'aider à soulager les souffrances des victimes de conflits et de catastrophes naturelles dans les pays en développement. Le PAHI n'est pas opérationnel et ne met pas en œuvre directement des programmes d'assistance humanitaire. Son objectif consiste à faire en sorte que l'assistance humanitaire financée par le Canada soit appropriée, efficace et acheminée rapidement, essentiellement en coopérant étroitement avec les organismes, fonds et agences spécialisées des Nations Unies, la Croix-Rouge et les ONG canadiennes et internationales qui démontrent une capacité de secours d'urgence confirmée (ACDI, 2006 : 2)[9]. En ce sens, le PAHI de l'ACDI est le principal outil utilisé par le gouvernement du Canada pour acheminer l'assistance humanitaire

---

9. Parmi les critères de sélection de projets humanitaires présentés par des ONG canadiennes, il est exigé de « posséder trois ans d'expérience pratique de la prestation d'assistance humanitaire dans au moins trois pays différents » ainsi que d'avoir « de solides relations avec des ONG de pays en développement et une expérience de coopération avec des organisations des Nations Unies » (ACDI, 2006 : 3-4).

d'urgence non alimentaire destinée aux pays en développement, par exemple les soins médicaux, l'approvisionnement en eau, les services sanitaires, et l'hébergement. Ce n'est pas un canal exclusif puisque l'aide peut aussi être acheminée par les ambassades et Hauts-Commissariats du Canada quand ils sont en mesure de déployer cette capacité[10].

La gestion des ressources allouées par le PAHI est organisée soit sur une base thématique, par les désastres naturels, soit sur une base géographique, soit encore sur une base spéciale dans un pays ou une crise d'une certaine amplitude, quand frappe une urgence humanitaire. Le responsable du PAHI dispose du pouvoir administratif discrétionnaire d'engager de manière immédiate jusqu'à 1 000 000 $ dès que frappe une crise humanitaire. C'est ce premier financement qui témoigne immédiatement de l'attention que porte le gouvernement à une crise particulière. Les annonces et financements subséquents sont décidés sur des plans politiques et administratifs par les ministres, président ou vice-président de l'ACDI. Plus la crise est jugée importante, plus le niveau d'implication gouvernementale est élevé. Plus les politiciens tardent à réagir à une crise humanitaire, plus le public canadien jugera avec sévérité l'absence ou l'insuffisance de la réaction gouvernementale.

L'attention de l'ACDI est donc principalement centralisée sur la satisfaction des besoins humains fondamentaux des populations affectées. L'engagement du PAHI est de n'octroyer ses contributions que sur une base relativement courte, qui varie ordinairement de 6 à 12 mois ou parfois moins, en fonction des contraintes déterminées par le calendrier de l'année financière. D'autres financements sont éligibles au titre des soins, de l'entretien, et du rapatriement des réfugiés et des personnes déplacées. La distinction à faire à cet égard est donc celle qui caractérise la satisfaction des besoins fondamentaux des réfugiés ou des personnes déplacées et l'attention qui est portée au volet de recherche des solutions durables, lesquelles sont souvent parties d'un processus politique plus important,

---

10. Historiquement, cette dernière a aussi été acheminée par le Centre d'aide alimentaire de l'ACDI, désormais complètement intégré au sein de la structure du PAHI, ainsi que du Programme de l'Europe centrale et de l'Est, lequel a pris fin avec les adhésions des derniers pays bénéficiaires à l'Union européenne (2005).

par exemple en Afghanistan, ou encore au Soudan du Sud, dans le contexte de missions de paix[11].

Il est aussi possible d'engager des financements au titre d'activités de planification préalable et de prévention des catastrophes, lesquelles consolident la capacité des pays enclins aux catastrophes à faire face aux situations d'urgence. Ces mesures, peu populaires, relevant tant du domaine du développement durable que de l'action humanitaire préventive, visent à prévenir les catastrophes, le plus souvent en tirant les leçons apprises des catastrophes précédentes.

Enfin, un autre volet important de la programmation du PAHI est celui du financement institutionnel des organismes humanitaires multilatéraux, qui sont dotés d'une capacité de secours d'urgence spécialisée, à l'instar du Comité international de la Croix-Rouge, ou bien qui développent ou mettent en œuvre, par la nature de leur mandat ou de leur action propre, des politiques d'intervention opérationnelle face à une crise donnée : Haut-Commissariat des Nations Unies pour les réfugiés (HCNUR), Bureau de coordination des affaires humanitaires (BCAH), mieux connu sous son acronyme OCHA (Office of Coordination of Humanitarian Affairs).

Le Groupe des affaires humanitaires et interventions lors de catastrophes

Avec l'arrivée de Lloyd Axworthy aux commandes du MAECI au milieu des années 1990 et la création d'une nouvelle direction des Affaires globales et humanitaires, les Affaires étrangères commencent à jouer un rôle de plus en plus important dans la promotion de nouvelles politiques, et l'appui à la définition et la mise en œuvre de thématiques humanitaires importantes. La création de la direction des Affaires globales et humanitaires « entraînera une coordination plus ou moins imposée avec

---

11. On définit généralement trois types de solutions durables pour des réfugiés : la première, qui est évidemment la plus naturelle, est celle du rapatriement (parfois accompagnée de programmes de réinsertion et réintégration) ; la deuxième est celle de l'intégration locale dans le pays d'asile, quand la situation politique ou les circonstances ne permettent pas le rapatriement, ou bien quand les autorités locales facilitent l'intégration sur place ; la troisième, enfin, est la réinstallation, qui vise à installer un réfugié présent dans un autre pays d'asile, pour des raisons de sécurité ou autres.

l'ACDI, car les demandes émanant du MAECI deviendront toujours plus nombreuses et fréquentes» (Prémont, 2002 : 34-35). Ses demandes reposent sur le socle philosophique de la sécurité humaine, laquelle, selon le ministre Axworthy «recouvre l'intégralité du champ des relations internationales, de la prévention des conflits aux interventions humanitaires en passant par les mesures palliatives après un conflit» (Axworthy, 2002 : 3).

Aujourd'hui, le Groupe des affaires humanitaires et d'intervention en cas de catastrophe, lequel fait partie intégrante du secrétariat du Groupe de travail pour la stabilisation et la reconstruction (GTSR) du MAECI est chargé d'élaborer, de surveiller et de coordonner la politique étrangère canadienne dans le domaine humanitaire.

À la fin des années 1990, une seule personne avait été affectée à ces questions (Gouvernement du Canada, 2006a : 4). En 2007, une équipe de neuf personnes, au sein du MAECI veille au développement des affaires humanitaires et des interventions lors de catastrophes naturelles (MAECI, 2006 : 4). En cas de catastrophe majeure, l'équipe du MAECI peut ainsi former rapidement une équipe de travail constituée de représentants du gouvernement, chargée de coordonner les interventions du Canada dans le contexte d'une crise humanitaire particulière. La capacité organisationnelle renforcée de ce nouveau Groupe des affaires humanitaires permet à l'occasion de déployer des «équipes de soutien stratégique interministérielles dirigées par le GTSR sur les lieux des catastrophes pour aider les ambassades concernées et déterminer les domaines dans lesquels le Canada pourrait prêter son secours» (MAECI, 2006 : 8). Elle permet aussi d'entreprendre le financement d'actions particulières, au-delà des capacités et engagements du PAHI[12].

---

12. En réponse aux crises, le budget canadien pour 2005-2006 prévoit «une nouvelle fenêtre financière pour être en mesure d'apporter une réponse rapide à des situations de crise immédiates et inattendues, en sus des ressources du PAHI de l'ACDI. Géré de manière conjointe par le MAECI et l'ACDI, on espère pour l'année 2005-2006 une enveloppe financière de 75 millions de dollars, l'essentiel étant rapporté comme assistance officielle au développement» (Gouvernement du Canada, 2005a : 4).

Le ministère de la Défense nationale

Avec le DART, le gouvernement canadien se dote pour la première fois d'un outil de diplomatie militaro-humanitaire, lourd et difficile d'usage, aussi considéré comme onéreux, mais efficace en termes d'urgence à très court terme et constituant en soi un bel outil de représentation des efforts publics canadiens en situation humanitaire critique[13]. Ce dernier poursuit certaines opérations logistiques humanitaires des Forces armées canadiennes réalisées dans le cadre d'autres opérations, la première ayant eu lieu au Rwanda en 1994. Les leçons tirées de cette première expérience servirent au ministère de la Défense nationale (MDN) et aux autres composantes gouvernementales pour définir les orientations et qualités de l'équipe DART[14] créée par la suite.

Composée de différentes unités des Forces armées, telles que logistique, santé, infanterie, génie, pour un total de près de 200 hommes et femmes qui peuvent être déployés pendant une période maximale de 40 jours, l'équipe d'intervention en cas de catastrophe est un outil polyvalent, doté de quatre fonctions principales. La première consiste à prodiguer des soins médicaux de base à la suite d'une catastrophe humanitaire. La deuxième est l'approvisionnement en eau potable grâce à un système de purification d'eau par osmose inversée complètement autonome, puis par un système d'embouteillage en sacs, d'entreposage et de distribution. En plus de ses deux fonctions principales, l'équipe du DART peut aussi procéder à des travaux de génie léger avec des équipements compacts, par exemple dégager des débris, tracer ou réparer des chemins d'accès ou encore réparer des canalisations d'eau. Finalement, le DART dispose aussi d'une cellule de communications et de contrôle qui constitue sa quatrième fonction.

---

13. Nous excluons de ce débat la participation des Forces armées canadiennes à l'exécution de composantes humanitaires (protection, livraison, stockage) au sein de missions de maintien de la paix des Nations Unies ou sous l'égide de toute autre organisation régionale (comme l'OTAN).

14. Pour plus d'informations sur le DART, consulter le site des Forces canadiennes à <http://www.forces.gc.ca/site/home_f.asp> ou encore <http://www.forces.gc.ca/site/Operations/Plateau/view_news_f.asp?id=301>, pages consultées le 10 juin 2008 . Il est question de réviser à la hausse les capacités d'intervention du DART, en particulier pour être à même de pouvoir opérer dans des situations caractérisées comme hivernales, de conserver une capacité nationale en cas d'urgence intérieure si l'équipe est déployée à l'étranger.

À ce jour le DART, dont une équipe demeure en *attente* permanente pour réagir au plus vite en cas de crise humanitaire, n'a été déployé qu'à cinq reprises. La première fois, elle est intervenue au Honduras dans le contexte de l'ouragan Mitch qui dévasta une grande partie de l'Amérique centrale (OP CENTRAL, novembre 1998)[15]. Dans le cadre de cette première opération, les observateurs nationaux comme internationaux reconnurent que

> les efforts combinés de l'ACDI et du MDN pour acheminer des secours dans la région de La Ceiba ont été perçus comme très positifs [...]. Le savoir-faire du PAHI, joint aux capacités logistiques et à la rigueur militaire des instances du MDN, a permis de manière effective d'aider les communautés victimes de Mitch. (Sliwinski, 2002)

Les opérations subséquentes se déroulèrent en Turquie (OP TORRENT, août 1999), au Sri Lanka dans le cadre de la réponse canadienne au tsunami du 26 décembre 2004 (OP STRUCTURE, janvier 2005), aux États-Unis à la suite de l'ouragan Katrina (OP UNISON, septembre 2005) et enfin plus récemment au Pakistan (OP PLATEAU, octobre 2005) en réponse au tremblement de terre de très forte magnitude qui frappa la région de Muzaffarabad. À titre d'illustration, dans le cadre de cette dernière opération, l'équipe DART déployée sur place fut en mesure de distribuer 500 tonnes de produits de première nécessité, de purifier et distribuer 3 800 000 litres d'eau, de traiter 7 000 personnes avec des équipes médicales mobiles, de soigner 2 637 personnes en clinique et de vacciner 2 145 personnes.

Le DART est soumis à un certain nombre de conditions politiques comme structurelles qui en limitent automatiquement la fréquence d'utilisation comme la portée. Les conditions politiques posées sont premièrement de n'intervenir en aucune manière dans un contexte considéré comme conflictuel, donc essentiellement de se limiter à des situations de catastrophe naturelle. Deuxièmement, il faut que l'environnement de travail soit jugé suffisamment sécuritaire pour pouvoir y opérer sans risques excessifs autres que ceux liés à l'exercice de la mission. Il faut évidemment aussi que l'ampleur des besoins sur place justifie un déploiement aussi

---

15. Pour une étude de cas sur l'opération humanitaire au Honduras à la suite de l'ouragan Mitch, voir le texte de François Audet (2002), « Les politiques de reconstruction et d'aide humanitaire fondées sur l'action communautaire. Études de cas : Honduras et Vietnam ».

important, que les autorités nationales concernées en fassent la requête, et que les autorités politiques canadiennes, le plus souvent après évaluation et recommandation d'une équipe exploratoire conjointe composée de représentants du PAHI, des Forces canadiennes et du MAECI, n'en approuvent l'idée. La somme de ces conditions, sans compter les difficultés techniques proprement militaires, en particulier les capacités canadiennes limitées en termes de transport stratégique, explique l'utilisation relativement faible de cet outil.

Les critiques reliées à cet outil opérationnel ne manquent pas, à commencer par le ratio coût/efficacité d'une telle opération ou l'usage qui pourrait être réalisé des sommes investies par d'autres acteurs nationaux ou multilatéraux. L'on peut aussi critiquer la courte période d'engagement dans le temps du déploiement du DART, comme son action relativement limitée dans l'espace puisque l'intervention repose sur une base logistique fixe et non mobile. Enfin, beaucoup questionnent la durabilité des actes posés (Watson, 2006). Comment, par exemple, s'assurer qu'après avoir garanti 40 jours d'eau potable par le biais d'une machine très sophistiquée déployée par le DART, les populations du district d'Ampara au Sri Lanka seront à même de pouvoir continuer à s'approvisionner de manière adéquate après un désastre comme le tsunami de décembre 2004, lequel a inondé et rendu inopérants tous les puits de la région d'intervention[16]? À une époque où le questionnement premier de toute administration finançant une action humanitaire ou de développement est la durabilité des gestes faits par une agence ou un projet, ce genre de dilemme mérite à lui seul une réflexion qui porte soit sur la méthodologie d'action ou bien plus simplement sur la pertinence du concept et de l'outil DART.

Enfin, d'exercice plus classique, l'appui des Forces canadiennes à certaines opérations logistiques humanitaires internationales importantes devrait se poursuivre. Dans le cadre des opérations humanitaires dans le contexte de la crise du tsunami, le Canada a aussi acheminé des secours d'urgence au moyen d'avions commerciaux et d'avions des Forces armées canadiennes pour distribuer des fournitures de purification d'eau, couvertures, éléments logistiques et médicaments (Sri Lanka, Indonésie,

---

16. Zone de déploiement de l'équipe DART au sud-est du Sri Lanka lors d'OP STRUCTURE, janvier 2005.

Maldives) pour un total supérieur à 2 000 000 $ pour la seule opération du tsunami de 2004 (Gouvernement du Canada, 2006b).

Les agences et organisations canadiennes d'assistance humanitaire

Il faut sans doute rappeler une évidence au fait qu'aucune agence canadienne opérant des programmes d'assistance humanitaire ne s'occupe *exclusivement* d'aide humanitaire[17]. L'action humanitaire mise en œuvre par les organisations non gouvernementales canadiennes est soit un développement endogène conçu initialement dans le but d'aider des populations ou un pays au sein duquel elles œuvrent déjà à titre d'organisations de développement, soit la programmation principale du mouvement, du réseau ou du mouvement auquel elles appartiennent. En effet, la particularité historique du paysage de l'humanitaire canadien des 15 dernières années aura été de se recomposer autour de « succursales » d'ONG internationales, essentiellement européennes. Si CARE Canada, qui n'a entrepris ses activités de programmation de manière autonome qu'en 1987, en collaboration avec CARE USA, a valeur historique de modèle, Médecins sans frontières Canada (1991), Médecins du monde Canada (1997), Handicap International Canada (2003) ou encore Action contre la Faim Canada (2005), qui sont les dernières agences à être venues au Canada et qui disposent toutes d'importants programmes humanitaires, sont toutes des « succursales » nationales de sièges sociaux situés en Europe. Ceci n'exclut rien à la valeur des opérations développées par de plus petits joueurs nationaux tels le CECI, Oxfam Canada et Oxfam Québec, Alternatives, mais il existe assurément au Canada deux classes de joueurs. La première est composée des « nationaux », qui ne peuvent compter que sur leurs seules valeur et expérience, sur leurs capacités propres en matière de souscriptions et de programmation autonome pour espérer œuvrer en action humanitaire. La seconde catégorie est composée des organisations membres de réseaux, mouvements ou fédérations[18]. Celles-ci peuvent, au Canada, se livrer avec d'importants moyens à trois activités concomitantes

---

17. Même MSF-Canada articule des activités de programmation humanitaire avec d'importantes activités de plaidoyer. En Europe, le schéma est quelque peu différent, alors que certaines ONG se sont dans le courant des années 1990 spécialisées uniquement dans la mise en œuvre de programmes d'assistance humanitaire.

18. Voir à ce sujet l'excellent article d'Ian Smillie, 2002.

qui sont la souscription, le recrutement de personnels volontaires et professionnels canadiens et la programmation internationale, en coopération avec leur siège social ou de manière autonome.

L'effet de levier créé par une certaine visibilité internationale, ou encore l'appui structurel, opérationnel, financier et humain de ces réseaux internationaux, a permis très fortement « d'internationaliser » l'aide humanitaire canadienne qui transite par le réseau des ONG[19]. À titre d'illustration, en 1992, CARE Canada engageait 18 700 000 $ en aide humanitaire ; en 2001, ce montant avait pour la première fois dépassé le sommet de 101 400 000 $ (CARE Canada, 1992 : 29)[20]. Au même moment, MSF Canada, arrivé au Canada en 1991, et aujourd'hui déployé en plusieurs bureaux régionaux au Canada, recueillait exactement le double de donations privées que CARE Canada en 2004, un montant additionnel de 4 000 000 $ de subventions du PAHI, et déployait dans le même temps plus de 160 volontaires canadiens au sein de 28 pays[21].

Historiquement, en raison du renforcement des principes directeurs de sélection des agences comme des projets au sein du PAHI, l'ACDI a réduit de manière significative le nombre de joueurs canadiens bénéficiant d'une assistance financière canadienne en matière humanitaire (ACDI, 2006). Cela laisse croire de la part de l'ACDI à une « rationalisation » de l'offre des intervenants, et à la volonté, cachée ou affichée, de ne travailler qu'avec un certain nombre d'organisations sélectionnées pour leurs feuilles de route professionnelles et leurs qualités intrinsèques.

---

19. À l'instar de MSF Canada, membre du réseau de la première organisation humanitaire internationale privée nominée pour le prix Nobel de la paix en 1999, la Campagne internationale pour l'interdiction des mines antipersonnel, prix Nobel de la paix 1997, est une coalition d'agences).
20. Voir le *Rapport annuel 2002*, <http://care.ca/downloads /publ/CAREar2004e.pdf>, page consultée le 10 juin 2008 ; le montant de 2001 comprend une part importante d'aide alimentaire d'urgence et n'est pas limité aux donations publiques en provenance de l'ACDI ou du Centre de l'aide alimentaire.
21. CARE Canada, *Annual Report 2004*, <http://care.ca/downloads/publ/CAREar2004e.pdf>, page consultée le 10 juin 2008 ; et MSF Canada, *Annual Report 2004* : 27 ; MSF Canada, soucieux de conserver son indépendance d'esprit par rapport aux pouvoirs établis a même pour principe de gestion de s'imposer un quota de collecte de fonds auprès du PAHI au prorata des fonds qui sont recueillis auprès de ses donateurs privés.

Le Groupe d'étude des politiques sur les réponses humanitaires (PAGER)

Le Policy Action Group on Emergency Response (PAGER), ou Groupe d'étude des politiques sur les réponses humanitaires, est un forum d'échanges informels entre les principaux acteurs gouvernementaux de la définition des politiques humanitaires canadiennes et des acteurs opérationnels de terrain. Créé à la fin des années 1990, il a pour vertu de faire se rencontrer sur une base régulière les principaux représentants des Affaires étrangères du Canada, de l'ACDI et des représentants institutionnels et opérationnels des ONG humanitaires canadiennes. La nature informelle des échanges a permis au gouvernement canadien de chercher à mieux expliquer certaines de ses politiques auprès des opérateurs canadiens humanitaires. PAGER a aussi permis à maintes reprises de critiquer des initiatives contestées ou encore de faciliter des rapprochements d'opinion ou des convergences de politiques qui n'auraient pu se réaliser dans un cadre plus formel. Le groupe PAGER aide ainsi à structurer de nouvelles idées qui peuvent accessoirement aider les fonctionnaires et diplomates à enrichir, ou amender, leurs visions et politiques avant de les rendre officielles.

AXES CONTEMPORAINS DE LA PROGRAMMATION
HUMANITAIRE CANADIENNE

Selon les chiffres remis au Comité d'aide au développement (CAD) de l'OCDE par le gouvernement canadien, le Canada a offert une contribution de 211 000 000 $ en assistance humanitaire en 2004, ce qui le place au onzième rang des donateurs de l'OCDE et qui représente une moyenne de contribution de 6,50 $ par citoyen canadien. La contribution humanitaire canadienne représentait 6 % de l'aide publique au développement pour 2004 (Development Initiatives, 2005 : 104-107 ; Gouvernement du Canada, 2005b).

En volume constant, on estime que l'aide canadienne a baissé de manière marginale de quelque 2 % depuis 1995. Par rapport à l'enveloppe de l'aide internationale du Canada prévue pour l'année 2005-2006, estimée à 3 637 000 $ (Gouvernement du Canada, 2006c), il est estimé que l'assistance humanitaire internationale représente 2,5 % de l'enveloppe globale.

FIGURE 6.1

Total de l'aide humanitaire par pays donateur de l'OCDE, 2004

(à l'exclusion de l'assistance offerte aux réfugiés présents dans chacun des pays d'asile)

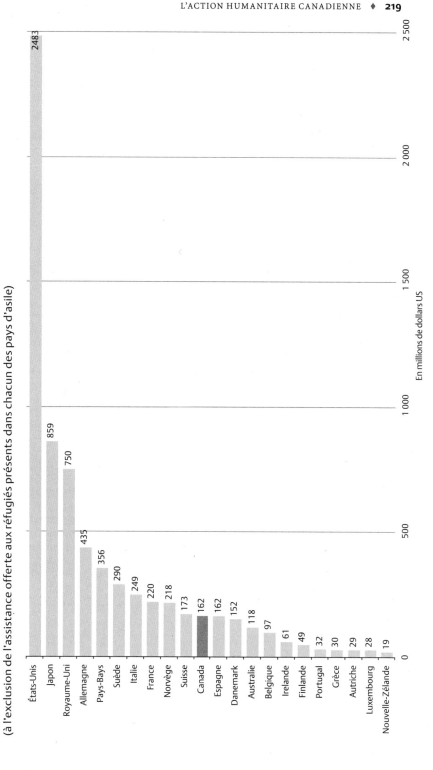

En millions de dollars US

En 2005-2006, on prévoyait que les efforts de reconstruction à la suite de la crise humanitaire créée par le tsunami de 2004 seraient financés en particulier par le programme des fonds de contribution à parts égales, axé essentiellement sur les pays les plus durement touchés, le Sri Lanka et l'Indonésie, et qu'une aide serait apportée à l'Inde. Les activités menées dépendraient essentiellement des propositions reçues par les ONG admissibles.

L'ENGAGEMENT CANADIEN POUR LE TSUNAMI (2004-2006)

Selon l'OCDE, la mobilisation humanitaire exceptionnelle suscitée par le tsunami dans l'océan Indien a conduit des gouvernements, des organisations internationales, des particuliers, des organismes de bienfaisance et des entreprises à promettre de verser 13,6 milliards de dollars US en faveur des pays affectés. Sur ce total, les membres de l'OCDE se sont engagés à verser 5,3 milliards de dollars US.

Les pays donateurs et la Commission européenne se sont engagés à verser 1,7 milliard de dollars US pour l'aide d'urgence et 1,9 milliard de dollars US en faveur de projets de reconstruction à plus long terme, et ces sommes devront être dépensées d'ici 2009. Plus de 90 % des fonds d'aide d'urgence – près de 1,6 milliard USD – ont été dépensés dans les neuf mois qui ont suivi le tsunami. Pour la reconstruction, 473 000 000 $US ont été dépensés, ce qui laisse un montant de 1,4 milliard de dollars US prêts à être dépensés au cours des prochaines années. Le restant des promesses de dons sera versé lorsque des projets et des programmes spécifiques auront été déterminés. À eux deux, l'Indonésie et le Sri Lanka ont reçu plus de 60 % des fonds engagés jusqu'ici[22].

Le gouvernement du Canada s'est quant à lui engagé à verser jusqu'à 425 000 000 $ sur cinq ans pour les secours internationaux au titre de l'aide humanitaire et de l'aide au relèvement et à la reconstruction, les fonds de contribution à parts égales des généreux dons faits par les Canadiens à des organismes de charité admissibles et l'aide au relèvement de la région touchée de 2005 à 2009. Le Canada a promis jusqu'à 265 000 000 $ en aide humanitaire immédiate et en aide au relèvement. Une présentation rapide des contributions canadiennes se détaille comme suit :

---

22. Consulter sur ce sujet <http://www.oecd.org/document/25/0,2340,fr_2649_344 85_35819993_1_1_1_1,00.html>, site consulté le 10 juin 2008.

Contributions aux organisations internationales :

- 4 500 000 $ à la Fédération internationale des Sociétés de la Croix-Rouge et du Croissant-Rouge pour les besoins immédiats des personnes touchées et le renforcement des capacités opérationnelles des sociétés nationales dans les sociétés touchées ;

- 3 500 000 $ à l'UNICEF pour les soins de santé, la nutrition, l'eau et l'assainissement ainsi que la protection et l'éducation des enfants dans toute la région touchée ;

- 2 000 000 $ au Programme alimentaire mondial pour l'achat et la distribution de nourriture au Sri Lanka, en Indonésie et en Thaïlande ;

- 1 000 000 $ au Haut-commissariat des Nations Unies pour les réfugiés pour la fourniture de secours d'urgence non alimentaire au Sri Lanka, y compris dans la région sous le contrôle des rebelles ainsi qu'en Indonésie et en Malaisie.

Une contribution additionnelle de 29 500 000 $ en réponse à l'appel éclair des Nations Unies a été versée, à l'exception d'une somme de 10 000 000 $ destinée à l'UNICEF.

Les contributions faites aux ONG canadiennes incluent :

- 700 000 $ à OXFAM Canada pour l'amélioration des systèmes d'assainissement et d'approvisionnement en eau potable ;

- 600 000 $ à Vision mondiale Canada pour la fourniture de secours d'urgence non alimentaires ;

- 500 000 $ à CARE Canada pour des systèmes d'eau potable et autres secours d'urgence ;

- 400 000 $ à Aide à l'enfance Canada pour des biens non alimentaires.

Autres fonds :

- Les contributions versées par des Fonds canadiens d'initiatives locales pour l'Indonésie, le Sri Lanka, l'Inde et les Maldives ont totalisé près de 1 100 000 $.

Moratoire du paiement de la dette :

Le 30 décembre 2004, le Canada a été le premier pays à annoncer un moratoire sur le paiement de la dette des pays ravagés par le tsunami. Depuis, les membres du G-7 ont accepté de suspendre le remboursement des dettes à leur égard jusqu'à la fin 2005 et de promouvoir cette mesure au Club de Paris. Si tous les pays admissibles profitent du moratoire, ce montant visé par le report du paiement de la dette, en ce qui concerne le Canada, pourrait atteindre 100 000 000 $ en 2005.

Le financement de l'action humanitaire de l'ACDI de 2004 au printemps 2006 se présente comme suit :

TABLEAU 6.2
Engagements financiers du PAHI, 2004-2006
(en millions de dollars US)

Déboursements du PAHI	2004-2005	2005-2006
Financement de base	24, 600	27, 400
Situations humanitaires complexes	47,425	35,513
Désastres naturels (incluant le tsunami et le tremblement de terre au Pakistan et les fonds de contribution à part égale)	124,755	47,021
Préparation aux catastrophes	4,788	3,835
Renforcement des capacités locales	2.127	3,274
TOTAL		
Financement multilatéral	72,474	61,849
Financement aux ONG	78,119	28,502
Mouvement des Croix-Rouge	49,863	22,384
Autres (par ex. services de consultants, institutions spécialisées, etc.)	3,240	4,308
TOTAL GÉNÉRAL	**203,698**	**117,045**

Des sommes rapportées par le Canada au système de suivi financier du Bureau de coordination humanitaire des Nations Unies (OCHA), 49 % étaient dépensées par l'intermédiaire d'appels consolidés, ou CAP, préparés par OCHA, et 51 % en dehors des appels. Les CAP sont des appels consolidés conçus et préparés par OCHA, crise humanitaire par crise humanitaire, ou bien pays par pays, quand l'engagement humanitaire de la communauté internationale y est continu sur plusieurs années (comme pour la RDC, le Tchad ou le Soudan). Ce processus est de plus en plus favorisé au détriment des appels de financement *ad hoc* qui proviennent des organisations humanitaires œuvrant sur le terrain ; en 2005, l'ONU et ses partenaires ont lancé un appel mondial en vue de recueillir 2,8 milliards de dollars US pour répondre aux besoins de protection et d'assistance des populations touchées par des crises dans 18 pays (ACDI, 2005 : 21 ;

Development Initiatives, 2005 : 106). Les déboursements canadiens en réponse aux CAP étaient approximativement de 85 000 000 $ en 2004 et de plus de 175 000 000 pour 2005)[23].

Environ 27 % de l'assistance humanitaire rapportée au CAD est déboursée sous la forme de contributions non liées à une crise humanitaire particulière pour le financement des opérations des agences du système des Nations Unies, somme à laquelle il faut ajouter les contributions apportées au Comité international de la Croix-Rouge (CICR) et de la Fédération internationale des Sociétés de la Croix-Rouge et du Croissant-Rouge (FICR).

FIGURE 6.2
Contributions canadiennes aux appels consolidés d'OCHA, 2005
(en millions de dollars US)

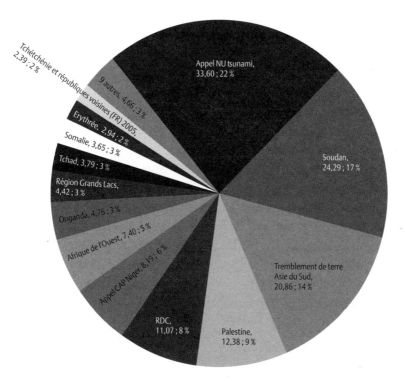

23. Pour mieux comprendre le système de suivi financier du Bureau de la coordination des affaires humanitaires des Nations Unies (OCHA), voir < http://ocha.unog. ch/fts2/>.

Les déboursements du PAHI, sous toutes leurs formes, apparaissent comme une lecture de l'actualité humanitaire internationale, et témoignent de l'importance relative des investissements humanitaires canadiens. En analysant la Figure 6.3, on constate que l'Éthiopie et le Soudan reçoivent près de 46 % de l'assistance humanitaire du Canada en 2004. Les 13 autres pays suivants se partagent un autre 43 % de cette enveloppe. Les pays africains faisant partie des 15 plus importants récipiendaires de l'aide internationale canadienne, sur un total affiché de 40 pays, se partagent presque les deux tiers (69,7 %) de l'assistance humanitaire canadienne. Il est aussi important de relever que les engagements du PAHI pour les pays où se concentre une partie importante de l'action de maintien de la paix du Canada (Afghanistan et Haïti) ne représentent qu'une fraction de l'engagement canadien total au sein de ces pays.

FIGURE 6.3
Les 15 récipiendaires les plus importants de l'assistance humanitaire canadienne, 2004
(en millions de dollars US)

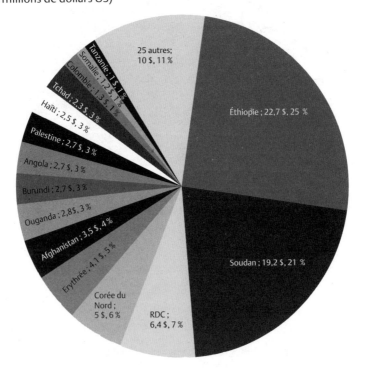

Une analyse par grands champs thématiques présente la programmation humanitaire canadienne sous l'angle suivant. À l'évidence, l'année financière 2004-2005 a été une année exceptionnelle, dominée par la crise régionale asiatique générée par le tsunami de décembre 2004 et le tremblement de terre au Pakistan, ce qui engloba plus de 62 % des ressources du PAHI. La présentation du budget pour l'année 2005-2006 offre un équilibre plus conforme à la réalité habituelle du Programme, puisque plus de 50 % des fonds sont dépensés au profit des « urgences complexes » ainsi qu'au financement de base des agences internationales.

FIGURE 6.4
Investissements de l'aide humanitaire canadienne par thématique, 2005-2006[24]

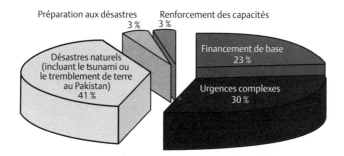

L'action multiplicatrice des fonds de contribution à parts égales menée par le gouvernement canadien à la suite du tsunami de 2004 (soit une contribution fédérale exceptionnelle de un dollar pour tout dollar versé par des particuliers au profit des programmes d'aide humanitaire d'une ONG canadienne) a fait en sorte que le financement du volet « désastres naturels » s'élève exceptionnellement à 41 % du total des sommes déboursées (voir Figure 6.4). Au chapitre des urgences complexes (conflits, réfugiés)[25], cette part n'est que de 30 %. Elle est distribuée entre organisations humanitaires onusiennes et ONG canadiennes disposant de programmes d'assistance humanitaire. Il nous faut garder à l'esprit que les fonds engagés

---

24. Projection réalisée sur la base de documents du PAHI (créé le 9 juin 2006) communiqués à l'auteur par le Programme.
25. Les urgences complexes sont généralement le fruit de conflits armés engendrant des déplacements importants de populations.

par ce canal sont redistribués au sein des réseaux des grandes fédérations humanitaires internationales (Médecins sans frontières [MSF], Croix-Rouge canadienne [CRC], CARE, OXFAM, Vision mondiale [VM], Save the Children, Adventist Relief Assistance [ADRA], etc.).

Sur le plan global, pour l'année 2005-2006, le partage des contributions du PAHI se présente comme tel :

FIGURE 6.5
Déboursements du PAHI par opérateurs nationaux/internationaux, 2005-2006
(en millions de dollars)

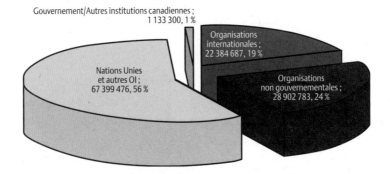

Comme le montre la Figure 6.5, le gouvernement canadien continue de s'appuyer sur les organisations multilatérales et internationales (Nations Unies et Mouvement de la Croix-Rouge) pour l'exécution de 75 % du programme d'aide canadien, car

> elles jouent un rôle essentiel dans le soutien des États en crise et, de fait, elles constituent le principal instrument de la communauté internationale pour répondre aux besoins de ces États, ainsi qu'aux situations d'urgence et aux crises humanitaires [...] particulièrement dans les situations qui rendent impossibles de nombreuses initiatives bilatérales pour des raisons d'ordre logistique ou politique. (Gouvernement du Canada, 2005b : 31)

Après avoir entrevu les activités financées et appuyées par le PAHI de l'ACDI, il est important de mentionner ce que le Programme refuse *a priori* de financer (ACDI, 2006 : 5) :

- les projets de développement à long terme, à l'exception de projets spéciaux de remise en état pour les réfugiés, les rapatriés et les personnes déplacées ;

- les projets s'étendant sur plusieurs années, à l'exception des activités de prévention des catastrophes ;
- les recherches, les missions de recherche ou de sauvetage, les activités de spécialistes indépendants et les frais de transport de marchandises (neuves ou d'occasion) fournis spontanément, même si un partenariat avec la Croix-Rouge canadienne a, dès 2000, permis à l'ACDI de déployer rapidement sur le terrain (avec ou sans DART) des biens et fournitures non alimentaires de première nécessité (Mangin, 2002 : 209).

De cette liste, il faut aussi exclure les programmes dits de reconstruction en situation postconflit, programmes qui permettent à des gouvernements fragiles ou à des populations retournées chez elles après un conflit de reconstruire des infrastructures minimales devant leur permettre de reprendre une vie normale. Il n'est pas exclu que certains des financements de base octroyés à des organisations internationales ou des banques internationales (telles que la Banque mondiale ou une banque régionale de développement) permettent d'appuyer ce type de programmation, mais il manque de manière significative un service qui aurait la responsabilité de s'assurer qu'une fois les activités humanitaires terminées, les activités de reconstruction postconflit puissent recevoir des fonds suffisants pour aider peuples et pays à se relever[26].

Le Canada avait supprimé en 1995 son premier Programme de reconstruction et de réhabilitation, alors qu'un grand nombre d'intervenants, en particulier dans les ONG, relevaient la nécessité qu'on « élargisse le mandat du PAHI pour qu'il puisse continuer d'appuyer dans le futur des investissements dans les périodes de transition » (Development Workshop, 2004 : 6). Il est envisageable de croire que le GSTR prendra une part de plus en plus importante dans les mesures d'appui à ce type d'initiatives dans le futur.

---

26. Citons par exemple l'investissement canadien en matière d'appui à la Banque mondiale pour la gestion du programme régional de DDR, le Programme multi-pays de démobilisation (MDRP), ou encore les fonds investis par l'ACDI dans les Équipes régionales de reconstruction (ERP ou PERT) en Afghanistan dans le cadre d'une « enveloppe pays », lesquels sont dans ce contexte souvent mis en œuvre sur place avec l'appui des communautés mais sous la supervision des Forces canadiennes engagées en Afghanistan.

L'AIDE ALIMENTAIRE CANADIENNE

Le Canada a toujours fait partie des cinq plus importants donateurs d'aide alimentaire du monde, lesquels sont aussi les cinq plus importants producteurs de céréales (Bélanger, 2002). L'aide alimentaire canadienne a historiquement été affectée aussi bien « à des interventions d'urgence consistant entre autres à constituer des réserves de sécurité alimentaire, à nourrir des réfugiés et des victimes de la sécheresse qu'à appuyer des programmes de reconstruction et des activités de développement, notamment sous forme de soutien budgétaire et dans les secteurs du développement agricole, de la construction de routes, des soins de santé préventifs et des équipements collectifs » (Bélanger, 2002 : 221). Dans cet ordre des choses, l'aide alimentaire d'urgence connaît des fluctuations conjoncturelles importantes au gré des crises humanitaires. Alors que cette dernière « ne représentait que 10 % du volume total dans les années 1970, elle a atteint jusqu'à 30 % dans les années 1980, et même 35 % dans la première moitié de la décennie 1990 » (Bélanger, 2002 : 221). Cette aide, humanitaire par essence, a toujours été aussi éminemment politique et liée à la défense d'intérêts économiques provinciaux canadiens. Pour le gouvernement canadien, l'achat de denrées produites au pays (blé, huile de canola, poisson en conserve) a aussi eu pour but de « stimuler les ventes des agriculteurs qui connaissent actuellement des difficultés économiques à cause d'une conjoncture internationale défavorable » (ACDI, 1999).

Structurellement, les compétences et les investissements de l'ACDI en matière d'aide alimentaire ont été successivement gérés par le Centre de l'aide alimentaire, puis par la suite au sein du Programme contre la faim, la malnutrition et les maladies, et ils sont aujourd'hui intégrés au PAHI. La programmation en matière d'aide et d'assistance alimentaire, en sus des envois d'aide alimentaire d'urgence, inclut une importante contribution canadienne à la gestion des programmes multilatéraux contribuant aux actions de nutrition et de promotion de la santé (lutte contre le sida, la tuberculose, la malnutrition) (ACDI, 2001).

L'aide alimentaire canadienne, qui se concentre principalement au Programme alimentaire mondial (PAM), se présente comme suit :

TABLEAU 6.3
Contributions canadiennes au PAM[1]
(en dollars CA)

	2000	2001	2002	2003	2004	2005	2006
Développement	40 184 400	35 600 000	35 600 000	75 719 997	62 280 000	46 107 475	26 500 000
Urgences	18 102 510	15 026 473	23 476 616	56 302 334	26 945 566	31 839 364	13 600 000
Fonds d'urgence	3 354 937	3 079 084	3 000 000	6 000 000	6 000 000	6 000 000	6 000 000
Conflits prolongés	12 626 348	3 773 365	5 364 596	19 600 909	16 308 654	88 069 203	46 000 000
Opérations spéciales	1 299 996	1 000 000	4 338 000		1 000 000	11 200 000	
Autres	767 658	784 654	3 258 401	393 898	279 455	3 215 162	200 000
Total	**76 335 849**	**59 263 576**	**75 037 613**	**158 017 138**	**112 813 675**	**186 431 204**	**92 300 000**

1. WFP Fundraising and Communication Department, *General Overview: Trend of Donor Contributions. Canada*, 4 avril 2006, information partagée avec l'auteur par le PAHI.

Si, paradoxalement, le Tableau 6.3 présenté plus haut donne à penser que la contribution canadienne tend à moins s'investir dans les actions d'urgence, c'est en partie parce que cette aide s'investit dans des activités d'assistance humanitaire qui, elles, s'inscrivent dans une plus longue durée[27].

Dans la catégorie des pays bénéficiaires[28], le nom de l'Éthiopie revient de manière récurrente et il est le seul pays au sein duquel l'investissement canadien, par les programmes du PAM, concerne autant les activités de développement que d'urgence humanitaire. Sur les cinq années mentionnées dans notre analyse, un petit nombre de pays reviennent de manière récurrente, soit Haïti, la Corée du Nord (DPRK), le Soudan, l'Afghanistan, la RDC, l'Érythrée, la région des Grands Lacs en Afrique, le Sénégal, l'Afrique australe de manière générale, ceci avec une fréquence et une importance en matière de financement qui varient en fonction des conditions météorologiques et agricoles, des mouvements de populations enregistrés (exil ou rapatriement de populations) ou bien des déficits alimentaires structurels qui caractérisent certains de ces pays.

L'aide alimentaire canadienne, et l'appui financier au PAM[29] permettent à l'organisation internationale d'intervenir efficacement dans des pays où le Canada aurait beaucoup de difficultés à intervenir par lui-même ou en mobilisant ses propres moyens (par exemple en Algérie, au Tchad, en Somalie ou en Angola). L'approche politique visant à canaliser l'aide alimentaire internationale canadienne permet sans aucun doute une plus grande efficacité et efficience dans la gestion de ce type de programmes complexes.

Le gouvernement du Canada, selon le Comité sénatorial permanent des Affaires étrangères et du Commerce international « mérite aussi des félicitations pour avoir entrepris récemment de délier jusqu'à hauteur

---

27. Le PAM utilise d'ailleurs l'acronyme PRRO (Protracted Relief and Recovery Operations) qui signifie « opérations humanitaires et de reconstruction prolongées ».

28. *Contribution canadienne par pays récipiendaire,* Service de l'information et de la collecte de fonds du PAM, information partagée avec l'auteur par le PAHI.

29. L'aide alimentaire est constituée de deux composantes principales : la nourriture au profit des populations affectées ainsi que l'appui logistique et administratif qui permet d'acheminer cette dernière, à l'instar des millions de dollars qui ont été investis par le Canada pour couvrir les rotations d'hélicoptères permettant de nourrir les populations éloignées à la suite du tremblement de terre au Pakistan en 2005.

de 50 % son aide alimentaire aux pays moins développés et aux pays en développement» (Comité sénatorial permanent des Affaires étrangères et du Commerce international, 2007 : 112). Par contre, ce comité propose que soient revus les «programmes d'aide alimentaire du Canada, offerts principalement par le Programme alimentaire mondial, mais aussi par l'entremise d'organismes non gouvernementaux canadiens […], l'aide alimentaire (pouvant) être le "baiser de la mort" car elle peut entraîner une distorsion des marchés locaux» (*ibid.*).

DROITS, PRINCIPES ET POLITIQUES

Dès le début des années 1980, qui consacrent le développement de financements importants au profit des organismes humanitaires internationaux, le Canada ne se contente pas de jouer un rôle de simple bailleur de fonds, mais s'engage aussi activement dans les discussions relatives aux politiques et aux orientations des organismes qu'il soutient[30].

Le développement des politiques, leur suivi comme leur promotion, peut prendre plusieurs formes : participation aux conseils exécutifs des organismes humanitaires internationaux (HCNUR, PAM, Croix-Rouge, etc.) ; contribution à l'adoption et au développement de nouveaux protocoles de droit international humanitaire[31], de conventions internationales[32], ou encore de nouveaux mécanismes internationaux d'aide de réponse aux crises, comme le Fonds central d'intervention d'urgence des Nations Unies

---

30. Au début des années 1980, le Canada était au troisième rang des pays en termes de contributions appuyant le Comité international de la Croix-Rouge et au quatrième rang des pays contribuant au financement du Haut-commissariat des Nations Unies pour les réfugiés.

31. Par exemple, l'adoption en 2006 du Protocole additionnel aux Conventions de Genève (Protocole III) débouchant sur l'adoption d'un autre symbole pour l'utilisation du mouvement international Croix-Rouge/Croissant-Rouge (MAECI, 2006 : 9).

32. Comme la conclusion du nouveau Protocole additionnel à la Convention sur la sécurité du personnel de l'ONU et du personnel associé (Convention de 1994) ou encore la décision du Canada de coparrainer le projet de Traité sur le commerce des armes, vecteurs fondamentaux de génération de conflits internes en Afrique ou en Asie comme en Amérique latine depuis le début des années 1990. Consulter à ce sujet <http://www.armstradetreaty.org/index.php?lang=fr >, page consultée le 10 juin 2008

(CERF)[33]; appui au développement et suivi des engagements internationaux pris en matière de lutte contre les mines antipersonnel[34] ou des engagements pris par la communauté internationale en matière de protection des enfants et des civils dans les conflits armés[35]; promotion et mise sur pied d'une unité de protection en réserve de l'ONU pour le déploiement de spécialistes des questions de protection en situation de crise humanitaire ou politique (PROCAP, Protection Capacity, ou Capacité en matière de protection) (MAECI, 2006:9).

Le Canada a aussi particulièrement investi dans le cadre de la promotion des *Principes et bonnes pratiques pour l'aide humanitaire,* adoptés par 16 États de l'OCDE ainsi que par la Commission européenne, lesquels, au-delà des définitions des principes généraux et objectifs de l'action humanitaire, fixent aussi de «bonnes pratiques de financement, de gestion et de reddition de comptes en matière d'aide humanitaire», ce qui constitue en soi une petite révolution politique au sein de la communauté des bailleurs de fonds humanitaires[36].

---

33. Le Fonds central d'intervention d'urgence disposait en octobre 2006 de 273 000 000 $. Son objectif global est de 500 000 000 $. Administré par le Coordonnateur à l'assistance humanitaire des Nations Unies, il permet aux agences internationales de se faire avancer les premiers fonds nécessaires pour faire face au déclenchement d'une crise humanitaire. Lancé en mars 2006, en moins de sept mois, le Fonds avait déjà attribué 174 000 000 $ à 250 projets dans 26 pays en proie à des crises. Voir <http://ochaonline.un.org/webpage.asp?Page=2101>, page consultée le 10 juin 2008. Le Canada pourrait dans le futur investir près de 25 % des engagements de l'AHI par le CERF (discussion de l'auteur avec un responsable de l'AHI).

34. Depuis l'adoption de la Convention d'Ottawa en 1997, laquelle compte 151 États parties, le Canada aide des pays à travers le monde à s'acquitter des obligations que le traité leur confère à l'égard de l'utilisation, du stockage, de la production, du transfert et de la destruction des armes. En 2005-2006, le Canada a financé 35 projets de ce type en Afrique, au Moyen-Orient, dans les Amériques, en Europe comme en Asie (en Afghanistan seulement, le pays tente de détruire quelques 150 000 à 200 0000 tonnes de mines terrestres dangereuses et autres munitions.

35. Lancement en juin 2001 du Plan d'action pour la protection des enfants (Gagné, 2002:95), ou encore l'adoption de la Résolution 1296 (S/RES/1296) défendue par le Canada lors de son dernier passage au Conseil de sécurité.

36. Pour consulter les *Principes et bonnes pratiques pour l'aide humanitaire,* voir <http:// www.reliefweb.int/ghd/a%2023%20Principles%20-GHD19.10.04%20RED. doc>, page consultée le 10 juin 2008. Ces derniers ont été adoptés à Stockholm le 17 juin 2003 par l'Allemagne, la Belgique, le Canada, la Commission européenne, le Danemark, les États-Unis d'Amérique, la Finlande, la France, l'Irlande, le Japon,

À cet égard, la préparation du « Plan national de mise en œuvre des bonnes pratiques d'action humanitaire du Canada » constituera un engagement significatif du Canada dans le cadre de sa pratique humanitaire (Gouvernement du Canada, 2006d). Les principaux objectifs de ce dernier tourneront autour de l'élaboration d'un énoncé de politique humanitaire du gouvernement (sous la direction du MAECI) et, pour l'ACDI d'un cadre de programmation humanitaire, lequel devrait engendrer une « réduction des fonds d'aide humanitaire de l'ACDI ciblant des crises spécifiques au profit d'une participation accrue aux nouveaux mécanismes de financement plus souple (comme le CERF) et les fonds mis en commun (à l'instar de la RDC) » (Gouvernement du Canada, 2006d).

Sur le plan de la programmation des acteurs opérationnels canadiens et internationaux, le développement des politiques concerne aussi l'invitation faite à tous les partenaires du PAHI d'adhérer explicitement aux nouveaux instruments de conduite et d'éthique humanitaires que sont le Code de conduite pour le Mouvement de la Croix-Rouge et du Croissant-Rouge pour les ONG lors des opérations de secours en cas de catastrophe[37] et la Charte humanitaire et les normes minimales à respecter dans les situations de catastrophe (Le projet Sphère, 2000)[38]. Enfin, un accent important, qui s'imposait après les vicissitudes d'opérations de maintien de la paix ou humanitaires de grande envergure rencontrées dans les années 1990, est mis sur le principe de « ne pas nuire » (ou « *Do No Harm* »), théorisé par la chercheure Mary Anderson[39]. Le but est de réfléchir sur la possibilité que

---

le Luxembourg, la Norvège, les Pays-Bas, le Royaume-Uni, la Suède et la Suisse. Le Canada en a assuré le secrétariat de 2003 à 2005.

37. Pour consulter le Code de conduite, voir <http://www.www.icrc.org/web/fre/sitefre0.nsf/htmlall/5FZGYV>, page consultée le 10 juin 2008. Le Code, qui n'aborde pas les questions opérationnelles, vise à « sauvegarder les critères élevés d'indépendance et d'efficacité auxquels aspirent les ONG fournissant des secours en cas de catastrophe et le Mouvement international de la Croix-Rouge et du Croissant-Rouge. Il s'agit d'un code volontaire, dont l'application repose sur la détermination de chacune des organisations qui y adhère de respecter les normes qu'il définit ».

38. S'appuyant sur les principes et dispositions du droit humanitaire international, les textes internationaux sur les droits de la personne humaine, le droit des réfugiés et le Code de conduite, la Charte décrit les principes de base régissant l'action humanitaire et affirme le droit des populations à être protégées et secourues.

39. Pour en savoir plus sur le principe de « ne pas nuire », on peut consulter <http://cdainc.co> pour un synopsis de *Do No Harm: Supporting Local Capacities for*

les interventions humanitaires puissent avoir des incidences sur le conflit lui-même. Dans ce genre de situation, on recommande fortement d'éviter d'accorder une aide susceptible d'exacerber les tensions.

CONTROVERSES ET PERSPECTIVES

Le 26 décembre au matin, un formidable tsunami frappait les côtes de l'Indonésie, du Sri Lanka et de bien d'autres pays d'Asie du Sud et du Sud-Est. En réaction au terrible désastre humanitaire, les Canadiens sortirent généreusement de leurs poches quelque 200 000 000 $ et la subvention officielle à la crise est passée de 1 à 4 000 000 $, puis à 80 000 000 $, pour atteindre finalement les 425 000 000 $ (Watson, 2006). Pour le directeur général de CARE Canada, l'aide humanitaire officielle a été devancée par le public canadien, et «l'esprit de décision des Canadiens a distancé l'action des politiques, des fonctionnaires et de la majorité des ONG [...]. À cet afflux de générosité s'est joint un crescendo de critiques pointant la lenteur de l'action officielle» (Watson, 2006: 3). La crise du tsunami n'était que la pointe d'un iceberg d'une année 2005 marquée par un terrible séisme au Cachemire, des cyclones en Amérique du Nord et en Amérique centrale, des crises alimentaires sévissant au Sahel et en Afrique australe, ainsi que par le développement ou le prolongement d'urgences complexes, notamment au Soudan ou en République démocratique du Congo.

En réalité, constate la direction de la coopération pour le développement du Comité d'aide au développement de l'OCDE,

> l'intensification de l'effort d'aide humanitaire est d'autant plus nécessaire que le financement dans ce domaine est toujours très insuffisant et que sa répartition demeure inégale. [...] Si le pourcentage affecté aux secours d'urgence reste le même [NdA: que les perspectives d'augmentation totale de leur aide jusqu'en 2010], les contributions pourraient passer de 7,8 milliards de USD en 2003 à 10 milliards environ en 2006. (DCD-CAD, 2006: 10)

L'irrégularité de la croissance du budget du PAHI ne permet pas de faire des projections exactes, mais si l'on fait le constat que le gouvernement canadien anticipe une croissance de 8 % par année sur une base annuelle,

---

Peace Through Aid, de Mary Anderson, «Projet de renforcement des capacités locales pour la paix», 1996.

et qu'ainsi « en 2010, l'aide canadienne aura doublé en comparaison de celle de 2001/2002 », on peut dès lors raisonnablement conclure qu'en 2010 le PAHI de l'ACDI disposera d'un budget qui est le double de celui qui prévalait en 2000 (voir Tableau 6.1) et qu'il se situerait aux alentours des 350 à 400 000 000 $, à l'exception des financements d'urgence (Gouvernement du Canada, 2005a : 1).

La consolidation progressive des politiques canadiennes en matière humanitaire devrait permettre au gouvernement de poursuivre son action de manière de plus en plus intégrée, à l'instar de ce qui se fait déjà dans d'autres pays de l'OCDE[40]. Cette approche pourrait aussi être renforcée en voyant le PAHI « étudier une approche programmatique, par opposition au financement par projet, surtout dans le cas des ONG humanitaires les plus expérimentées », ceci dans le but de reconnaître qu'une « poignée d'agences canadiennes sont actuellement mieux placées pour répondre dans les 72 heures qui suivent l'apparition d'un désastre » (Watson, 2006 : 11). Le principal atout d'un « partenariat humanitaire canadien » serait de renforcer l'échange d'information et la coordination des agences canadiennes les plus aptes à répondre à une crise dans les meilleurs délais.

Cette évolution nationale possible va d'une certaine manière dans le sens de politiques d'intégration qui ont déjà fait leur chemin sur le plan mondial avec les efforts poussés des politiques des Nations Unies par le canal d'OCHA, de l'intégration des financements dans le cadre de nouveaux outils comme le CERF, du renforcement de l'intégration des grandes fédérations internationales d'ONG, et aussi d'une meilleure réponse intégrée de certaines agences canadiennes en matière d'urgences, à l'instar des réponses communes – et tout à fait nouvelles – qui se sont manifestées autour du tsunami comme du tremblement de terre au Pakistan[41]. Cette pratique des « appels unifiés » est déjà fortement développée dans d'autres pays et pourrait se développer de manière croissante au Canada entre les agences volontaires intéressées.

---

40. On pourrait par exemple améliorer les « programmes humanitaires futurs de l'ACDI en les reliant à un appel unifié canadien semblable au Comité d'intervention en cas de désastre de la Grande-Bretagne » (Watson, 2006 : 15).

41. À cette occasion, CARE Canada, Oxfam Québec et Oxfam Canada ont invité les donateurs privés à offrir leurs dons par l'intermédiaire d'un canal de financement unique.

Nous avons vu que le Canada a poursuivi depuis une dizaine d'années une politique de plus en plus cohérente sur le plan de la poursuite et du développement des principes, valeurs et règles normatives qui doivent conduire le développement des programmes de réponse aux urgences. Cette politique s'harmonise le plus souvent avec les efforts et gestes faits par le PAHI, tant dans le cadre de ses engagements bilatéraux que multilatéraux. Mais il est essentiel qu'un nombre considérable d'efforts soient encore réalisés. Nous citerons trois secteurs importants à cet égard. Le premier est celui de la formation. Si la Croix-Rouge canadienne ou MSF Canada ont ces dernières années multiplié les efforts de formation au Canada (vs l'étranger), une formation organisée et professionnelle de techniciens et cadres humanitaires canadiens reste encore à mettre sur pied[42].

Le deuxième a trait au suivi et à l'analyse des politiques humanitaires. De fait, la recherche comme les analyses sur le développement et la qualité ou la pertinence des réponses humanitaires canadiennes dans le cadre d'interventions bilatérales ou multilatérales restent le plus souvent à faire. Il est donc nécessaire qu'un nombre plus important de centres universitaires (CCIC, Institut Nord-Sud) et d'ONG s'intéressent et suivent le développement d'actions et de politiques qui demeurent très souvent plus confidentielles que publiques. Or, le public canadien, dont la générosité n'est plus à prouver, pourrait trouver un intérêt plus grand à connaître la nature des investissements humanitaires canadiens.

Le troisième secteur repose sur la nécessité de développer de nouvelles approches de programmation qui permettent une plus grande souplesse, réactivité et flexibilité aux principes de l'aide canadienne. Face à l'augmentation des défis et des financements, le financement multilatéral continuera inexorablement de croître, mais la capacité d'intervenir et d'agir des agences canadiennes doit pouvoir se manifester par des mécanismes moins rigides, à l'instar d'une approche programmatique ou sectorielle au profit des agences les plus performantes du système[43]. Dans ce sens, le renforcement des conditions d'admissibilité des règles d'octroi de financement de

---

42. Entrevues de responsables de la Croix-Rouge canadienne du Québec et de MSF Canada.
43. Le PAHI pourrait dans les années à venir investir jusqu'à 25 % ou plus de ses ressources au sein du CERF des Nations Unies, selon un officiel du PAHI dans une entrevue avec l'auteur, mai 2006.

la part du PAHI va dans le sens de la tendance des pays de l'OCDE, selon laquelle, pour « s'attaquer aux problèmes de la prolifération des ONG », les donateurs devraient « étudier la possibilité de concentrer leur soutien sur un nombre plus restreint d'ONG nationales » (DCD-CAD, 2006 : 13). C'est incontestablement la voie du futur, et certainement la plus logique. Mais le « prix » à payer sera alors de voir le paysage opérationnel humanitaire canadien possiblement composé d'intervenants qui seront tous des agences nationales membres de grands réseaux internationaux, seuls capables d'aider leurs membres à développer une programmation conséquente et d'envergure, laquelle nécessitera des moyens et des capacités de mobilisation bien au-delà des capacités des agences exclusivement nationales.

RÉFÉRENCES BIBLIOGRAPHIQUES

ACDI (1985), *Le Canada et les organisations d'assistance humanitaire internationale*, Hull, ACDI.

ACDI (1999), *Diane Marleau annonce une hausse de l'enveloppe consacrée à l'aide alimentaire d'urgence*, communiqué de presse, 15 mars 1999.

ACDI (2001), *Plan d'action de l'ACDI en matière de santé et de nutrition*, Hull, ACDI.

ACDI (2005), *Rapport sur le rendement 2004-2005*, Hull, ACDI.

ACDI (2006), *Lignes directrices. Propositions et rapports de projets de l'ACDI*, Hull, ACDI.

AUDET, François (2002), « Les politiques de reconstruction et d'aide humanitaire fondées sur l'Action communautaire. Études de cas : Honduras et Vietnam », dans Yves Conoir et Gérard Verna (dir.), *L'action humanitaire du Canada*, Sainte-Foy, Presses de l'Université Laval.

AXWORTHY, Lloyd (2002), « Interventions et contraintes humanitaires », allocution lors de la Conférence Hauser sur le droit international humanitaire, New York University, février 2000, Ottawa, Ministère des Travaux publics et Services gouvernementaux du Canada.

BÉLANGER, S. (2002), « L'aide alimentaire canadienne : le poids des intérêts politiques et commerciaux dans la sécurisation alimentaire des populations », dans Yves Conoir et Gérard Verna (dir.), *L'action humanitaire du Canada*, Sainte-Foy, Presses de l'Université Laval : 217-241.

BRAUMAN, Rony (1995), *L'action humanitaire*, Paris, Flammarion, coll. « Dominos ».

CANADIAN COUNCIL FOR INTERNATIONAL CO-OPERATION (CCIC) (1982), *Excerpts from a CIDA paper on the « Agency Programming Framework (APF) »*, Ottawa, CCIC.

CANADIAN EMERGENCY COORDINATOR/AFRICAN FAMINE (1985), *The African Famine and Canada's Response*, Hull, CIDA.

CANADIAN INTERNATIONAL DEVELOPMENT AGENCY (CIDA) (1982), *Memorandum to DAC 1982*, Hull, CIDA.

CANADIAN INTERNATIONAL DEVELOPMENT AGENCY (CIDA) (1983), *Memorandum to DAC 1983*, Hull, CIDA.

CARE CANADA (1992), *Rapport annuel 1992*, Ottawa, CARE Canada.

COMITÉ SÉNATORIAL PERMANENT DES AFFAIRES ÉTRANGÈRES ET DU COMMERCE INTERNATIONAL (2007), *Surmonter 40 ans d'échec : nouvelle feuille de route pour l'Afrique subsaharienne*, Ottawa, Comité sénatorial permanent des Affaires étrangères et du Commerce international, Sénat du Canada.

DIRECTION DE LA COOPÉRATION POUR LE DÉVELOPPEMENT DU COMITÉ D'AIDE AU DÉVELOPPEMENT DE L'OCDE (DCD-CAD) (2006), *L'aide humanitaire dans les examens de l'aide réalisés par le CAD*, Ottawa, DCD-CAD/OCDE : 10.

DEVELOPMENT INITIATIVES (2005), *Global Humanitarian Assistance 2006*, Londres, Development Initiatives.

DEVELOPMENT WORKSHOP (2004), *What to do When the Fighting Stops. The Case for a New CIDA Strategy*, Development Workshop.

GAGNÉ, K. et J.-F. Rioux (2002), « La protection des enfants dans les conflits armés », dans Yves Conoir et Gérard Verna (dir.), *L'action humanitaire du Canada*, Sainte-Foy, Presses de l'Université Laval.

GOUVERNEMNT DU CANADA (2005a), *Budget 2005 : Mixed Messages for Canada's Commitment to Ending Global Poverty, A CCIC Analysis and Commentary*, Ottawa, Gouvernement du Canada.

GOUVERNEMENT DU CANADA (2005b), *Le Canada dans le monde. Énoncé du gouvernement*, Ottawa, Gouvernement du Canada.

GOUVERNEMENT DU CANADA (2006a), *Regard sur le monde,* nº 29, printemps 2006.

GOUVERNEMENT DU CANADA (2006b), *Aide apportée par le Canada aux victimes du Tsunami dans l'océan Indien*, <http://www.tbs-sct.gc.ca/est-pre/20052006/CIDA-ACDI/CIDA-ACDIr5602_f.asp>.

GOUVERNEMENT DU CANADA (2006c), RPP 2005-2006, < http://www.tbs-sct.gc.ca/est-pre/20052006/CIDA-ACDI/CIDA-ACDIr5603_f.asp>.

GOUVERNEMENT DU CANADA (2006d), *Good Humanitarian Donorship Canadian Domestic Strategy*, Ottawa, Gouvernement du Canada.

IASC (2000), *Global Humanitarian Assistance 2000*, Genève, IASC.

MATTEI, Jean-François (2005), *L'urgence humanitaire, et après ? Pour une action humanitaire durable*, Paris, Hachette.

MANGIN, J.-M. (2002), « Réagir aux crises humanitaires : évolution et défis pour l'ACDI », dans Yves Conoir et Gérard Verna (dir.), *L'action humanitaire du Canada*, Sainte-Foy, Presses de l'Université Laval.

McASKIE, C. (2002), « Coordination humanitaire – la vision d'OCHA », dans Yves Conoir et Gérard Verna (dir.), *L'action humanitaire du Canada*, Sainte-Foy, Presses de l'Université Laval.

MINISTÈRE des Affaires étrangères et Commerce international Canada (MAECI), Groupe de travail pour la stabilisation et la reconstruction (GTSR) (2006), *Bilan de l'année – La mobilisation de la capacité d'intervenir du Canada dans des crises internationales*, rédaction au 1er novembre 2006, <http://www.uofaweb.ualberta.ca/peacepostconflict//pdfs/MobilizingCanadasCapacityforInternationalCrisisResponse-Frenchversion.pdf>.

MORRISON, David, *Aid and Ebb Tide – A History of CIDA and Canadian Development Assistance,* Waterloo, Wilfrid Laurier University Press.

PROJET SPHÈRE, LE (2000), *Charte humanitaire et normes minimales à respecter lors des interventions en cas de catastrophe,* Genève, Le projet Sphère.

PRÉMONT, Karine (2002), « Les grands axes de l'action humanitaire canadienne », dans Yves Conoir et Gérard Verna (dir.), *L'action humanitaire du Canada,* Sainte-Foy, Presses de l'Université Laval.

SLIWINSKI, A. (2002), « Évaluation de la performance humanitaire canadienne – le cas de l'ouragan Mitch », dans Yves Conoir et Gérard Verna (dir.), *L'action humanitaire du Canada,* Sainte-Foy, Presses de l'Université Laval : 256-283.

SMILLIE, Ian (2002), « La montée de l'ONG transnationale », dans Yves Conoir et Gérard Verna (dir.), *L'action humanitaire du Canada,* Sainte-Foy, Presses de l'Université Laval : 60-82.

WATSON, A. J. (2006), *Improving Canada's Humanitarian Response : What the Asian Tsunami Taught Us,* conférence tenue au Arthur Kroeger College of Public Affairs, septembre 2006, <http://www.care.ca/press/newsstories/Watson_Feb-05_ e.shtm>, page consultée le 8 mai 2006.

7

LE VIRAGE VERS LES QUESTIONS DE SÉCURITÉ DE L'AIDE PUBLIQUE AU DÉVELOPPEMENT

Eric Marclay

> *Au même titre que le marabout moderne des villes*
> *africaines exploite la crédulité [...] des indivi-*
> *dus, le système maraboutique du développement*
> *exploite la pauvreté des pays africains et leur*
> *croyance [...] dans le système qu'ils croient encore*
> *maraboutique, alors qu'il est marchand.*
>
> Mbaya Kankwenda

Mbaya Kankwenda, par sa belle métaphore du marabout, soutient qu'il existe actuellement un véritable marché du développement. Tout en partageant cette vision et en la gardant en filigrane de notre analyse du virage vers la sécurité de l'aide publique au développement (APD), il apparaît que ce «système marchand» qui caractérise l'aide a en quelque sorte été constitué ainsi. En effet, la nature du système international, le rôle primordial des grandes puissances et leur poids systémique sur le fonctionnement des organisations internationales et nationales tendent à déterminer non seulement les diverses strates de l'aide au développement en tant que tel, mais aussi l'aide en général[1]. Suivant cette conjoncture, les intentions

---

1. Même si ce texte fait essentiellement référence aux grandes puissances capitalistes, l'APD allouée par les pays communistes (l'URSS pendant la Guerre froide, la Chine aujourd'hui) n'est pas dénuée d'intérêts politiques et stratégiques.

prétendument magnanimes des pays donateurs n'ont en fait que rarement été désintéressées, l'APD n'étant pas uniquement le fruit de conceptions philanthropiques de la part des pays développés. Elle est aussi un instrument de promotion et de défense de leurs intérêts, qui s'articule autour de deux grands axes indissociables : la prospérité des pays donateurs et leurs programmes de sécurité nationale et internationale (Alastair, 2005).

Il n'est guère possible de prétendre à l'exhaustivité d'un sujet particulièrement vaste et complexe tel que l'aide *in fine*. Nonobstant, afin de pouvoir affirmer que l'aide au développement a pris aujourd'hui un virage vers des questions de sécurité et qu'elle est en quelque sorte devenue un outil dans l'arsenal de la lutte contre le terrorisme international, il est indispensable de retracer brièvement l'historique de cette forme de relation internationale. Une mise en perspective et une contextualisation sont en effet indispensables à une bonne compréhension de cette tendance, celle-ci s'inscrivant dans des idéologies et des pratiques qui ne sont pas foncièrement nouvelles. La philosophie de la coopération internationale s'insère, encore et toujours, dans les objectifs et les intérêts des grandes puissances soulevés précédemment, mais qui se déclinent depuis le 11 septembre 2001 dans une logique du « tout terrorisme » qu'il s'agit de combattre par tous les moyens. Objet d'une inflation sémantique et d'un amalgame conceptuel, l'aide au développement tend aujourd'hui à être enchâssée dans le paradigme du « avec ou contre nous » de la sécurité internationale. Au nom de cette dernière, non seulement les fonds alloués à la défense explosent, mais les militaires puisent également dans des fonds civils et, comme ils remplissent des tâches traditionnellement dévolues à l'aide internationale – à l'instar des Forces armées canadiennes en Afghanistan – , les maigres enveloppes de la coopération internationale sont ainsi détournées afin de lutter contre une menace sournoise et diffuse, reléguant du même coup les Objectifs du Millénaire aux calendes grecques.

Dans un premier temps, nous ferons un survol de la genèse de l'aide. Ceci nous permettra de comprendre son articulation, qui en fait un produit de « consommation » qui va servir les intérêts économiques, politiques et stratégiques des pays du Nord. Le cadre conceptuel de l'aide au développement ainsi posé, nous analyserons le glissement de l'APD vers le sécuritaire, et nous verrons que la guerre au terrorisme international devient le point d'ancrage des nouvelles stratégies de coopération au développement, comme le préconise, entre autres, le Comité d'aide au Développement (CAD) de l'Organisation de coopération et de développement économiques (OCDE). Suivant ces réflexions, nous verrons qu'en ce début de xxie siècle émerge un nouveau consensus : New York, symbole du terrorisme international, accélérateur de ce virage sécuritaire.

L'AIDE PUBLIQUE AU DÉVELOPPEMENT : UN OUTIL STRATÉGIQUE

Si l'on considère la genèse historique de l'aide, on constate que, dans un premier temps, des acteurs privés externes se sont attachés à porter secours aux victimes et ont tenté d'atténuer les conséquences immédiates des crises[2]. Les États, en revanche, seront plus lents à s'impliquer et la pratique de l'aide bilatérale et multilatérale ne se réalisera qu'au début du xxe siècle, l'ONU devenant en quelque sorte le catalyseur de l'action humanitaire et de l'aide au développement[3]. L'aide au développement émerge donc à la suite de la Seconde Guerre mondiale, d'une part, avec la création des institutions financières internationales issues des accords de Bretton Woods du 22 juillet 1944, et d'autre part, avec l'élaboration du plan Marshall pour la reconstruction de l'Europe dévastée, mis en œuvre le 5 juin 1947.

Cependant, le plan Marshall n'est pas magnanime et s'inscrit comme une nécessité économique et politico-stratégique de l'après-guerre. Sur le plan économique tout d'abord, cette reconstruction européenne doit « fournir des débouchés au gigantesque potentiel américain de production qu'il [faudra] reconvertir » (Rist, 1996 : 116). Sur le plan politico-stratégique ensuite, les prétentions soviétiques sur l'Europe font de la reconstruction de l'Europe de l'Ouest un outil essentiel à la lutte contre le bloc soviétique en formation. Cette importance ne fera d'ailleurs que s'accentuer tout au long de la Guerre froide, à tel point que l'aide au développement devient,

---

2. Apport que nous serions tenté d'appeler « aide d'humanité », d'essence altruiste et philanthropique dans sa version originelle du xixe siècle.
3. Notons que la notion de développement est évoquée dans le préambule de la Charte de l'ONU, ainsi que dans son article 55. La première résolution de l'Assemblée générale des Nations Unies portant sur la question du développement est la résolution 198 (III) du 4 décembre 1948 : *Développement économique des pays insuffisamment développés*. Aux États-Unis, la question du développement est entérinée par le président Truman, dans le point 4 de son discours sur l'état de l'Union du 20 janvier 1949. Voir Rist, 1996 : 116-121.

dès les années 1950, un enjeu de la rivalité entre les deux blocs, bref, « un des instruments de la cohésion des réseaux d'alliances et de maintien des zones d'influence » (Jacquet, 2002)[4]. En effet, cette déviation était déjà inscrite au programme des institutions financières internationales qui, selon Pierre Mouandjo, visaient à « ouvrir aussi largement que possible la porte des marchés des empires coloniaux au commerce et aux investissements privés du monde occidental qu'elle [la Banque mondiale] a mission de promouvoir exclusivement » (Mouandjo, 2002, tome 1 : 165).

À la lumière de ce bref retour historique aux sources de l'aide, il n'est donc pas erroné de prétendre que la forme marchande – mise en relief par Kankwenda – se retrouve dans l'esprit même des institutions financières internationales, puisqu'elles « sont totalement inféodées à la théorie du marché et de la concurrence » (Maillard, 1998 : 90). Il est dès lors évident que les relations dites d'aide au développement sont biaisées par la nature même du système capitaliste au sein duquel elles ont vu le jour et qui les contrôle[5]. L'aide ainsi accordée, sous forme de don ou de prêt, est très souvent exogène pour l'économie des pays récipiendaires, car les dons ou les prêts sont, si ce n'est toujours, du moins dans la vaste majorité des cas, « conditionnés à des livraisons ou des prestations du pays qui aide »

---

4. Selon Jacquet, trois objectifs sous-tendaient l'aide au développement : 1) la préservation des intérêts géopolitiques ; 2) l'altruisme d'inspiration historique et humanitaire ; 3) la recherche d'avantages commerciaux pour les entreprises nationales (Jacquet, 2002 : 123-139). Le développement n'est finalement qu'un objectif secondaire. Dans l'esprit et les termes de Gilbert Rist, cette idéologie du développement n'est rien d'autre que la poursuite du colonialisme par d'autres moyens ; voir Rist, 1996 : 115 et suivantes.

5. Notons le poids des pays capitalistes dans le Fonds monétaire international et la Banque mondiale pour mieux comprendre qui dirige et impose sa vision. En prenant les membres du CAD (particulièrement représentatifs des lignes imposées en termes de développement), nous voyons la clef de répartition suivante en termes de quotes-parts payées déterminant le nombre de voix attribuées à un pays : Allemagne : 5,99 % ; Australie : 1,49 % ; Autriche : 0,86 % ; Belgique : 2,12 % ; Canada : 2,93 % ; Danemark : 0,76 % ; Espagne : 1,40 % ; États-Unis : 17,09 % ; Finlande : 0,58 % ; France : 4,94 % ; Grèce : 0,38 % ; Irlande : 0,39 % ; Italie : 3,25 % ; Japon : 6,13 % ; Luxembourg : 0,13 % ; Norvège : 0,77 % ; Nouvelle-Zélande : 0,41 % ; Pays-Bas : 2,38 % ; Portugal : 0,40 % ; Royaume-Uni : 4,94 % ; Suède : 1,10 % ; Suisse : 1,59 % ; ce qui représente 60,03 % des votes. Les 50 % des quotes-parts, et donc des votes, sont déjà atteints avec les 10 plus grands contributeurs (États-Unis, Japon, Allemagne, France, Royaume-Uni, Italie, Canada, Pays-Bas, Belgique et Suisse). Voir <http://www.imf.org/external/np/sec/memdir/members.htm>, page consultée le 15 juin 2008.

(Maillard, 1998 : 107). La déclaration du général de Gaulle résumait bien cette perspective : « Cet argent que nous donnons pour l'aide aux pays sous-développés n'est de l'argent perdu à aucun point de vue. Je considère que c'est un très bon placement » (De Gaulle en 1971, cité par Mouandjo, 2002, tome 2 : 197).

Et pourtant, les années 1960 furent consacrées au développement : la résolution onusienne 1522 préconisait que le courant de l'assistance devrait atteindre 1 % du total des revenus nationaux (PNB)[6]. Loin de cet objectif, l'ONU fixe dès 1970 la contribution à 0,7 % du PNB en faveur de l'APD (Pearson, 1969). À partir de cette période, les flux nets de l'APD ont sensiblement progressé, en particulier dans les années 1970 et 1980, pour connaître une forte baisse dans les années 1990, se redressant seulement en fin de période. En valeur nominale, l'APD atteignait 69 milliards de dollars US en 2003, une progression de plus de 10 milliards par rapport à 2002. Toutefois, comme l'indique le CAD, environ 7,9 milliards de dollars US « sont imputables aux effets conjugués de l'inflation et de la baisse de la valeur extérieure du dollar » (OCDE, 2003a). De plus, si en 2005 l'APD dépassait les 100 milliards de dollars US, sur cette augmentation de 26,9 milliards de dollars US par rapport à 2004, pas moins de 85 % étaient consacrés à l'annulation de la dette de l'Irak et du Nigeria, pays éminemment stratégiques pour leurs ressources pétrolières[7]. Le CAD notait enfin que « la guerre contre le terrorisme a également contribué à gonfler les apports d'aide[8] » (OCDE, 2003a).

Il convient néanmoins de comparer les sommes nettes déboursées par rapport au pourcentage du PNB, car, en termes relatifs, l'aide engagée ne cesse de diminuer. Il en va de même pour le Canada. Ainsi, l'aide canadienne a quasi constamment été en perte de vitesse au cours des dernières décennies, pour passer de 0,53 % en 1975 à 0,45 % en 1990, puis à 0,27 % de son PNB au début du deuxième millénaire. L'objectif du 0,7 % préconisé par l'ancien premier ministre du Canada, Lester B. Pearson, est donc encore loin d'être atteint (voir Tableau 7.1).

---

6. Doc. off. NU 1522 (XV) du 15 décembre 1960.
7. L'annulation de la dette est certes une action favorable aux pays en développement, mais directement comptabilisée dans les sommes déboursées d'APD, elle biaise ainsi la réalité de sommes véritablement allouées.
8. Voir aussi OCDE (2004).

TABLEAU 7.1

Aide publique au développement –
pourcentage du Produit national brut

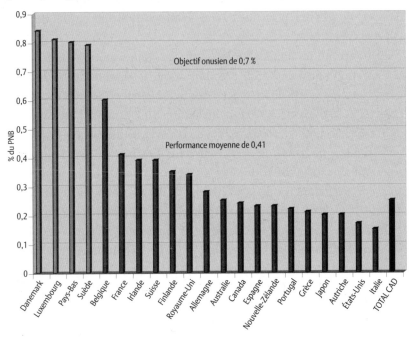

Source : OCDE 2003, <http://www.oecd.org/dataoecd/19/51/34352612.pdf>.

LE « CONSENSUS DE NEW YORK » OU LES ENJEUX DE LA SÉCURITÉ

Le financement de l'aide au développement est, en ce début de XXIᵉ siècle, dans une situation dichotomique : les ressources destinées à l'aide stagnent, voire diminuent dans certaines régions, alors que les besoins humanitaires augmentent. Conséquemment, malgré les milliards injectés dans les pays en développement, on assiste à l'avancée de la pauvreté et non à son recul. À cette situation déséquilibrée et précaire, les attentats du 11 septembre 2001 ont non seulement provoqué des dommages considérables et un choc traumatique important, mais ont également servi de catalyseur et déclenché une armée de mesures répressives sans précédent. Même s'ils relèvent d'une logique radicalement différente de celle du sous-développement, ces attentats terroristes ont ainsi eu pour effet de renforcer « l'importance politique et stratégique de ce thème », et par là même de créer un lien entre ces deux problématiques (Jacquet, 2002 : 124).

Les actes perpétrés le 11 septembre 2001 au cœur même de l'hyperpuissance mondiale ont fait prendre conscience au monde de la vulnérabilité des États-Unis. Au-delà de ce séisme, ces attaques contre les symboles de l'hégémonie occidentale représentent pour certains experts plus qu'une rupture : elles consacrent le renversement de l'ordre mondial post-bipolaire[9]. Pour nombre d'Américains, auxquels s'ajoutent des millions d'Occidentaux, le terrorisme est apparu comme une « nouvelle » menace qui peut surgir de n'importe où, contre n'importe qui.

Mais le choc du 11 septembre découle plus d'une perception de nouveauté que d'une nouveauté en tant que telle : le terrorisme comme forme de violence politique existe depuis fort longtemps. Cette perception, amplifiée par la magnitude des évènements, « a appris à l'Amérique que certaines hypothèses si confortables du monde globalisé n'ont pas cours dans les milieux terroristes » (Kissinger, 2003 : 322). Comme le conclut Thomas Copeland, « les orientations qui se dégagent du terrorisme suivant la fin de l'ordre bipolaire marquent [ainsi] plutôt une évolution qu'une révolution » (cité par Deschênes, 2002 : 22).

Malgré ce constat, de New York à Bagdad, les États-Unis sont en guerre, aux sens propre et figuré du terme. Ce faisant, tout est envisagé au travers du prisme de la sécurité nationale, et cela tant sur le plan intérieur qu'extérieur. Usant de leur influence dans les forums internationaux, les États-Unis infléchissent incontestablement l'agenda international et la vision du monde, ce monde en désordre dont il faut se protéger et dont les États défaillants ou en faillite ont une importance qui va largement au-delà des questions humanitaires et de développement. Ainsi, depuis septembre 2001, aux priorités en matière d'aide au développement se sont superposés les intérêts des donateurs en ce qui concerne la sécurité, modifiant conséquemment la liste des pays prioritaires et les sommes allouées. Ceci marque l'avènement du consensus de New York[10].

---

9. Par exemple, Bruce Hoffmann ou François Heisbourg, cité par Deschênes (2002 : 21).

10. Nous avons opté pour le terme de « consensus de New York », par analogie avec deux consensus précédents : le consensus de Washington qui émerge à la fin des années 1980 (Naim, 2000 : 87-103), puis le consensus de Monterrey de 2002 (voir le *Rapport de la Conférence internationale sur le financement du développement*, Doc. off. NU A/CONF 198/11 [2002]).

Du côté canadien, si l'on constate d'emblée un certain consensus sur le concept de sécurité humaine, concept qui fait son chemin tant au MAECI qu'à l'ACDI, force est de constater que la pression en ce qui concerne la sécurité renforce les liens entre les interventions de lutte au terrorisme et les investissements d'aide internationale mentionnés précédemment. Alors que les États-Unis ont refaçonné l'USAID dans le but d'établir des liens plus étroits avec le Département d'État, le Canada n'est pas en reste. C'est ainsi que, depuis 2002, l'Agence canadienne de développement international (ACDI) a élargi son mandat pour «appuyer les efforts de la communauté internationale en vue de réduire les menaces à la sécurité sur la scène internationale et au Canada» (CCCI, 2006). L'ACDI déclare, entre autres, avoir pour mandat de voir aux «intérêts canadiens» en matière de prospérité et de gouvernance, mais également de sécurité. Par ailleurs, la première Politique de sécurité nationale du Canada, publiée en avril 2004, proposait que l'aide au développement joue un rôle dans la sécurité internationale[11],

L'AMALGAME ENTRE SÉCURITÉ ET DÉVELOPPEMENT

Paradoxalement, il n'existe pas de définition consensuelle du terrorisme. Les définitions restent des énumérations souvent longues et toujours alambiquées[12], ce qui, comme le souligne Smouts, Battistella et Vennensson, traduit l'impossibilité d'appréhender le phénomène «en tant que représentation abstraite et homogène» et dénote une certaine perplexité et d'un désarroi face à ce phénomène (2003). Or, on observe depuis septembre 2001 un glissement du discours vers une logique du «tout est terrorisme». Ce glissement sémantique n'est pas sans répercussion et, en avril 2003, le CAD a introduit un nouveau «document de référence» intitulé *Inscrire la coopération pour le développement dans une optique de*

---

11. Voir le document en ligne: <http://www.securitepublique.gc.ca/pol/ns/secpol04-fra.aspx>.
12. Pour un exemple du flou qui entoure les définitions du terrorisme dans les textes internationaux, voir l'Article 2 de la *Convention pour la répression des attentats terroristes à l'explosif* du 15 décembre 1997, <http://untreaty.un.org/English/Terrorism/18-9fr.pdf>. Malgré ce flou entretenu, l'apposition de l'étiquette terroriste à certains actes de violence vise à leur ôter toute légitimité politique. (Münkler, 2003: 167).

prévention du terrorisme qui, dans les termes de son président Richard Manning, se veut être un outil qui devrait permettre de «guider les initiatives prises par la communauté internationale et les gouvernements face au lien entre terrorisme et développement, et donner une idée de la manière dont les programmes des donneurs pourraient être conçus ou adaptés afin d'en tenir compte» (OCDE, 2003b : 3).

Dans l'atmosphère post-11 septembre, il n'est en soi pas vraiment surprenant de retrouver en bonne place, dans un ouvrage portant sur l'aide au développement, la lutte contre le terrorisme[13]. Ceci étant, la question qui retient notre attention ici est celle de la construction du lien entre terrorisme et (sous-)développement. Un élément de réponse est d'ores et déjà donné par le CAD lui-même : « Si le terrorisme international a des causes complexes, les motivations de ses acteurs et le choix de ses théâtres d'opérations ne sont cependant pas sans lien avec les problèmes de développement » (OCDE 2003b : 3). C'est donc dans les motivations terroristes et dans les théâtres d'opérations que nous devons nous plonger pour analyser ce lien de cause à effet.

Abordons tout d'abord la question des motivations. Le terrorisme, en tant que violence politique organisée, a des formes et des idéologies assez clairement identifiables (Wieviorka, 2002 : 30). Nonobstant, et au risque de schématiser un phénomène particulièrement complexe, le terrorisme issu de l'islamisme radical ne semble pas être le vecteur d'une véritable idéologie qui sous-tend un projet politique défini, mais il s'apparente plutôt à un extrémisme dont la vision du monde se réduit à une dichotomie qui passe par l'aliénation de l'autre. Ses disciples sont «animés d'une vision transcendantale exclusive» (Clausewitz, 1999 : 51), qui est

---

13. Soulignons d'emblée que ce document du CAD a été dirigé par Karin von Hippel, auteure d'un article qui met en doute le lien entre le terrorisme et la pauvreté, alors que ce lien est établi dans ce document du CAD ; voir Karin von Hippel (2002). Il en va de même pour Alan Krueger, cité par le CAD, qui doute aussi du lien ; à ce sujet, voir Alan Krueger et Jitka Malecková (2003). Il est également très intéressant de noter que les auteurs du rapport considèrent que la prise de conscience de l'existence d'un véritable terrorisme international s'est cristallisée avec les événements du 11 septembre 2001, postulant que, par le passé, le terrorisme prenait habituellement une envergure purement nationale ; voir OCDE (2003b : 10 et 22, note 1). Ce postulat est évidemment faux. Voir Bruce Hoffman, qui situe l'internationalisation du terrorisme à la fin des années 1960 et au début de 1970 (1999 : 97).

à la base de la formation d'une idéologie extrémiste manichéenne, où le rejet du monde occidental est total et la violence suicidaire sans précédent (Heisbourg, 2002 : 28)[14]. La violence particulièrement dévastatrice ne revêt plus d'aspiration politique, mais devient métapolitique, « portée par des significations qui subordonnent le politique au religieux » et avec un « projet allant bien au-delà de toute tentative de prise du pouvoir [...], une croisade, le djihad du bien contre le mal » (Wieviorka, 1999 : 32-37). Cette violence ne s'inscrit donc pas dans une logique que le développement pourrait contrecarrer.

Un détour par le Programme des Nations Unies pour le développement (PNUD) est très instructif pour aborder le second postulat du CAD : les théâtres d'opérations (2004 : 279). Nous l'envisageons ici dans une double perspective, d'une part, comme constituant le « terreau fertile » où se génère et se développe la vocation terroriste et, d'autre part, comme le lieu où s'exprime et agit le terrorisme. Des 36 pays ayant un faible développement humain selon le rapport du PNUD, 32 sont situés en Afrique[15] ; aucun ne se situe dans « l'axe du mal ». Et parmi les quatre pays les « plus pauvres », on retrouve Haïti, le Timor oriental, le Yémen et le Pakistan.

Suivant cette catégorisation, il est relativement clair que les pays les plus pauvres et les moins avancés ne sont pas les plus grands pourvoyeurs de terroristes, de même que, hormis les attentats perpétrés à Nairobi, Dar Es-Salaam, Aden et Bali, qui visaient au demeurant les intérêts américains et australiens, ces pays ne sont pas non plus les cibles privilégiées des terroristes. Le CAD reconnaît cet état de fait : « Même si la plupart des pays pauvres ne connaissent pas le terrorisme, ne sont pas des pourvoyeurs de terroristes et ne soutiennent pas les terroristes [...] il n'en est pas moins essentiel d'unir les efforts de lutte contre la pauvreté et contre le terrorisme » (OCDE, 2003b : 3).

Nous ne pouvons que souscrire à cette volonté. La lutte contre la pauvreté et le terrorisme sont en effet des objectifs autant louables que nécessaires. Ceci étant, où est donc le lien entre terrorisme et développement, puisque ce qui est annoncé au tout début du document *Inscrire la*

---

14. Heisbourg parle de « terrorisme messianique universel ».
15. Nous avons choisi l'indice de développement humain (IDH), car il est plus représentatif des multiples facteurs qu'il s'agit de considérer lorsque l'on parle de développement.

coopération pour le développement dans une optique de prévention du terrorisme est réfuté ensuite dans l'argumentation? Comme le souligne Brian Tomlinson, le fait que le terrorisme soit devenu la préoccupation majeure des gouvernements et en premier lieu celui des États-Unis,

> semble fondé non pas sur une analyse géopolitique de la menace […] mais sur un ensemble de «jugements moraux» idéologiques et apocalyptiques, issus en grande partie de la vision imposée par une faction très puissante de l'administration américaine actuelle très pressée d'affirmer la suprématie des États-Unis dans le monde[16].

Pour les membres du CAD, qui ont endossé ce rapport, « [l]e terrorisme est une forme de conflit violent, or la prévention des conflits fait partie intégrante de la lutte contre la pauvreté» (OCDE, 2003b: 11). C'est donc un lien entre la pauvreté et le terrorisme qui se fait au travers de la notion de conflit. En jonglant avec des concepts et des problématiques fort complexes, le CAD facilite donc la légitimation d'actions multiples menées par les pays donateurs sous le libellé d'aide, alors qu'il s'agit de mesures relevant essentiellement de la sécurité[17]. Dans un rapport subséquent, le CAD soulignait une nouvelle fois l'articulation entre le développement et la sécurité, cette dernière s'étant «affirmée comme un enjeu décisif pour le développement» (OCDE, 2004: 2). Mais le lien reste simple:

> Se protéger de la violence est fondamental pour pouvoir lutter contre la pauvreté et atteindre les objectifs du Millénaire pour le développement (OMD) et, de façon plus large, pour instaurer un développement économique, social et politique durable. Un conflit violent qui éclate, que ce soit à l'intérieur d'un pays ou entre plusieurs pays, porte immanquablement un coup d'arrêt au développement. (OCDE, 2004)

Voilà des raccourcis utiles, mais réducteurs, car, comme le souligne le rapport, il faut en effet «atténuer le risque, bien réel, que l'aide au développement devienne "seulement" un instrument au service d'intérêts géopolitiques et/ou militaires» (OCDE, 2003b: 20). Mais comme nous l'avons vu précédemment, le système étant, dès sa genèse, vicié, il est peu

---

16. Brian Tomlinson, *Commentaire du CCCI*, <http://www.ccic.ca/f/docs/002_aid_2003-11_ccic_commentary_dac_terror_prevention.pdf>.
17. Notons que dès 1999, le CAD suggérait «que l'APD soit étendue à de nouveaux domaines, y compris des secteurs politiquement sensibles comme le judiciaire *et la sécurité*» (OCDE, 1999: 5) (nous soulignons).

probable que la philosophie libérale qui structure les programmes d'aide au développement, de même que les intérêts des grandes puissances se transforment dans un avenir proche : « Les gestionnaires de l'aide doivent accepter le fait que toute aide revêt un caractère politique » (OCDE, 1999 : 4). Même s'il ne faut pas généraliser sur la base d'un exemple, notons que le CAD lui-même reconnaît, dans le cas de l'Afghanistan (étude qui porte sur 1989-1999), que les tentatives d'utiliser l'aide pour influencer la politique n'ont pas été efficaces, et le rapport de poursuivre : « Ce n'est pas surprenant […] une leçon-clef est que ces fournisseurs d'aide devraient être plus modestes de l'influence qu'ils peuvent espérer exercer sur un conflit par l'aide[18] » (OCDE, 2002 : 6).

Le Canada quant à lui ne fait pas exception. En Afghanistan, par exemple, on observe un programme hybride où les actions humanitaires et militaires sont intégrées : on assiste à une « militarisation » conceptuelle et opérationnelle de l'action humanitaire. À travers cette coopération civilo-militaire (COCIM), les Forces canadiennes, qui en sont responsables, ont entrepris plusieurs interventions à caractère humanitaire et financées par l'ACDI. Cette stratégie du gouvernement du Canada, appelée « démarche 3D », a uni les fronts de la diplomatie, du développement et de la défense par l'intermédiaire du ministère des Affaires étrangères et du Commerce international (MAECI), de l'ACDI, et du ministère de la Défense nationale et des Forces canadiennes (MDN/FC)[19]. Dit autrement, le champ de bataille du XXIᵉ siècle n'est plus strictement réservé aux soldats et une coopération civilo-militaire améliorée y joue un rôle essentiel. Cette approche est particulièrement critiquée par les ONG qui considèrent que l'intrusion du militaire dans la zone humanitaire nuit à l'impartialité de l'intervention et génère des tensions entre les populations et les fournisseurs d'aide en place.

Ainsi, sur l'expérience du Canada en Afghanistan, le CCCI expose les risques suivants qu'entraîne la combinaison des rôles des militaires et des civils sous une seule et même structure de commandement[20] :

---

18. Traduction de l'auteur.
19. Voir <http://www.canada-afghanistan.gc.ca/afghan-brochure-fr.asp>.
20. Voir la note d'information du CCCI, *Le Canada en Afghanistan*, <http://www.ccic.ca/f/docs/002_peace_2005-04-10_afghanistan_briefing_note.pdf>.

- L'absence d'une distinction claire entre activités militaires et activités de développement met en péril les destinataires de l'assistance aussi bien que les travailleurs humanitaires. En effet, ceux-ci deviennent la cible d'attaques parce qu'une faction les croit de connivence avec le parti adverse.
- Le personnel militaire change tous les six mois. Les soldats ne restent pas assez longtemps sur place pour devenir efficaces dans le domaine du développement local. Les Canadiens ne doivent pas recevoir des informations trompeuses quant à l'incidence qu'ont sur le développement les activités de relations publiques destinées à gagner l'appui des populations canadienne et afghane à l'égard de l'armée.
- L'aide humanitaire est parfois utilisée à des fins militaires, pour inciter la population à rallier l'un des camps en présence. Il arrive même que l'aide se fasse en échange de renseignements. Ce genre d'arrangement peut être tacite ou explicite ; dans un cas comme dans l'autre, la population est mise en danger.

L'AIDE PUBLIQUE (AU DÉVELOPPEMENT) À LA SÉCURITÉ

Comme postulé précédemment, l'aide a essentiellement été au service des pays donateurs, soit comme instrument stratégique sur la scène géopolitique internationale, soit comme un « système marchand », voire les deux dans bien des cas[21]. Le virage vers la sécurité post-11 septembre n'est donc pas une transformation fondamentale des objectifs premiers qui la sous-tendaient auparavant. Avec ses lignes directrices, le CAD ne fait que reclasser les multiples priorités de ses membres, le Canada ne faisant pas exception. Ainsi, les objectifs hautement prioritaires de sécurité sont bon gré mal gré partagés par les donateurs et imposés aux pays récipiendaires qui ne peuvent se permettre le luxe d'être ostracisés. Les Objectifs du Millénaire risquent ainsi d'être éclipsés, et les stratégies préconisées

---

21. Voir par exemple Wolfgang Mayer et Pascalis Raimondos-Moller (1999). En résumé, et malgré l'aspect altruiste du donateur, ce dernier trouve un avantage économique dans son aide et les auteurs de citer un troisième élément : l'aide est déterminée au travers d'un processus politique interne au pays donateur, qui, dans une démocratie directe, pourrait profiter aux électeurs malgré une protection sociale réduite.

pour prévenir et résoudre les conflits, détournées[22]. En revanche, déjà disproportionnés dans le passé, les budgets alloués à la sécurité nationale et internationale ne semblent pas souffrir de limite, à l'instar de celui des États-Unis (voir Tableau 7.2), et celui du Canada, certes dans des proportions moindres, suivant la même tendance à la hausse (voir Tableau 7.3).

TABLEAU 7.2
Budget des États-Unis, par agence

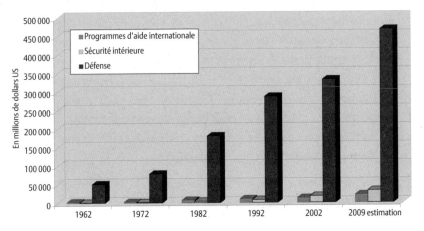

Source : Budget US FY 2006, <http://www.gpoaccess.gov/usbudget/fy05/sheets/hist04z1.xls>.

---

22. *Objectifs du Millénaire*, <http://www.un.org/french/millenniumgoals>. Les travaux au sujet de la prévention/résolution des conflits et du maintien de la paix sont nombreux. Voir le document du CAD de l'OCDE (2001). Voir également les divers travaux de l'ONU : Boutros-Ghali, 1992 ; 1994 ; 1996. Voir aussi l'excellent rapport onusien du Groupe d'étude sur les opérations de paix de l'Organisation des Nations Unies, 2000, et le dernier rapport de Kofi Annan, 2001, ainsi que l'étude de la Commission Carnegie sur la prévention des conflits meurtriers, 1997.

TABLEAU 7.3

Remplir nos obligations internationales – objectifs du Canada

Source : Budget du Canada 2005 <http://www.fin.gc.ca/budget05/pdf/bp2005f.pdf>.

De longue date déjà, le gouvernement américain et, dans son sillage, le Canada et les autres membres du CAD insistent particulièrement sur l'efficacité de l'aide qui est déboursée, une efficacité dont les objectifs sont essentiellement orientés vers l'insertion plus grande des économies nationales au sein de l'économie mondiale. Cette philosophie est aujourd'hui doublée de la lutte contre le terrorisme[23]. Dans ces termes, le développement dirigé dans la « guerre contre le terrorisme » ne semble pas vraiment s'insérer dans l'objectif de réduction de la pauvreté, mais reste en droite ligne des objectifs stratégiques tels qu'ils ont toujours été envisagés[24]. Il suffit pour s'en convaincre de mentionner la (nouvelle)

---

23. Notons qu'en 2002, un groupe de sénateurs républicains et démocrates a déposé un projet de résolution recommandant que les États-Unis se servent de l'aide humanitaire et au développement dans leur lutte contre le terrorisme international, et de souligner que pour ce faire, l'USAID et le ministère de l'Agriculture « augmentent fortement leur aide humanitaire, leur aide au développement économique et leur aide agricole en vue de favoriser la paix et la stabilité internationales ». Voir la résolution 204 exprimant la recommandation du Sénat relative à l'importance des programmes d'aide à l'étranger des États-Unis en tant que moyen diplomatique de lutte contre le terrorisme mondial et de défense des intérêts des États-Unis en matière de sécurité, <http://usinfo.state.gov/regional/af/security/french/f2020707.htm>.

24. Dans le sillage de l'hégémonie américaine, et comme le préconise le CAD, les membres de l'OCDE ont également à leur agenda la priorité de la sécurité. Voir Reality of Aid (2004). Voir aussi Conseil canadien pour la coopération internationale (CCCI) (2004), *Bilan de l'aide 2004*, <http://www.ccic.ca/f/docs/002_

philosophie qui imprègne les objectifs de l'USAID, et dont son administrateur, Andrew Natsios, se fait le porte-parole et le défenseur : « La guerre à la terreur a mené à un élargissement du mandat de l'USAID et a poussé l'Agence dans les situations qui vont au-delà de son rôle traditionnel d'aide humanitaire et d'aide au développement[25] ».

Le cas du Canada, directement influencé par son puissant voisin du Sud, est illustratif de ce virage vers la sécurité. Et pourtant, en l'absence de passé colonial, pays riche en matières premières et bénéficiant de conditions géographiques favorables à une production agricole excédentaire, le Canada peut jouer un rôle moteur dans l'aide aux pays en développement sur la scène internationale. La politique du Canada en matière d'aide au développement, son engagement dans les actions d'aide d'urgence et son rôle indéniable de promoteur de normes internationales en faveur du respect des droits de la personne (sécurité humaine, traité d'Ottawa, responsabilité de protéger) confirment cette volonté d'engagement international. La mise en avant de cet avantage comparatif dont peut se prévaloir le Canada lui permet ainsi de réaffirmer son attachement à des valeurs fondamentales de respect des droits de la personne et le positionne ainsi comme garant et promoteur de ces valeurs fondamentales[26].

Le discours magnanime du Canada va cependant au-delà de ses engagements concrets et de ses actions bilatérales et multilatérales dans les domaines de l'aide. Empreint d'humanisme, il donne bonne conscience à l'élite politique en place et conforte la population en général dans son idée que le Canada est « généreux » à l'égard des pays et des populations les plus démunies, alors que sur le terrain, la réalité n'est pas à la hauteur des prétentions canadiennes. En effet, comme nous l'avons vu précédemment,

---

aid_roa_2004.pdf>, et le document de discussion du réseau Bond datant de juillet 2004 et intitulé *Global Security and Development*, <http://www.bond.org.uk/pubs/advocacy/gsdpaper.pdf>.

25. Voir le discours d'Andrew Natsios à Washington le 21 avril 2004, <http://www.usaid.gov/press/speeches/2004/sp040421.html>. En outre, l'objectif général de l'USAID est clairement affiché sur son site Web : « *Through its economic assistance programs, USAID plays an active and critical role in the promotion of U.S. foreign policy interests* » (<http://www.usaid.gov/locations/>).

26. Ce discours magnanime et avant-gardiste est omniprésent dans les rapports du Canada. Voir par exemple Agence canadienne de développement international (ACDI), 2002.

la mise en parallèle des promesses canadiennes ne cache guère la réalité de la question de sécurité internationale et canadienne[27].

« AVEC OU CONTRE NOUS »

Si cette réalité n'est pas en soi nouvelle, le phénomène, qui va s'accentuant, est inquiétant. Ce qui l'est cependant encore plus, c'est l'amalgame que nous avons évoqué précédemment entre la lutte contre le terrorisme, les conflits et le développement. Mais comme si les Tableaux 7.2 et 7.4 ne suffisaient pas à illustrer la nécessité d'une séparation claire entre les allocations à des fins de sécurité et celles à des fins de développement, les administrations justifient aujourd'hui des opérations politico-militaires dans une optique de développement, grugeant au passage des centaines de millions de dollars des enveloppes aux agences qui oeuvrent en matière de développement. L'APD est ainsi subordonnée au nouveau paradigme du « avec ou contre nous ». Il ne suffit plus d'être un pays démuni pour attirer la sympathie des pays du Nord, mais il faut encore s'inscrire dans la logique de l'axe du bien luttant contre l'axe du mal. Une suggestion pour le moins laconique du rapport du CAD est particulièrement inquiétante et révélatrice : revoir les critères d'admissibilité à l'APD (OCDE, 2003b : 12 et 22). En 2005, emboîtant le pas, le Canada s'est associé avec d'autres membres du CAD pour inciter ce dernier « à élargir les critères de ce qui peut être considéré comme de l'APD, en particulier en ce qui concerne les aspects militaires et de sécurité des opérations de paix », alors que justement « l'aide militaire et les éléments d'application du maintien de la paix sont explicitement exclus de ces critères » (CCCI, 2006).

Alors que le Nord pèse de tout son poids sur les gouvernements du Sud et prône la transparence et la bonne gouvernance, les premiers entretiennent un flou artistique bien pratique au sein de leurs budgets. Malgré le manque de clarté dans les prises de décision budgétaires des gouvernements donateurs, les deux exemples les plus significatifs sont sans conteste les

---

27. Le mandat de l'ACDI comprend également « [d']appuyer les efforts de la communauté internationale en vue de réduire les menaces à la sécurité sur la scène internationale et au Canada ». Voir le Conseil canadien pour la coopération internationale (CCCI, 2006).

opérations internationales en Afghanistan et en Irak (voir Tableau 7.4)[28]. Le bond de 10 milliards de dollars mentionné précédemment s'explique, entre autres, par les apports d'aide reçus par l'Afghanistan, qui ont été portés de 400 000 000 à 1,5 milliard de dollars US, et l'aide à l'Irak, qui est passée de 100 000 000 à 2,3 milliards de dollars US (OCDE, 2003a).

TABLEAU 7.4
Aide publique au développement ou guerre au terrorisme?

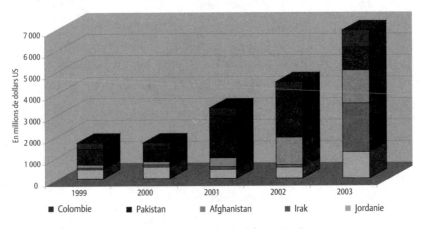

Source: OCDE <http://www.oecd.org/dataoecd/40/30/34036257.xls>.

28. Dans le Tableau 7.4, nous illustrons notre propos en mettant en perspective les montants globaux du CAD en faveur de ces deux pays, auxquels nous ajoutons les voisins immédiats (Jordanie et Pakistan, bases arrière militaires), ainsi que la Colombie; ce dernier pays étant aussi une priorité de la lutte antiterroriste, on construit ici un lien entre drogue et terrorisme. Le cas du Pakistan est à cet égard particulièrement révélateur, non pas que la pauvreté ne soit pas en soi un problème, mais si le CAD souligne dans ces chiffres que l'aide allouée au Pakistan s'est maintenue entre 2 et 3 milliards de dollars en 2002-2004, il faut préciser qu'elle ne représentait que 703 000 000 $ en 2000. En effet, le pays subissait, avant le 11 septembre, une intense pression diplomatique de la part de la communauté internationale en raison du coup militaire de 1999, des violations des droits de la personne et des tests nucléaires. Le président Musharraf, en s'alignant sur les États-Unis dans la guerre contre le terrorisme, aura en quelque sorte effacé son ardoise. Choyé par Washington, Islamabad peut également compter sur le soutien de l'Union européenne qui a annoncé le 29 avril 2004 une augmentation de son assistance au Pakistan (incluant l'aide au développement) en se référant spécifiquement au fait que le pays soutient l'effort international de lutte contre le terrorisme. Voir *Asia 2003* de l'OCDE disponible en ligne à: <http://www.oecd.org/dataoecd/59/45/2352040.pdf>.

Au Canada, pour le seul budget de l'ACDI, les engagements en Afghanistan et en Irak vont sans conteste affecter les programmes et les objectifs en faveur de la réduction de la pauvreté en Afrique et des «pays privilégiés». Il ne s'agit pas ici de dénigrer les efforts entrepris pour le bien-être des peuples afghan et irakien, mais bien de montrer que sous le label de l'APD, les États poursuivent les objectifs qu'ils se sont fixés en termes de sécurité et non uniquement de réduction de la pauvreté, prétendu terreau fertile du terrorisme. Nous ne traiterons pas ici de l'efficacité de l'APD au développement dans la lutte au terrorisme, mais comme le souligne Brian Tomlinson, nous ne voyons «aucune affinité apparente entre les stratégies appropriées des donateurs visant à promouvoir la paix, à prévenir les conflits et à encourager la cohésion sociale et politique et les stratégies et pratiques de prévention et de lutte contre le terrorisme[29]».

Si le terrorisme est une activité criminelle abjecte et répréhensible, force est en effet de constater que la lutte engagée par les pays occidentaux pour tenter de subjuguer ce fléau en vient à se substituer à l'aide au développement. Mais cette pratique est antinomique. En effet, les stratégies d'aide, de l'urgence au développement, préconisent à des degrés divers des mesures et des démarches qui devraient être fondées sur la justice et le respect des droits de la personne, dont l'objectif humaniste est orienté vers la sécurité humaine. En revanche, «la guerre» au terrorisme préconise le renforcement des infrastructures et des moyens militaires et policiers, dont l'objectif est orienté vers la sécurité nationale[30]. Nous sommes donc dans une situation fondamentalement paradoxale, qui juxtapose la préservation de la sécurité nationale par une utilisation de la puissance militaire, mais dans le cadre de situations de crise, qui requièrent parallèlement des actions orientées vers les causes profondes des conflits ou des déficiences socioéconomiques qui engendrent la pauvreté.

---

29. Brian Tomlinson, commentaire en ligne: <http://www.ccic.ca/f/docs/002_ aid_2003-11_ccic_commentary_dac_terror_prevention.pdf>.
30. Nous ne pouvons débattre ici des concepts de sécurité (humaine, sociétale, nationale). À ce sujet, voir David, 2000; David et Roche, 2002; sur l'ambiguïté du concept de la sécurité humaine, voir Paris, 2001.

LE POUVOIR DES MOTS

Selon Gilbert Rist, «l'exercice du pouvoir est lié à l'usage des mots: la rhétorique est l'art de persuader; mieux vaut convaincre que recourir à la force» (Rist, 1996: 125). Au tout début du XXIᵉ siècle, cet adage semble avoir été entendu par les décideurs politiques et financiers des pays du Nord. Ils ont en effet entrepris d'élargir la réflexion sur les multiples questions directes et connexes liées à l'aide, en prenant en considération les attentes exprimées par l'opinion publique[31].

Nonobstant, les sceptiques souligneront que cet engouement mondial pour les questions liées à l'aide va rester figé dans des discours bienveillants, sans se concrétiser en actions tangibles et efficaces. En effet, dans les ténèbres de la guerre au terrorisme, l'aide internationale et conséquemment l'aide canadienne passent aujourd'hui par un alignement des pays en voie de développement sur le paradigme du «avec ou contre nous». Alors que nous sommes déjà dubitatifs sur le bien-fondé des stratégies préconisées par les pays capitalistes pour résoudre les problèmes endémiques de pauvreté, l'atmosphère post-11 septembre est venue assombrir une situation d'ores et déjà complexe et compromise. Malgré le fait qu'il est difficile de décortiquer les lignes budgétaires des donateurs, à l'instar de l'approche pangouvernementale canadienne et du chevauchement des stratégies 3D, les diverses actions des membres du CAD confirment que la guerre au terrorisme ne passe plus uniquement par l'appareil militaire, mais également par son extension: la coopération internationale au développement.

Dans cette logique, le CAD ne nous a pas convaincu en faisant un lien entre pauvreté et terrorisme au travers des conflits, et le Canada ne peut se référer à une «feuille de vigne humanitaire» pour évoquer des mesures relevant purement de la sécurité. Au contraire, l'amalgame simpliste de situations fort complexes permet aux pays donateurs de poursuivre leurs objectifs stratégiques au nom d'un hypothétique développement.

---

31. Nous en voulons pour preuve les Sommets du millénaire (2000), de Doha (2001), de Monterrey (2002), de Johannesburg (2002), qui illustrent l'importance de la réflexion engagée sur ce thème.

L'exercice du pouvoir est donc lié autant à l'usage des mots qu'à celui de la puissance : la rhétorique étant l'art de persuader, et la force celui de convaincre. L'aide constitue ainsi, de gré ou de force, un instrument de promotion des intérêts des donateurs, les deux objectifs indissociables de prospérité et de sécurité nationale restant la priorité des pays du Nord. Le consensus de New York marque ainsi le virage vers la sécurité de l'aide publique au développement, consensus partagé également par le Canada.

RÉFÉRENCES BIBLIOGRAPHIQUES

AGENCE canadienne de développement international, ACDI (2002), *Énoncé de politique en faveur d'une aide internationale plus efficace*, Ottawa, ACDI, <http://www.acdi-cida.gc.ca/aide-efficace>.

ALASTAIR, Fraser (2005), « Poverty Reduction Strategy Papers : Now Who Calls the Shots ? », *Review of African Political Economy*, vol. 32, n° 104-105, juin-septembre : 317-340.

ANNAN, Kofi (2001), *Prévention des conflits armés*, Doc. off. NU A/55/-85-S/2001/574.

BOUTROS-GHALI, Boutros (1992), *Agenda pour la paix*, Doc. off. NU A/47/-77-S/24111.

BOUTROS-GHALI, Boutros (1994), *Agenda pour le développement*, Doc. off. NU A/48/935.

BOUTROS-GHALI, Boutros (1996), *Agenda pour la démocratisation*, Doc. off. NU A/51/761.

CLAUSEWITZ, Carl von (1999), *De la guerre*, Paris, Librairie académique Perrin.

COMMISSION CARNEGIE SUR LA PRÉVENTION DES CONFLITS MEURTRIERS, *La prévention des conflits meurtriers*, Washington, Commission Carnegie sur la prévention des conflits meurtriers, 1997.

CONSEIL CANADIEN POUR LA COOPÉRATION INTERNATIONALE, CCCI (2006) *Bilan de l'aide 2006*, Ottawa, CCCI, <http://www.ccic.ca/f/docs/002_aid_2006_roa_canada_chapter.pdf>.

CONSEIL CANADIEN POUR LA COOPÉRATION INTERNATIONALE, CCCI (2004), *Bilan de l'aide 2004*, Ottawa, CCCI, <http://www.ccic.ca/f/docs/002_aid_roa_2004.pdf>.

DAVID, Charles-Philippe (2000), *La guerre et la paix – Approches contemporaines de la sécurité et de la stratégie*, Paris, Presses de Sciences Po.

DAVID, Charles-Philippe et Jean-Jacques Roche (2002), *Théorie de la sécurité*, Paris, Montchrestien.

DESCHÊNES, Dany (2002), « Le 11 septembre 2001 : nouveauté radicale dans le terrorisme international ? », *Revue militaire canadienne*, vol. 3, n° 4, hiver : 21-26.

GROUPE D'ÉTUDE SUR LES OPÉRATIONS DE PAIX DE L'ORGANISATION DES NATIONS UNIES (2000), *Rapport Brahimi*, Doc. off. NU A/55/305 – S/2000/809.

HEISBOURG, François (2002), « L'origine des attentats », dans *Hyperterrorisme: la nouvelle guerre*, Paris, Odile Jacob.

HIPPEL, Karin von (2002), « The Roots of Terrorism. Probing the Myths », *The Political Quarterly*, vol. 73, n° 1 : 25-39.

HOFFMAN, Bruce (1999), *La mécanique terroriste*, Paris, Calmann-Lévy.

JACQUET, Pierre (2002), « L'aide au développement dans la gouvernance globale », dans *Ramsès 2003*, Paris, Dunod/IFRI.

KANKWENDA, Mbaya (2000), *Marabouts ou marchands du développement en Afrique?*, Paris, L'Harmattan.

KISSINGER, Henry (2003), *La nouvelle puissance américaine*, Paris, Fayard.

KRUEGER, Alan B. et Jitka Malecková (2002), « Seeking the Roots of Terrorism », *The Chronicle Review*, 6 juin, <http://chronicle.com/free/v49/i39/39b01001.htm>.

MAILLARD, André (1998), *Le marché inhumain et comment le dompter*, Paris, L'Harmattan.

MAYER, Wolfgang et Pascalis Raimondos-Moller (1999), *The Politics of Foreign Aid*, document de travail, University of Cincinnati, <http://www.econ.ku.dk/epru/files/wp/wp9907.pdf#search=%22Boone%2C%20P.%201996.%20%E2%80%9CPolitics%20and%20the%20effectiveness%20of%20Foreign%20Aid%E2%80%9D.%20European%20Economic%20Review.%20%2340.%22>.

MOUANDJO, Pierre (2002), *L'économie politique de l'Afrique au XXIe siècle*, tomes 1 et 2, Paris, L'Harmattan.

MÜNKLER, Herfried (2003), *Les guerres nouvelles*, Paris, Alvik.

NAÍM, Moisés (2000), « Washington Consensus or Washington Confusion? », *Foreign Policy*, printemps: 87-103.

NICOLAS, Françoise (2003), « Économies en développement », dans *Ramsès 2004*, Paris, Dunod/IFRI.

ORGANISATION DE COOPÉRATION ET DE DÉVELOPPEMENT ÉCONOMIQUES, OCDE (1999), *L'influence de l'aide dans des situations de conflit violent*, Paris, CAD, OCDE, <http://www.oecd.org/dataoecd/33/59/18280198.pdf>.

ORGANISATION DE COOPÉRATION ET DE DÉVELOPPEMENT ÉCONOMIQUES, OCDE (2001), *Prévenir les conflits violents: quels moyens d'action?*, Paris, CAD, OCDE, <http://www.oecd.org/dataoecd/5/29/26778971.pdf>.

ORGANISATION DE COOPÉRATION ET DE DÉVELOPPEMENT ÉCONOMIQUES, OCDE (2002), *The limits and scope for the use of development assistance incentives and disincentives for influencing conflict situation: case study Afghanistan*, Paris, CAD, OCDE, <http://www.oecd.org/dataoecd/46/46/24438978.pdf>.

ORGANISATION DE COOPÉRATION ET DE DÉVELOPPEMENT ÉCONOMIQUES, OCDE (2003a), *Données finales sur l'aide publique au développement (APD) pour 2003*, Paris, CAD, OCDE, <http://www.oecd.org/dataoecd/19/51/34352612.pdf>

ORGANISATION DE COOPÉRATION ET DE DÉVELOPPEMENT ÉCONOMIQUES, OCDE (2003b), *Inscrire la coopération pour le développement dans une optique de prévention du terrorisme*, Paris, CAD, OCDE, <http://www.oecd.org/dataoecd/17/9/16175824.pdf>.

ORGANISATION DE COOPÉRATION ET DE DÉVELOPPEMENT ÉCONOMIQUES, OCDE (2004), *Liens entre sécurité et développement : enjeux pour l'aide*, Paris, CAD, OCDE, <http://www.oecd.org/dataoecd/7/59/31785378.pdf>.

PARIS, Roland (2001), « Human Security Paradigm Shift or Hot Air », *International Security,* vol. 26, n° 2 : 87-102.

PEARSON, Lester B. (dir.) (1969), *Partners in Developement. Report of the Commission on International Development*, New York, Preager Publishers.

PROGRAMME DES NATIONS UNIES POUR LE DÉVELOPPEMENT (2004), *Rapport mondial sur le développement humain 2004. La liberté culturelle dans un monde diversifié,* New York, Programme des Nations Unies pour le développement.

REALITY OF AID, Management Committee (2004), *The* Reality of Aid *2004 : Focus on Governance and Human Rights*, Quezon City, IBON Book.

RIST, Gilbert (1996), *Le développement. Histoire d'une croyance occidentale*, Paris, Presse de la Fondation nationale des sciences politiques.

SMOUTS, Marie-Claude, Dario Battistella et Pascal Vennensson (2003), *Dictionnaire des relations internationales,* Paris, Dalloz.

WIEVIORKA, Michel (2002), « Terrorisme, une rupture historique ? », dans *Ramsès 2003*, Paris, Dunod/IFRI.

TROISIÈME PARTIE

L'AIDE CANADIENNE DANS LE MONDE

8

L'AIDE PUBLIQUE CANADIENNE À L'AFRIQUE : VERS UN NOUVEL ÂGE D'OR ?

Stephen Brown

Ce chapitre se propose d'analyser l'évolution de l'aide publique canadienne à l'Afrique, de ses origines à aujourd'hui. Il examinera les flux
d'assistance, le choix de récipiendaires et les relations des politiques
d'aide avec d'autres politiques gouvernementales. L'accent sera mis sur
l'aide versée par l'Agence canadienne de développement international
(ACDI), l'organisme gouvernemental principal dans ce domaine, et une
attention particulière sera accordée aux initiatives les plus récentes, sans
oublier le contexte international et les programmes d'assistance des autres
pays donateurs. Pour ce faire, nous nous servirons d'une grille d'analyse
qui nous permettra d'examiner de près quatre aspects fondamentaux de
la problématique, soit : la tension entre l'intérêt du Canada et l'altruisme ;
la contradiction entre le désir d'être un chef de file (forger sa propre voie
et servir d'exemple aux autres) et celui de suivre les initiatives des autres
bailleurs de fonds (se plier aux priorités et au jugement des autres) ; les
flux plus ou moins grands d'aide au développement ; et la priorité relative
accordée à l'Afrique.

LES ORIGINES (1950-1969)

À l'origine, l'aide publique canadienne n'était destinée qu'à un nombre
restreint de pays d'Asie. Lancé en 1950, le premier programme d'assistance

canadien a appuyé le plan Colombo, lequel visait le développement des anciennes colonies britanniques en Asie du Sud qui avaient récemment obtenu leur indépendance. Le Canada s'est engagé dans cet effort multi-latéral principalement pour freiner l'expansion du communisme dans cette région, motivé par des enjeux stratégiques propres à l'Alliance occi-dentale sous le leadership des États-Unis. Quelques années plus tard, le gouvernement canadien commencera à justifier cet engagement par son désir d'aider les pays pauvres et démunis.

À partir de la fin des années 1950, le gouvernement des États-Unis, dont la contribution s'élevait alors à 60 % du montant total, encourage ses alliés à accroître leur participation (Morrison, 1998 : 38). En 1960, au moment où la plupart des pays d'Afrique obtiennent leur indépendance des puissances européennes qui les avaient colonisés (principalement la France, la Belgique et le Royaume-Uni), le Canada crée le Bureau de l'aide extérieure (précurseur de l'ACDI) pour gérer l'aide canadienne. Cette dernière est en voie d'expansion géographique pour inclure des membres africains du Commonwealth, parmi eux le Ghana, le Nigeria et des pays anglophones d'Afrique de l'Est. Toutefois, l'Asie domine encore la liste des récipiendaires. En 1963, 97 % de l'assistance bilatérale se limite à quatre pays asiatiques : Ceylan (aujourd'hui le Sri Lanka), l'Inde, la Malaisie et le Pakistan (Morrison, 1998 : 48). En 1964, le Canada appuie la fondation de la Banque africaine de développement, une banque multilatérale à vocation continentale (voir Protheroe, 1996 : 36-37).

La montée du nationalisme québécois durant cette période influe sur l'assistance canadienne à l'Afrique. En réaction au favoritisme envers les pays anglophones et dans le but de maintenir l'unité nationale canadienne, on ajoute à la liste des récipiendaires des pays de l'Afrique francophone. En 1968, on débat vivement de la question de l'assistance à la République du Biafra (qui venait de déclarer son indépendance unilatérale du Nigeria) à Ottawa. On interprétait la reconnaissance de ce gouvernement sécession-niste à la lumière de la sécession possible du Québec. Devant faire face à la famine fort étendue qui résulte de la guerre civile nigériane, surtout chez les Biafrais, le gouvernement canadien décide finalement d'accorder de l'assistance humanitaire aux deux parties de façon égale (Howard, 1988 : 275). Le gouvernement canadien envoie également en 1968 une mission d'aide en Afrique francophone, cherchant à projeter à l'étranger l'image d'un Canada bilingue et à contrecarrer les ambitions québécoises de reconnaissance internationale (Morrison, 1998 : 14 et 75-76)[1]. Le Cameroun, le Sénégal et la Tunisie sont identifiés en 1969 comme pays prioritaires pour l'ACDI, de pair avec le Ghana et le Nigeria (Morrison, 1998 : 80). En 1970, le Canada compte des programmes d'assistance dans 21 pays d'Afrique francophone (Morrison, 1996 : 125). L'aide canadienne à l'Afrique croît au cours des années 1960, de 1 000 000 $US en 1960 à 128 000 000 $US en 1969 (voir Tableau 8.1)[2]. Durant cette même période, la part de l'Afrique croît de 0 à 19 % des versements canadiens. Dorénavant, l'aide publique canadienne démontrera un intérêt singulier pour l'Afrique.

TABLEAU 8.1
APD NETTE DU CANADA À L'AFRIQUE, 1965-2005

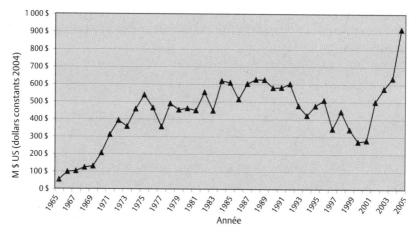

CROISSANCE ET MUTATIONS (1970-1992)

L'assistance aux pays en voie de développement prend un essor nouveau quand Pierre Trudeau succède à Lester Pearson au poste de premier ministre, en 1968 (Morrison, 1998 : 12). Cette même année, la responsabilité

---

1. Pour plus de détails sur les manifestations de la concurrence Québec-Ottawa en Afrique, consulter Carty et Smith (1981 : 59-60).
2. Ces chiffres sont exprimés en dollars US constants (ajustés aux prix de 2004) pour permettre la comparaison. À moins d'indication contraire, les données de tous les tableaux sont tirées d'OCDE (2007a).

de l'assistance passe d'un bureau du ministère des Affaires extérieures à une nouvelle agence distincte, l'ACDI. Durant les années 1970, l'aide publique canadienne au développement connaît une expansion rapide : c'est un véritable âge d'or pour l'aide canadienne. En 1975, elle représente 0,53 % du produit national brut du Canada, une proportion qui n'a jamais été égalée depuis (ACDI, 2008 : 8). La part versée à l'Afrique commence à croître rapidement, soutenue par la priorité accordée par l'ACDI aux « pays les moins avancés », dont la majorité se trouve sur ce continent : en 1979, la contribution canadienne à l'Afrique atteint les 452 000 000 $US, ce qui représente 36 % de l'aide totale canadienne (voir Tableau 8.2) (OCDE, 2007a). Le Canada vise alors un équilibre entre ses contributions en Afrique anglophone et francophone (Morrison, 1998 : 123).

TABLEAU 8.2
PROPORTION DE L'APD NETTE CANADIENNE DESTINÉE À L'AFRIQUE, 1965-2005

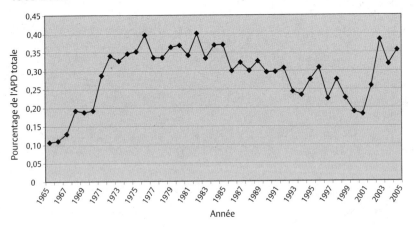

Les années 1980 ont été marquées par le début d'une crise économique profonde en Afrique, crise que l'on pourrait même qualifier de « permanente » (van de Walle, 2001). La Banque mondiale répond avec des études importantes qui vont mener à des réformes macroéconomiques qui forment la base de ce qu'on appelle généralement l'ajustement structurel (Banque mondiale, 1981 ; 1989). Contrairement aux institutions de Bretton Woods, le Canada n'intègre pas immédiatement la conditionnalité économique à son assistance, mais se « convertit » avant la fin de la décennie au bien-fondé de l'ajustement structurel. Il cherche toutefois à mitiger les résultats négatifs de l'ajustement en y ajoutant un « visage humain » (Burdette, 1996 : 216-217)[3]. En réponse à la crise de l'endettement, le Canada éradique une partie de la dette de plusieurs pays d'Afrique subsaharienne à partir de 1987 (Morrison, 1998 : 259). Cependant, selon Black *et al.*, les politiques d'assistance canadienne à l'Afrique sont depuis 1980 de plus en plus déterminées par la conjoncture internationale et la « communauté de donateurs », et beaucoup moins par les décisions du gouvernement canadien (Black, Thérien et Clark, 1996 : 259-286).

Cette période est aussi marquée par des famines au Sahel, puis en Éthiopie et dans la Corne d'Afrique. L'ACDI ajoute le Zimbabwe (dont on reconnaît l'indépendance en 1980) et le Rwanda à sa liste de pays prioritaires (Morrison, 1998 : 259). Sous le gouvernement conservateur de Brian Mulroney, le Canada prend plus d'initiatives dans la lutte contre l'apartheid en Afrique du Sud, quoique de façon ambivalente, et appuie de manière spéciale les États dits « de la ligne de front » en Afrique australe[4]. En réponse à l'intérêt généralisé pour l'Afrique et la reconnaissance de ses besoins particuliers, le gouvernement canadien prend plusieurs initiatives spéciales, dont le programme « Afrique 2000 », lancé par l'ACDI en 1986, d'une durée prévue de 15 ans (Morrison, 1998 : 237).

LE DÉCLIN (1993-2001)

Durant les années 1990, l'aide publique au développement connaît des mutations liées à la fin de la Guerre froide, surtout en Afrique. On osait croire qu'un « dividende de la paix » permettrait de réorienter les dépenses militaires vers l'aide au développement, mais ce dividende ne s'est jamais matérialisé[5]. Avec la disparition de la « menace soviétique », l'Afrique

---

3. Ces résultats négatifs comprennent une augmentation du taux de chômage en grande partie occasionnée par les compressions budgétaires à la fonction publique, une hausse des prix des denrées importées à la suite de la dévaluation de la monnaie nationale, le retrait de subventions à la consommation de biens de base et l'introduction de « frais d'usagers » pour les services de santé et l'éducation primaire.

4. Les initiatives du gouvernement oscillent entre la solidarité envers les Sud-Africains privés de leurs droits fondamentaux et les intérêts commerciaux des entreprises canadiennes ; voir Freeman (1997) et Howard (1988).

5. On s'attendait à ce que des économies importantes soient réalisées dans les budgets militaires parce que le nouveau contexte international ne justifierait plus ces

– depuis des décennies, une des scènes sur lesquelles se jouait la rivalité entre superpuissances – perd beaucoup de son importance stratégique. L'apparition de déficits importants dans les pays du Nord entraîne des compressions budgétaires généralisées, qui touchent particulièrement l'assistance à l'étranger. De plus, un sentiment généralisé de la futilité de l'aide au développement (*aid fatigue*) caractérise cette période.

Sous le gouvernement libéral de Jean Chrétien, l'engagement canadien (comme celui de la plupart des pays occidentaux) envers le Sud s'est beaucoup affaibli. L'Afrique, ayant vécu une décennie sans croissance économique, a été particulièrement touchée par cette lassitude en termes d'aide de la part du Canada. Après 1992, l'aide publique canadienne diminuera pendant une dizaine d'années. La proportion d'aide est coupée de moitié, et passe de 0,49 % du PNB en 1991 à seulement 0,25 % en 2000. L'Afrique souffre particulièrement de ces compressions : les versements à l'Afrique chutent de 601 000 000 $US en 1992 (31 % du total) à 270 000 000 $US en 2000 (19 %). Le gouvernement canadien, en position de déficit fiscal, réduit l'enveloppe budgétaire pour l'assistance internationale et l'ACDI décide de faire des économies en diminuant le budget de ses programmes dans certains pays africains désormais considérés non prioritaires. Par exemple, de 1991 à 1996, les versements à l'Éthiopie et à la Tanzanie, parmi les pays les plus pauvres du continent et jusqu'alors des partenaires importants du Canada, chutent respectivement de 35 000 000 à 17 000 000 $US, et de 32 000 000 à 11 000 000 $US (OCDE, 2007a)[6].

Les changements sur le plan du système international contribuent à l'expansion des domaines d'intervention des bailleurs de fonds. Les États-Unis et les autres pays occidentaux n'accordent plus de carte blanche aux dictateurs de leurs « États-clients » africains. Les donateurs multilatéraux et bilatéraux, dont le Canada, s'intéressent pour la première fois à la gouvernance domestique des pays récipiendaires et annoncent de nouvelles conditions pour pouvoir accéder à leur aide. Désormais, la bonne gouvernance est officiellement un critère d'admissibilité pour l'aide. Les résultats de la nouvelle conditionnalité politique sont toutefois plutôt décevants pour diverses raisons, entre autres à cause des entraves

---

dépenses et que ces sommes pourraient être utilisées à des fins pacifiques.
6. Pour en savoir plus, voir la discussion des considérations politiques controversées de ces choix dans Morrison (1998 : 372-373).

structurelles, mais aussi d'un manque d'engagement de la part des donateurs (Brown, 2005). La réduction de l'aide bilatérale canadienne est parfois associée à la promotion de la démocratie et des droits de la personne. Par exemple, de concert avec d'autres pays donateurs, le Canada suspend l'approbation de nouveaux projets et programmes avec le gouvernement du Kenya en 1991, et ce, avec un succès mitigé : l'ancien dictateur Daniel arap Moi libéralise le système politique pour permettre une certaine concurrence, mais le manipule (et manipule les donateurs) et réussit à rester au pouvoir jusqu'à sa retraite en 2003 (Brown, 2001 ; 2007b). Exemple extrême, l'aide canadienne au Zaïre sous la dictature de Mobutu est réduite de 30 000 000 $US en 1989 à 1 000 000 $US en 1994 (OCDE, 2007a ; Keenleyside, 1996 : 256).

LE RENOUVEAU DU XXIe SIÈCLE

En ce début de XXIe siècle, les besoins des pays en voie de développement et surtout ceux de l'Afrique regagnent l'attention du public et des dirigeants des pays industrialisés. Deux nouvelles orientations marquent le renouveau de l'aide en général et à l'Afrique : les OMD et le NEPAD.

D'abord, au Sommet du millénaire, les États membres des Nations Unies déclarent huit objectifs à atteindre avant 2015 : ce sont les objectifs du Millénaire pour le développement (OMD). Les bailleurs de fonds s'engagent à réorienter leur assistance en fonction d'un nombre restreint d'objectifs et d'indicateurs dont ils ont convenu lors du Sommet. Si les tendances actuelles se maintiennent, certaines régions (dont l'Afrique du Nord et l'Asie du Sud-Est) pourront atteindre la plupart des objectifs. Cependant, l'Afrique subsaharienne comme région n'en atteindra aucun (ONU, 2006). Le rapport de la Commission pour l'Afrique relève l'insuffisance extrême des efforts actuels : « D'après les projections actuelles, la réduction de moitié de la pauvreté ne sera pas devenue une réalité en 2015, mais en 2150 – c'est-à-dire avec 135 ans de retard » (Commission pour l'Afrique, 2005 : 72). Selon les Nations Unies, les OMD en Afrique et ailleurs seront inatteignables tant que les donateurs bilatéraux, dont le Canada, mais surtout les États-Unis, ne respecteront pas leur engagement de contribuer de 0,7 % de leur PIB au développement (UN Millenium Project, 2005 : 252 ; Canada, 2005 : 7).

Ensuite, les dirigeants des pays africains, réunis en Zambie en 2001 sous l'égide de l'Union africaine, lancent le Nouveau partenariat pour le développement de l'Afrique (connu sous son sigle anglais, NEPAD). Le NEPAD a comme principaux objectifs :

a. d'éradiquer la pauvreté ;
b. de placer les pays africains, individuellement et collectivement, sur la voie d'une croissance et d'un développement durables ;
c. de mettre un terme à la marginalisation de l'Afrique dans le contexte de la mondialisation et de promouvoir son intégration complète et profitable à l'économie mondiale ;
d. d'accélérer le renforcement des capacités des femmes afin de promouvoir leur rôle dans le développement socioéconomique (Nouveau partenariat pour le développement de l'Afrique, 2005).

Comme dans le cas des OMD, le NEPAD sert de point de ralliement de l'assistance internationale, dont celle du Canada. Il faut souligner l'intérêt particulier que constitue le mécanisme africain de revue par les pairs, qui assujettit les pays participants à une étude de leur pratique en gouvernance, avec l'appui financier du Canada.

Ces deux grandes initiatives novatrices, par contre, sont compromises par les événements du 11 septembre 2001 qui ont détourné l'attention des bailleurs de fonds de la bonne gouvernance et de l'éradication de la pauvreté vers des considérations de sécurité intéressées, surtout dans les cas du plus grand donateur, les États-Unis. Les allocations d'aide tiendront compte de préoccupations stratégiques, et non plus des priorités identifiées en 2000. L'Irak, par exemple, devient le plus grand récipiendaire du monde d'aide publique au développement, recevant 22 milliards $US en 2005. Ce pays, sous occupation militaire des États-Unis, reçoit à lui seul le cinquième de l'assistance pour tous les pays du Sud en 2005, ce qui représente plus de 60 % de la somme totale versée aux 54 pays d'Afrique (OCDE, 2008 : Tableau 25). L'Afghanistan, lieu de combat de troupes canadiennes, devient rapidement le récipiendaire le plus important de l'aide versée par le Canada. Ce virage vers la sécurité a pour conséquence d'éclipser l'intérêt du Canada et d'autres bailleurs de fonds pour l'Afrique.

Enfin, une troisième initiative internationale pour l'aide à l'Afrique n'a pas le même effet catalyseur que les deux premières : le premier ministre britannique Tony Blair forme en 2004 la Commission pour l'Afrique, composée de 17 membres, dont la majorité est africaine. Le rapport de la Commission Blair, publié l'année suivante, considère qu'« une nouvelle augmentation de 25 milliards de dollars US par an devrait avoir lieu avant 2015 » et suggère :

> un nouveau type de développement, fondé sur le respect mutuel et la solidarité, et reposant sur une analyse solide de ce qui marche. Ceci pourra accélérer l'avènement, sous-tendu par les développements positifs récents en Afrique, d'un monde juste dont l'Afrique fera partie intégrante (Commission pour l'Afrique, 2005 : 17).

Le rapport s'attire une attention médiatique importante lors de son lancement, mais elle disparaît avec la dissolution de la Commission. L'impact du rapport à moyen et à long terme reste à démontrer, notamment parce que personne n'est chargé du suivi des multiples recommandations. De plus, il existe un très grand nombre d'initiatives bilatérales et multilatérales d'assistance à l'Afrique et il y a peu ou pas de coordination entre elles.

À partir de 2002, l'aide canadienne rebondit, en particulier celle à l'Afrique. De 2001 à 2005, elle triple en passant de 278 000 000 à 912 000 000 $US, soit une somme record, ce qui double la proportion de l'aide canadienne versée au continent, la faisant passer de 18 à 35 % (OCDE, 2007a).

La quête d'un legs de Jean Chrétien (2002-2003)

Le Sommet du G8 à Kananaskis (Alberta) en 2002, auquel ont participé cinq chefs d'État africains, marque un renouveau de l'assistance canadienne à l'Afrique que Jean Chrétien désirait laisser comme legs. Chrétien fait de la question de l'Afrique une des priorités du sommet, quoique le continent ait déjà été à l'ordre du jour depuis la réunion de Gênes de l'année précédente. À Kananaskis, les dirigeants des pays du G8 discutent du NEPAD et répondent avec le Plan d'action pour l'Afrique, qui comprend plus de 100 engagements pour l'appuyer (AECIC, 2005)[7]. Chrétien y annonce des augmentations annuelles de 8 % au budget canadien d'aide au développement, dont la moitié serait destinée à l'Afrique,

---

7. Pour un exposé plus approfondi de la part d'un des responsables, voir Fowler (2003).

ainsi que la création du Fonds canadien pour l'Afrique doté d'un budget de 500 000 000 $ sur une période initiale de cinq ans, prolongée plus tard jusqu'en 2008 sans augmentation de budget. Ce fonds finance des projets régionaux et panafricains, plutôt que des initiatives nationales. La plupart des grands projets se situent dans le domaine de la santé (éradication de la polio, vaccin contre le sida), de la gouvernance (renforcement du secteur public), de l'agriculture et de l'eau. Cependant, l'allocation la plus importante, de 100 000 000 $, sert à créer le Fonds d'investissement du Canada pour l'Afrique, un programme de 10 ans lancé en 2005. Ce dernier, géré par le secteur privé, cherche « à fournir du capital de risque pour des investissements privés réalisés en Afrique », initialement au Burkina Faso, en République démocratique du Congo, au Nigeria, au Rwanda, au Sénégal, en Afrique du Sud et en Tunisie (ACDI, 2006b).

En 2002, quelques mois après le Sommet de Kananaskis, l'ACDI publie *Le Canada contribue à un monde meilleur. Énoncé de politique en faveur d'une aide internationale plus efficace*, qui, comme indiqué par le titre, met l'accent sur l'efficacité de la programmation, passant par une plus grande concentration des ressources. Le document annonce que « l'ACDI réorientera sa programmation dans les pays les plus pauvres vers de nouvelles approches axées sur les principes d'efficacité du développement » (ACDI, 2002 : 9), ce qui pourrait défavoriser l'Afrique, où se trouve la majorité des pays les plus pauvres du monde. De plus, la nouvelle orientation favorisant des approches-programmes, plutôt qu'une orientation sur les projets, dépend d'« une gouvernance améliorée et [d'] une utilisation efficace des ressources », qui caractérise moins l'Afrique que les autres régions (ACDI, 2002 : 11). Ces programmes dépendent également d'une harmonisation des politiques des divers donateurs, réduisant la capacité du Canada de mettre en œuvre une politique indépendante basée sur sa propre analyse (Campbell et Hatcher, 2004 : 679). Toutefois, l'énoncé annonce une « concentration accrue sur l'Afrique », citant comme justification son « niveau anormalement élevé de pauvreté et de sous-développement » et « l'importance d'accélérer la démarginalisation du continent », mais également la nécessité d'appuyer l'« engagement accru à l'égard de changements positifs de la part de dirigeants africains » (Canada, 2002 : 25). Il précise l'importance d'appuyer le NEPAD et le Plan d'action pour l'Afrique du G8. Peu après le lancement de ce document, l'ACDI désigne neuf « pays de concentration » vers lesquels l'ACDI canalisera ses ressources afin d'augmenter l'efficacité de l'aide. Parmi les neuf pays, six sont situés en Afrique : l'Éthiopie, le Ghana, le Mali, le Mozambique, le Sénégal et la Tanzanie.

Comme autre composante de son legs, Chrétien a également présenté une nouvelle loi, fréquemment appelée la *Loi de l'engagement de Jean Chrétien envers l'Afrique*, qui permet sous des conditions précises la fabrication d'« une version moins coûteuse d'un produit pharmaceutique breveté pour son exportation vers un pays en développement dont la capacité de production est insuffisante ou inexistante » (AECIC, 2006a). On s'attendait à ce que cela facilite la fabrication et la distribution de médicaments bon marché pour combattre le sida en Afrique, mais depuis son entrée en vigueur en 2005 aucune compagnie n'a encore profité de cette loi.

Le gouvernement minoritaire de Paul Martin (2003-2006)

Après la retraite de Chrétien, son successeur Paul Martin cherchait à reformuler la politique étrangère du Canada. Son initiative a été maintes fois retardée, mais le budget de février 2005 a confirmé qu'il n'allait pas changer de cap au sujet du renouveau de l'aide. Le Nouveau Parti démocratique profite de la précarité du gouvernement minoritaire libéral pour exiger l'ajout de 500 000 000 $ au budget d'aide comme condition d'appui au budget. Les libéraux ont cependant été sévèrement critiqués pour leur refus de fixer une date cible pour atteindre l'objectif de 0,7 % du PIB, autant par les partis d'opposition que par les ONG canadiennes. Cette omission de la part du gouvernement a été de nouveau soulevée lors de la publication du rapport de la Commission Blair. Le rapport, qui demandait aux donateurs de « s'engager à arrêter un calendrier pour consacrer 0,7 % [du] revenu annuel à l'aide », était signé par tous les commissaires, dont le ministre canadien des Finances Ralph Goodale (Commission pour l'Afrique, 2005 : 17). Comme il y siégeait à titre personnel, il n'a donc pas engagé son gouvernement à suivre ses propres recommandations, une contradiction soulignée par les médias. Le Canada est également critiqué dans le rapport pour les barrières tarifaires qui protègent les secteurs de la production aviaire et laitière (Commission pour l'Afrique, 2005 : 336). De nombreuses figures prééminentes, de l'économiste Jeffrey Sachs au musicien militant Bono, annoncent publiquement leur déception et critiquent le Canada et son premier ministre pour leur manque d'engagement. Avec la création de la Commission pour l'Afrique en 2004, suivie du sommet du G8 à Gleneagles, en Écosse (qui attire encore plus d'attention sur les besoins de l'Afrique que celui de Kananaskis) et le lancement du rapport de la commission Blair en 2005, le leadership du gouvernement canadien est complètement éclipsé par le Sommet du Royaume-Uni.

En avril 2005, un mois après la publication du rapport de la Commission Blair, le gouvernement publie enfin son Énoncé de politique internationale (EPI), intitulé *Fierté et influence: notre rôle dans le monde*. Le chapitre sur le développement réitère des engagements financiers déjà annoncés à Kananaskis et dans les budgets annuels. Il promet d'accorder «une importance accrue» à l'Afrique et que «d'ici 2008-2009, l'aide du Canada à ce continent doublera par rapport à son niveau de 2003-2004» (Canada, 2005: 8). Il va sans dire qu'on n'y fait aucune mention du fait que, lorsque Martin était ministre des Finances, le gouvernement Chrétien avait réduit de plus de 50 % l'aide annuelle versée à l'Afrique.

L'EPI promet aussi que le gouvernement «fera davantage pour aider les pays en développement, surtout ceux de l'Afrique, à développer leur secteur privé, à mettre les marchés au service des pauvres et à rivaliser sur le marché mondial» (Canada, 2005: 20). Les moyens que propose cet énoncé, par contre, correspondent mal aux besoins de ces pays et contredisent même certains autres engagements du gouvernement. Par exemple, l'accent mis sur le modèle néolibéral (libre-échange, intégration des économies au marché mondial) et l'entreprise privée – déjà au cœur de l'énoncé de 2002 – est particulièrement mal adapté aux conditions de la plupart des pays d'Afrique et va à l'encontre de l'intervention étatique nécessaire pour l'atteinte des OMD, que l'EPI considère comme la pierre angulaire du développement international. De plus, la prescription d'un modèle économique particulier contredit la position du gouvernement canadien pour appuyer la prise en charge locale des stratégies de développement (Canada, 2005: 7-8; voir discussion dans Brown, 2007a).

Malgré la focalisation de l'aide canadienne dans neuf «pays de concentration», annoncée en 2002, le gouvernement considère que l'assistance canadienne est encore trop éparpillée à travers le monde. Une fois de plus, afin d'augmenter l'efficacité de l'aide canadienne, l'EPI annonce une «concentration géographique accrue»: avant 2010, les deux tiers de l'aide bilatérale seront versés à un «groupe central de pays qui seront ses principaux partenaires du développement bilatéral» (Canada, 2005 : 26). Sur 25 pays identifiés, 14 sont en Afrique subsaharienne[8]. La priorité accordée à l'Afrique est explicite :

> Cette concentration signifiera qu'avec le temps, l'aide bilatérale sera de plus en plus concentrée en Afrique subsaharienne, conformément à l'engagement pris par le gouvernement dans son budget de 2005 de doubler, d'ici 2008-2009, l'aide destinée à l'Afrique, par rapport aux niveaux de 2003-2004. Le Canada a joué un rôle majeur pour ce qui est d'intégrer les enjeux africains dans les objectifs mondiaux, au sein du G8 et d'autres instances. Nous continuerons d'aller de l'avant, en étroite collaboration avec d'autres partenaires en Afrique et d'autres donateurs, afin de soutenir des initiatives régionales comme le NEPAD. (Canada, 2005 : 26-27)

Le gouvernement semble exagérer l'impact de cette concentration géographique sur l'efficacité de l'aide. Selon les calculs de Denis Stairs, les deux tiers de l'aide bilatérale en 2003-2004 étaient déjà concentrés dans un groupe de 25 pays, dont 11 en Afrique subsaharienne (Stairs, 2005 : 14)[9]. Toutefois, on note une tendance d'assistance accrue à l'Afrique : l'EPI fait passer à 14 le nombre de pays prioritaires en Afrique. Selon les derniers chiffres de l'ACDI, durant l'année financière 2005-2006, le Canada a versé 1,75 milliard de dollars en assistance publique à l'Afrique, ce qui représente 39 % de ses décaissements (voir Tableau 8.3).

TABLEAU 8.3
Aide publique canadienne pour le développement
(en dollars CA, année financière 2005-2006)

Afrique	1,75 milliard
Total	4,46 milliards
Part de l'Afrique	39 %

Source : ACDI (2008 : 44-45).

---

8. Ils sont répartis linguistiquement et géographiquement : le Bénin, le Burkina Faso, le Cameroun, l'Éthiopie, le Ghana, le Kenya, le Malawi, le Mozambique, le Niger, le Rwanda, le Sénégal, la Tanzanie et la Zambie.
9. En ce qui a trait aux pays africains, parmi les 25 récipiendaires bilatéraux les plus importants en 2003-2004, la liste qui accompagne l'EPI abandonne l'Égypte et le Nigeria et ajoute le Bénin, le Cameroun, le Niger, le Rwanda et la Zambie (Stairs, 2005 : 15).

D'ailleurs, des 20 récipiendaires les plus importants de l'aide bilatérale canadienne, 7 étaient situés en Afrique subsaharienne (voir Tableau 8.4). Les pays d'Afrique du Nord ont perdu leur importance dans le programme de l'ACDI : le plus grand récipiendaire parmi eux, l'Égypte, est tombé au 16ᵉ rang.

TABLEAU 8.4
Récipiendaires principaux en Afrique de l'aide publique canadienne bilatérale pour le développement
(en dollars CA, année financière 2005-2006)

Ghana	62,4 millions	(3ᵉ rang)
Mozambique	46,1 millions	(5ᵉ rang)
Soudan	42,5 millions	(7ᵉ rang)
Tanzanie	36,6 millions	(10ᵉ rang)
Mali	20,4 millions	(14ᵉ rang)
Égypte	17,1 millions	(16ᵉ rang)
Nigeria	16,4 millions	(17ᵉ rang)

N.B. Ces chiffres ne comprennent pas l'assistance à travers les institutions multilatérales et l'allégement de la dette, ni les programmes régionaux et le Fonds canadien d'initiatives locales.

Source : ACDI (2008 : 42).

Cependant, les deux premiers récipiendaires sont l'Afghanistan et Haïti, qui ne figurent pas sur la liste des 25 « partenaires du développement », mais sont considérés comme des « États fragiles et en déroute ». Or, le gouvernement canadien a souligné l'importance de cette nouvelle catégorie de pays, définis comme étant « en crise ou qui émergent d'une crise et qui revêtent une importance stratégique » (Canada, 2005 : 28). Jusqu'à un tiers de l'aide bilatérale – et un montant non spécifié de l'assistance multilatérale – pourra être décaissé dans ces pays. Ainsi, en 2004-2005, deux pays en crise se taillent la part du lion de l'aide publique au développement canadienne : l'Irak a reçu 7,1 % du total et l'Afghanistan 2,3 %, ce qui représente respectivement 227 000 000 et 74 000 000 $US (OCDE, 2007b : Tableau 32).

Le nouvel accent sur les États fragiles et en déroute pourrait avoir des conséquences importantes pour les priorités canadiennes en Afrique, notamment dans le domaine de la sécurité. Le gouvernement dit qu'il

> maintiendra l'engagement pangouvernemental direct et soigneusement ordonné dans un nombre choisi d'États en déroute et d'États fragiles dans lesquels le Canada dispose d'une base de participation et peut chercher à faire une différence visible durable (p. ex. Haïti, l'Afghanistan et la région du Darfour, au Soudan). (Canada, 2005 : 11)

L'ACDI et les ministères des Affaires étrangères et de la Défense nationale « collaborent actuellement pour atténuer la fragilité [...] en Afghanistan, en Haïti, au Soudan et dans les Territoires palestiniens » (AECIC, 2006b). Les critères de sélection, qui expliqueraient pourquoi ces pays ont été choisis plutôt que des pays africains comme la République démocratique du Congo, la Somalie ou bien d'autres, sont plutôt nébuleux. Il est fort probable, malgré la fragilité de la plupart des pays d'Afrique subsaharienne, que la grande majorité de ces ressources soit utilisée dans d'autres régions plus intéressantes pour le Canada – et son allié américain – sur le plan stratégique.

Le gouvernement de Stephen Harper

Les conséquences de l'élection en 2006 des conservateurs de Stephen Harper sur l'aide à l'Afrique ne sont pas encore claires. Lorsque les conservateurs siégeaient dans l'opposition, ils ont forgé une position commune avec les autres partis d'opposition sur la taille relative de l'aide canadienne, critiquant le refus des libéraux de fixer une date précise pour atteindre les 0,7 % du PIB. Leur plateforme électorale faisait la promesse que le gouvernement allait « augmenter les dépenses pour l'aide au développement à l'étranger au-delà des taux actuellement prévus », ce qui semble indiquer une croissance accrue par rapport aux libéraux, mais elle indique ensuite que le gouvernement « cherchera à atteindre la moyenne de l'OCDE » (Parti conservateur, 2006 : 45), qui était en fait de 0,33 % en 2005 et 0,31 % l'année suivante (OCDE, 2008 : Tableaux 1 et 4), ce qui ne représente même pas la moitié de la cible officielle.

Une fois au pouvoir, les conservateurs restent imprécis quant à leurs intentions face à l'atteinte du 0,7 % : le budget de 2006 laisse la porte ouverte en affirmant que « le Canada poursuivra ses efforts pour augmenter davantage l'enveloppe de l'aide internationale dans la mesure où les ressources le permettent ». En fait, relativement au revenu national brut, l'aide canadienne a baissé de 0,34 % en 2005 à 0,29 % en 2006 (OCDE, 2008 : Tableaux 1 et 4). De plus, le plan budgétaire de 2006 « confirme l'engagement du gouvernement [libéral] de doubler d'ici 2010-2011 l'aide internationale par rapport aux niveaux de 2001-2002 », phrase répétée presque mot pour mot dans le budget de 2007. Ni l'un ni l'autre, par contre, ne fait mention de doubler l'aide à l'Afrique de 2003-2004 à 2008-2009 (Canada, 2006 : 149 ; 2007 : 274 et 284). En juin 2007, lors du Sommet du G8 à Heiligendamm (Allemagne), Harper révèle que son gouvernement n'a pas abandonné cet engagement du gouvernement précédent, mais qu'il l'a réinterprété. Parce que les décaissements en 2003-2004 étaient inférieurs aux prévisions, le gouvernement a réduit la cible de 2,8 à 2,1 milliards de dollars. Ceci a permis une compression de 700 000 000 $ de l'aide à l'Afrique en 2008-2009, tout en respectant la formulation de l'engagement qui n'exprimait pas en dollars le montant à doubler.

La réputation de l'aide canadienne à l'Afrique subit une attaque en 2007, quand le Sénat du Canada lance un rapport intitulé *Surmonter 40 ans d'échec*. Il qualifie l'ACDI d'« inefficace, coûteuse et extrêmement bureaucratique » et estime que l'aide au développement à l'Afrique « est lente, inflexible et ne correspond pas aux conditions réelles des pays bénéficiaires » (Comité sénatorial, 2007 : XI). Il suggère de restructurer radicalement et de décentraliser sa programmation, voire d'abolir l'ACDI, scénario qui a capté l'attention des médias et a sans doute motivé l'inclusion de promesses de décentralisation de l'aide dans le budget de 2007[10]. Également en réponse à ces critiques, peut-on supposer, le budget de 2007 affirme : « Nous chercherons à devenir l'un des cinq plus importants donateurs des principaux pays qui nous intéressent, afin de mieux travailler avec ces derniers et d'autres partenaires importants pour obtenir des résultats » (Canada, 2007 : 285). Les répercussions sur l'Afrique de cette concentration géographique accrue des ressources ne sont pas encore apparentes, car ces pays n'ont pas été identifiés. Toutefois, le budget prévoit une

---

10. Pour une analyse du rapport du Sénat, consultez Brown (2007c).

augmentation de 200 000 000 $ au budget d'aide à l'Afghanistan et un total de 1 milliard sur 10 ans, une bonne indication des intérêts prioritaires du gouvernement Harper. De plus, au Sommet du G8 de 2007, Harper a annoncé que l'aide canadienne accordera dorénavant une priorité accrue aux Amériques et mettra moins l'accent sur l'Afrique.

En somme, au cours des premiers mois du mandat du gouvernement conservateur, il semblait que l'ACDI allait toujours poursuivre les réformes promulguées par le gouvernement Martin dans l'EPI, rebaptisé *Initiative de transformation de l'Agence*. Cependant, la direction politique de l'ACDI a depuis lors perdu de sa clarté. L'accent sur l'Afrique est demeuré théorique jusqu'à un certain point, et l'importance accordée aux missions de sécurité, notamment en Afghanistan, remet en question la priorité d'enjeux comme la réduction de la pauvreté et l'atteinte des OMD. Le virage vers la sécurité des politiques internationales du Canada, plus prononcé depuis l'élection de Harper, et le nouvel accent mis sur les Amériques, annoncé en 2007, détourneront les fonds de développement de l'Afrique vers les pays et régions considérés prioritaires selon des critères qui ne relèvent qu'indirectement du développement. Un tel phénomène serait vraisemblablement encore plus prononcé sous un gouvernement majoritaire conservateur.

TENDANCES GÉNÉRALES : COMPARAISON AVEC L'ENSEMBLE DES DONATEURS

La comparaison des Tableaux 8.1 et 8.5 permet d'évaluer les tendances de l'aide canadienne à l'Afrique par rapport à celles de l'ensemble des donateurs. Alors que l'assistance canadienne à ce continent a stagné de 1984 à 1992 et, par la suite, a décliné de 55 %, l'aide globale à l'Afrique a continué à augmenter jusqu'en 1990, pour ensuite baisser de 40 %. Le Canada, par rapport à la tendance générale, a donc arrêté d'augmenter ses contributions plus tôt et les a par la suite réduites de façon plus radicale que ses pairs. Sa contribution en 2005, par contre, dépasse de loin le sommet atteint au cours des années 1980, tandis que l'aide internationale, quant à elle, dépasse à peine son record de 1990.

TABLEAU 8.5
APD nette à l'Afrique (tous les donateurs), 1965-2005

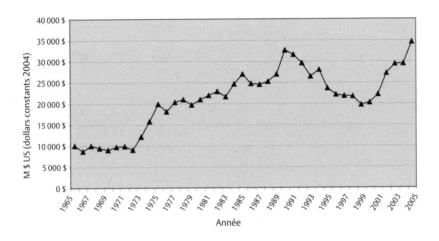

En comparant la priorité canadienne accordée aux récipiendaires africains par rapport à l'aide totale (Tableau 8.2) aux données de l'ensemble des donateurs, on peut tracer les tendances canadiennes par rapport à la moyenne générale. Or, dans le Tableau 8.6, on ne voit aucune différence significative de 1975 à 1985. Cependant, de 1986 à 2002, le Canada accorde une proportion beaucoup plus faible de son assistance à l'Afrique, qui baisse à 18 % en 2001, alors que la moyenne des bailleurs de fonds – quoique réduite après 1990 – n'a jamais été en deçà de 31 % depuis 1973. Depuis 2003, par contre, le Canada démontre pour l'Afrique un intérêt relatif semblable à celui de ses pairs. Cependant, il faut reconnaître qu'une partie des chiffres représente l'annulation de dettes bilatérales, plutôt que des versements actuels. Or, selon les méthodes de calcul de l'assistance publique, le montant total pardonné compte comme aide pour l'année de son annulation, sans prendre en considération le calendrier de remboursement en vigueur au moment de l'annulation. Cette formule controversée implique que les chiffres officiels d'aide font un bond pour cette année-là, malgré le fait que la grande majorité de la dette ne devait être repayée que plus tard (parfois sur une période de 10 ans) et qu'aucune somme additionnelle n'ait en fait été versée (Tomlinson, 2005 : 47)[11].

---

11. Selon les données de l'ACDI, 248 000 000 $ de dettes ont été pardonnés en 2002-2003 pour l'Afrique, ce qui représente 45 % de l'aide de gouvernement à gouvernement

TABLEAU 8.6

PROPORTION DE L'APD NETTE DESTINÉE À L'AFRIQUE, 1965-2005

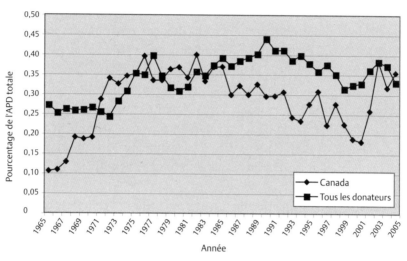

La générosité du Canada ne peut donc être comparée favorablement à celle de l'ensemble des donateurs. Le gouvernement canadien s'est désintéressé de l'Afrique durant les années 1980, avant la plupart des autres pays donateurs, et a par la suite réduit son assistance de façon plus radicale. Après 1986, le Canada a également versé une partie beaucoup moins importante de son aide à l'Afrique que ne l'a fait l'ensemble des donateurs. Ce n'est qu'en 2002-2003 que l'aide canadienne à l'Afrique est relancée, à la fois en chiffres absolus et en proportion par rapport au total. Il reste à voir si ce continent demeurera une priorité dans les années à venir ou si, comme le craignent certains analystes, la mode passera rapidement et les besoins de ce continent seront assujettis à des considérations de sécurité jugées plus pressantes et à certains autres intérêts de politique étrangère canadienne (Black, 2006 : 334).

À sa naissance dans les années 1950, l'aide publique au développement canadienne se caractérisait surtout par des considérations stratégiques

---

et 31 % de l'aide bilatérale aux pays africains pour cette année financière. Lors de chacune des trois années suivantes, l'allégement de dettes africaines a totalisé entre 64 000 000 $ et 98 000 000 $. Les principaux bénéficiaires étaient le Cameroun, la Côte d'Ivoire, Madagascar, la République du Congo, la République démocratique du Congo et la Zambie (ACDI, 2006a : 34-35 ; 2008 : 46).

internationales, entre autres anticommunistes, et répondait en partie aux pressions des États-Unis. Plus tard, lors de l'extension de son programme à l'Afrique anglophone, le gouvernement a mis davantage l'accent sur les motifs humanitaires. L'ajout de récipiendaires d'Afrique francophone dans les années 1960 résultait surtout de facteurs proprement canadiens, dont la priorité accordée à l'unité nationale par le gouvernement fédéral aux dépens des motivations altruistes. La croissance spectaculaire de l'assistance durant les années 1980 témoignait de l'intérêt considérable du gouvernement pour l'aide à l'Afrique. Durant cette période, le Canada a également démontré un certain leadership dans des questions telles que l'intégration des femmes dans le développement (Black et Thérien, 1996).

La période de stagnation qui a suivi, puis celle des compressions budgétaires radicales des années 1990 ont montré que l'Afrique ne constituait plus une priorité canadienne. Les budgets annuels d'aide à l'Afrique ont souffert de réductions plus draconiennes que les budgets accordés aux autres régions, comme en témoigne la chute de la part relative de l'aide canadienne à l'Afrique. Le Canada est ainsi devenu un des chefs de file du désintérêt vis-à-vis de l'Afrique au cours de cette période – malgré quelques initiatives plus médiatisées, par exemple celles qui concernaient la question de l'apartheid en Afrique du Sud.

En même temps que les autres pays donateurs, le gouvernement canadien a renouvelé son engagement vers l'Afrique en 2001-2002, comme le démontrent l'augmentation rapide des versements à ce continent en chiffres absolus, mais aussi la proportion de l'aide au développement versée à l'Afrique. La motivation du premier ministre Chrétien, peu avant son départ de la vie politique, répondait surtout à des considérations personnelles. Le désir canadien d'être chef de file de l'aide à l'Afrique a connu son apogée en 2002, avec le Sommet du G8 de Kananaskis et le lancement du Fonds canadien pour l'Afrique. Cependant, le leadership canadien dans ce domaine n'a pas duré longtemps. Le premier ministre britannique Blair a pris la relève et a nommé la Commission pour l'Afrique en 2004 et organisé un sommet encore plus axé sur l'Afrique l'année suivante.

Malgré les promesses du premier ministre Martin d'augmenter les ressources consacrées à l'Afrique, le manque de générosité du Canada par rapport aux pays européens (incarné par le refus de fixer une cible pour atteindre le 0,7 % du PIB) rendait insoutenable toute prétention au leadership. Ce manque relatif de financement – combiné avec un engouement pour le consensus et l'harmonisation chez les donateurs – rendait peu crédibles les ambitions d'innovations du gouvernement (Brown, 2007a). Pour ces raisons, observe-t-on, le Canada devrait contribuer de façon cohérente aux besoins de l'Afrique et suivre fidèlement les initiatives des autres, plutôt que de prétendre jouer un rôle prestigieux de leadership (Black, 2005 : 1-2 et 16).

Le gouvernement Harper accentue encore plus que celui de son prédécesseur les questions de sécurité, notamment en favorisant l'Afghanistan, et a annoncé une priorité accrue aux Amériques, tout ceci au détriment de l'Afrique. Jusqu'à présent, il semble respecter l'engagement dont il a hérité afin d'augmenter les budgets d'aide au développement de 8 % par année. Cependant, l'adoption d'une approche pangouvernementale et l'accent mis sur les « États fragiles et en déroute » comportent le risque important de rendre moins autonome l'ACDI par rapport aux divers ministères et de l'assujettir aux multiples intérêts contradictoires de la politique internationale canadienne, notamment sur le plan de la sécurité, mais probablement aussi en raison d'intérêts commerciaux (Brown, 2008). Cela n'aidera pas à atteindre les OMD ni à réduire la pauvreté, notamment en Afrique. Pour ces raisons, il semblerait que le nouveau moment d'attention particulière accordée au développement en Afrique soit passager, plutôt que le début d'un nouvel âge d'or de l'aide canadienne.

RÉFÉRENCES BIBLIOGRAPHIQUES

AFFAIRES ÉTRANGÈRES ET COMMERCE INTERNATIONAL CANADA (AECIC) (2005), « Le Plan d'action pour l'Afrique du G8 », <http://www.dfait-maeci.gc.ca/africa/ aap-action-plan-fr.asp>, page consultée le 20 juin 2008.

AFFAIRES ÉTRANGÈRES ET COMMERCE INTERNATIONAL CANADA (AECIC) (2006a), « Notes diplomatiques : demandes de licences obligatoires suite au Projet de loi C-9 (engagement de Jean Chrétien envers l'Afrique) », <http://www.internatio-nal.gc.ca/department/diplo_notices_app_comp_lic-fr.asp>, page consultée le 20 juin 2008.

AFFAIRES ÉTRANGÈRES ET COMMERCE INTERNATIONAL CANADA (AECIC) (2006b), « Réponse officielle à la discussion en ligne sur les États fragiles et en déroute », <http://international.gc.ca/cip-pic/current_discussions/ R%E9ponse%20officielle%20%C9tats%20fragiles%20et%20en%20d%E9route. pdf>, page consultée le 20 juin 2008.

Agence canadienne de développement international (ACDI) (2002), *Le Canada contribue à un monde meilleur. Énoncé de politique en faveur d'une aide internationale plus efficace*, Hull, ACDI.

Agence canadienne de développement international (ACDI) (2006a), *Rapport statistique sur l'aide publique au développement, année financière 2004-2005*, Gatineau, ACDI.

Agence canadienne de développement international (ACDI) (2006b), « Commerce et investissement : Profiter de l'économie mondiale », <http://www.acdi-cida.gc.ca/CIDAWEB/acdicida.nsf/Fr/REN-218131229-PG5#4>, page consultée le 20 juin 2008.

Agence canadienne de développement international (ACDI) (2008), *Rapport statistique sur l'aide publique au développement, année financière 2005-2006*, Gatineau, ACDI.

Banque mondiale (1981), *Accelerated Development in Sub-Saharan Africa : An Agenda for Action*, Washington, Banque mondiale.

Banque mondiale (1989), *Sub-Saharan Africa : From Crisis to Sustainable Growth*, Washington, Banque mondiale.

Black, David R. (2005), « From Kananaskis to Gleneagles : Assessing Canadian "Leadership" on Africa », *Behind the Headlines*, vol. 62, n° 3, p. 1-17.

Black, David R. (2006), « Canadian Aid to Africa : Assessing "Reform" », dans Andrew F. Cooper et Dane Rowlands (dir.), *Canada Among Nations 2006 : Minorities and Priorities*, Montréal/Kingston, McGill-Queen's University Press : 319-338.

Black, David R., Jean-Philippe Thérien et Andrew Clark (1996), « Moving with the crowd : Canadian Aid to Africa », *International Journal*, vol. 51, n° 259 : 259-286.

Brown, Stephen (2001), « Authoritarian Leaders and Multiparty Elections in Africa : How Foreign Donors Help to Keep Kenya's Daniel arap Moi in Power », *Third World Quarterly*, vol. 22, n° 5 : 725-739.

Brown, Stephen (2005), « Foreign Aid and Democracy Promotion : Lessons from Africa », *European Journal of Development Research*, vol. 17, n° 2 : 179-198.

Brown, Stephen (2007a), « "Creating the World's Best Development Agency"? Confusion and Contradictions in CIDA's New Policy Blueprint », *Revue canadienne d'études du développement*, vol. 28, n° 2 : 213-228.

Brown, Stephen (2007b), « From Demiurge to Midwife : Changing Donor Roles in Kenya's Democratisation Process », dans Godwin Rapando Murunga et Shadrack Wanjala Nasong'o (dir.), *Kenya : The Struggle for Democracy*, Londres, Zed Books : 301-329.

Brown, Stephen (2007c), « Le Rapport du Sénat sur l'aide canadienne à l'Afrique : une analyse à rejeter », *Le Multilatéral*, vol. 1, n° 3 : 1, 6-7.

Brown, Stephen (2008), « CIDA under the Gun », dans Jean Daudelin et Daniel Schwanen (dir.), *Canada Among Nations 2007 : What Room to Manoeuvre ?*, Montréal/Kingston, McGill-Queen's University Press : 91-107.

Burdette, Marcia M. (1996), « Structural Adjustment and Canadian Aid Policy », dans Cranford Pratt (dir.), *Canadian International Development Assistance Policies : An Appraisal*, 2e édition, Montréal/Kingston, McGill-Queen's University Press : 210-239.

CAMPBELL, Bonnie et Pascale Hatcher (2004), « Existe-t-il encore une place pour la coopération bilatérale ? Réflexions à partir de l'expérience canadienne », *Revue Tiers Monde*, vol. 45, nᵒ 179 : 665-687.

CANADA (2005) *Énoncé de politique internationale du Canada. Fierté et influence : notre rôle dans le monde. Développement*, Gatineau, Agence canadienne de développement international.

CANADA (2006), *Le plan budgétaire de 2006. Cibler les priorités*, Ottawa, Ministère des Finances.

CANADA (2007), *Le plan budgétaire de 2007. Viser un Canada plus fort, plus sécuritaire et meilleur*, Ottawa, Ministère des Finances.

CARTY, Robert et Virginia Smith (1981), *Perpetuating Poverty : The Political Economy of Canadian Foreign Aid*, Toronto, Between the Lines.

COMMISSION POUR L'AFRIQUE (2005), *Notre intérêt commun : rapport de la Commission pour l'Afrique*, <http://www.commissionforafrica.org/french/report/thereport/french/11-03-05_cr_report_fr.pdf>, page consultée 20 juin 2008.

COMITÉ SÉNATORIAL PERMANENT, Affaires étrangères et du Commerce international (2007), *Surmonter 40 ans d'échec : nouvelle feuille de route pour l'Afrique subsaharienne*, Ottawa, Sénat du Canada.

FOWLER, Robert (2003), « Canadian Leadership and the Kananaskis G-8 Summit : Towards a Less Self-Centred Foreign Policy », dans David Carment, Fen Osler Hampson et Norman Hillmer, *Canada Among Nations 2003 : Coping with American Collossus*, Oxford et New York, Oxford University Press : 219-241.

FREEMAN, Linda (1997), *The Ambiguous Champion : Canada and South Africa in the Trudeau and Mulroney Years*, Toronto, University of Toronto Press.

HOWARD, Rhoda E. (1988), « Black Africa and South Africa », dans Robert O. Matthews et Cranford Pratt (dir.), *Human Rights in Canadian Foreign Policy*, Kingston/Montréal, McGill-Queen's University Press : 265-284.

KEENLEYSIDE, T. A. (1996), « Aiding Rights : Canada and the Advancement of Human Dignity », dans Cranford Pratt (dir.), *Canadian International Development Assistance Policies : An Appraisal*, 2ᵉ édition, Montréal/Kingston, McGill-Queen's University Press : 240-267.

MORRISON, David R. (1996), « The Choice of Bilateral Aid Recipients », dans Cranford Pratt (dir.), *Canadian International Development Assistance Policies : An Appraisal*, 2ᵉ édition, Montréal/Kingston, McGill-Queen's University Press : 123-155.

MORRISSON, David R. (1998), *Aid and Ebb Tide : A History of CIDA and Canadian Development Assistance*, Waterloo, Wilfred Laurier University Press.

NOUVEAU PARTENARIAT POUR LE DÉVELOPPEMENT DE L'AFRIQUE (2005), « Le NEPAD en bref », <http://www.nepad.org/2005/fr/inbrief.php>, page consultée le 20 juin 2008.

ORGANISATION DE COOPÉRATION ET DÉVELOPPEMENT ÉCONOMIQUES (OCDE) (2007a), « Base de données sur les données annuelles agrégées des membres du CAD », Paris, Comité d'assistance au développement de l'OCDE, <http://www.oecd.org/dac/stats/idsonline>, page consultée en janvier 2007.

ORGANISATION DE COOPÉRATION ET DÉVELOPPEMENT ÉCONOMIQUES (OCDE) (2007b), « L'annexe statistique de la publication *Coopération pour le développe-*

ment, Rapport 2006», <http://www.oecd.org/cad/stats/cad/annexercd>, page consultée le 4 février 2007.

ORGANISATION DE COOPÉRATION ET DÉVELOPPEMENT ÉCONOMIQUES (OCDE) (2008), «L'annexe statistique de la publication *Coopération pour le développement, Rapport 2007*», <http://www.oecd.org/cad/stats/cad/annexercd>, page consultée le 20 juin 2008.

ORGANISATION DES NATIONS UNIES (2006), «Millennium Development Goals: 2006 Progress Chart», <http://mdgs.un.org/unsd/mdg/Resources/Static/Products/Progress2006/MDGProgressChart2006.pdf>, page consultée le 20 juin 2008.

PARTI CONSERVATEUR DU CANADA, *Changeons pour vrai: programme électoral du Parti conservateur du Canada 2006*, <http://www.conservative.ca/media/20060113-Platform-f.pdf>, page consultée le 20 juin 2008.

PRATT, Cranford (dir.) (1996), *Canadian International Development Assistance Policies: An Appraisal*, 2ᵉ édition, Montréal/Kingston, McGill-Queen's University Press.

PROTHEROE, David R. (1996), «Canada's Multilateral Aid and Diplomacy» dans Cranford Pratt (dir.), *Canadian International Development Assistance Policies: An Appraisal*, 2ᵉ édition, Montréal, McGill-Queen's University Press: 25-54.

STAIRS, Denis (2005), «Confusing the Innocent with Numbers and Categories: The International Policy Statement and the Concentration of Development Assistance», Calgary, Canadian Defence and Foreign Affairs Institute.

TOMLINSON, Brian (2005), «Aid Flows, MDGs and Poverty Eradication: More and Better Canadian Aid», dans North-South Institute, *Canadian Development Report 2005*, Ottawa, Institut Nord-Sud: 43-54.

UN MILLENNIUM PROJECT (2005), *Investing in Development: A Practical Plan to Achieve the Millennium Development Goals*, New York, Programme des Nations Unies pour le développement.

WALLE, Nicolas VAN DE (2001), *African Economies and the Politics of Permanent Crisis, 1979-1999*, Cambridge/New York, Cambridge University Press.

9

L'ASIE ET LES ÎLES DU PACIFIQUE

Philip A. Tanner

> *Un homme dont la famille n'est pas affamée est moins enclin à se battre qu'un homme qui lutte par tous les moyens pour survivre.*
>
> Sir John Boyd-Orr, prix Nobel 1949,
> premier directeur général
> de l'Organisation des Nations Unies
> pour l'alimentation et l'agriculture (FAO)

La région de l'Asie et des îles du Pacifique représente près de 60 % de la pauvreté mondiale, soit près de 2,75 milliards d'habitants vivant avec moins de 2 $ par jour. On y constate une grande disparité entre les pays, certains jouissant des croissances économiques les plus rapides du monde et d'autres demeurant dans le sous-développement extrême. L'Asie représente également un grand potentiel pour le développement et la prospérité. Grâce à des efforts appropriés et un appui international efficace, l'Asie pourrait devenir une région très riche et réaliser une croissance ininterrompue pour atteindre les Objectifs du Millénaire pour le développement (OMD) prévus pour 2015[1]. La région doit toutefois surmonter de sérieux obstacles. Ceux-ci exigeront une attention particulière de la part des pays

---

1. Pour en savoir plus sur les Objectifs du Millénaire pour le développement (OMD), voir entre autres le texte de Collier et Dollar (2000).

donateurs, et le processus de résolution pourrait avoir des répercussions dans le monde entier, étant donné la complexité et l'intensité des activités et du dialogue nécessaires pour faire face à ces enjeux. Les solutions comprennent entre autres un programme social et économique continu de réduction de la pauvreté, des investissements sociaux bonifiés, une meilleure gouvernance, un changement structurel pour améliorer les investissements, le commerce et les échanges commerciaux du secteur privé. Il faudra également procéder à l'analyse de problèmes tels que les risques sanitaires frontaliers (incluant le syndrome respiratoire aigu sévère [SRAS] et la grippe aviaire), les conflits et les troubles civils dans les pays comme le Népal, l'Afghanistan, la Corée du Nord, le Sri Lanka et les Philippines, les tensions frontalières entre différents États (comme le Pakistan et l'Inde), la dégradation environnementale (due à l'épuisement des sources d'eau, l'érosion, la pollution atmosphérique), la migration rurale vers les villes, la corruption, la mauvaise gouvernance, ainsi que la menace croissante du terrorisme qui apparaît davantage sur le plan régional que national ou international.

LA PROBLÉMATIQUE DU DÉVELOPPEMENT DE LA RÉGION

En tenant compte des statistiques de la Banque mondiale[2], qui fixent le seuil de pauvreté à 2 $ par jour, on estime que 1,9 milliard de personnes, soit 60 % de la population d'Asie, vivent dans la pauvreté (*Key indicators*: 43)[3]. Par contre, lorsqu'on tient compte des statistiques de la Banque mondiale qui fixent plutôt le seuil de pauvreté à 1 $ par jour, on découvre que près de 690 000 000 d'individus en Asie, soit 21,5 % de la population, vivent dans la pauvreté extrême.

---

2. Les seuils de pauvreté estimés à 1 $ et 2 $ par jour pour la plupart des pays proviennent de la base de données PovcalNet de la Banque mondiale, <http://iresearch.worldbank.org/PovcalNet/jsp/index.jsp>, page consultée le 19 juin 2008. Les utilisateurs peuvent extraire des données de distribution sur les revenus et les dépenses de consommation pour chaque pays.

3. *Key Indicators* est une publication statistique annuelle de la Banque asiatique de développement (BAD). Elle présente les données économiques, financières et sociales les plus récentes concernant les pays en développement qui sont membres de la banque (ADP, 2004).

De manière générale, le calcul de la pauvreté et l'analyse des tendances des Objectifs du Millénaire pour le développement (OMD) pour l'Asie s'avèrent assez positifs[4]. La plupart des pays d'Asie ont atteint une croissance de près de 5 % en 2004 (ADO, 2005). De plus, on s'attend à ce que la croissance globale pour cette région en 2007 demeure aux environs de 6,9 %. Les rendements les plus apparents proviennent de la République populaire de Chine (RPC), de Hong Kong (Chine), de l'Inde, du Kazakhstan, de la Malaisie, de Singapour, de l'Ouzbékistan et du Viêt-Nam. En observant bien ces statistiques générales, on remarque toutefois des gains sensibles dans certaines sous-régions de l'Asie de l'Est et du Sud-Est et des bénéfices beaucoup plus faibles en Asie centrale et en Asie du Sud. Effectivement, les objectifs individuels de réduction de la pauvreté des pays présentent des tendances inquiétantes qui empêcheraient d'atteindre les OMD d'ici 2015. Un bref survol du taux de croissance sous-régional nous permet ici de clarifier ces tendances[5].

L'Asie de l'Est comprend la République populaire de Chine (RPC), Hong Kong (Chine), la République de la Corée, la Mongolie et Taiwan (République de Chine). Toutes ces économies ont connu une croissance vigoureuse de 7,8 %. La croissance est attribuée principalement aux produits manufacturés et à une forte économie d'exportation. De façon générale, les pays qui ont des liens étroits avec la Chine ont très bien réussi au cours des dernières années. L'Asie du Sud-Est comprend le Brunei, le Cambodge, l'Indonésie, le Laos (République démocratique populaire lao), la Malaisie, le Myanmar, les Philippines, Singapour, la Thaïlande et le Viêt-Nam. La croissance a atteint un niveau tout à fait satisfaisant de 6,3 %, perpétuée par une importante croissance de consommation, un fort investissement des entreprises et des contextes extérieurs favorables au commerce, au taux de change et aux exportations. En 2004, les rendements les plus importants ont été atteints en Malaisie, à Singapour

---

4. Le rendement de la croissance économique fut très satisfaisant en 2004 (le meilleur depuis la crise financière de 1997-1998, avec une expansion du PIB de près de 7,3 %).

5. Les prévisions concernant la croissance proviennent de l'Asian Development Outlook, (2006) : 19-39.

et au Viêtnam. L'Asie du Sud est constituée de l'Afghanistan, du Bangladesh, du Bhoutan, de l'Inde, des Maldives, du Népal, du Pakistan et du
Sri Lanka. La croissance générale s'est établie à 6,4 % (considérablement
plus lente que l'année précédente, alors qu'elle s'établissait à 7,8 %). La
vaste économie de l'Inde représente près de 80 % du rendement de cette
sous-région, influant grandement sur la croissance moyenne. Mais une
ventilation par pays révèle des résultats bien inquiétants pour certaines de
ces nations, qui ont souffert d'une faible production agricole due à de fortes
pluies de mousson et à des inondations. L'Asie centrale est entre autres
constituée de l'Arménie, de l'Azerbaïdjan, du Kazakhstan, du Kirghizistan
(République de Kirghiz), du Tadjikistan, du Turkménistan et de l'Ouzbékistan. En 2004, la croissance économique de cette sous-région s'est élevée
jusqu'à 10,4 %. Presque tous les pays de cette sous-région ont connu un
meilleur rendement que prévu en raison de la hausse mondiale des prix
du pétrole et du gaz, de l'or, du coton, de l'aluminium et d'autres matières
premières (les exportations les plus élevées de ces régions). La croissance
est maintenue dans cette sous-région en raison du commerce robuste et
de l'investissement étranger. La région du Pacifique est constituée des îles
Cook, des îles Fidji, de la République des Kiribati, de la République des îles
Marshall, de la Micronésie, de Nauru, de la Papouasie-Nouvelle-Guinée,
de la Nouvelle-Guinée occidentale, des Samoa, des îles Salomon, de la
République démocratique du Timor-Oriental, des îles Tonga, des Tuvalu
et de la République du Vanuatu. La croissance économique de cette sous-
région s'établit à 2,6 % et s'avère plutôt faible. Le Timor-Oriental connaît
le taux le plus bas avec 1,5 %.

Il est important de noter que la région a déjà connu de grands changements structurels au cours des 20 dernières années, particulièrement en
raison du transfert des activités rurales et des services agricoles vers le secteur urbain. L'environnement urbain représente maintenant le moteur de
cette croissance. Si cette croissance peut être soutenue pour la réalisation
des OMD en 2015, tout porte à croire que l'Asie pourrait réduire de moitié
le nombre d'individus vivant avec moins de 1 $ par jour.

MENACES PESANT SUR L'ÉCONOMIE ASIATIQUE

- La fluctuation des taux de change.

- La surchauffe économique en République populaire de Chine (capacité excédentaire) menaçant également les économies intimement liées à la Chine par les exportations, les importations et les industries manufacturières.

- Les épidémies (comme le SRAS ou la grippe aviaire) peuvent entraîner la migration massive, affecter l'industrie du transport, submerger les systèmes de santé et faire stagner l'économie et les secteurs tertiaires.

- L'absence d'une politique macroéconomique pour une croissance économique prospère et soutenue, essentielle pour combattre la pauvreté. La croissance équitable et la croissance rapide ne sont pas suffisantes à elles seules.

- Les réformes structurelles pour la croissance nationale et le soutien des chocs (ceci devrait inclure le fait de consolider l'investissement national et étranger et de restructurer l'environnement pour rendre le secteur privé plus amical et reformer les pouvoirs réglementaires).

- Les changements climatiques et l'impact des catastrophes naturelles.

L'ORIENTATION DE L'AIDE ÉTRANGÈRE CANADIENNE EN ASIE

En 2004-2005, l'Agence canadienne de développement international (ACDI) a attribué à l'Asie une somme relativement inférieure à ce qu'on aurait pu attendre lorsque l'on tient compte de sa population et de son statut général de pauvreté[6]. En analysant les résultats-clés de l'agence (RCA)[7] de l'ACDI, on constate que l'Asie reçoit moins de fonds que d'autres

---

6. La plupart des chiffres relatifs au développement sont compilés pour 2004-2005. À l'écriture de ces lignes, le Canada n'avait pas encore publié ses statistiques pour 2005-2006. Les données de 2004-2005 ont donc été utilisées pour uniformiser.

7. L'ACDI utilise un certain nombre d'outils incluant les résultats-clés de l'Agence (RCA), un cadre axé sur les résultats servant à planifier, à affecter les ressources et à rendre des comptes aux Canadiens. Les RCA représentent les objectifs de développement durable de l'ACDI dans quatre domaines : bien-être économique, développement social, durabilité de l'environnement et bonne gouvernance. Les RCA déterminent également les stratégies de programmation et les approches de la gestion que l'Agence utilisera pour atteindre ses résultats de développement. Les RCA fournissent la structure de base du plan d'action pour

régions, sauf peut-être sur le plan de la gouvernance (ACDI, 2004a). Au point de vue du pourcentage d'aide régionale totale, l'Asie reçoit jusqu'à 15 % de l'aide publique au développement (APD) bilatérale totale. Des 30 principaux pays bénéficiaires de l'ACDI, l'Asie reçoit 31,5 % de l'APD. Il est à noter qu'à lui seul, l'Afghanistan a reçu 10 % de l'aide distribuée aux 30 principaux pays bénéficiaires de l'APD, ceci représentant près de 11 % de l'aide totale accordée aux pays les moins avancés (PMA), et qu'il est actuellement le plus grand bénéficiaire d'APD avec Haïti (ACDI, 2004b : 33). Au cours des dernières années, nous avons assisté à une croissance générale de l'enveloppe de l'aide internationale (EAI) et à une augmentation générale de l'aide en Asie. Cependant, le pourcentage total de l'aide accordée à l'Asie (en considérant la somme totale de toute l'aide distribuée géographiquement) a diminué de plus de 8 %.

Les modèles d'indices de croissance et de pauvreté en Asie ont eu un impact direct sur la méthode utilisée par le Canada pour préparer sa politique d'aide étrangère pour la région. Cela permet de mieux comprendre pourquoi une attention particulière avait été accordée à cinq pays d'Asie, soit le Cambodge, le Viêt-Nam, le Bangladesh, le Pakistan et le Sri Lanka, et de quelle façon ils avaient été choisis.

Dans son présent *Énoncé de politique internationale*, le Canada constate qu'en ce qui concerne l'Asie, les prévisions économiques sont encourageantes, mais que dans cette région, les pays se développent de manière isolée (ACDI, 2002). La stratégie de l'ACDI pour le développement de la politique d'aide étrangère en Asie tient compte du fait que si certains États sont prêts à assumer leur propre développement, d'autres se retrouvent dans une pauvreté extrême et demeurent vulnérables sur le plan économique, environnemental et politique. De plus, l'ACDI reconnaît que les conflits et les situations politiques instables, qui incluent les tensions entre les États et les activités terroristes, pourraient miner ce climat de prospérité grandissante. Deux orientations stratégiques de l'ACDI s'imposent en ce qui concerne l'Asie : d'abord, le Canada doit encourager la prospérité de la région et, ensuite, il doit en catalyser les effets pour assurer plus de stabilité à l'échelle régionale et faire en sorte que les plus démunis bénéficient de

---

le développement durable exposé dans cette stratégie. Pour plus d'information, voir <http://www.acdi-cida.gc.ca/CIDAWEB/acdicida.nsf/En/STE-320155755-SMK>, page consultée le 19 juin 2008.

cette prospérité. En d'autres mots, l'énoncé identifie et encourage les tendances de croissance en Asie, mais reconnaît également que la croissance économique à elle seule n'est pas suffisante pour réduire la pauvreté. Une attention particulière doit être accordée aux facteurs responsables de la croissance équitable, dont bénéficient les plus démunis par des initiatives telles que la bonne gouvernance, une réforme juridique, la consolidation de la démocratie, l'anticorruption, etc.

Historique de l'aide canadienne en Asie

Le Canada partage des liens historiques avec l'Asie depuis le début du XIXe siècle. Ces liens ont été créés par le biais de l'immigration, lorsque les premiers Chinois, Japonais et Sud-Asiatiques sont venus au Canada pour construire le chemin de fer Canadien Pacifique, et par le commerce, lorsque les premiers missionnaires jésuites du Québec ont dirigé des missions commerciales de ginseng sauvage. Depuis, nous assistons à une croissance étonnante de la population asiatique au Canada, qui a augmenté dans toutes les provinces (à l'exception de l'Île-du-Prince-Édouard). Cet afflux se concentre notamment en Colombie-Britannique (plus de 20 % d'Asiatiques), en Ontario (13,5 %) et en Alberta (9,2 %). Depuis 1981, le pourcentage de Canadiens d'origine asiatique au Canada a triplé (Statistiques Canada, 2003). La croissance importante de la communauté asiatique dans le pays (particulièrement dans le secteur des affaires) justifie qu'on s'y attarde. Il s'agit d'une étape essentielle pour apprécier l'évolution des politiques étrangères reliées à l'Asie et comprendre comment elles sont influencées par des groupes asiatiques vivant au Canada.

Les intérêts du Canada en Asie

Avant la Seconde Guerre mondiale, les activités du ministère des Affaires étrangères portaient sur la position nationale du Canada dans la communauté internationale. Lors du déclenchement de la guerre en 1939, les ressources du Canada ont entièrement été investies dans les efforts de guerre. C'est à partir de 1946 que le Canada a commencé à assumer un rôle de concertation dans les affaires internationales et à soulever des questions sur la sécurité nationale, qu'il considère inextricablement liée aux activités collectives de l'arène internationale (c'est l'époque de la Guerre froide et l'Union soviétique est jugée menaçante). L'aide étrangère du Canada a commencé à prendre de l'expansion entre 1946 et 1951, au moment où les dépenses ont excédé 2 milliards de dollars (dont la majeure partie a été investie comme prêt au Royaume-Uni et à d'autres pays d'Europe occidentale pour la reconstruction d'après-guerre). Ces prêts ont également servi à soutenir les exportations (le Canada disposait d'excédents à cette époque) et à consolider les marchés nationaux canadiens tout en développant le commerce. Bien que le pays ait également offert des prêts aux pays d'Extrême-Orient, incluant la Chine et l'Indonésie[8], l'intérêt du Canada envers l'Asie était beaucoup moins évident à cette époque.

Lester B. Pearson décrivait l'Asie comme un « livre fermé », soulignant ainsi son opacité pour le gouvernement canadien. En d'autres termes, même si au départ il n'existait aucune politique canadienne structurée pour l'Extrême-Orient, les intérêts potentiels liés à l'immigration, aux affaires et au commerce au Japon et en Chine ont forcé le Canada à formuler une politique cohérente sur l'Asie. Cette politique a véritablement commencé à prendre forme lors de l'intervention du Canada dans le plan Colombo pour le développement économique coopératif de l'Asie du Sud et du Sud-Est établi en janvier 1950. Ce plan avait été mis en œuvre pour s'attaquer à la pauvreté dont semblaient profiter les mouvements politiques communistes d'Asie. Pour l'une des premières fois de leur histoire, les Canadiens ont fortement contribué à l'aide étrangère pour le développement en ne recevant en retour aucun avantage économique direct ou apparent. Il s'agissait ici d'une forme d'aide humanitaire. En fait, cette aide n'avait comme objectif que d'augmenter le niveau de vie des pays bénéficiaires.

Au cours des années suivantes, l'intérêt du Canada pour l'Asie s'est principalement concrétisé dans des activités dans le sous-continent indien, et plus précisément au Pakistan, en Inde et à Ceylan (maintenant le Sri Lanka). Ces activités incluent une interaction avec les pays membres du Commonwealth et avec de jeunes États au sujet du plan Colombo. Il est intéressant de noter que le Canada a joué un rôle important en facilitant l'adhésion de plusieurs pays d'Asie qui n'étaient pas initialement inclus dans le plan. Le Canada est apparu comme un pays lui-même constitué de

---

8. Le fait que pendant la guerre, le Canada a également offert son aide au gouvernement nationaliste chinois n'est pas dépourvu d'intérêt.

deux cultures et offrant un modèle unique de tolérance et de compréhension face aux nouveaux États d'Asie pour les influencer dans leurs propres ambitions nationalistes.

Avec le rôle émergent de l'Organisation du traité de l'Atlantique Nord (l'OTAN), l'influence du Canada a pris de l'expansion. On peut le constater à l'occasion du déploiement des troupes canadiennes dans la péninsule coréenne en 1950, au moment où le Régiment d'infanterie légère canadienne Princesse Patricia et les escadrilles du corps d'aviation se sont jointes aux forces des Nations Unies. Le Canada a envoyé près de 27 000 soldats participer à cette guerre, en plus de 7 000 autres qui ont supervisé le cessez-le-feu jusqu'à la fin de 1955. L'implication du Canada dans ce conflit de la Guerre froide a eu deux impacts. Cette décision a d'abord eu pour conséquence l'adoption du rôle de gardien de la paix que le Canada a assumé au cours des 40 années suivantes. Il s'agit d'ailleurs d'un héritage dont jouit encore le Canada aujourd'hui. Cette volonté de demeurer neutre et impartial face aux conflits régionaux a permis au Canada de gagner le respect de la communauté internationale. Ensuite, la guerre de Corée a créé l'illusion d'une « guerre limitée » où deux superpuissances s'affrontent sans donner lieu à une guerre totale impliquant des armes nucléaires. Ces deux impacts ont joué un rôle dans la formulation de la politique canadienne d'aide étrangère et ont permis une plus grande concentration sur l'Asie. Le Canada, alors considéré comme un nouveau donateur, a commencé à se positionner comme un important partenaire et défenseur des organismes internationaux prestigieux, tels que l'ONU, l'OTAN et les institutions de Bretton Woods, en plus de prôner la sécurité et les intérêts commerciaux et politiques au nom du public canadien. Ceci a sans doute contribué à l'invitation imprévue lancée au Canada pour qu'il devienne membre de la commission visant à superviser l'application du processus de paix en Indochine, qui comprenait le Cambodge, le Laos et le Viêt-Nam. De 1954 à 1971, un tiers des agents du ministère des Affaires étrangères ont offert leur service en Indochine[9].

---

9. Site du MAECI, *Histoire du MAECI: l'âge d'or – 1945-1957*, <http://www.international.gc.ca/department/history/history-8-fr.asp>, page consultée le 19 juin 2008.

LE RENOUVEAU DE L'INTÉRÊT DU CANADA
POUR L'ASIE EN MATIÈRE DE SÉCURITÉ ET D'ÉCONOMIE

Le rôle du Canada en Asie a été renforcé en 1989 lorsque le Canada a participé à la fondation de la Coopération économique Asie-Pacifique (APEC), qui avait pour but d'améliorer les liens économiques et politiques. Le Canada maintient également une interaction constructive avec l'Association des nations du Sud-Est asiatique (ANASE). Il s'agit non seulement d'un marché important pour l'investissement étranger du Canada et d'un associé dans la campagne contre le terrorisme, mais également d'une organisation qui tente de réduire l'écart de développement entre les pays de cette sous-région. Le Canada concentre présentement son intérêt sur les puissances émergentes de la Chine et de l'Inde, tout en cherchant à approfondir ses liens avec le Japon. Ces interactions incluent un cadre économique Canada-Japon portant sur l'établissement d'un partenariat économique complet entre les deux pays, l'engagement de la Chine d'accorder au Canada le statut de destination approuvée (permettant aux touristes chinois de visiter le Canada plus facilement) et des discussions avec l'Inde sur l'amélioration de la gouvernance et des institutions mondiales. « Les rapports de force dans le monde changent, a déclaré Paul Martin [alors premier ministre]. L'Asie est une région dynamique avec un potentiel extrêmement prometteur » (MAECI, 2005). En janvier 2006, ces mots se sont traduits en actions lorsque le ministre du Commerce international, Jim Peterson, a dirigé une mission à Shanghai, à Beijing et à Hong Kong. Des représentants de 280 entreprises canadiennes se sont joints à la mission pour raffermir les liens commerciaux avec la Chine. Plus d'une centaine d'ententes ont alors été signées entre des entreprises canadiennes et chinoises. « Comme la Chine est en train de modifier la donne sur le marché mondial, les entreprises canadiennes n'ont plus le choix. Elles doivent se doter d'une stratégie commerciale à l'égard de la Chine », a déclaré Jim Peterson (MAECI, 2005). L'interaction continue entre le Canada et l'Asie a stimulé les opinions concernant l'importance de cette région, et de certains pays en particulier. Bob Johnston, directeur général de la planification stratégique pour l'Asie à l'ACDI, a affirmé qu'il s'agissait d'une véritable « réussite de voir ces pays s'affranchir de l'aide pour devenir de véritables partenaires économiques[10] » (MAECI, 2005).

En 2004, l'une des plus importantes catastrophes naturelles du siècle a frappé l'Asie du Sud-Est. Le tsunami qui a détruit des villages entiers en Indonésie, en Thaïlande et au Sri Lanka a toutefois eu un autre impact : il a attiré l'attention des Canadiens sur cette région et sur l'aide humanitaire en général. « La crise est une occasion d'établir des relations et une solidarité parmi les communautés auxquelles on doit venir en aide », a déclaré le ministre des Affaires étrangères, Pierre Pettigrew, lors de la réunion des dirigeants de l'ANASE en janvier 2006. Il a également soutenu que « la communauté internationale devra rester active à long terme dans la région [...]. Le Canada sera présent en tant que partenaire à part entière aussi longtemps qu'il le faudra » (Conseil privé du Gouvernement du Canada, 2005). Tous les éléments sont réunis pour lancer une intervention humanitaire et pour signer un engagement à long terme permettant de se concentrer sur les activités dans la région. Paul Evans, directeur adjoint du Liu Institute for Global Issues, a déclaré que « les apports de capitaux dans la région ont atteint des proportions sans précédent ». « Le voile a été levé », a-t-il observé, ajoutant que cela pourrait impliquer de nouveaux joueurs et changer la donne des conflits internes (MAECI, 2005). Il fait ici référence aux conflits profondément enracinés entre le Sri Lanka et l'Indonésie, qui sont littéralement passés inaperçus aux yeux du public durant plusieurs années.

Trois ans plus tôt, un autre incident avait échappé à la surveillance des médias et du public canadien. Le 7 octobre 2001, le premier ministre canadien Jean Chrétien avait annoncé que les Forces armées canadiennes se joindraient aux efforts de guerre des États-Unis contre l'Afghanistan. L'annonce n'était survenue que quelques heures après que les avions de guerre américains et britanniques eurent commencé à bombarder Kaboul et d'autres villes afghanes. Cette déclaration de Chrétien a été suivie de l'annonce que les militaires canadiens participeraient à toutes les phases de la guerre contre le terrorisme menée par Washington. Ces deux événements survenus en Asie au cours des six dernières années ont sans doute

---

10. Se référant à la Malaisie et à la Thaïlande comme étant des pays à revenu intermédiaire.

eu un impact sans précédent sur l'opinion publique canadienne et sur la politique étrangère en Asie. « Les activités commerciales du Canada en Asie ne sont qu'un aspect de notre relation avec ce continent, a déclaré Paul Evans. Notre approche économique en Asie doit aussi tenir compte des aspects sociaux, de la sécurité et de la politique[11] » (MEACI, 2005).

Le Canada prend la parole

Grâce aux organismes tels que l'APEC, le Canada aura l'occasion d'influer sur les décisions politiques qui permettront d'améliorer les objectifs canadiens de sécurité, de prospérité et de développement. En 2006, le Canada s'est principalement concentré sur le développement du secteur privé (SP) et sur la facilitation des échanges de la feuille de route de Pusan, qui ouvre la voie à l'APEC jusqu'en 2010. Au cours des années à venir, le Canada mettra probablement l'accent sur le développement du SP, en améliorant l'environnement de travail des petites et moyennes entreprises, sur la réforme structurelle (incluant une stabilité gouvernementale, politique et économique ainsi qu'une infrastructure massive et souple [Phillips, 2006] et sur la poursuite de la sécurité et de la pérennité de l'énergie mondiale, une stratégie cohérente est quasi inexistante à ce sujet). Le Canada a franchi des étapes tangibles qui représentent un effort à long terme pour intégrer le secteur privé à l'ordre du jour de l'APEC. Il est évident que le Canada prend une part active en travaillant avec l'APEC par l'intermédiaire de ses divers comités, incluant entre autres l'Initiative de Daegu (sur le plan d'action d'innovation des petites et moyennes entreprises [PME]), le Groupe de travail sur l'énergie, le Comité économique, le Groupe sur le renforcement de la structure économique et juridique, le Processus de l'APEC pour les ministres des Finances et le Groupe de travail des télécommunications et de l'information (GTTEL).

Les réformes des PME et des marchés asiatiques sont importantes pour le Canada. De façon générale, elles procurent des ouvertures économiques

---

11. La région constitue le cœur démographique de l'islam et procure ainsi des liens significatifs avec le monde musulman. La majorité des musulmans du monde vivent en Asie : l'Indonésie est le plus grand pays islamique et le Bangladesh vient au deuxième rang. Les relations entre le Canada et la région sont donc essentielles pour mieux comprendre les collectivités musulmanes et engager un dialogue avec elles.

pour les compagnies canadiennes et elles réduisent l'instabilité économique provoquée par des crises financières et gouvernementales. La réforme du secteur des petites entreprises en Asie contribue également aux objectifs de développement du Canada par des réformes structurelles. L'APEC offre un forum qui permet au Canada de tirer directement profit des réformes en Asie tout en partageant des expériences et des perspectives qui peuvent influer sur la pratique des autres économies significatives de la région. Beaucoup de pays d'Asie de l'Est et du Sud-Est font progresser leurs échanges commerciaux et leurs objectifs de croissance en encourageant l'accès des groupes multinationaux à leurs marchés par l'investissement direct à l'étranger (IDE). Comme mentionné précédemment, le Canada exploite ce phénomène. Ce faisant, ces pays ont assoupli certains règlements concernant la propriété, ce qui constituait un préalable pour beaucoup de sociétés, en plus de reconnaître la création potentielle que représente une hausse des exportations de leur pays, par exemple en Chine, en Malaisie et à Singapour (Ramstetter, 1999). Des études indiquent que les propensions à l'exportation ont tendance à être sensiblement plus élevées dans les groupes dont les actions étrangères proviennent à 90 % ou plus de ces trois pays, comparativement à ceux dont les actions étrangères sont inférieures à ce pourcentage ou inexistantes (Ramstetter, 1999 ; Ngoc et Ramstetter 2004 ; James et Ramstetter 2005). Ces pays et les entreprises canadiennes y trouvent donc chacun leur compte.

Les ONG : une ouverture négligée

Amir Attaran, professeur à l'Université d'Ottawa, a indiqué que l'un des obstacles à la réduction de la pauvreté vient de ce que l'argent versé pour l'aide étrangère du Canada est dirigé vers des organismes tels que la Banque mondiale, le Programme des Nations Unies pour le développement (le PNUD) et des gouvernements étrangers qui ne sont pas tenus de divulguer l'information au public canadien (CBC News, 2006). « Lorsque les sommes d'argent sont distribuées à de grands organismes, nous perdons non seulement le contrôle, mais nous perdons également de la crédibilité » a-t-il indiqué, avant de souligner un autre problème posé par les individus résidant dans les pays bénéficiaires de l'aide canadienne, mais ne travaillant presque plus en lien direct avec des Canadiens. L'aide multilatérale implique donc que l'argent est mis en commun avec d'autres pays ou gouvernements et, dans la plupart des cas, il est impossible de savoir comment l'argent est dépensé ou de connaître l'impact du Canada dans ces organismes. Dans le cas de l'ONU ou des institutions de la Banque mondiale, nous assistons à un record déplorable de non-divulgation de l'information, et ce, en dépit de l'exigence de transparence[12]. Par ailleurs, les organisations de la société civile (OSC) et les organisations non gouvernementales (ONG) jouent un rôle primordial en renforçant l'innovation du développement et, contrairement aux organisations multilatérales, en assurant la responsabilité publique. Ces organisations jouent également un rôle important en s'occupant des droits de la personne et de leur défense, souvent par des approches participatives qui contribuent à la réduction de la pauvreté, à une meilleure gouvernance et à la protection de la dignité humaine. Il est cependant inquiétant que la contribution générale de l'aide versée aux OSC diminue mondialement, et ce, en particulier dans la branche bilatérale de l'ACDI. Selon le CCCI (2005), les dépenses de l'ACDI dans le cadre de son partenariat avec les OSC sont passées de 29 à 22 % de ses dépenses totales de 1999-2000 à 2003-2004.

LES INTERVENTIONS AUPRÈS DES ÉTATS FRAGILES ET EN DÉROUTE : UNE NOUVELLE VOIE

L'aide étrangère canadienne s'est engagée sur une nouvelle voie en ce qui concerne ses interventions auprès des États fragiles et en déroute. Ces États voient leurs fonctions de plus en plus affaiblies et sont souvent au bord de l'effondrement, comme ce fut le cas au Cambodge dans les années 1980, en Somalie et en Yougoslavie dans les années 1990 et, plus récemment, à la Sierra Leone et au Népal. Ainsi, ces pays sont caractérisés par une diminution radicale de la légitimité de l'administration et de la gouvernance, de la livraison des services de base et de leur capacité de garantir la sécurité de leurs citoyens. Cette situation est généralement accompagnée par l'arrivée d'acteurs non étatiques, par un afflux d'armes légères et moyennes, par un accroissement de la violence et par une hausse de réfugiés et de personnes déplacées. Émergent alors souvent des groupes de terroristes qui, dans certains cas, empêchent les organismes internationaux et les ONG

---

12. Voir Alasdair Roberts, site Web : <http://www.cbc.ca/canada/ottawa/story/2006/09/21/foreign-aid-privacy.html>, page consultée le 19 juin 2008.

d'accéder à ces pays et d'intervenir pour prévenir les menaces potentielles et aider les populations civiles.

Faire face aux menaces

L'*Énoncé de politique internationale* du Canada précise que les États fragiles et en déroute représentent actuellement le plus grand défi de sécurité du monde (ACDI, 2002). Le ministère des Affaires étrangères a mis sur pied un Groupe de travail sur la stabilisation et la reconstruction (GTSR) qui a reçu 500 000 000 $ du Fonds pour la paix et la sécurité mondiales (FPSM). Globalement, cette somme n'est pas énorme, mais elle correspond à une prorogation de la politique étrangère canadienne et procure de nouveaux moyens pour réagir rapidement aux crises internationales. De plus, on retrouve dans l'*Énoncé de la politique internationale* du Canada certains indices de l'accroissement de la recherche pour une nouvelle stratégie multilatérale qui favoriserait une plus grande efficacité du Conseil de sécurité des Nations Unies et la création de la nouvelle Commission de consolidation de la paix de l'ONU.

L'Asie est devenue une terre d'échantillonnage de ce qui pourrait être le premier signe d'une évolution sur le plan de la sécurité mondiale et de l'aide humanitaire pour les États fragiles et en déroute. La guerre contre le terrorisme, telle qu'elle est définie par des acteurs-clés comme les États-Unis et la Grande-Bretagne, prouve que nous assistons à de nouveaux défis en ce qui concerne l'aide et la politique étrangères dans les pays souverains tel le Canada. On ne peut choisir un article de la politique étrangère sans que de tels énoncés deviennent immédiatement transparents. Le rôle des pays industrialisés – donateurs traditionnels de l'aide étrangère – est particulièrement mis à l'épreuve. Il pose des dilemmes moraux et économiques, et tout porte à croire qu'il y aura une pénurie de solutions aux problèmes auxquels font face ces États en déroute.

Défense et développement : une lutte pour l'espace humanitaire

La complexité des politiques étrangères actuelles en ce qui a trait aux États fragiles et en déroute pose un ensemble unique de défis. Nous allons en passer quelques-uns en revue afin d'observer la façon dont ils se concrétisent dans le contexte de l'Afghanistan, alors que le Canada veille à y assurer la sécurité et à créer un « espace humanitaire » dans certains secteurs de ce pays. Il s'agit d'un exercice important pour comprendre le rôle du Canada dans cette sous-région et cela permet de mettre en lumière le rôle plus général qu'il pourrait assumer dans la région au cours des prochaines années. Nous observons d'abord que, dans plusieurs cas, l'accent est mis sur la force, sur les compétences militaires et sur les capacités de la société civile marginalisée.

L'une des analyses de base de la réponse canadienne en Afghanistan permet de constater qu'il ne semble pas exister d'espace humanitaire propre, et que l'usage de la force militaire pour le développement et le travail humanitaire s'avère essentiel. Cela s'explique en partie en raison de l'approche pangouvernementale du gouvernement canadien liant la défense, la diplomatie et le développement (ACDI, 2005). À court terme, la présence des militaires est bien sûr requise pour assurer la sécurité nécessaire à l'ouverture d'un tel espace et permettre la distribution des ressources d'urgence, mais l'usage prolongé de la force pourrait empêcher que les ONG locales et les organismes civils internationaux soient mieux équipés pour accomplir leur travail. Certains préfèrent donc opter pour une « solution miracle » rapide. Cette approche plutôt superficielle ne tient toutefois pas compte des solutions mises à l'essai lors des programmes à long terme, des procédés holistiques et de l'implication harmonisée d'intervenants multiples. De telles solutions pourraient créer une différence dans ces secteurs, et ce sont les sociétés civiles et les ONG qui seraient en mesure de le faire.

Ces pays devront en fait faire l'objet d'une analyse minutieuse et d'une collaboration internationale à long terme afin de réinstaurer la confiance sur le plan national et de mettre en place une structure administrative et économique stable. Brown (2005 : 190) a observé que, lorsque l'intervention des acteurs internationaux est nécessaire, il est préférable de prévoir un engagement à long terme pour assurer l'instauration de la démocratisation. Autrement, le processus pourrait entraîner la paralysie au sein du pays ou mener au retour d'un régime autoritaire. Dans le cas d'un tel engagement, les pays donateurs doivent s'assurer du maintien et de la protection d'une présence civile internationale tout au long de l'intervention d'urgence ou de l'état de crise, en plus d'assurer le soutien de cette présence bien après la résolution de la crise. Pour réaliser ce projet, il faut prendre conscience du rôle essentiel de la société civile et des ONG qui travaillent à l'intérieur de l'« espace humanitaire ». Il serait gravement dommageable de négliger les forces locales (ONG, professionnels, groupes communautaires locaux, gouvernement local) lors de la planification et de l'exécution des programmes. Au cours d'une période d'insécurité et de conflit, il existe toutefois un risque très élevé que de tels groupes soient marginalisés et que les militaires doivent assumer un double rôle en s'assurant du maintien de la sécurité et de l'aide humanitaire. Ce phénomène est appelé « guerre des trois îlots urbains », expression créée en 1998 par le général Charles Krulak, du corps des *Marines* des États-Unis[13]. Dans le pire des cas, il existe un risque très élevé que des groupes civils et des travailleurs soient attirés par le système de sécurité militaire et dès lors identifiés ou associés à cette structure militaire par la population locale. Les groupes civils sont, par définition, des cibles vulnérables qui doivent éviter d'être exposées à de tels risques.

Le dangereux scénario qui se déroule actuellement en Afghanistan risque de changer la façon dont l'aide étrangère canadienne est distribuée et dont les groupes de la société civile interagissent dans ces espaces d'opérations traditionnelles où les États sont incapables d'agir. La ligne séparant les fournisseurs de l'aide d'urgence et de développement et les fournisseurs de sécurité (c'est-à-dire les militaires) se brouille, et la source ou la cause du conflit dans plusieurs de ces pays devient inexplicable ; pendant ce temps, les causes profondes du conflit se propagent sur le plan régional et ne sont plus confinées au palier étatique, comme on le voit en Afghanistan. De plus, le Comité d'aide au développement (CAD), une instance principale chargée, à l'OCDE, des questions relatives à la coopération avec les pays en développement (et qui guide le plan d'action des donateurs), fait face à d'importants défis au sein de ces États. En effet, les principes exprimés ne disposent pas d'un cadre basé sur les droits de la personne et négligent les gestionnaires locaux et les intervenants luttant pour le changement. Pourtant, ces deux aspects sont essentiels lorsque l'on fait face aux complexités d'un pays tel que l'Afghanistan, et que l'on tient compte de la

---

13. Le premier îlot s'occupe de fournir de l'aide humanitaire, le deuxième d'entreprendre des opérations de stabilisation ou de soutien à la paix, et le troisième s'engage dans des combats intenses. Toutes ces opérations peuvent être entreprises de façon très rapprochée.

tendance croissante à considérer les groupes armés comme des terroristes et à gérer la situation sans tenir compte des droits de la personne.

Les défis du Canada

En plus d'assumer son rôle historique de « puissance moyenne » et d'« artisan de la paix », le Canada devra relever d'importants défis au cours des prochaines années en Asie. Ceux-ci paraissent plutôt clairs lorsqu'on les oppose à la stratégie traditionnelle du Canada qui vise un objectif de construction de l'État, sans oublier le thème de la réforme, de la bonne gouvernance, etc. Les sources traditionnelles des fonds de l'APD pour la reconstruction pourraient également faire face à une crise, puisque les impératifs militaires épuisent ces ressources et entraînent des retards insurmontables dans le déboursement de ces fonds, comme on le constate en Afghanistan. Il est également important de mentionner que, dans plusieurs des cas, les donateurs sont considérés comme responsables et complices du commerce international d'armes légères, de l'intervention d'investisseurs irresponsables et de la perpétuation des conflits. La situation est complexifiée par la forte compétition entre les puissances mondiales qui ne partagent pas les mêmes analyses, idéologies, intérêts, perspectives et intentions. Le fait de donner la priorité à la concurrence peut faire peser un lourd fardeau sur les bénéficiaires d'aide dans les pays en voie de développement, ce qui risquerait d'entraîner un scénario dangereux pour les bénéficiaires et les gouvernements hôtes (Woods, 2005). Le rôle du Canada, qui vise à introduire une approche mondiale, est essentiel pour coordonner ces situations. En effet, les groupes terroristes parrainés par un État sont devenus des groupes internationaux ou intrarégionaux qui ont fait passer les conflits interétatiques sur un autre plan.

Menaces pour les intérêts canadiens et la coopération en Asie

La notion de guerre des trois îlots urbains ou des insurrections, basée sur le concept de la guerre asymétrique, tire son origine de la Somalie, où le Canada a joué un rôle important. Cette notion a permis d'écarter les vieux concepts de guerre et de maintien de la paix. Quels sont les changements observés ? On n'en relève aucun en ce qui concerne les attaques contre les civils ou les cibles vulnérables ; ce type de tactique existe depuis l'époque d'Alexandre le Grand. Le changement réside plutôt dans les types d'attaques et d'armes qui sont utilisés aujourd'hui. Il réside également dans le fait que les combattants partagent maintenant un « espace » sur le champ de bataille avec les agences civiles non alignées qui disposent d'impératifs humanitaires. Il s'agit souvent d'un phénomène qui brouille les perceptions des communautés locales, qui avaient l'habitude de considérer les groupes de la société civile comme non agressifs et neutres. La problématique repose dans la définition de l'« espace humanitaire », puisque l'« espace de combat » est tout aussi indéfini. Les principes traditionnels de respect, appliqués rigoureusement par la plupart des ONG, sont mis à l'épreuve lorsque les terroristes tentent délibérément de détruire la stabilité, les croyances établies ou les principes éthiques.

Au cours des 50 dernières années, la plupart des ONG traditionnelles ont établi leur position et assuré leur sécurité dans les pays où elles opèrent grâce aux négociations avec les communautés et les intervenants[14]. L'absence d'un espace humanitaire défini et la confusion entre les combattants et les intervenants non combattants ont compliqué les négociations et les accords concernant cet espace. L'Afghanistan offre une plateforme bien établie pour analyser ce phénomène, mais il est évident que la nature et l'ampleur du problème ont outrepassé les frontières de la région. Il est également devenu plus complexe et plus délicat d'intervenir en Asie ; le continent nécessite la présence de leaders et de diplomates professionnels et d'expérience pour les guider dans leur vision et dans leur politique.

Le rôle de l'aide étrangère canadienne est tout aussi indéfini dans des lieux d'opérations militaires, tel l'Afghanistan. L'aide distribuée pour la construction du pays ou les fonds coordonnés par les forces de sécurité sont destinés à financer l'opération militaire. Les solutions semblent peu nombreuses lorsque l'on tient compte du fait que même les fonds d'USAID et de l'ACDI peuvent être reliés à des groupes terroristes lorsqu'ils sont acheminés par des ONG. Celles-ci sont ainsi souvent perçues comme des cibles vulnérables. Voici un exemple éloquent : un soldat armé monte sur le toit d'une école pour poser des feuilles de tôle ondulée ; le mois suivant, un travailleur humanitaire est atteint d'un projectile sur un toit, alors qu'il est

---

14. L'auteur a lui-même vécu à Muzaffarabad, au Azad Kashmir, pendant cinq ans (1975-1979) sous les auspices et les bonnes grâces de la population locale, et ce, sans aucun incident de sécurité ou criminel.

en train d'effectuer le même travail, mais pour un organisme neutre. Aux yeux du tireur, il s'agissait du même individu. La présence d'aide humanitaire n'implique en aucun cas l'existence d'un « espace humanitaire » où les ONG peuvent opérer en toute sécurité. Si l'aide n'est pas acheminée de façon appropriée et sécuritaire, elle risque d'endommager les structures et les systèmes implantés et de causer des dommages irrévocables aux futures interventions dans ces secteurs.

Changement de guerre, changement de paradigmes

Lors de ses opérations militaires en Asie, le Canada doit, afin de combattre les groupes terroristes, participer à des conflits qui ne s'apparentent pas à la guerre traditionnelle et qui se déroulent dans les lieux-clés : ponts, centres de communications, etc. Les insurgés combattent parmi les civils et n'appartiennent pas à une armée de commandement strict. En réalité, le Canada est défié par des armées combattant toute opération unifiée, alors qu'il doit également diriger le développement économique, les activités d'infrastructure et les activités gouvernementales. Telle est la méthode établie pour gagner ces guerres asymétriques et conquérir le cœur et l'esprit de la population locale. En analysant les « impératifs » définis par cette notion de guerre des trois îlots urbains, les agences humanitaires traditionnelles (et la façon dont l'aide est distribuée par le Canada) auront sans doute à relever des défis concernant les principes humanitaires de base – des principes qui régissent le travail humanitaire depuis plus de quatre décennies. L'aide étrangère canadienne fait actuellement face à plusieurs défis immédiats en ce qui concerne son financement. Les urgences n'encouragent pas nécessairement les interventions à plus long terme de la part des donateurs, et encore moins dans le cas des conflits asymétriques. Tandis que les discussions se poursuivent, certains secteurs exigeant une attention particulière ont besoin d'un financement de base pour aider les organismes présents afin de sécuriser leurs opérations et d'engager des professionnels et un personnel permanent qui puisse travailler au cœur de ces opérations militaires. Il existe présentement une pénurie d'experts au sein des organismes humanitaires. Par ailleurs, on peut noter que les militaires expriment peu de considération pour le rôle des ONG dans le domaine du développement.

Le portrait de l'aide étrangère offre ainsi des interprétations diverses et il n'est pas toujours clair. Les objectifs de la bonne gouvernance, de la consolidation de la démocratie, du climat, des droits de la personne, du secteur privé ou de l'énergie entraînent des discussions qui semblent trop souvent renforcer les vieux modèles prônant la sécurité pour certains plutôt que la réduction de la pauvreté pour la majorité de la population. Au cours des cinq dernières années, le gouvernement canadien est intervenu à plusieurs reprises (notamment en Asie, et plus précisément en Indonésie, au Sri Lanka et au Pakistan). Le gouvernement a travaillé en collaboration avec d'autres instances pour s'assurer d'atteindre les OMD et ainsi réduire de moitié la pauvreté mondiale, en plus de participer à diverses associations internationales. Le Canada a également adopté une approche en trois étapes pour sa politique étrangère basée sur la défense, la diplomatie et le développement. Cette démarche a permis d'implanter un certain nombre de changements majeurs au sein du gouvernement et de sa politique étrangère (changements décrits ailleurs dans le présent livre). Nous avons tenté ici de mettre l'accent sur plusieurs enjeux importants qui causeront des problèmes au Canada au cours de la prochaine décennie et qui continueront à susciter l'intérêt du gouvernement et de l'opinion publique, soit le commerce et l'investissement, la sécurité et les pays en déroute, ainsi que l'usage de l'énergie pour l'amélioration du commerce et de l'industrie dans les pays en voie de développement. Soulignons que ces trois secteurs sont essentiels pour le Canada et pour les pays d'Asie, et que le Canada aurait avantage à aborder chacun de ces enjeux et à assumer un rôle de leader afin de se hisser au premier plan des relations internationales.

RÉFÉRENCES BIBLIOGRAPHIQUES

AGENCE canadienne de développement international (ACDI) (2002), *Canada making a difference in the world: A policy statement on strengthening aid effectiveness*, Ottawa, Supply and Services Canada, septembre, <http://www.acdi-cida.gc.ca/aideffectiveness>.

AGENCE canadienne de développement international (2004a), *Departmental Performance Report 2004*, Hull, ACDI.

AGENCE canadienne de développement international (2004b), *Statistical Report on Official Development Assistance: Fiscal Year 2003-2004*, Hull, Statistical Analysis Section, Information Architecture and Producers, Information Management and Corporate Reporting.

AGENCE canadienne de développement international (2005), *Canada's International Policy Statemen. A Role of Pride and Influence in the World: Overview, Commerce, Diplomacy, Defense, Development*, avril, <http://www.acdi-cida.gc.ca/ips-development#pdf>.

ASIAN DEVELOPMENT BANK, ADB (2004), « Special Chapter: Poverty in Asia: Measurement, Estimates and Prospects », *Key Indicators 2004*, Manille, ADB.

ASIAN DEVELOPMENT OUTLOOK (ADO) (2006), « Routes for Asia's Trade », *Asian Development*, Hong Kong, Oxford University Press.

BROWN, Stephen, « Foreign Aid and Democracy Promotion: Lessons from Africa », *The European Journal of Development Research*, vol. 17, n° 2, juin: 179-198.

CBC NEWS (2006), « What does Canada's foreign aid buy? That's private », <http://www.cbc.ca/canada/ottawa/story/2006/09/21/foreign-aid-privacy.html>.

COLLIER, Paul et David Dollar (2000), « Can the World Cut Poverty in Half? How Policy Reform and Effective Aid Can Meet International Development Goals », *Policy Research Working Paper*, n° 2403, Washington, Banque mondiale.

CONSEIL CANADIEN POUR LA COOPÉRATION INTERNATIONALE (CCIC) (2005), *The Politics of the Millennium Development Goals: Contributing to Strategies for Ending Poverty*, troisième partie: « Canada and the Global Partnership for Development (Goal Eight) », Ottawa, CCIC: 1-19.

GOUVERNEMENT DU CANADA, Bureau du Conseil privé (2005), « Prime Minister Martin Announces New Initiatives in Response to Asian Crisis », communiqué de presse, Ottawa, 2 janvier.

JAMES, William E. et Eric D. Ramstetter (2005), *Trade, Foreign Firms and Economic Policy in Indonesian and Thai Manufacturing*, Kitakyushu, Japon, ICSEAD Working Paper Series n° 05-01.

MINISTÈRE DES AFFAIRES ÉTRANGÈRES ET DU COMMERCE INTERNATIONAL CANADA (2005), *Canada: World View, Asia in Focus*, n° 25, printemps.

NGOC, Phan Minh et Eric D. Ramstetter (2004), *Foreign Ownership Shares and Exports of Multinational Firms in Vietnamese Manufacturing*, Kitakyushu, Japon, ICSEAD Working Paper Series n° 04-32.

PHILLIPS, Lauren M. (2006), *Growth and the Investment Climate: Progress and Challenges for Asian Economies*, session 2, « Challenges and Risks to Development in Asia. Parallel Group 2B: Topic Paper 1 », Institute of Development Studies: 1-22.

RAMSTETTER, Eric D. (1999), « Comparisons of Foreign Multinationals and Local Firms in Asian Manufacturing over Time », *Asian Economic Journal*, vol. 123, n° 2: 163-203.

STATISTIQUES CANADA (2003), « Origine ethnique », dans *Recensement du Canada de 2001*, numéro de catalogue 97F0010XCB01001, 18 mars 2003.

WOODS, Ngaire (2005), « The Shifting Politics of Foreign Aid », *International Affairs*, vol. 81, n° 2: 393-409.

10

CONTRADICTIONS ET PARADOXES :
L'AIDE CANADIENNE EN AMÉRIQUE LATINE

François Audet et Judy Meltzer

PROBLÉMATIQUE DU DÉVELOPPEMENT

La région de l'Amérique latine[1] jouit de multiples avantages économiques, mais souffre aussi d'importantes contraintes. Il en découle que, paradoxalement, de nombreux pays latino-américains sont à la fois les partenaires économiques de pays donateurs d'aide et de grands bénéficiaires d'aide internationale. Au cours de la dernière décennie, la récente stabilité des institutions démocratiques des pays latino-américains – mis à part les cas d'exception que sont Haïti, Cuba et la Colombie – donne de fausses impressions sur les réalités socioéconomiques de la région. On retrouve dans ces pays d'importantes disparités socioéconomiques intraétatiques et régionales, des degrés extrêmes de pauvreté dans la plupart d'entre eux, ainsi que plusieurs zones très vulnérables d'un point de vue économique et environnemental. La croissance économique observée dans la région depuis la dernière décennie est loin de compenser le déclin de la précédente : 40,6 % des Latino-Américains vivent encore dans la pauvreté, dont 16,8 % dans l'extrême pauvreté (voir Figure 10.1). Cette réalité se traduit

---

1. Les auteurs tiennent à remercier Marie-Christine Tremblay, chargée de projet pour l'Amérique latine à CARE Canada, pour la relecture, les critiques et commentaires.

par des conditions de vie très difficiles des populations rurales défavorisées, l'exclusion des communautés indigènes et des femmes.

Malgré une apparente homogénéité linguistique (l'espagnol et le portugais sont les langues officielles prédominantes de la région), la grande région latino-américaine, qui compte plus de 562 000 000 d'habitants, se compose d'une multitude de cultures, d'ethnies, de religions et de langues : des populations créoles des Caraïbes ou Garifunas d'Amérique centrale aux populations Shuar d'Amazonie, la dynamique identitaire dans la région est en constante évolution[2]. En fait, la région latino-américaine a comme principal défi de composer avec son pluralisme culturel. Cette hétérogénéité culturelle façonne également les dimensions sociales et politiques de ses relations internationales. En effet, selon les indicateurs socioéconomiques classiques de l'indice de développement humain (IDH) du PNUD[3], l'Amérique latine appartient au tiers-monde. Toutefois, la région appartient également au monde occidental, d'où proviennent ses conquérants, ses immigrants et ses langues dominantes. Voilà pourquoi cette région semble à la fois étrangère et proche d'un pays tel le Canada, qui a été érigé sur des bases historiques similaires.

Sur le plan économique, après avoir connu une importante période de croissance de 6 % en moyenne par année, pour les années 1970, la région sera aux prises avec une importante crise économique imputable en grande partie au poids de la dette extérieure et aux programmes d'ajustement structurel imposés par la communauté internationale dans les années 1980. Encouragés par l'accès facile au crédit international et par des taux d'intérêt relativement bas dans le cadre de programmes d'ajustement structurel, les pays de la région se sont particulièrement endettés, ce qui a causé une crise financière sans précédent. Les programmes d'ajustement structurel ont ainsi été, pour certains, la cause même de la pauvreté, ou à tout le moins l'un des principaux facteurs des inégalités socioéconomiques observées dans la région, particulièrement

---

2. La région latino-américaine est reconnue pour son imaginaire politique, qui s'est développé par la fusion du politique et du religieux, encouragée, entre autres, par de nombreux leaders politiques charismatiques et populistes. Voir, à titre d'exemple, les ouvrages d'André Corten, dont André Corten *et al.*, 2006.

3. Voir, entre autres, le site du Programme des Nations Unies pour le Développement (PNUD) : <http://hdr.undp.org/en/reports/global/hdr2007-2008/>, page consultée le 18 juin 2008.

chez les populations rurales, les communautés indigènes et les femmes (Easterly, 2003 ; Ball, 2004). La récession internationale du début des années 1980, la réduction des importations par les pays industrialisés et la hausse des taux d'intérêt auront également eu un sérieux impact sur les finances publiques latino-américaines. Les effets de cette conjoncture difficile auront obligé tous les pays de la région à avoir recours, de façon plutôt paradoxale, au refinancement du Fonds monétaire international (FMI) pour pouvoir payer les intérêts de leur dette. Conséquemment, l'inflation aura atteint, par mois, plus de 100 % au Brésil et 200 % au Pérou et en Argentine durant cette période. Aujourd'hui encore, l'impact des ajustements structurels se fait sentir dans la plupart des pays. On observe aussi une augmentation générale du nombre de personnes vivant dans la pauvreté. Pour l'année 2002, on comptait 21 000 000 de pauvres de plus qu'en 1990 (Couffignal, 2006). L'écart entre les riches et les pauvres existe également sur le plan de l'accès aux soins de santé, à la terre et à l'éducation. Certains pays connaissent, de plus, des taux élevés d'analphabétisme. C'est particulièrement le cas en Haïti (45 %), au Nicaragua (31,9 %) et au Guatemala (28,2 %). Le taux d'analphabétisme enregistré dans l'ensemble de la région s'avère, toutefois, relativement bas, soit 9,5 % de la population dans l'ensemble. Enfin, certaines tendances sexospécifiques se remarquent aussi en Amérique latine. Les femmes sont, en effet, tous pays confondus, celles qui souffrent des plus hauts taux d'analphabétisme, de chômage et de pauvreté (ECLAC, 2005).

FIGURE 10.1
**ÉVOLUTION DU POURCENTAGE DE LA POPULATION VIVANT
DANS LA PAUVRETÉ EN AMÉRIQUE LATINE**

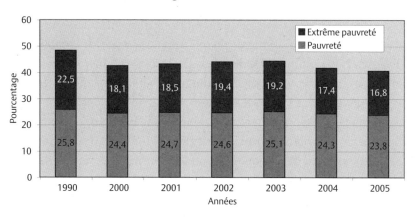

Source : ECLAC, 2005.

Le contexte économique difficile, la dégradation environnementale dans les zones rurales ainsi que les politiques autoritaires de certains pays auront contraint des millions de Latino-Américains à s'exiler des campagnes vers les grandes villes, puis éventuellement à s'expatrier. Le premier effet de cette tendance a été le déclenchement d'un des plus importants phénomènes d'urbanisation jamais observés à la suite de l'exode rural massif. Alors qu'en 1950, 41 % de la population vivait dans les zones urbaines, cette proportion est maintenant de 77,6 % (2005) et devrait atteindre 81 % en 2015, soit des niveaux équivalents à ceux de l'Amérique du Nord et de l'Europe (Cerruti et Bertoncello, 2003 ; ECLAC, 2005). Cette urbanisation rapide génère de sérieuses complications pour le développement des villes qui doivent gérer une croissance démographique sans précédent. La plupart des grandes villes latino-américaines n'ont simplement plus les moyens d'offrir des services de base à la population. Cette situation cause des problèmes d'aménagement urbain, une augmentation du nombre de bidonvilles, une diminution de la couverture d'eau potable et d'assainissement, en plus des problèmes liés à la gestion des déchets. Bien que ces problèmes d'urbanisation accélérée touchent un bon nombre de pays latino-américains, la situation ne devrait pas être généralisée à l'ensemble de la région. En effet, certains pays très pauvres dont les économies sont encore fortement orientées vers l'agriculture, sont toujours peu urbanisés. C'est le cas de la Guyana (38,5 %), d'Haïti (41 %) et du Honduras (47,9 %).

Le deuxième effet remarqué est celui de l'émigration internationale. Des centaines de milliers de personnes ont effectivement quitté leur pays d'origine pour se rendre principalement aux États-Unis et, dans certains cas, au Canada et en Europe. Cet exode touche principalement la classe moyenne et les élites qui tendent à émigrer plus que les autres strates de la population (ECLAC, 2005). En parallèle de cet exode, on observe une croissance des envois de ressources financières des émigrants vers leur famille restée dans le pays d'origine[4]. La Banque interaméricaine de développement (BID) estime que la diaspora latino-américaine vivant aux États-Unis a envoyé dans ses pays d'origine approximativement 30 milliards de dollars US en 2004. Elle estimait de plus que les sommes transmises devaient atteindre

---

4. Le terme anglais *remittances* est souvent utilisé.

45 milliards de dollars US en 2006[5]. L'importance des remises financières est considérable et dépasse les montants totaux de l'aide internationale pour la région. L'impact de ces transferts est particulièrement important pour les petites économies. Au Salvador, 28 % de la population bénéficie de ces sommes transmises. C'est aussi le cas de 24 % de la population guatémaltèque et de 16 % de la population hondurienne. On sait par ailleurs que ces remises ont une utilité socioéconomique sans équivoque : plus de 80 % des sommes transmises servent à acquitter des besoins de base tels que le paiement du loyer ou l'éducation des enfants (Suro, 2003).

Sur le plan politique, la décennie 1980 a marqué l'échec des régimes militaires établis dans les années 1960 et 1970. En effet, avant la vague de démocratisation qui soufflera sur la région à partir de 1978, les régimes autoritaires règnent dans la plupart des pays latino-américains. Les années 1980 verront se multiplier dans toute l'Amérique du Sud les démocraties représentatives : en Équateur (1979), au Pérou (1980), en Bolivie (1982), en Argentine (1983), au Brésil (1984), en Uruguay (1985) et, plus tard, au Paraguay et au Chili (1989). Les retombées et impacts de cette démocratisation n'ont pas été les mêmes pour tous les États de la région. Par exemple, si certains pays comme le Nicaragua et la Bolivie ont su consolider leurs institutions démocratiques, d'autres comme le Pérou, la Colombie et le Venezuela ont vu les leurs ébranlées au cours de la dernière décennie[6].

En Amérique latine, les régimes démocratiques perdurent, mais sont instables. Depuis les 15 dernières années, on compte une douzaine de présidents élus qui n'ont pas terminé leur terme, souvent forcés de quitter le pouvoir avant la fin de leur mandat. La confiance populaire envers les institutions démocratiques est loin d'être acquise. Selon les données présentées dans le *Latinobarometro* de 2005, seulement une personne sur trois est satisfaite de la démocratie telle qu'elle est pratiquée dans la région, et

---

5. Les remises totales pour la région pourraient atteindre 60 milliards de dollars en incluant tous les Latino-Américains expatriés (Banque interaméricaine de développement, 2006). Pour plus de détails, voir le site de la BID, <http://www. iadb.org/news/articledetail.cfm ?Language=En&parid=2&artType=PR&arti d=3348>, page consultée le 18 juin 2008.

6. De plus, sous l'égide américaine, cette démocratisation s'est accompagnée, dans certains cas, de politiques néolibérales opposées au protectionnisme. Un protectionnisme qui, selon plusieurs organisations locales, aurait probablement été nécessaire pour démarrer leur industrie.

plus de 80 % des individus n'ont pas confiance en leurs institutions démocratiques (Corporación Latinobarometro, 2005).

Depuis quelques années, plusieurs États latino-américains ont pris une
nouvelle orientation politique. Effectivement, le rôle des États-Unis est
fragilisé par l'apparition récente de gouvernements de gauche (Venezuela,
Équateur, Brésil, Argentine, Chili, Uruguay, Bolivie et Nicaragua)[7]. Ce
vent de changement régional est indéniable et s'expliquerait en partie par
la dégradation des conditions de vie de la dernière décennie (Montecino,
2006). L'explication derrière cette tendance est liée à la relation entre les
États-Unis et la région latino-américaine qui aura toujours été cruciale et
semble être à son plus bas depuis la fin de la Guerre froide (Hakim, 2006).
Il faut toutefois éviter de généraliser ce virage, puisque la gauche latino-
américaine n'est certainement pas unifiée d'un pays à l'autre, allant du
socialisme autoritaire castriste au populisme de Chavez, en passant par la
social-démocratie chilienne. Toutefois, ce virage à gauche est perçu par plusieurs comme étant une véritable conversion sociale d'une Amérique latine
fatiguée de l'inefficacité des relations bilatérales politico-économiques avec
les États-Unis et blâmée pour la large disparité économique qui caractérise
la région.

HISTORIQUE DES RELATIONS ENTRE LE CANADA ET L'AMÉRIQUE LATINE

Les relations entre le Canada et la région latino-américaine ont réellement
pris de l'ampleur au début des années 1970. À l'époque, et sous l'impulsion
du premier ministre Trudeau, l'Amérique latine semblait pouvoir constituer
un partenaire économique potentiel, ce qui devait permettre de remédier à la
dépendance économique et commerciale du Canada envers les États-Unis.

Stevenson identifie trois éléments qui auront déterminé historiquement
le style de la politique étrangère du Canada vis-à-vis de la région[8], soit le

---

7. Les relations entre les États-Unis et la majorité des pays latino-américains ont
   toujours été cruciales et auront contribué au positionnement des États-Unis dans
   le monde, ceux-ci ayant même été montrés du doigt pour leur rôle dans certains
   coups d'État. Aujourd'hui, cet état de fait est moins évident avec l'arrivée de
   nouveaux gouvernements de gauche dans la région (Couffignal, 2006).
8. Il est à noter que la majorité des échanges commerciaux du Canada continuent,
   encore aujourd'hui, d'être avec ses partenaires nord-américains, les États-Unis
   et le Mexique, par l'entremise de l'ALENA. En effet, en 2001, les États-Unis et le

déclin relatif de l'influence américaine, en particulier depuis la fin de la Guerre froide; la croissance des relations économiques régionales avec, entre autres, la Communauté du bassin des Caraïbes (CARICOM) et la Communauté économique des pays de l'Amérique du Sud (Mercosur); et finalement, l'émergence d'une politique étrangère canadienne centrée sur les organisations de la société civile (Stevenson, 2000)[9]. Parallèlement, on a constaté un changement dans la nature des relations du Canada avec la région. D'une philosophie internationaliste s'appuyant sur un cadre orthodoxe et néolibéral classique, la politique étrangère du Canada en Amérique latine s'est orientée progressivement vers les quatre piliers de la politique internationale canadienne, soit la défense, la diplomatie, l'aide et le commerce.

Malgré les récentes indications de l'actuel gouvernement conservateur, dont une annonce du premier ministre Harper selon laquelle le Canada recentrerait ses relations étrangères vers les Amériques, force est de constater que cette région n'est pas prioritaire pour le Canada[10].

Mexique recevaient plus de 87 % du total des exportations du Canada, comparativement à seulement 1,7 % pour les pays d'Amérique latine et des Caraïbes. Dans une moindre mesure, l'investissement canadien à l'étranger suit la même tendance puisque l'Amérique du Nord reçoit 64 % des flux d'investissements canadiens (dont 51 % pour les États-Unis à eux seuls) comparativement à 5,4 % % pour la région d'Amérique centrale et du Sud. Voir le site du gouvernement du Canada : <www.international.gc.ca/eet/pdf/FDI-Inward-Stocks-Country-2005-fr.pdf>, page consultée le 18 juin 2008.

9. Fondée en août 1973, la CARICOM représente la communauté des Caraïbes et réunit 15 pays et territoires associés : Antigua-et-Barbuda, les Bahamas, la Barbade, le Belize, la Dominique, la Grenade, la Guyane, Haïti, la Jamaïque, Montserrat, Saint-Christophe et Nievès, Saint-Vincent et les Grenadines, le Suriname, et Trinidad et Tobago. Même si elle ne regroupe qu'une population modeste, le nombre des États qui la composent lui donne un poids significatif dans l'Organisation des États américains (OEA). Le Mercosur, quant à lui, comprend l'Argentine, le Brésil, le Paraguay, l'Uruguay et le Venezuela. Le Canada a signé une entente de libre-échange bilatérale en 1998 avec ce groupe. La Déclaration de Cuzco en 2004 prévoit la fusion entre le Mercosur et la Communauté andine (Venezuela, Colombie, Équateur, Pérou et Bolivie) et éventuellement l'intégration du Chili, de la Guyane et du Suriname. En 2000, le Canada a exporté des biens d'une valeur de 347 000 000 $ auprès de la CARICOM et en a importé pour 540 000 000 $. Pour en savoir plus sur les relations entre le Canada et le Mercosur, voir, entre autres, l'analyse de la Fondation canadienne pour les Amériques (FOCAL) : <http://www.focal.ca/pdf/Mercosur05.pdf>, page consultée le 18 juin 2008.

10. Lors du Sommet du G8, le premier ministre Harper a indiqué que son gouvernement désirait recentrer l'aide canadienne vers les Amériques. Voir la manchette

Mis à part le Mexique, le Canada ne s'y est jamais réellement investi et la situation risque peu de changer (Daudelin, 2003). En fait, le Canada ne possède pas d'orientation stratégique clairement établie pour l'Amérique latine. La politique canadienne par rapport à cette région s'articule plutôt autour d'une multitude d'intérêts divers et d'importance secondaire, particulièrement si l'on tient compte des intérêts rattachés à des régions, telles que l'Afrique et le Moyen-Orient, qui semblent plus prioritaires, au moins financièrement.

En fait, les intérêts du Canada pour la région latino-américaine sont essentiellement de trois ordres : économique, politique et, dans une moindre mesure, humanitaire. Sur le plan économique, les ententes de libre-échange se multiplient. C'est avec le Chili, en 1997, que le Canada a entamé sa série de pourparlers avec des pays latino-américains en vue d'établir des liens commerciaux formels. Les deux pays ont alors conclu un accord de libre-échange (ALECC) ainsi que des accords de coopération parallèles dans les domaines de l'environnement (ACECC) et du travail[11]. En 1998, le Canada et le Mercosur ont convenu d'une entente de coopération en matière de commerce et d'investissement (ECCI). D'autres exemples incluent l'accord établi en avril 2001 entre le Canada et le Costa Rica (ALECCR), ainsi que les pourparlers entre le Canada et la CARICOM[12]. En juin 2007, le gouvernement conservateur minoritaire a également entrepris des pourparlers en vue de nouveaux accords de libre-échange avec la Colombie, la République dominicaine et le Pérou[13].

Le Canada a, entre autres, des intérêts miniers dans la région. En Amérique du Sud, 200 sociétés minières canadiennes sont en activité, une centaine au Mexique et environ 75 en Amérique centrale et dans les Caraïbes.

---

en ligne : <http://www.theglobeandmail.com/servlet/story/RTGAM.20070608. wg8africa08/BNStory/International>, page consultée le 18 juin 2008.

11. Pour en savoir plus sur la relation entre le Canada et le Chili, voir le texte de Philip Oxhorn (2001).

12. Pour en savoir plus sur les relations entre le Canada et la CARICOM, voir l'évaluation du programme de l'ACDI dans la région de la CARICOM qui laisse entendre des résultats mitigés, <http://www.acdi-cida.gc.ca/CIDAWEB/acdicida.nsf/Fr/ REN-218131553-PFP>.

13. Voir le discours du ministre David Emerson en ligne : <http://w01.international. gc.ca/minpub/Publication.aspx?isRedirect=True&publication_id=385206&language=E&docnumber=2007/23>, page consultée le 18 juin 2008.

Plus précisément, on compte plus de 100 projets miniers au Venezuela et au Chili, 75 en Bolivie et plus de 50 en Argentine, au Brésil, en Équateur, en Guyane et au Pérou (Ressources naturelles Canada, 2006). En plus des intérêts miniers, la région latino-américaine est le sujet d'importants investissements manufacturiers (Honduras, Guatemala) et touristiques (Cuba, République dominicaine, Jamaïque, Mexique).

Sur le plan politique, les relations entre le Canada et la région comportent plusieurs aspects et pourraient faire l'objet d'une recherche distincte. Mentionnons seulement que la communauté d'origine latino-américaine et des Caraïbes compte pour plus de 2 % de la population canadienne, avec environ 600 000 personnes (Statistiques Canada, 2001). Cette présence culturelle relative a des implications politiques importantes afin de répondre aux intérêts de cette diaspora. Mais au-delà de ces intérêts politiques internes, le principal défi du Canada dans la région restera toujours celui de tirer son épingle du jeu et d'influencer la région malgré la forte présence américaine. La tendance actuelle dans la région, qui semble vouloir se fermer aux États-Unis, laisse un espace libre dans l'architecture régionale dont le Canada doit profiter.

Sur le plan humanitaire, la fin des années 1960 – l'Agence canadienne de développement international (ACDI) est créée en 1968 – a marqué le début des premières réelles opérations dans la région (Guyana, 1956 ; Bolivie, 1967 ; Pérou, 1968 ; Colombie, 1969 ; Nicaragua, 1971). Toutefois, avant 1980, la région n'était qu'une préoccupation secondaire de la politique d'aide étrangère du Canada (Thérien, Mace et Roberge, 2004). C'est seulement au début des années 1980 que le Canada développera une politique d'aide stratégique pour cette région. À cette époque, le programme s'orientait davantage vers une collaboration avec des organismes canadiens travaillant en Amérique latine, essentiellement les ONG, les programmes de la coopération volontaire et les relations et échanges entre étudiants. Les ONG ont joué un rôle primordial et influé sur la politique internationale canadienne en Amérique latine (Stevenson, 2000). Aujourd'hui encore, plusieurs centaines d'ONG canadiennes sont actives en Amérique latine. Le Conseil canadien pour la coopération internationale (CCCI) est également impliqué dans le Groupe d'orientation politique pour les Amériques qui effectue un travail d'éducation, de sensibilisation et de lobby sur la politique canadienne dans les Amériques (CCCI, 2006). Notons également qu'à cette époque, les coopérants religieux ont eu une influence marquante dans la région, notamment en Amérique centrale lors du conflit au Nicaragua et à travers le mouvement de la théologie de la libération[14].

Parallèlement, en raison d'un rapprochement géographique et politique entre les mouvements de gauche au Canada et dans les pays du Sud, une solidarité singulière s'est développée entre les groupes des sociétés civiles canadienne et latino-américaine. Ces liens ont façonné les partenariats de l'aide canadienne d'aujourd'hui dans la région (Nicaragua, Guyane, Chili, Haïti, etc.) avec, entre autres, l'arrivée de réfugiés politiques au Canada.

Les relations économiques entre le Canada et la région transcendent la politique d'aide dans les différents pays d'Amérique latine. Au-delà des motivations humanitaires et des nobles discours politiques, les intérêts du Canada dans la région sont principalement basés sur le potentiel des exportations des pays latino-américains. À cet effet, le Comité permanent des Affaires étrangères et du Commerce international indique que :

> (1) pour produire des avantages économiques pour le Canada, forger une politique étrangère bien canadienne, dynamiser le projet de Zone de libre-échange des Amériques (ZLEA) et servir de position de repli en cas d'échec, le gouvernement du Canada cherche vigoureusement à conclure des accords bilatéraux de commerce et d'investissement avec des pays, ainsi qu'avec des groupes de pays, de l'Amérique latine et des Caraïbes. [...] Et que (2) le Canada noue des alliances avec les pays et les régions de l'hémisphère aux vues semblables aux siennes en vue d'encourager les pays réticents à participer plus activement aux efforts d'intégration économique et de dissuader les signataires potentiels d'un accord sur la ZLEA de recourir à des mesures protectionnistes[15].

Paradoxalement, en tentant de nuire au protectionnisme, le Canada peut nuire à l'essor des pays aux économies marginales de la région et vient donc freiner leur développement. En fait, outre les États-Unis et le Mexique, l'Amérique latine est la région qui constitue le plus grand potentiel

---

14. La théologie de la libération est un mouvement de pensée religieux et politique né au sein de l'Église catholique et fondé en Amérique latine en 1972. Ce mouvement s'inspire du communisme et prône la libération des peuples.

15. Gouvernement du Canada, document en ligne : <http://cmte.parl.gc.ca/Content/HOC/committee/371/fait/reports/rp1032216/03-cov2/03-cov2-F.pdf>, page consultée le 13 mai 2007.

économique pour le Canada. Elle est d'ailleurs celle qui connaît la plus grande croissance annuelle en termes d'exportations canadiennes[16].

QUE FAIT LE CANADA DANS LES AMÉRIQUES AUJOURD'HUI ?

Officiellement, la stratégie actuelle d'aide aux Amériques de l'ACDI s'articule autour d'un :

> programme à la concentration géographique et sectorielle plus marquée, qui met l'accent sur la gouvernance, une croissance économique reposant sur de larges assises et le développement social (enfants, santé, éducation). L'Agence continuera également à travailler avec les pays en crise, et appuiera les organismes régionaux et infrarégionaux […][17].

Dans son initiative de concentration géographique, à la suite de la Déclaration de Paris prônant l'amélioration de l'efficacité de l'aide, l'ACDI a identifié initialement 2 pays prioritaires dans les Amériques (sur un total de 25). Ce nombre est toutefois rapidement passé à quatre, soit la Bolivie, le Honduras, le Nicaragua, et la Guyane[18]. Ce choix peut sembler discutable, d'autant plus qu'aucuns pourparlers officiels auprès de partenaires canadiens ou latino-américains n'ont été entrepris pour l'identification de ces priorités régionales. Néanmoins, il s'agit de quatre pays parmi les plus pauvres des Amériques avec lesquels le Canada est en relation depuis près d'un demi-siècle. Par ailleurs, cette concentration géographique n'a pas encore eu d'impacts significatifs ou notables, ne semble pas immuable, mais au

---

16. Sur le site du ministère des Affaires étrangères et du Commerce international, <http://www.international.gc.ca/eet/research/TPR-2005/TPR-2005-FR_Chapitre _02_-_IDRC-DC.pdf>, page consultée le 18 juin 2008. Également d'intérêt, le texte d'Eugène Beaulieu, Shenjie Chen et Erica Pohjola intitulé « Les déterminants de l'investissement direct canadien à l'étrange », disponible en ligne : <http:// www.international.gc.ca/eet/research/TPR-2005/TPR-2005-FR_Chapitre_06_-_ Beaulieu_et_al.pdf>, page consultée le 18 juin 2008.

17. Tiré du site Internet de l'ACDI, <http://www.acdi-cida.gc.ca/CIDAWEB/acdi-cida.nsf/Fr/JUD-112912039-MY2?OpenDocument>, page consultée le 18 juin 2008.

18. La Déclaration de Paris, énoncée en mars 2005, vient consacrer l'amélioration de l'efficacité de l'aide comme étant l'un des enjeux fondamentaux de l'aide au développement. Le premier chapitre du présent ouvrage présente la Déclaration de Paris en détail. Voir également le site de l'OCDE à ce sujet : <http://www.oecd. org/document/18/0,2340,fr_2649_3236398_35401554_1_1_1_1,00.html>.

contraire risque d'être révisée selon le rendement et la situation socio-politique des pays à « partenariat renforcé » et en fonction des intérêts canadiens. Ces choix varieront probablement au gré des administrations politiques et de l'évolution des intérêts canadiens dans la région, ainsi qu'en fonction de la volonté des pays bénéficiaires de bien vouloir accepter l'aide canadienne et se soumettre aux conditions des donateurs.

TABLEAU 10.1
Pays d'Amérique latine bénéficiaires de plus de 10 000 000 $CA, 2004 et 2005

Pays	Aide canadienne totale 2003-2004 (millions de $)	Aide canadienne totale 2004-2005 (millions de $)	Part de l'assistance bilatérale canadienne reçue en proportion avec les autres pays du CAD
Haïti	27,5	109,0	17,9 %
Honduras *	20,7	30,2	2,9 %
Pérou	18,6	22,3	3,1 %
Bolivie*	25,7	21,9	-
Nicaragua*	16,7	17,5	-
Brésil	19,9	17,5	
Jamaïque	13,3	14,5	-
Colombie	11,0	14,0	-
Guatemala	14,0	12,7	-
Guyane*	14,9	12,5	-
Grenade	2,0	12,5	
Cuba	10,3	12,2	-
Équateur	8,6	11,5	
Mexique	7,6	10,0	

* Pays prioritaires en date du 1er août 2007.

Source : ACDI, 2005 ; 2006a.

Par ailleurs, certains autres pays d'Amérique latine jouissent d'un statut privilégié même s'ils ne font pas partie de cette liste. Il s'agit du Pérou, de la Jamaïque, du Brésil et de la Colombie. Ces pays font l'objet d'une aide particulière, pour des raisons liées à l'histoire de l'aide canadienne, ou à l'importance de la diaspora. Un autre cas s'illustre. La très importante aide du Canada en Haïti, bien que plus que justifiée, déroge également à la politique canadienne de concentration géographique. Des déboursements canadiens de 520 000 000 $ répartis sur une période de cinq ans (de 2006 à 2011) devraient permettre à Haïti de passer du douzième au deuxième rang des pays bénéficiaires de l'APD canadienne. Même avec les nouveaux fonds dirigés vers Haïti, on constate tout de même une assez grande dispersion des activités de coopération canadiennes dans la région. Au total, 39 pays sont bénéficiaires de l'aide canadienne dans l'hémisphère (incluant le Mexique, le Brésil et la Grenade, des pays à revenu intermédiaire), dont une douzaine recevant moins de 4 000 000 $ par année.

On constate aussi que les stratégies et priorités sectorielles de développement sont plutôt arbitraires et se traduisent plus souvent en projets *ad hoc* qu'en un investissement à long terme et une vision du développement précise : les programmes d'aide sont constamment en révision, les relations entre l'ACDI et les partenaires canadiens sont rarissimes et unidirectionnelles et les projets bilatéraux sont souvent le résultat de processus à huis clos établis sur des intérêts relativement obscurs. Enfin, les résultats à court terme des projets semblent positifs tandis que l'impact à long terme est souvent insignifiant pour les pays bénéficiaires.

Régionalisme

L'approche de l'aide canadienne dans la région des Amériques est le théâtre d'un affrontement historique entre les approches continentaliste et multilatéraliste. D'une part, le Canada a renforcé son engagement envers le continentalisme par l'entremise de la ratification de l'Accord de libre-échange nord-américain en 1994. D'autre part, le Canada s'est également montré en faveur d'un multilatéralisme régional, en investissant massivement en Haïti, en devenant membre de l'Organisation des États américains (OEA) et en participant activement aux négociations pour la création de la Zone de libre-échange des Amériques (Thérien, Mace et Roberge, 2004).

En ce qui concerne l'OEA, la plus vieille organisation régionale (fondée en 1890), le Canada n'en fait partie que depuis 1990. Avant d'y adhérer, le Canada s'était montré peu intéressé au panaméricanisme et semblait croire que les coûts d'une adhésion complète au système interaméricain seraient plus élevés que les bénéfices pouvant en être tirés (Thérien, Mace et Roberge, 2004). Depuis les dernières années, les investissements du Canada à l'OEA sont en baisse, se limitant à 18 000 000 $US en 2004-2005. Malgré son implication dans plusieurs dossiers régionaux, le rôle et le pouvoir de l'OEA sont toutefois limités. Entre autres, les États-Unis continuent, de manière unilatérale, de jouer un rôle prépondérant sur le plan sécuritaire dans la région, notamment en Colombie et en Haïti. Ceci relègue l'OEA à un rôle secondaire en ce qui concerne la sécurité régionale.

L'influence canadienne par l'intermédiaire de l'OEA semble donc très limitée. Pourtant, l'énoncé de politique internationale du Canada souligne l'importance de l'Organisation des États américains en tant que :

> principal forum hémisphérique permettant de défendre les intérêts du Canada au sein des Amériques, comme le développement démocratique, les droits de la personne, la bonne gestion des affaires publiques, la sécurité régionale et humaine, la sécurité publique, l'équité économique et le développement durable ainsi que de relever aussi les défis de la gouvernance démocratique et des États défaillants dans la région mécanisme de promotion de la démocratie et du respect des droits de la personne dans la région[19].

Par contre, en raison de leur importance grandissante, les Sommets des chefs d'État et de gouvernements des Amériques et le processus de la Zone de libre-échange des Amériques (ZLÉA) sont des tribunes qui contribueront de manière croissante à l'influence du Canada dans la région (Thérien, Mace et Roberge, 2004).

Le Canada a aussi su exercer un leadership et assurer une présence diplomatique active dans la région au-delà de l'OEA. On notera, entre autres, ses relations politiques et économiques avec Cuba depuis les années 1960, ainsi que son action dans la gestion des conflits en Amérique centrale dans les années 1980. Le Canada a également été l'hôte de plusieurs événements importants pour le régionalisme panaméricain, dont le troisième Sommet des Amériques à Québec en 2001, en plus de participer activement au programme des villes viables dans la région.

---

19. Site du ministère des Affaires étrangères et Commerce international du Canada, <http://geo.international.gc.ca/latin-america/latinamerica/canada_americas/ history-fr.asp>, consulté le 18 juin 2008.

Multilatéralisme

Sur le plan des mécanismes de transfert de fonds dans la région, le multilatéralisme est favorisé. Même si les ententes bilatérales existent avec la quasi-totalité des pays où le Canada est présent, celui-ci consacre environ le tiers (33 % en 2004-2005) de ses investissements dans les organisations multilatérales, particulièrement les différentes agences des Nations Unies, la Banque interaméricaine de développement et la Banque mondiale. De plus, le Canada a mis en place des mécanismes permettant de rendre multilatérale l'aide dite bilatérale. L'aide initialement bilatérale et calculée comme telle est redirigée une fois décentralisée dans le pays hôte, à travers des institutions multilatérales. L'un des meilleurs exemples est celui du Honduras, où un programme nommé Promesas et mis en place en 2001 a toutefois constitué un échec retentissant. Le Fonds du programme Promesas d'un total de plus de 30 000 000 $ était réparti entre six secteurs, soit l'agriculture, la foresterie, l'environnement, la santé, l'assainissement des eaux et l'éducation. De 2002 à 2007, ce programme visait à faire transiter des fonds par le Programme des Nations Unies pour le développement (PNUD) afin de permettre la mise en œuvre de projets locaux. Ce programme semblait viable en théorie et laissait aux autorités locales une marge de manœuvre importante pour la prise en charge de leur développement. Le programme n'a toutefois pas atteint ses objectifs. Une évaluation externe du programme Promesas indique qu'il:

> était mal géré et [...] qu'un cadre supérieur qui devait superviser l'élaboration et la mise en œuvre d'un protocole pour orienter les futurs investissements dans l'innovation à l'ACDI n'avait pas été développé. La vérification a aussi permis de conclure que l'application du cadre de politique générale de l'ACDI n'atteindrait pas les objectifs stratégiques qui y sont énoncés à moins qu'une orientation et des attentes opérationnelles ne soient clairement définies et communiquées[20].

De plus, ce programme ne permettait pas d'intégrer les opinions et initiatives des partenaires canadiens travaillant au Honduras. Les programmes bilatéraux de Cuba et de la Bolivie sont également en voie d'être

---

20. Voir le document d'évaluation en ligne : <http://www.acdi-cida.gc.ca/INET/ IMAGES.NSF/vLUImages/Honduras/$file/FINALE-FRANCAIS.pdf>, page consultée le 1 juin 2008.

soumis à cette forme de multilatéralisation au travers des activités du PNUD.

Un autre exemple de programme multilatéral mis sur pied par le Canada dans la région est le Programme de partenariat avec les peuples autochtones (PPPA). Ce dernier vise à permettre l'établissement de partenariats et l'échange de connaissances entre les groupes autochtones du Canada, de l'Amérique latine et des Caraïbes. Ce programme permet d'impliquer les populations indigènes canadiennes dans la coopération internationale, tout en favorisant la création de liens synergiques avec les peuples autochtones des Amériques. Cependant, ce mécanisme d'aide n'implique que de modestes sommes (parfois inférieures à 100 000 $ pour un projet), ce qui limite l'ampleur des projets. De plus, seules les organisations autochtones peuvent se prévaloir de ce programme. Celles ayant une expertise internationale sont néanmoins peu nombreuses, ce qui a énormément ralenti le démarrage du PPPA et en a limité les initiatives.

L'AIDE BILATÉRALE CANADIENNE EN AMÉRIQUE LATINE

Malgré la tendance au multilatéralisme et au continentalisme, le Canada entretient des liens étroits avec plusieurs pays d'Amérique latine. Mis à part le cas haïtien, ces relations bilatérales particulières s'appuient grandement sur une approche diplomatique ou le passé de la coopération internationale, plutôt que sur d'amples programmes de transfert de fonds et d'aide humanitaire.

Le Canada dans les Caraïbes

Il apparaît clair que la plus grande difficulté du Canada en matière d'aide étrangère tient à l'établissement de relations durables. L'engagement du Canada auprès des pays de l'Amérique latine devrait persister dans le temps, dépasser l'aide internationale et se construire sur un cadre de développement intégré.

Le cas haïtien

Après plusieurs décennies d'indécision, le Canada a finalement décidé, en juillet 2004, d'accorder plus de 180 000 000 $ sur deux ans à Haïti, confirmant ainsi sa décision de s'engager dans ce pays de manière durable. L'aide à Haïti a récemment été reconduite avec l'annonce faite par le Canada en juillet 2006 de l'octroi de 520 000 000 $ à la reconstruction et au développement d'Haïti pour la périodede 2006 à 2011. Si Haïti reçoit ces nouveaux fonds, c'est parce qu'il est aujourd'hui classé par le Canada dans la catégorie des pays fragiles et en déroute, une catégorie d'États récipiendaires priorisés dans l'*Énoncé international du Canada* en 2005 (ACDI, 2005). Le Canada se classe donc au deuxième rang des grands donateurs de fonds à Haïti, devançant la France. Ces 520 000 000 $ serviront à appuyer le Cadre de coopération intérimaire (CCI) que le gouvernement haïtien a présenté aux bailleurs de fonds internationaux en 2004[21]. De ce montant, l'ACDI accordera 485 000 000 $ pour consolider la gouvernance politique, pour la reconstitution de l'État, la relance économique et pour l'accès de la population aux services de base. À part certains programmes de maintien de la paix mis en œuvre par le passé, il s'agirait de l'un des programmes d'aide les plus importants jamais annoncés par le gouvernement canadien pour un seul pays.

Haïti est donc le dossier prioritaire pour le Canada dans la région. L'intérêt du Canada pour ce pays repose essentiellement sur trois phénomènes, soit la situation humanitaire dramatique qu'on y retrouve, l'importante diaspora haïtienne vivant au Canada et enfin, les dizaines d'ONG canadiennes essentiellement francophones œuvrant en Haïti (Audet, 2003a).

Les interventions du Canada en Haïti sont multiples. Récemment, sous la pression d'un mouvement de sympathie de la part d'une frange de la population canadienne, le gouvernement canadien, par l'intermédiaire du CCI, a créé un précédent en demandant la participation accrue de la diaspora haïtienne au processus de reconstruction. Paralèllement, c'est par l'intermédiaire de la mission de paix des Nations Unies en vigueur dans la région, soit la Mission des Nations Unies pour la stabilisation en Haïti (MINUSTAH), que le Canada tente d'influencer le programme de reconstruction de ce pays en déroute. La présence canadienne en Haïti compte également une centaine de policiers de la GRC au sein de la MINUSTAH.

---

21. Voir les détails du CCI en ligne : <http://haiticci.undg.org/index.cfm?Module= ActiveWeb&Page=WebPage&s=introduction>, page consultée le 18 juin 2008.

Toutefois, la lenteur du processus de reconstruction du pays ainsi que le degré d'insécurité alarmant qui y règne freinent les initiatives humanitaires et nuisent gravement à l'efficacité du programme d'aide canadien en Haïti. Il est néanmoins encore trop tôt pour évaluer les impacts de ce nouvel afflux de fonds massif. Dans le contexte actuel de remise en question des fondements mêmes de l'aide internationale, les risques sont toutefois élevés pour le Canada. En cas de succès, l'expérience du Canada en Haïti pourrait lui permettre de reprendre une place de choix sur l'échiquier régional et international et servir de précédent pour d'autres interventions. En cas d'échec, le Canada risque d'isoler davantage Haïti en alimentant le pessimisme qui règne par rapport à ce pays.

L'expérience cubaine

Les relations diplomatiques ininterrompues entre Cuba et le Canada datent de 1945 et sont l'une des relations diplomatiques les plus durables de la région. La politique d'ouverture canadienne envers Cuba a toujours contrasté avec les politiques hostiles des États-Unis envers le pays de Fidel Castro. L'approche canadienne pour Cuba, inspirée des politiques du premier ministre Jean Chrétien de 1994, cherche à entretenir une «relation constructive» avec les Cubains. Cette approche implique l'appui de la transition politique, le respect des droits de la personne, la libéralisation de l'économie et la réintégration régionale. Les relations diplomatiques sont au cœur même du programme d'aide canadienne. Cette «diplomatie humanitaire» permet ni plus ni moins à Cuba de faire valoir sa présence régionale et internationale en utilisant le modèle canadien comme un exemple à suivre. C'est cette direction que prend le programme d'aide canadienne envers Cuba :

> Réintégration de Cuba comme pays bénéficiaire éligible [*sic*] à l'aide canadienne au développement à travers des ONG ainsi qu'une augmentation de l'aide humanitaire d'urgence ; support aux entreprises canadiennes établies ou désireuses d'établir des relations d'affaires à Cuba ; faire la promotion de Cuba pour sa réintégration au sein de l'OEA et de sa participation aux Sommets des Amériques. (Warren, 2003)

La nomination de Lloyd Axworthy à titre de ministre des Affaires étrangères en 1996 consolida encore plus les relations du Canada avec Cuba. Pour Axworthy, c'était l'occasion d'appliquer sa vision à long terme du rôle du Canada comme moyenne puissance dans l'hémisphère. Les efforts du Canada envers Cuba allaient aussi à l'encontre de l'embargo américain et de la *Loi Helms-Burton* visant à pénaliser les compagnies étrangères commerçant avec Cuba.

C'est en 1997 que le Canada signait une entente qui établissait le cadre des relations bilatérales entre les deux pays. Selon Cristina Warren (2003), le rôle des ONG dans la mise en œuvre de l'aide canadienne a toujours été central pour la présence canadienne à Cuba afin de pouvoir contourner les problèmes de la bureaucratie. Ainsi, le financement de l'aide par l'intermédiaire d'ONG évitait des négociations ardues avec le gouvernement cubain. Ainsi, OXFAM Canada, l'Institut urbain canadien, CARE Canada, WWF et d'autres ONG canadiennes ont joué et continuent d'exercer un rôle crucial dans les relations canado-cubaines. À la suite des problèmes diplomatiques récents survenus avec l'Union européenne, puis entre la Suisse et Cuba, le Canada joue un rôle de premier plan dans le pays. L'aide canadienne atteint maintenant environ 10 000 000 $ par année (ACDI, 2006b). L'aide reçue par Cuba se distingue, par ailleurs, de celle de ces voisins. Elle est, en effet, moins orientée vers les programmes subvenant aux besoins de base comparativement aux autres pays de la région. Cela s'explique entre autres par le niveau de développement social particulièrement élevé du pays[22]. L'aide canadienne cible, entre autres, les secteurs économique, financier et industriel afin d'appuyer la stratégie cubaine de modernisation et de réingénierie de l'État, la transition économique du pays, le renforcement de l'administration publique et de la gestion économique, une gestion environnementale durable, et la modernisation des secteurs industriels et agroindustriels. Les relations se sont particulièrement intensifiées entre les deux pays en 2002, traduisant l'importance des Canadiens dans l'économie touristique cubaine, ainsi que l'avènement de nouvelles formes de coopération industrielle, entre autres dans les secteurs de l'énergie, des mines, de la construction et en biotechnologie (Warren, 2003)[23]. De 2001 à 2002, cela s'est traduit par une augmentation de l'aide publique au développement pour Cuba d'environ 30 %.

---

22. Par exemple, en 2005, Cuba se situait au 52e rang du classement sur le développement humain (IDH), juste au-dessus du Mexique (53e).
23. En 2005, plus de 600 000 touristes canadiens ont visité Cuba et les exportations canadiennes vers Cuba ont atteint 327 000 000 $ (2004) ; voir « Canada-Cuba Relations Fact Sheet, Foreign Affairs Canada », <http://geo.international.gc.ca/

Les relations du Canada avec Cuba n'ont toutefois pas toujours été sans tensions. Par exemple, durant les années 1990, le Canada a été contraint de protester contre les violations des droits de la personne signalées à Cuba. Ce fut le cas, en particulier, après l'arrestation de quatre dissidents cubains. Ces événements ont d'ailleurs contraint Jean Chrétien à revoir la politique d'aide bilatérale envers Cuba en 1999 en renforçant les accords bilatéraux. La politique de relation constructive s'est cependant poursuivie grâce à la présence des ONG canadiennes qui ont, pour la plupart, poursuivi leurs opérations en sol cubain.

L'aide canadienne et l'Amérique centrale

Les relations entretenues entre le Canada et la région centraméricaine ont entre autres été établies par la présence des coopérants volontaires et des missionnaires actifs dans les années 1960. Cette présence canadienne en Amérique centrale a permis d'exercer une certaine pression sur le gouvernement pour y maintenir des programmes d'aide (Pearson et Draimin, 1995). Les principaux partenaires étaient alors le Nicaragua, le Costa Rica, le Guatemala et le Salvador ; chacun de ces pays jouissait de programmes bilatéraux traditionnels pour lesquels les ONG canadiennes agissaient comme partenaires privilégiés. C'est plus tard, au cours des années 1980 et 1990 que l'ACDI a décentralisé son personnel sur le terrain pour réduire la bureaucratie et surtout pour éviter d'utiliser les ONG canadiennes dans la mise en œuvre des projets (Pearson et Draimin, 1995).

Deux de ces programmes bilatéraux ont aujourd'hui été abandonnés, soit ceux du Salvador et du Costa Rica. Malgré cela, ce dernier a reçu plus de 5 800 000 $ d'aide canadienne en 2004-2005, alors que le Salvador est devenu le bénéficiaire d'un programme de transfert technologique propre qui lui aura permis de profiter de plus de 7 000 000 $ au cours de la même année (ACDI, 2006b). L'abandon de programmes d'aide bilatéraux ne freine donc pas nécessairement la canalisation d'aide vers un pays. On pourrait expliquer cette problématique par une analyse des intérêts du Canada dans la région centraméricaine. Jean Daudelin précise à ce sujet que l'aide canadienne dans la région centraméricaine n'est pas contrainte

---

latin-america/latinamerica/country_info/cuba_relations-en.asp#4>, page consultée le 18 juin 2008.

à des intérêts importants et que, par conséquent, elle peut sembler « désintéressée » (Daudelin, 2003). Conséquemment, cela implique une certaine liberté d'action de la part des responsables de la politique étrangère et des fonctionnaires de l'ACDI, générant paradoxalement une multitude d'intérêts de moindre importance qui justifient les investissements désordonnés dans la région.

Mis à part celui du Guatemala, tous les budgets des pays centraméricains sont en hausse; pour le Honduras, plus de 30 000 000 $, et pour le Nicaragua, 17 500 000 $. L'action canadienne en Amérique centrale tend à prioriser quelques domaines-clés. Depuis plusieurs années, l'une des stratégies privilégiées du Canada dans la région est l'appui aux petits producteurs agricoles. Les cultures dominantes tels le café et le sucre monopolisent l'économie rurale et laissent peu de marge de profit aux petits propriétaires agricoles qui sont à la merci d'intermédiaires, également appelés *coyotes*[24]. La diversification des cultures, l'amélioration de la production et un appui à la commercialisation des produits prennent alors tout leur sens. Plusieurs projets sont en cours dans la région, dont un projet d'aide aux producteurs de sésame qui vise à accroître le rendement de l'industrie du sésame au Nicaragua en aidant les petits exploitants et leur famille à améliorer leur productivité et leur compétitivité. Dans le cadre d'autres projets, le Canada fournit une aide aux producteurs de café au Honduras, ainsi qu'aux producteurs de cardamome et de pois mangetout du Guatemala.

L'autre secteur prioritaire est sans contredit la gestion par bassins versants[25]. La géographie montagneuse de la région est particulièrement adéquate pour ce genre de projet et répond à la problématique criante de déforestation puisqu'elle favorise la protection du territoire. Le cadre de programmation de la région maintient ces programmes depuis plusieurs

---

24. Le terme coyote est généralement utilisé pour identifier les intermédiaires informels qui contrôlent le cours de la production agricole (café, maïs, sucre, etc.) et restreignent la diversification commerciale des petits producteurs en monopolisant les filières de distribution et de vente pour le bénéfice des exportateurs.

25. Le bassin versant désigne un territoire délimité par les lignes de partage des eaux de surface sur lequel toutes les eaux s'écoulent vers un même point appelé exutoire. La gestion par bassin versant de l'eau inclut autant les activités naturelles que les activités humaines. En ce sens, les sols, la végétation, les animaux et les êtres humains font partie d'un bassin versant. Cette gestion est généralement opérée par des organisations de base locales.

années. Il existe des projets d'appui à la gestion de bassins versants au Honduras et au Nicaragua qui visent à freiner la déforestation, à promouvoir l'agroforesterie et l'utilisation de techniques agricoles moins dommageables pour l'environnement et à maintenir le contrôle des ressources naturelles par les populations locales en assurant une exploitation intégrée des ressources ligneuses et de l'eau. Enfin, le Canada s'est aussi impliqué dans la résolution du conflit guatémaltèque dans les années 1990. L'aide canadienne a, entre autres, cherché à appuyer le retour des populations déplacées victimes du conflit, particulièrement dans les régions à forte concentration autochtone près de la frontière mexicaine.

Le Canada en Amérique du Sud

La Colombie

La crise en Colombie, seul conflit encore en cours dans la région, a un impact dramatique sur les populations civiles. La lutte pour les territoires colombiens de production de coca et la présence de pétrole génèrent un grand intérêt tant en Colombie même que sur le plan international. L'implication étrangère en Colombie n'a donc pas uniquement des visées humanitaires. Pour les États-Unis, la Colombie représente une plateforme de lancement pour l'action américaine en Amérique latine (Audet, 2003b). La Colombie est effectivement l'un des derniers points d'ancrage des États-Unis, compte tenu du virage à gauche de la région. La réélection en 2005 du président Alvaro Uribe, indéfectible allié des États-Unis, a donc été un soulagement pour le gouvernement Bush. Dans ce contexte, il est facile de constater que les États-Unis mettront toutes les ressources nécessaires pour poursuivre leur action unilatérale dans le pays à travers le *plan Colombia*, et pour s'assurer que la situation chaotique se poursuive afin de justifier leurs efforts de lutte au narcoterrorisme dans la région[26]. De son côté, l'Union européenne adopte une approche diplomatique visant le dialogue et la paix et favorisant le financement des agences onusiennes

---

26. Le *plan Colombia* est un vaste programme qui combine l'aide humanitaire à la lutte au narcotrafic. Ce programme relègue la Colombie parmi les trois principaux bénéficiaires de l'aide américaine dans le monde.

multilatérales. Entre ces deux approches contrastées, le Canada propose, de son côté, une alternative. En effet, dans le cadre de la révision par le MAECI et l'ACDI en mai 2002 de la politique étrangère canadienne en Colombie, le Canada s'est dissocié complètement des manœuvres américaines liées aux efforts de lutte antidrogue ou de lutte contre le narco-terrorisme (Augustine, 2002).

Bien que très modeste comparativement à l'aide octroyée par les États-Unis et l'Europe, le Canada consacre tout de même une part de son enveloppe d'aide à la résolution du conflit en Colombie et à la consolidation de la paix par l'entremise de projets sur le développement socio-économique, le renforcement du respect des droits de la personne, la protection des enfants soldats. Le Canada fournit également une aide aux quelque 3 000 000 de personnes déplacées, et ce, par l'intermédiaire de plusieurs organisations colombiennes et internationales.

L'action canadienne préconise clairement le recours aux institutions internationales et non étatiques à titre de vecteur des rapports entre le Canada et la Colombie. Concrètement, le Canada implique les organisations internationales, dont l'Organisation des Nations Unies, ainsi que certaines ONG canadiennes et colombiennes au détriment de l'aide bilatérale dont pourrait bénéficier directement le gouvernement colombien (Audet et McAllister, 2005). Notons que la présence d'ONG canadiennes en Colombie dépend de leur bon vouloir puisque les fonds finançant leurs activités proviennent essentiellement de fonds privés ou de la direction du Partenariat canadien, lesquels sont relativement modestes[27]. Les fonds bilatéraux restent donc limités et pratiquement inaccessibles aux ONG. Dans tous les cas, des entrevues réalisées récemment avec les responsables de la coopération canadienne indiquent que le programme d'aide du Canada pour la Colombie durera tant que le conflit persistera.

La Bolivie

Bien que le Pérou ait été le partenaire privilégié du Canada dans les Andes au cours des années 1980 et 1990, la Bolivie le déclassera dans les années

---

27. Le programme de partenariat canadien appuie essentiellement les organisations non gouvernementales canadiennes. Voir le chapitre 1 pour plus de détails.

suivantes. Pour la période de 2003 à 2007, le Canada planifiait y investir 50 000 000 $[28]. Par contre, quoique la Bolivie ait été promue au statut de partenaire privilégié, rien n'indique qu'il y aura une augmentation du financement. Les fonds ne semblent pas accessibles aux partenaires canadiens en place ou encore aux ONG boliviennes. La majorité des budgets sera canalisée à travers les mécanismes multilatéraux du genre *SWAp* (*Sector Wide Approaches*) et *PRSP* (*Poverty Reduction Strategy Paper*)[29]. Ce processus nécessite de longues négociations avec le nouveau gouvernement bolivien, d'où la lenteur de la mise en place du programme d'aide canadien. Le gouvernement bolivien favorise, en effet, une aide budgétaire directe. Il tente donc, de son côté, de faire pression sur les donateurs pour qu'ils canalisent les fonds vers son administration.

Dans tous les cas, la situation en Bolivie commande une aide. Il s'agit du pays le plus pauvre d'Amérique du Sud : 63 % des Boliviens vivent sous le seuil de pauvreté, alors que la moyenne régionale se situe à 36 %. Les priorités sectorielles de l'action canadienne en Bolivie sont l'eau, la santé, ainsi que la consolidation des réformes politiques et économiques afin de moderniser l'appareil étatique[30]. Le Canada investit également dans le renforcement des institutions responsables du contrôle et de la réglementation de l'industrie pétrolière et gazière. Le choix de la Bolivie comme partenaire privilégié cache aussi une autre réalité : celle des ressources minières du pays. Les intérêts économiques du Canada dans le domaine minier sont bien connus[31]. Il existe actuellement plus de 75 projets d'extraction minière en cours par des sociétés canadiennes en Bolivie[32]. L'aide canadienne

---

28. En 2004-2005, la Bolivie a bénéficié d'une aide financière de 22 000 000 $ (ACDI, 2006b).

29. Les *SWAp* et les *PRSP* sont des processus généralement initiés et gérés par la Banque mondiale pour l'ensemble des pays bénéficiaires d'aide internationale qui visent à coordonner l'aide budgétaire directe et l'imposition de certaines conditions. Pour en savoir plus, voir le chapitre 1 de cet ouvrage.

30. Cadre de programmation pour la Bolivie (2003-2007), en ligne : <http://www. acdi-cida.gc.ca/CIDAWEB/acdicida.nsf/Fr/NIC-22312131-MYH>, page consultée le 18 juin 2008.

31. Voir, entre autres, le discours de Pierre Pettigrew à l'époque où il était ministre du Commerce international : <http://w01.international.gc.ca/MinPub/Publication. aspx?isRedirect=True&publication_id=377973&Language=F&docnumber=20 00/S.O>, page consultée le 17 mai 2007.

32. Ressources naturelles Canada (2006), *L'industrie canadienne des minéraux et des métaux,* Commission géologique du Canada, géologie du Canada. <http://

dans ce pays est donc un bon moyen d'assurer des relations fructueuses avec le gouvernement bolivien, et ainsi de permettre aux intérêts miniers canadiens de pouvoir poursuivre leur extraction.

Malgré l'optimisme engendré par la nomination de la Bolivie à titre de partenaire privilégié, le Canada semble encore hésiter à s'engager plus à fond, entre autres en ce qui a trait aux besoins de la population, victime de crises humanitaires répétées au cours des dernières années à la suite d'aléas climatiques. Il n'existe également aucun engagement auprès des ONG canadiennes œuvrant depuis plusieurs décennies dans ce pays.

Le Brésil

Même s'il ne fait pas partie de la région du Cône Sud, le Brésil est un membre significatif du Mercosur ainsi que l'acteur économique principal de la région. Le Brésil est un partenaire économique important du Canada. C'est le pays qui bénéficie de la plus importante part des exportations canadiennes en Amérique latine, et ce, malgré des relations diplomatiques mises à l'épreuve par des disputes commerciales. Nonobstant son économie forte et ses ressources naturelles importantes, le Brésil fait toutefois face à une vaste polarisation économique : 21 % de sa population, soit 54 000 000 de personnes, gagnent moins de 2 $ par jour (UNDP, 2006).

Pour tenter de répondre à cette situation, mais aussi pour encourager les échanges économiques, le Canada a toujours maintenu son aide étrangère au Brésil (Jubany, 1999). Depuis 1968, le Canada a affecté 170 000 000 $ au Brésil à titre d'aide au développement[33]. En effet, l'aide publique au développement accordée par le Canada au Brésil dans le cadre d'arrangements bilatéraux et de programmes de la Direction générale du partenariat canadien de l'ACDI totalise environ 11 000 000 $ par année. Elle a même pendant un certain temps atteint 31 000 000 $ vers la fin des années 1990 (Dosman et Frankel, 2002). L'un des principaux programmes de l'aide canadienne qui totalisait plus de 17 000 000 $ en 2004-2005 est le Fonds

---

mmsd1.mms.nrcan.gc.ca/efab/canIndCanMM_f.asp>, page consultée le 17 mai 2007.

33. Section « Brésil » du site Internet de l'ACDI : <http://www.acdi-cida.gc.ca/bresil>.

de transfert de technologie (ACDI, 2006b)[34]. L'ACDI revoit actuellement son programme d'aide au Brésil qui doit se terminer en 2010[35].

L'aide canadienne dans la région latino-américaine traduit les paradoxes et l'hétérogénéité qui caractérisent cette région, soit une zone économique relativement stable mais vulnérable, des indicateurs de pauvreté extrêmement variables, et une large disparité entre les classes. Malgré une certaine constance budgétaire, l'aide canadienne accordée à cette région n'apparaît pas prioritaire, représentant moins de 15 % de l'enveloppe totale distribuée dans 34 pays. L'aide est également principalement liée aux intérêts politiques et économiques, particulièrement dans les secteurs minier, touristique, manufacturier et aéronautique. Haïti, le Honduras, le Nicaragua et la Bolivie semblent être des partenaires de choix, bien que la Colombie et le Guatemala continuent de recevoir une aide financière liée à l'instabilité de leur situation sociopolitique respective.

Lors du Sommet du 8 juin 2007, le premier ministre Harper a affirmé qu'il désirait recentrer l'aide en Amérique latine. Ce discours semble aller à l'encontre des politiques actuelles par rapport à l'Amérique latine[36]. S'agit-il d'une nouvelle orientation d'aide à la région ou d'une stratégie politique ? Dans tous les cas, les attentes pour la région restent nébuleuses. Plusieurs phénomènes ont fait perdre de sa crédibilité au Canada dans cette région : le rôle et l'influence du Canada ont souvent été compromis par un manque de ressources financières, par le transfert de ces ressources vers d'autres continents (Afrique et Asie du Sud-Est), ou par une marge importante entre le financement nécessaire et les promesses faites. Il va toutefois sans dire que les liens historiques et culturels entre la société civile canadienne et latino-américaine, le défi des changements climatiques à venir pour tout

---

34. Ce programme de transfert technologique a récemment fait l'objet d'une évaluation relativement positive. Voir le document en ligne : <http://www.acdi-cida.gc.ca/CIDAWEB/acdicida.nsf/Fr/REN-218131619-PFX>, page consultée le 18 juin 2008.

35. Canada's Cooperation Strategy in Brazil 2005-2010, Canadian International Development Agency, tiré de <http://www.acdi-cida.gc.ca/CIDAWEB/acdicida.nsf/En/NIC-22312535-N32>, page consultée le 18 juin 2008. Pour en savoir plus sur la relation entre le Canada et le Brésil, voir le texte de Valdemar Laeo Neto (2006).

36. Voir le site Internet <http://www.theglobeandmail.com/servlet/story/RTGAM.20070608.wg8africa08/BNStory/International>, page consultée le 18 juin 2008.

le continent et les besoins humanitaires toujours criants de certains pays forcent le Canada à y maintenir une assistance à long terme.

RÉFÉRENCES BIBLIOGRAPHIQUES

AGENCE canadienne de développement international, ACDI (2005), *Rapport statistique sur l'aide publique au développement*, année financière 2004-2005, <http://www.acdi-cida.gc.ca/INET/IMAGES.NSF/vLUImages/stats/ $file/RappStat_04-05.pdf>.

AGENCE canadienne de développement international, ACDI (2006a), *Rapport statistique sur l'aide publique au développement*, année financière 2004-2005, <http://www.acdi-cida.gc.ca/INET/IMAGES.NSF/vLUImages/stats/$file/ RappStat_04-05.pdf>.

AGENCE canadienne de développement international, ACDI (2006b), *Rapport ministériel sur le rendement, pour la période se terminant le 31 mars 2006*, <http://www.acdi-cida.gc.ca/INET/IMAGES.NSF/vLUImages/Publications3/$file/web-cida-acdi_f.pdf>.

AUDET, François (2003a), *Haïti: l'impasse d'Aristide*, Observatoire des Amériques, Centre Études internationales et mondialisation, Université du Québec à Montréal, <http://www.er.uqam.ca/nobel/ieim/IMG/pdf/Chro_0328_haiti.pdf>, page consultée le 11 juin 2007.

AUDET, François (2003b), *Colombie: des intérêts divergents pour une guerre sans fin*, Observatoire des Amériques, Centre Études internationales et mondialisation, Université du Québec à Montréal, <http://www.er.uqam.ca/nobel/ieim/IMG/pdf/Chro_Colombie.pdf>, page consultée le 10 mai 2007.

AUDET, François et Karine McAllister (2005), « Institutionnalisme de la consolidation de la paix: la politique étrangère canadienne en Colombie», dans Yvan Conoir et Gérard Verna (dir.), *Faire la paix. Concepts et pratiques de la consolidation de la paix*, Québec, Les Presses de l'Université Laval: 495-508.

AUGUSTINE, Jean (2002), *Conflit, droits de la personne et démocratie en Colombie: un programme d'action canadien*, Ottawa, Comité permanent des Affaires étrangères et du Commerce international, Sous-comité des droits de la personne et du développement international, Chambre des communes.

BALL, Jennifer A. (2004), « The effects of neoliberal structural adjustment on women's relative employment in Latin America»,: *International Journal of Social Economics*, vol. 31, n° 10: 974-987.

CANADIAN COUNCIL FOR INTERNATIONAL COOPERATION (CCCI) (2006), *Strengthening Civil Society Partnerships: The Marginalization of CSOs In Canada's International Cooperation Program*, CCIC Briefing Paper n° 2, <http://www.ccic.ca/e/docs/002_aid_2006-02_paper_2%20marginalization_of_csos.pdf>.

CERRUTTI, Marcela et Rodolfo Bertoncello (2003), « Urbanization and Internal Migration Patterns in Latin America», Centro de Estudios de Población, Argentina, communication présentée à la *Conference on African Migration in Comparative Perspective*, Johannesburg, 4-7 juin 2003, <http://pum.princeton.edu/pumconference/papers/1-Cerrutti.pdf>.

CHARVÉRIAT, Céline (2000), *Natural Disasters in Latin America and the Caribbean: An Overview of Risk*, Inter-American Development Bank (IDB), octobre 2000, <http://www.iadb.org/res/publications/pubfiles/pubWP-434.pdf>.

CORPORACIÓN LATINOBAROMETRO (2005), *Una década de opinion publica 1995-2005*, Santiago de Chile, <http://www.e-lecciones.net/novedades/archivos/LatBar2005.pdf>.

CORTEN, André, Vanessa Molina et Julie Girard-Lemay (dir.) (2006), *Les clôtures du politique en Amérique latine: imaginaires et émancipation*, Paris, Groupe de recherche sur les imaginaires politiques en Amérique Latine/Éditions Karthala.

COUFFIGNAL, Georges (2006), « L'Amérique latine vire-t-elle à gauche? », *Politique internationale*, printemps 2006, n° 11 : 51-64.

DAUDELIN, Jean (2003), « Foreign Policy at the Fringe. Canada and Latin America », *International Journal*, automne : 637-667.

DOSMAN, Edgar et Keneth Frankel (2002), « Brazil & Canada : What is to be done », *FOCAL Policy Paper*, mars.

EASTERLY, William (2003), « What did structural adjustment adjust? The association of policies and growth with repeated IMF and World Bank Adjustment Loans », *Journal of Development Economic*, été : 22.

ECONOMIC COMMISSION FOR LATIN AMERICA AND THE CARIBBEAN (ECLAC) (2005), *Social Panorama of Latin America*, <http://www.eclac.cl/publicaciones/xml/1/26531/LCG2311B_2.pdf>, page consultée le 17 mai 2007.

HAKIM, Peter (2006), « Is Washington Losing Latin America? », *Foreign Affairs*, février, vol. 85, n° 1 : 39-53.

JUBANY, Florencia (1999), « Shall we Samba? Canada-Brazil Relations in the 1990s », *FOCAL Policy Paper*, novembre.

LEAO Neto, Valdemar Carneiro (2004), « Brazil and Canada : Addressing the " Relationship Deficit ", *Focal Point*, édition spéciale, novembre 2004.

MONTECINO, Juan Antonio (2006), « Cleaving a False Divide in Latin America », *Foreign Policy In Focus* (FPIF), septembre, <http://www.fpif.org/fpiftxt/3554>.

OXHORN, Philip (2001), « The Lagos Presidency : An Assessment of the Elections and its Impact on Canada-Chile Relations », *FOCAL Policy Paper*, janvier.

PEARSON Katherine et Tomothy Draimin (1995), « Public Policy Dialogue and Canadian Aid : The Case of Central America », dans Cranford Pratt (dir.), *Canadian International Development Assistance Policies: An Appraisal*, Montréal/Kingston, McGill-Queen's University Press : 268-291.

RESSOURCES NATURELLES CANADA (2006), *L'industrie canadienne des minéraux et des métaux*, Commission géologique du Canada, géologie du Canada, <http://mmsd1.mms.nrcan.gc.ca/efab/canIndCanMM_f.asp>, page consultée le 15 mai 2007.

STATISTIQUE CANADA (2001), <http://www40.statcan.ca/l02/cst01/demo34a_f.htm>, page consultée le 15 mai 2007.

STEVENSON, Brian J. R. (2000), *Canada, Latin America, and the New Internationalism: A Foreign Policy Analysis, 1968-1990*, Montréal/Kingston, Foreign Policy, Security and Strategic Studies/McGill-Queen's University Press.

SURO, Roberto, Sergio Bendixen, B. Lindsay Lowell et Dulce C. Benavides (2002), *Billions in Motion: Latino Immigrants, Remittances and Banking*, Pew Hispanic Center, <http://pewhispanic.org/files/reports/13.pdf>.

THÉRIEN, Jean-Philippe, Gordon Mace et Myriam Roberge (2004), « Le Canada et les Amériques : la difficile construction d'une identité régionale », *Canadian Foreign Policy/La politique étrangère du Canada*, vol. 11, n° 3 : 17-37.

UNITED NATIONS DEVELOPMENT PROGRAMME (UNDP) (2006), *Human Development Report 2006: Beyond Scarcity: Power, Poverty and the Global Water Crisis*, Oxford, Oxford University Press.

WARREN, Cristina (2003), *Canada's Policy of Constructive Engagement with Cuba: Past, Present and Future*, Background Briefing, Canadian Foundation for the Americas.

LISTE DES COLLABORATEURS

Francois Audet est actuellement chef de la délégation régionale de l'océan Indien pour la Croix-Rouge canadienne. Auparavant, il a travaillé comme directeur régional des programmes pour CARE Canada. Il a participé à plus d'une centaine de missions humanitaires et d'appui technique, dont en Colombie, à Haïti, et dans la région du Darfour. Titulaire d'une maîtrise en sciences de l'environnement, il complète actuellement son doctorat en science politique à l'UQAM, dans le cadre duquel il étudie les enjeux de l'aide humanitaire et la coopération internationale canadienne. Il a travaillé plusieurs années en Amérique latine et en Asie du Sud-Est pour le compte du Centre canadien d'étude et de coopération internationale (CECI) en tant que chef des projets d'aide humanitaire et d'urgence. Ses intérêts de recherche portent particulièrement sur les enjeux de l'efficacité de l'aide, sur la sécurité humaine et les interventions humanitaires complexes.

Megan Bradley est doctorante en relations internationales à l'Université Oxford, où elle examine, à travers ses recherches, les questions juridiques soulevées par les mouvements de rapatriement des réfugiés. Elle a travaillé pour le Centre de recherches pour le développement international (CRDI), l'Institut Brookings et le Haut-Commissariat des Nations Unies aux droits de l'homme. En 2007-2008, Mme Bradley a été titulaire de la bourse Cadieux-Léger du ministère des Affaires étrangères et du Commerce international du Canada.

Stephen Brown est professeur agrégé à l'École d'études politiques de l'Université d'Ottawa. Il compte parmi ses intérêts de recherche les politiques d'aide au développement, la démocratisation, la violence politique, la prévention des conflits et la consolidation de la paix, surtout en Afrique subsaharienne. Ses écrits ont été publiés dans de nombreux ouvrages collectifs et revues scientifiques, dont *Third World Quarterly, European Journal of*

Development Research, la *Revue canadienne d'études du développement/ Canadian Journal of Development Studies, Journal of Contemporary African Studies*, la *Revue canadienne des études africaines/Canadian Journal of African Studies* et *Latin American Perspectives*.

Dominique Caouette est professeur adjoint depuis 2004 au Département de science politique de l'Université de Montréal, où il enseigne les relations internationales. Il s'intéresse particulièrement aux acteurs non étatiques et aux dynamiques transnationales en Asie du Sud-Est, ainsi qu'aux études du développement. Avant d'occuper ce poste, il a été chargé de cours à l'Université d'Ottawa et a travaillé pendant plus de cinq ans avec Inter Pares, une ONG canadienne, à titre d'agent de programme de l'équipe Asie. Il détient un doctorat de l'Université Cornell ainsi qu'une maîtrise en affaires internationales de l'Université de Carleton.

Yvan Conoir œuvre depuis 20 ans dans le domaine de la coopération internationale. Au service des Nations Unies (UNHCR, UNICEF ou UNITAR) ou de grandes ONG internationales (CARE, Centre Pearson, CECI), il a exercé des fonctions de direction, développement et gestion de programmes en Afrique, Asie, Amérique centrale et Europe dans les domaines de l'aide humanitaire, de la reconstruction ou du renforcement de capacités. Il est le coéditeur de *L'action humanitaire du Canada* (PUL, 2002), de *Faire la paix : pratiques et consolidation de la paix* (PUL, 2005) et de *DDR : Défis humains, enjeux globaux* (PUL, 2006), ainsi que de manuels spécialisés publiés en plusieurs langues pour le compte de l'Institut des Nations Unies pour la formation et la recherche (UNITAR).

Sébastien Dallaire est chercheur en opinion publique à la firme The Strategic Counsel. Ses recherches se concentrent sur l'opinion de la population canadienne par rapport aux enjeux politiques et sociaux contemporains, particulièrement concernant la politique internationale. Ses publications comprennent entre autres « Continuity and Change in the Global Monetary Order », dans John J. Kirton et George M. von Furstenberg (dir.), *New Directions in Global Economic Governance : Managing Globalisation in the Twenty-First Century* (Ashgate, 2001) et « Nord-Sud : une vision du monde en mutation », *Revue internationale et stratégique* (n° 36, hiver 1999-2000 ; avec Jean-Philippe Thérien).

Marie-Eve Desrosiers est professeure adjointe à l'École de développement international et mondialisation de l'Université d'Ottawa. Elle est spécialiste des questions de sécurité des pays en voie de développement. Plus particulièrement, elle étudie les crises politiques et conflits civils, les enjeux identitaires, les relations entre l'État et la société, ainsi que la fragilité étatique. Ses publications incluent : « Demos and Ethnos : Dangerous Democratisation in Pre-Genocide Rwanda », *Central European Journal of International and Security Studies* (vol. 1, n° 1, 2007) et « Quand justice et réconciliation ne font qu'un : les juridictions Gacaca au Rwanda », dans Yvan Conoir et Gérard Verna, *Faire la paix : concepts et pratiques de la consolidation de la paix* (Québec, Les Presses de l'Université Laval, 2005). Elle détient un doctorat de l'Université de Toronto et une maîtrise de l'Université York.

Myriam Gervais est chercheure principale au Centre de recherche et d'enseignement sur les femmes de l'Université McGill (Canada). Détentrice d'un doctorat en science politique, ses intérêts de recherche sont les systèmes politiques africains et la pratique du développement. Dans le cadre de la coopération internationale, elle a vécu dans divers pays d'Afrique et conseille des institutions comme l'ACDI et les agences de l'ONU sur la gouvernance et le genre en Afrique. Ses plus récentes publications incluent des chapitres dans *Development, Women and War* (Oxfam Publishers, 2004), *Réformes institutionnelles et espaces politiques ou les pièges de la gouvernance pour les pauvres* (Harmattan, 2005), *Femmes et conflits armés* (Les Presses de l'Université Laval, 2005), et dans *Women Building Peace between India and Pakistan* (Anthem Press, 2007).

Jean-Michel Labatut, spécialiste principal de programme au Centre de recherches pour le développement international (CRDI), il prend part depuis plus de 25 ans à divers aspects de la recherche en sciences sociales en Afrique. Il a réalisé des études sur le développement urbain, les relations entre l'État et la société civile, les régimes fonciers, l'agriculture urbaine et le secteur non structuré. Il a enseigné à l'Université d'Ottawa et à l'Université du Québec en Outaouais (UQO). Il a également enseigné en France et en Zambie. Depuis son arrivée au CRDI, en 1991, M. Labatut étudie des questions liées au développement urbain, à la gestion de l'environnement et aux réformes des politiques sociales en Afrique centrale et de l'Ouest, notamment en ce qui concerne la santé et l'éducation. Il a participé à l'élaboration de projets sur l'évaluation de programmes de lutte contre la pauvreté en Gambie et au Mali.

Eric Marclay est délégué du Comité international de la Croix-Rouge et a effectué de nombreuses missions en Afrique et au Moyen-Orient. Il occupe actuellement le poste de chef des opérations adjoint pour le Moyen-Orient. Chercheur associé à la Chaire Raoul-Dandurand en études stratégiques et diplomatiques à l'Université du Québec à Montréal (UQAM), Eric Marclay est titulaire d'une maîtrise en science politique (politique internationale et droit international) et a notamment publié *La responsabilité de protéger : un nouveau paradigme ou boîte à outils, Sécurité nationale vs immigration : une violation du principe de non-discrimination*.

Judith Meltzer est candidate au doctorat et chargée de cours au Département de science politique de l'Université de Carleton. Elle possède une maîtrise en Arts in International Affairs de la Norman Paterson School of International Affairs (NPSIA), qu'elle a obtenue à la suite d'études en anthropologie à l'Université McGill. Elle a travaillé comme analyste principale à la Fondation canadienne pour les Amériques au sein de la direction des Andes et également comme agente de recherche au Centre de recherches pour le développement international (CRDI). Elle est auteure de plusieurs publications et d'analyses politiques portant sur les enjeux sociaux et de développement touchant la région des Andes, et coauteure de *Elusive Peace : International, National and Local Dimensions of the Conflict in Colombia* (Palgrave Macmillan, 2005). Ses recherches actuelles portent sur la citoyenneté et la responsabilité sociale en Amérique latine.

Gisèle Morin-Labatut, spécialiste principale de programmes au Centre de recherches pour le développement international (CRDI), a une formation en pédagogie (University of Zambia), en géographie (Université de Bordeaux III) et en gestion de l'information (University of Western Ontario). Elle a enseigné quatre ans en Zambie comme coopérante canadienne avec le CUSO avant de se tourner vers la gestion des systèmes et réseaux d'information et communication. Elle travaille actuellement au Centre de recherches pour le développement international, au sein du Programme des partenariats canadiens, qui appuie les universités et autres organisations canadiennes impliquées dans la recherche et la gestion de l'information au service du développement durable.

Alain Noël est professeur de science politique à l'Université de Montréal. Ses recherches portent sur les politiques sociales et sur le fédéralisme en perspective comparée et, plus largement, sur la politique au Canada et au Québec. Elles ont été publiées dans différents ouvrages et revues, incluant *American Political Science Review, Comparative Political Studies, Critical Review of International Social and Political Philosophy, International Organization, Global Social Policy*, la *Revue française des affaires sociales* et la *Revue canadienne de science politique*. Son dernier livre, *Left and Right in Global Politics*, écrit en collaboration avec Jean-Philippe Thérien, vient de paraître (Cambridge University Press, 2008).

Stéphane Roussel est professeur agrégé au Département de science politique de l'Université du Québec à Montréal (UQAM) et titulaire de la Chaire de recherche du Canada en politiques étrangère et de défense canadiennes. De 2000 à 2002, il était professeur au Collège Glendon (York University), où il enseignait les relations internationales et les études de sécurité. Il est diplômé en science politique de l'Université de Montréal (Ph. D., 1999). Entre autres, il a écrit *The North American Democratic Peace: Absence of War and Security Institution-Building in Canada-US Relations, 1867-1958* (McGill-Queen's University Press, 2004), coécrit *Politique internationale et défense au Canada et au Québec* (PUM, 2007) et dirigé *Culture stratégique et politique de défense: l'expérience canadienne* (Athéna, 2007).

Philip A. Tanner a plus de 17 ans d'expérience dans le domaine de l'aide internationale, dans plus de 25 pays. Il possède une vaste expérience dans le domaine de l'aide humanitaire, la reconstruction et le développement avec les Nations Unies et les ONG internationales. Il s'est spécialisé dans le renforcement des capacités au niveau communautaire à l'Université de Bradford, Royaume-Uni. Il a travaillé dans de nombreux pays en crise, dont le Soudan, le Burundi, le Timor-Oriental, le Népal et l'Afghanistan. Il est l'actuel directeur des programmes pour l'Asie pour CARE Canada.

Jean-Philippe Thérien est professeur titulaire au Département de science politique de l'Université de Montréal et membre associé du Centre d'études et de recherches internationales de l'Université de Montréal. Ses recherches se concentrent sur les relations Nord-Sud et le système interaméricain. Ses travaux ont notamment été publiés dans *American Political Science Review, Comparative Political Studies, Global Governance, International Organization*, la *Revue internationale de politique comparée* et *Third World Quarterly*. Il est l'auteur (avec Alain Noël) de *Left and Right in Global Politics* (Cambridge University Press, 2008).

Brian Tomlinson est coordonnateur de l'unité de recherche de l'Orientation politique sur l'aide au développement au Conseil canadien de la coopération internationale (CCCI). Il est l'auteur d'un grand nombre de publications sur la coopération internationale du Canada, dans lesquelles l'accent est particulièrement mis sur les questions politiques liées à l'aide internationale. Tout récemment, il a représenté le CCCI au Comité d'aide au développement de l'OCDE, dans le cadre d'un groupe consultatif sur la société civile et l'efficacité de l'aide. Monsieur Tomlinson est aussi vice-président du réseau mondial Reality of Aid et avait précédemment travaillé pour le Programme des Amériques du Service universitaire canadien outre-mer (CUSO), ainsi que pour Oxfam en tant qu'agent des affaires politiques.

TABLE DES MATIÈRES

Le modèle ludique
Le jeu, l'enfant avec déficience physique et l'ergothérapie
Troisième édition
Francine Ferland

Musique et modernité en France
Sous la direction de S. Caron, F. de Médicis et M. Duchesneau

Paysages en perspective
Sous la direction de P. Poullaouec-Gonidec, G. Domon et S. Paquette

La politique comparée
Fondements, enjeux et approches théoriques
Mamoudou Gazibo et Jane Jenson

La politique internationale et défense au Québec et au Canada
Kim R. Nossal, Stéphane Roussel et Stéphane Paquin

Pour comprendre le nationalisme au Québec et ailleurs
Denis Monière

Préparer la relève
Neuf études de cas sur l'entreprise au Québec
Louise Saint-Cyr et Francine Richer

La psychocriminologie
Apports psychanalytiques et applications cliniques
Dianne Casoni et Louis Brunet

La psychologie environnementale
Jean Morval

Publicités à la carte
Pour un choix stratégique des médias publicitaires
Jacques Dorion et Jean Dumas

La radio à l'ère de la convergence
En collaboration avec la chaîne culturelle de Radio-Canada

La religion dans la sphère publique
Sous la direction de Solange Lefebvre

Le régime monétaire canadien
Institutions, théories et politiques
Nouvelle édition
Bernard Élie

Savoir entreprendre
Douze modèles de réussite
Études de cas
Louis Jacques Filion

Séduire par les mots
Pour des communications publiques efficaces
Deuxième édition
Jean Dumas

La sociocriminologie
Stéphane Leman-Langlois

Statistiques
Concepts et applications
Robert R. Haccoun et Denis Cousineau

Le système politique américain
Nouvelle édition
Sous la direction d'Edmond Orban et Michel Fortmann

Téléréalité
Quand la réalité est un mensonge
Luc Dupont

Les temps du paysage
Sous la direction de Philippe Poul-
laouec-Gonidec, Sylvain Paquette et
Gérald Domon

**La terminologie: principes et
techniques**
Marie-Claude L'Homme

Traité de criminologie empirique
Sous la direction de Marc Le Blanc,
Marc Ouimet et Denis Szabo

L'univers social des adolescents
Michel Claes

Violences au travail
Diagnostic et prévention
Sous la direction de François Courcy,
André Savoie et Luc Brunet

Les visages de la police
Pratiques et perceptions
Jean-Paul Brodeur

 **Sources Mixtes**
Groupe de produits issu de forêts bien
gérées et de bois ou fibres recyclés.
www.fsc.org Cert no. SGS-COC-2624
FSC © 1996 Forest Stewardship Council

Ce livre a été imprimé
au Québec en septembre 2008
sur les presses de l'Imprimerie Gauvin.

L'intérieur de ce livre est imprimé sur
du papier certifié FSC, 100% recyclé.